横井小楠研究

源了圓

藤原書店

横井小楠研究　目　次

第二部 「三代の学」と「天」の観念 207

第三部　明治の横井小楠　353

補論 495

横井小楠研究

凡　例

一　本書収録にあたり、初出論文に加筆訂正を施した。また収録論文相互の内容上の重複を避けるため、一部削除した箇所がある。

一　各論文には、初出時にない小見出しを加えたり、文言を修正した箇所がある。

一　引用文の仮名遣いは原文通り、漢字は新漢字に統一した。「横井小楠の実学」は初出時の旧仮名遣いを現代仮名遣いに改めた。

序　日本の伝統のもう一つの可能性——横井小楠の思想

一　横井小楠との出会い

只今（M・W・）スティール先生から大変御丁重な御紹介をいただきまして誠に有難うございました。但し、先生のおっしゃった事の大部分は誉め過ぎでございます。ただ一つ当っている事は、今から私がどれ程の事をしなくちゃならないか、いかに沢山の事をし残しているかということで、これは確実に当っております。定年後は今迄に残した沢山の大きな仕事を完成し、或いは今考えつつある新しいテーマ等を書きあげる事に専念したいと考えております。

今日の私のテーマは、日本語の題としては「日本の伝統のもう一つの可能性――横井小楠の思想」というテーマでございます。この「もう一つ」というのは、実はスティール先生のつけられたタイトルでありまして、私自身が最初に出しましたテーマは「日本の伝統の一つの可能性」という、大変おとなしい題でした。その「一つの」の代りに「もう一つの」というのを何故スティール先生の方で出されたかという事を推し量って考えてみますと、伝統といった場合にですね、これは何も善い伝統ばかりじゃない。日本の伝統の中には、あまり善くない、困った伝統が沢山あります。それに対して横井小楠（一八〇九―六九）の中にそれと違うもう一つの可能性というものがあるんじゃなかろうか。こういう様な事じゃなかったかと思います。これは長先生――武田（清子）先生がしょっちゅう言っておられる事ですけれども、伝統の持っている両義性、ambivalence の問題ですね。それにずばり当てはまる問題だと思います。私もそういう気持ちを持っておりますが、私が「もう一つの」を付けなかった理由は、例えば私自身の研究を振り返ってみますと、やはり一番大きな問題は伝統の問題じゃなかったかなという感じがします。伝統を考える場合でも「伝統主義者」という立場では考えたくない。伝統というものの中に、ある種の創造性というものを探していきたい。そういう気持ちがありました。今迄やった事やこれからやりたい事を色々考えてみますと、例えば今おっしゃった実学の問題にしても、或いは日本人の自然観の問題にしても、まあ小さいペーパーしか書いておりませんけれども「日本人の知の特性」という様な問題にしても、その後まだ考えている事は沢山あります。これはやはり伝統の中に、ある種の創造性というものを見出したい、但しこういう創造的な意味を持った伝統もやはりアンビバレントな性格を持っている。伝統というものは常にそういう性格を持っているだろうと私は考えます。そういう中の一つとして実学というような問題を考えてみたい、そしてその実学の中でも特に私の関心を持つ横井小楠についてお話し申し上げたい、こういうふうに考えます。

今日は実はですね、どういうテーマでお話ししようかという事を考えまして、もう三年前になりますでしょうか――長先生がご定年の時に研究の歩みについてお話しなさいました。これに従った方が良いのかなあという気持ちもありましたし、それから考えてみますとＩＣＵ（国際基督教大学）に勤めております間、一番私が研究の上で力を費したのは「型」という問題ですね。ですから「型と日本文化」というテーマで文化論をひとつやろうかなという事も考えました。この場合には、あの『型』（創文社、一九八九年）という本では「型」という日本語から考えましたので非常に概念規定が難しくて、ややこしくなりましたので、例えばこの前のテーマは form を中心としたものですけれども、その他に style とか pattern とか、或いは type とか archetype とか、そういうふうにもともとの、日本語の「型」になる以前の西洋の言葉、そういう方面から、概念規定を明晰にしながら、日本文化と型との関わりというものを明らかにしようかと思って、それもだいぶ準備して、百二、三十枚一応原稿を書きました。ただこれは少し長過ぎるんです。それからもう一つ、style という問題でどうも一つ難しい所があって、そこの関所がなかなか越えられないのです。このスタイルというのは歴史を考える場合、特に社会史の問題を考えていく場合には非常に大事な概念じゃないのかなということを最近考えつきました。しかし「型と日本文化」というテーマでお話しするにはどうしても集中して style の問題について勉強しなくちゃいけない。ちょっと時間が足りないんですね。もう一つは、実は講義の方で今回は実学思想史の講義をしたわけですけれども、どうも時間が足りなくなってしまいました。ところで今回は「経世済民」という事を軸にしながら江戸時代の実学思想の講義を致しました。特に熊沢蕃山とか山鹿素行とか荻生徂徠とか、そういう人達を中心にして話しまして、やっとこのまえ、最後の時間に徂徠以後の江戸後期の問題について話をするという所で終わってしまいました。どうしても幕末維新までやはりやっておきたいという気持ちがあり、そこで横井小楠という人を選んだ訳です。明治以後には福沢諭吉という人がありますけれども、幕末維新の時期となると私が選ぶとすれば横井小楠だけしかないのです。

小楠には私自身非常に個人的に妙な縁《つなが》りがありまして、小学校の四年の時に沼山津村という、小楠の隠棲の地ですけれども、其処から私の家に手伝いに来ていた方が私を非常に可愛がってくれて、そして私に「横井小楠という人を知ってるか」と言うんですね。で「知らない」と言ったら「この人は大変偉い人だ、東洋で一番偉い人だ」と言うんですね。なんで東洋で一番偉いんだろうか。私は寺の息子ですから、お釈迦様が一番偉いんじゃないかと(笑)、どうして横井小楠がそんなに東洋で一番偉いのかと不思議で仕方無かったですね。その人に何故かと聞いても、よく説明してくれないんですね。本人もそういう風にただ覚えただけで充分識らなかったんでしょう。それでとうとう、それ以上横井小楠との縁は切れてしまいました。

それから旧制の高等学校の時下宿していた家のお嬢さんと、山崎正董と申しまして、小楠研究の方はどなたも御存知の、横井小楠の遺稿篇と伝記篇を編集、執筆した方ですね。伝記篇の方は御自分でお書きになってますね。その方のお嬢さんとが、何か女学校で同級生だったらしくて、時々遊びにお見えでしたが、ある時「私は父の手伝いをして小楠関係の仕事を色々やりました」と、随分苦労話をなさいました。話をうかがって、ああこの山崎先生には一遍お目にかかって小楠の話を聞いてみたいなあと思いましたけれども、そういう方の所に、小楠を読まずに訪ねて行くのは余りに厚かましいと思って遠慮致しました。今から考えてみますと実に残念な事をしたと思います。山崎さんという方は土佐の方ですけれども、熊本医科大学の教授をやっておられて、そして非常に歴史的な研究に関心をお持ちで『肥後医育史』という様な本を書いておられます。その方が横井小楠についてお書きになった伝記も、実に良い伝記だと思いますし、資料も殆ど完璧に、その当時手に入る物はだいたいこの中に入っていると言っていいかと思います。今考えてみますと山崎さんにお目にかからなかったという事は非常に残念です。

では私自身どうして横井小楠とつきあう事になったのかと申しますと、昭和二十何年だったでしょうか、私が大学で「近世西洋哲学史」を習いました高坂正顕という先生がございまして、その先生が、「今度『明治百年史』の中の『思想・言論篇』というものを担当する事になった。だから君、ひとつ手伝ってくれないか」という風な話をなすったんです。ちょっとびっくり致しました。先生自身は西洋についてはカントを中心として素晴しい研究をなさっており、また戦前歴史哲学について画期的な仕事をやっておられますが、日本の事については素人である事を私はよく知っていました。私自身、それ以上に全く素人なんですね。私は、今から言うのはちょっと恥ずかしいんですけれども、卒業論文はニーチェとドストエフスキーです。主論文がニーチェで副論文がドストエフスキーです。そういう自分がこんなお手伝いをしてお役に立つのかなという気持ちもありましたけれども、私自身の中にはどうも軽佻浮薄な面があって、自分の実力をも省みず新しい事をやってみたいという気持ちがあったんですね。ですから「お手伝いしましょう」と言って、毎月二回ずつ先生のお宅で研究会をやりました。先生はオーガナイザーとしても非常に優秀な方でしたので、沢山の専門家を集められて、そこで夫々の方に発表させる。私は一月《ひとつき》に一遍は必ず報告しろという事で、まあそういう訓練を受けたんですね。その時に書きましたものが二つございまして、活字になったのでは、「横井小楠の実学」という『哲学研究』に載りました論文と、もう一つは「自然主義と漱石・鷗外」というテーマです。私の現在を見て、「自然主義と漱石・鷗外」なんて、もう本当だろうかと思われる方が多いんじゃないのかなと思いますけれども、私はその頃、明治の終りから大正の初めにかけて研究してみようという気持ちが非常に強かったですね。しかし落着いて考えてみると、大正以後のことは独りでもやれる。実学史のことは若い時に強制的にやらないと、一生やる機会を逸する。私はこの時、横井小楠から遡って日本思想史を研究しようと決意しました。

幕末の思想家の事も随分その会で報告しましたけれども、基本的には尊王攘夷の思想が圧倒的に多いわけですね。これには戦時下のいろんな言説が思い出されて興味を持てませんでした。それからもう一つはね、開国論者で西洋の科学技術の導入というものをやりながら日本の独立を全うしようと考えたタイプの思想。これはアーノルド・トインビーの用語を使いますとHerodiansすなわちヘロデ主義者と言っていいと思いますけれども、これにはかなり興味を持ちました。日本に科学技術を植えつけて日本を強固にしようとした人々で、そこには大きな問題があったという事は事実ですが、しかし科学技術などは当時の日本ではまだ幼稚だったわけですから、これはこれで日本の近代化にかなり役に立つ事をやった人達だなと思いました。ただその場合ですね、開国は開国なんですけれども、結局開国の基本的精神というものを考えてみますと「大攘夷」という名前で言っていい様な開国だろうと思います。攘夷の精神で開国をする。これは津和野国学派の神道家、大国隆正が言った言葉ですけれども、そういうような大攘夷的な精神による開国というのは、私としては賛成出来なかったわけです。横井小楠の場合にはそうじゃなくて、彼自身は若い時大変な攘夷論者でしたけれども、或る時期以後の小楠はきっぱりとした開国論者に変わって、しかも開国論というものが大攘夷という事でなくて、一つの普遍主義的な思想に立った開国の思想であった。そこに非常に共感して、関心をもったわけですね。小楠の言葉の一つに「無識無策世の所謂和魂なるもの却て彼を無道禽獣なりとし、尤甚しきは之を仇讎とし之を拒む。天地の量日月の明を以て之を観ば何んとか云はん。アア隘陋国家蒼生を誤る痛嘆の至ならずや」とこういう言葉を発見しました。これには本当に感動しました。

というのは、戦争中に実に不愉快な思い出があります。それは私共が軍隊に行く前ですから昭和十七年から十八年にかけての頃でしたけれども、巻き藁を作って、これにルーズヴェルトとかチャーチルの絵を描いて、それを貼って、それで銃剣術の稽古の目標にさせるんですね。「突っこめ、やあ！」と言ってそれに向かってこうやるといったような訓練……。もう本当に嫌でしたね。敵であってもやはり相手は一個の人格である。それに対してそういうような仕方で訓練をする。精神的に日本は負けだなあと、残念ながらそういう気持ちを持たざるを得なかったですね。昔の日本人であったらもっと違う態度を敵に対してもとったんじゃないか、――私の脳裏にはステッセル将軍に対した乃木希典のことがあったのですが――太平洋戦争の時の日本人はそうした事しか発想できないのかと思って非常に残念で、私としてはやりきれない気持ちでした。そうしたその当時の時代の気分の事を考えますと、小楠を何故戦前に自分が勉強しておかなかったかと、後悔の気持ちが非常に強うございました。そしてこういう人がいるならば、自分も幕末の思想史の勉強をしてもいいなあと、そういうような気持ちを持ったわけです。

ところでこのような主題が、卒業論文のニーチェやドストエフスキーとどう結びつくのかとなったら大変私も困りますけれども、私もやはり戦中派だなと自分で思います。マンハイムの言葉に有名な、存在被拘束性（Sein-sverbundenheit）という言葉がありますけれども、私どもは自分の生まれた時代・社会の拘束を受けながら——勿論それを超える事は可能ですけれども、それぞれがやはりなんらかの拘束を受けながら生きており、それを超える時もその拘束に制約された仕方で超えていくと、こういうふうに思います。私の場合にはやっぱり戦争中の世代で、戦争に必ずしも賛成できない中で、いったい国家の問題をどう考えたらいいのかという事を考えてきた世代だなあと、自分で思います。この日本の研究と自分の最初の研究とをなんとかして結合し統合するように自分の研究を展開させたいと願いながら、残念ながらまだそこには至っておりません。

それで、一つは高坂先生の研究会で知り合った方々の方から、どうしても自分達のグループに入って研究を続けろというようなお話があって、まあそれに乗ってしまったんですね。当時私は大学院に籍を置いたまま出版社の仕事をし、自分の勉強としてまだ哲学の勉強を続けておりました。出版社の仕事は非常に時間的に不規則で、夜帰るのは九時頃になる事がしばしばでした。もっと遅くなる事もある。それから食事をして勉強を始めると三時、四時までやらないと勉強の時間が足らない。当時私は京都の街に住んでましたから、京都の市電の中では小型の本を読む時間にして、大型の研究書は夜机の前で読んで研究するというような、非常に忙しい生活をしておりましたけれども、だんだんその研究会に加わって、例えば「明治維新と実学思想」とか、「維新前後の実学と近代文学の発生」とか、「実学史観の提唱」とか……。この「実学史観の提唱」というのは非常に勇ましい題で、私らしくない題ですけれども、これは市井三郎さんの付けた標題です。そういうような実学に関する論文を幾つか書きました。

ただ、活字になったのはもう少し後になりますけれども、その頃「北村透谷の思想的課題とその自殺」というような論文を書いておりまして、私自身の中に、先程スティールさんがちょっとおっしゃったように、実なるものと虚なるもの、そういうものへの関心というのが同時にあったということだと思います。どうしても「実」だけでは満足できない。だからといって「虚」だけでも満足できない。もしも私が「実」だけの世界に住んでいる人間であれば、きっと私はある行動的なタイプの人間になったんじゃないかと思います。学者で済んだかどうか……学問は好きですから、本当に好きでしょうがありませんから続けてやったでしょうけど、もう少し社会的な活動をやったんじゃないのかなという気が致します。もしまた逆に「虚」だけの者であったら、美術家宗教家として生きたんじゃないかと、そういうふうに思います。そういう要素が私に無いとは言えません。ですけれども実と虚との両方の世界への関心をもちつづける、ある面では紛わしい、非常に欲の深い生き方をした為に、結局そういう自分というものを両方生かそうと思えば、思想史研究者というのは一番良いんじゃないかと（笑）、いうような事で、だんだん思想史研究者という事で落着いたのかなあと、振り返って思います。これは余談ですけれども……。

こういうような事で幕末維新の研究を本格的に始め、そして更にその後、江戸時代の儒学思想の研究に入っていったわけです。そしてその方面で初めて書きました本は『徳川合理思想の系譜』（中央公論社、一九七二年）という本です。この本で自分のやった事を少し振り返ってみますと、明治以後の近代日本の発展というのは西洋文化の受容だけによって始まったんじゃなくて、徳川時代という時代における文明の成熟という事をもって、初めて可能であったということ。それから、日本の敗北というものは、和辻哲郎さんが『鎖国』という本において言っていらっしゃるように、「鎖国によって科学的合理思想の芽が摘み取られてしまった」――和辻さんの主張はそういうことですけれども、確かにそういう面があったことは否定しません。否定しませんけれども、では江戸時代に合理思想というものが無かったかというと、それにも拘らず、合理思想の形成というものがあった。そうした事で、朱子学・古学、そうしたものを貫きながら、そこにある経験合理主義的な考え方というものを明らかにしたのがその本であります。具体的な論証として「気」の立場に立つ「理」――気と理との関係は非常にややこしい事ですけれども、これは朱子学の基本的概念で、気というのはある一つの物を構成する材料ですね。質量です。それから理の方はそれを可能ならしめる原理。この二つの組み合わせによって、あらゆる存在を説明するというのが、朱子学の哲学の基本の考えですけれども、気の立場に立つ理の観念や、物の立場に立つ理の観念の形成というもの、そういう方面のことをその本で注目して、そして人間論への展開としては、そこに「情」の復権がみられるという事を、まあ一応明らかにしたつもりです。それを考えてみますと、非常に大まかな、大雑把な言い方をして大変申しわけありませんけれども、むしろヨーロッパの哲学の傾向と比較をすると、イギリスの経験論に似ているんじゃないのか。イギリスの経験論みたいな厳密な認識論というものは、勿論日本の儒学の仕事にはほとんど無い。全く無いとは言いませんが弱いという事がいえますけれども、一つの思想の方向として経験論的な方向であり、そしてそこに感情の問題というものを含めて哲学を考えていくという点ですね。これはヒュームとか、あるいは哲学者ではありませんがアダム・スミスなんかでもそういう面があるかと思いますが、そういうものに非常によく似ているということに気がつきました。

ただ、そういう面があるならばいったい何故明治以後の日本哲学というものが、そうでない歩みを遂げたのか。イギリス経験論的な考え方というのは、明治以後の日本に於て必ずしもドミナントであったという事は言えないと思います。その場合どうそれを説明するのかという問題が起こります。長谷川如是閑あたりはドイツの講壇哲学によって日本が支配されたから変なことになってしまったんだと言っておりますけれども、正にそれに間違いありませんけれども、しかしそれが可能であったについては、江戸時代の思想の中に私が前の本で明らかにしなかった側面というものがあるんじゃないか。それはやはり江戸時代の中に、今の経験的な合理主義の面の他に、価値的な立場に立つある種の合理性の思想というものがあったんじゃないか。これについてはですね、井上哲次郎の場合は若い時に山崎闇斎系の朱子学者に即して儒学の勉強を、ドイツで哲学を勉強する以前にしてるわけですね。この方はむしろア・プリオリ（先天的）な立場に立って、ある一つの道徳的な、価値的な性格の理の問題を追求しているという事が言えるだろうと思います。どうも私自身、自分で『徳川合理思想の系譜』を書きながら、やはりこれだけでは足りないなあと思った問題は、価値の問題ですね。価値の問題を考えていく場合に、今の山崎闇斎的な思想家であれば、あんまり積極的にやる気はしないなと思いまして、なかなか気が進まなかったですね。ただ、横井小楠という人がいる。そのタイプの思想家は彼一人だけなのか、当時まだ私自身江戸の思想史の勉強は充分じゃありませんでしたから、どうももう一つよく解らなかったんです。

けれどもやがて、『近世初期実学思想の研究』（創文社、一九八〇年）という本を書くことになって、江戸時代の初めのこと、一番初期のことを勉強し始めてみたんです。そうしますと藤原惺窩とか、或いは中江藤樹とか、熊沢蕃山とか、今まで私が主として関心を持った貝原益軒以後の思想家とは全く違うタイプの思想家というものがある事に気がついたわけです。これまで全くそういう人達の事を知らなかった訳じゃありませんけれども、自分でじっくりテキストを読んで勉強するという事をしなかった。そうすると、やはり解り方が不十分なんですね。この本を書く過程に於てそうした人々の作品をじっくり読みながら、価値という問題を考えてゆく場合にマイナス的な意味を持つ価値と、そうでなく日本の将来の事を考えていく場合に大切な、プラス的な要因を持つ価値の問題との二つの要素があるなあ、という事に気がつきました。そういうことで、実学の研究に入りますと、そうした価値の問題というものを含めて研究する可能性が出て来るというような事に気がついたわけであります。

それと同時に私自身の研究としては――ちょっと小楠の問題に入る前に横っちょのいろんな所へ入りすぎて、大変申し訳ありませんけれども、――今迄私自身は、近世と明治以後の日本との連続・非連続の問題に非常に関心があったわけですね。それ迄の、江戸時代をやる人は江戸時代だけ、明治以後の事をやる人は明治以後の事だけと、ばらばらになっていて、両方の繋りはさっぱりつかない。明治以後、日本が西洋文化を受容して初めて日本のその後の歩みがあったというように考えられているけれども、それは間違いで、江戸時代というものを理解しなければ明治以後の日本も理解できないんじゃないかという事から、近世と明治以後の日本、近代日本との連続性・非連続性という問題に関心を持って研究しておりました。けれども江戸初期の問題を研究する上で、中世の日本と近世日本との連続性・非連続性というような事をやらないと、やはり近世も解らないという事が、身をもってわかりました。それで最近、室町時代以後の事に非常に関心を持って、新しい研究を始めております。そういう事に気がついた事は、この研究の一つの大きな成果です。

もう一つの大きな成果は、私自身最初はあの本を書きます場合に、江戸の中期迄含めて「近世前半期の実学思想の研究」というテーマで書こうと思っていたんです。ところが仙台にいます時に胆嚢炎になって入院をすることになり、そしてその時二ヶ月程入院した為に、――実は文部省の出版助成金を貰っていた仕事なので、三月迄に本を出さないと大変具合の悪い事になる。そうした事から結局中期まで含めて書くのは事実上不可能になってしまって、近世初期だけに問題を限定してしまったんですね。だけれども四百字詰の原稿用紙で千四百枚位になりましたから、全部書いたら大変な事になったと思うんですが、ただその事を書いた時にですね、私自身それまで考えなかった問題が浮かび上がってきたんです。それはどういう事かと言うと、中期まで書きますと、特に先程申しました経験合理主義的な考え方というものが中心的な問題になってきますけれども、初期だけでまとめるとその問題は出て来ない。いったいどういうふうにして江戸初期というものを理解したら良いかという事ですね。このことを否応無しに、私の当時置かれた状況によって余儀なく、本気になって考えざるをえないという所に追い込まれてしまったわけです。

そこで考えてみて、ああそうだという事に気がついたのは、江戸初期の実学というものを「心学的な実学」とか「心法的な実学」、そういうように規定すればいいなあという事が初めて解ったんですね。そうしますと中世との繋りがさあっとついてくる。中世と江戸時代の初めというのは、そこで切れながら繋っている要素が多分にあるわけです。例えば芸術の方面の、芭蕉迄はやはり中世的な要素をかなり持っている。ただ西鶴とか近松になりますと近世的なものになってきます。そういう近世初期の複雑な要素が非常によく解ると思ったんです。それと同時に、心という問題。これはやはり日本の思想史精神史というものを理解する為にはとても大切な問題だなあという事に気がついて、そして『文化と人間形成』(第一法規出版、一九八二年)という本を書き、更に『型』という本を書いて、特にその中で心と身の関係、心身の関係に技《わざ》という要素を入れて、心技体の問題に非常に関心を持ちながら、そうした事を通じて日本人の性格形成の一つの要因としての自己訓練という様な問題を考えながら『型』という本を書いたわけです。あの本自体はまだ本当は未完成な本だと思いますけれども、私自身としては、副産物として——もしも命があれば——「日本人の心の思想」というテーマで、古代から現代まで「心」という事を日本人がどう考えたかを、ずっと一貫して一遍書いてみたいなと、そういう気持ちが起こってきました。

それからもう一つの問題として非常に関心を持ってきたのは、実学の問題とも重なりますけれども、「実践知」という問題です。人間の知という事を考えてみますと、理論知と実践知と、二つのタイプがあるだろうと思います。アリストテレスが既にそういう事を考えているわけですけれども、アリストテレス自身の場合には理論知の方に最高の価値を置いて、実践知については低い価値をおいたという事は御承知の通りでございます。ただ東洋人としてどうも、私自身理論知の重要さは十分解りますけれども、実践知が価値的に低いものであるのか、同等の価値を持ちながら性格を異にする知であるのか、これはやはり考え直す必要があるんじゃないか。我々の社会の中で生きている知――最近の認識論の研究で social epistemology というようなタイプの研究があるようですけれども、そういう所で問題にしている様な、社会の中での知、或いは教育における知とか、カウンセリングとか、或いは社会科学に於ては政策的な側面に出てくる事だろうと思います。医学のいろんな治療の問題も重なってくるでしょう。人間の実際生活の中に生きている知というものを考えてみると、実践知というものがあり、そこでは「在る」という事と「成る」という事が統合的に考えられている。そして「在る」者がある望ましい状態に「成る」ために「する」ことの意義が強調されている、そういう知というものが、やはり人間の知の一つのジャンルとして非常に大事な問題じゃないか。こういう「実践知」の解明をもし命があればやってみたいなあという気持ちを最近持っています。これはまあ、ちょっと法螺になるかもしれません。今日はそれをお許し下さい。

そういうような事で、私の研究はずっと来たわけで、本当はそれを言えば切りが無い位ありますので、この位に致しまして、今日の本題に移ります。

二　小楠への三つのアプローチ

私自身が小楠に関してどういう問題意識を持ってアプローチするかという事でございますが、一つは実学思想史の中で小楠の位置付けをどうするのか。これは一つの講義のまとめとして当然出て来る問題だと思います。それから、心法のあり方を問う小楠の価値合理主義的な立場というのが、いったいどのようにして、またどのような思想的な手続きで、山鹿素行、伊藤仁斎や荻生徂徠等がかつて危惧批判しました閉鎖的な世界を突破して、開かれた世界に達する事ができるのか。心の思想の持っている可能性というものはいったい何だろう、というのが一つの関心事であります。小楠の場合、やはり心の思想ですね。心の思想の探究というのは果たして実たりうるのか、実学になりうるのか、そういう問題が一つの問題意識です。

それから私自身の社会的な問題として非常に大きな関心を持っておりますのは、普遍主義と個別主義、政治的に申しますとナショナリズムと普遍的な思想（インターナショナリズム）とが、いったいどういうように小楠の場合は関連しているだろうかという問題、これが私のまた大きな問題意識です、それとの関連で申しますと、例えば先程スティールさんのおっしゃった戦争と平和の問題とか、「公」の思想と「私」の思想との関係とかの問題というものが出て来、そしてそうした実学的な要素と彼の普遍的な政治思想、それを統合するものとしての「天」の観念というような問題、これらが大きな問題となってきます。それとの関連で、キリスト教を小楠はどのように考えたかということ、これも一つの問題になるかと思います。

それから、こうした儒教思想というものを問題にします場合、当然東アジアという一つの文化圏内で考えなくてはいけないだろうと思います。かつて日本の思想史研究者は、日本の事をやります時に日本だけの範囲でやるという事が多かったんですね。勿論そうでない方も沢山おられますけれども、数から言いますと、閉鎖的な日本の枠の中で研究するという事が圧倒的に多かったと思います。しかし少くとも江戸時代迄を研究する場合には東アジアの中で日本を研究しなくちゃいけないし、近代を研究する場合には世界の中で日本を研究しなくちゃいけない。こういう事は今日では自明の事だと思いますけれども、日本の講座制ではなかなかそうした事が思うように実現されていないのが現実だろうと思います。小楠の場合に、いったい彼の思想を東アジアの中で考えるとどういうことになるだろうという事も、私自身の問題意識の一つであります。

小楠の思想の中の一番基本的な、基礎的な概念につきましては、今日お手元にさし上げました「横井小楠の「三代の学」における基本的概念の検討」という論文の中に、実は書いてありまして……少くともＩＣＵの先生方には、確か『アジア文化研究』は全部渡っていますね。ですからお読みの方も多いだろうと思います。ですからその話はなるべく簡単に致します。私自身、一番若い時に書きました最初の論文が「横井小楠の実学」という論文と、もう一つは「自然主義文学と漱石・鷗外」という論文でしたけれども、小楠について最初の論文を書きながら非常に気になっていたんですね。小楠研究史の点から言ったら歴史的に一つの意味がある研究だったとは思いますけれども、私自身としてはこれはどうも駄目だな、もう一遍書き直したい、今の自分の立場から見たらどうなるか書いてみたい、ということでその論文を書いてみました。善いか悪いか分りませんけれども最初の論文の標題は「横井小楠の実学」であったのを「横井小楠の三代の学」というようなテーマにしたわけです。

この三代ということ……皆さんはほとんど西洋の方が中心で、中国のことは御存知でないかと思いますので簡単に申し上げておきますと、これは夏・殷・周という中国の三代です。その中のあるものは歴史的な時代ですけれども、ある面では実際に本当にそういう時代があったのか、名前としてはありますが、よく分かりません。神話的な時代と言っていいかと思います。そこの理想的な帝王として堯・舜という人がおりますし、或いは禹という人もおります。そういう三代の間に理想的な政治がなされたというのが、中国の政治思想の中の一番基本的な考えで、それを基準としながら現在の問題を考える、或いは批判をしていくというような学問の仕方を中国ではやっており、日本の儒学にもそういう型に従ってやっている人が多いわけです。ただ、三代、堯舜の治といいますとこれはもう大昔の話ですし、随分古めかしい感じがして、これは後でちょっとお話する事になるかと思いますが、横井小楠が明治初年、明治政府の高官として仕えていたその時に、アメリカから森有礼が日本に帰って来たわけです。そしてアメリカの議会政治の話をする。そうすると「ほほう、それは堯舜の治ですなあ。」と横井小楠が言った。その事を森有礼は福沢諭吉に話したんでしょうね。福沢諭吉がそれを聞いて、明治の高官が最近アメリカから帰って来た森さんから話を聞いて、それを堯舜の治と言った、なんとまあ古臭い、時代錯誤的考えだろう、というふうな言葉を書いています。確かに三代という時代を言い出すことには非常に古めかしい感じを与えます。小楠自身の書いたものを見ても、言葉としても古いし、儒教の範囲内で考えてますので、我々が全面的に賛成するというわけにはいかない面もあります。それはその通りですけれども、果たして彼の言う三代というのは、福沢諭吉がイメージとして持っていたような古さであったのか。これはまた別の問題だろうと思います。

それでは理解し易くする為に、荻生徂徠の三代のとらえ方と横井小楠の三代のとらえ方との簡単な比較をやってみましょう。荻生徂徠の場合はですね、彼は三代と言う時に、堯舜という人を他の中国の聖人達よりも大変かっています。それは、堯舜は制度を作ったからです。朱子学で言う一人一人の人間の内部の自己改造によって社会が変わると考えるのは、政治思想としてはこれは余りにも不充分だと徂徠は考えました。一人一人の人間が自己改革を行なう事で世の中を良くしよう等とはとんでもない迂遠な考えで、世の中にはそういう能力をもっていない人が沢山いるとともに、一人の教師が人に道を教えて自己改革をさせる可能性も無いではないが、その現実的可能性はごく僅かにすぎない。それでは社会の改革は容易に実現するものではない。これに反して良い制度を作るとその中で生きている自己形成の能力を持つ人が、どんどんどんどん自分を改革して自己形成していくのはもちろんのこと、そうでない人々も——人間にはそういう人々がかなりいるわけですが——善い制度の中で生活する事によって自分で気がつかない内にその制度の感化を受けて、人間として立派な行ないが出来るようになる。つまりその事によって優れたよい風俗ができあがる。風俗は社会を作る。従って善い制度を作る事が肝心であり、堯舜というのはそういう善い制度である礼楽制度を作った聖人である。実は「礼」という固苦しいものが社会を統合する為の重要な原理になるわけですが、これだけでは人情に反すると考えて、音楽という要素を加えて、礼楽という一つの文化としてこれをとらえるという考え方をした所に、荻生徂徠の思想家として優れていた点があると思います。ただ彼に於ては、堯舜の偉大さは制度を作ったという唯その一点に収斂されていて、堯舜の生きた人間としてのセンスは、彼の書いたものの中には浮かび上がって来ない。徂徠自身の考え方はヨーロッパの思想で言えば、例えばカントがモラリテート(Moralität)という事を問題にしたのに対して、Sitte とか Sittlichkeit という事を考えて、道徳の問題を客観的な人倫として捉えていったヘーゲルの考え方にも比すべきもの——これは既に丸山さんが指摘しておられますが——そういうヘーゲル的なタイプの思想であります。結局堯舜は優れた制度を作った人、いわばデウス・エキス・マキーナと言ったらちょっとオーバーになりますけど、そこには生きた人間の為政者感覚というのは無い。横井小楠の場合どうかと言いますと、禹という人は洪水をおさめる為に手足に胝《たこ》を生ずる程働いたという事が書いてありまして、勤労という事が問題になる。これは儒教の思想では大変珍しい事だと思います。士大夫の思想ではこういう勤労の事は余り問題にならないですね。これは小楠が自分のお弟子として多くの農民階層の人を持っていて、そういう事で彼等お弟子を通じて学んだ事ではないかと思います。それから堯から舜に位を譲った。舜は堯の子供ではありません。それは世襲政治の否定であります。小楠によりますと、そういう為政者の位の譲り方、その時代で最も徳があり、能力があり、知的に優れている、人間として最高の人に位を譲るというのは、まさにあるべきあり方で、そういう点から見ますと、小楠からするとアメリカの大統領制というものが理想的な政治形態だということになります。共和制というものと、小楠の堯舜の治は重なってくるわけですね。それから舜という皇帝がいたという事になっておりますけれども、この人は『書経』に書いてある歴代の王を見ましても格別に心の広い人で、いろんな考え方に耳を傾けながら、それを自分の中で受け入れて、そして善い面を生かしながら政治的な決定をするというタイプの王であると書かれております。そうした舜の為政者としてのあり方がデモクラティックな公議公論の思想的な基として考えられています。それから「文思安々」という『書経』の言葉、これは為政者の思索というものが、やはり政治をやる場合にとても大事だという事です。日本の現在の政治家等を考えてみますと、彼らは何時ものを考えているんだろうかなあと思う位のハードスケジュールですね。目の前の事の対応に精一杯で、国家百年の計を考えるという事をいったい彼らはどこでやっているんだろうか、ということが非常に気になりますけれども、小楠の場合には為政者の思索という事に非常に大きな意味がおかれた。そして更に彼は「堯舜精一之心術」と申します。勿論政治の世界ですから、あるメリットが必要ですね。メリットは必要だけれども、そのようなメリットを伴う行為が自分の内面から出るのか出ないのか、そしてその内面はどういう内面なのか、という事が非常に大事な問題だと彼は言っています。

そういうような事を考えてみますと、小楠という人は、自分が幕末の時代を生きた一人の武士として、いわば社会の中の為政者的な社会階層に属する人間の一人、日本の将来のあり方に対する責任を持つ階層の一人として、この時代をいったいどういう風に考え、どういう風に生きたらいいのかということを考えながら、『書経』という古典を読む。そして『書経』の場面々々で自分ならこの時こうするだろうと考えながら、現実の問題を考えていく。こういうような事をやりながら、このような聖人像というものを作ったんじゃないかなと思います。この辺を考えてみますと、私は、小楠のこうした研究方法というものは、コリングウッドの思想史の研究方法とどこか相通ずるものがあるんじゃないのかなと思います。コリングウッドは、*The Idea of History* という大変優れた著作を残しておりますけれども、その人の思想史の研究方法というのは enactment という言葉を使っています。非常に訳しにくい言葉ですが、普通は「了解」と訳していますが、どうも了解という言葉ではディルタイの考えと同一化されて具合が悪いなと思います。ある考え方を自分も頭の中で追体験しながら、自分ならこの状況でこうする、こう考える、と考えながら行為の次元で過去の思想を理解していく、というような事を enactment と言っているんですけれども、そういう行為の立場で思想の歴史を理解するのが enactment です。我々が歴史を研究する場合、たとえばある政治家の決断とかその他の事を理解する場合に、自分ならこの状況でこうするという事を絶えず考えながら研究するという事は、避け難い事であり、思想史の方法論であるだけではなくて、これは同時に歴史の方法論でもある。まあ極端な事になりますけれども、歴史とは思想史だというような、ちょっとオーバーな表現になりますが、そういう事をコリングウッドは言っております。

そういうコリングウッドの歴史方法論を先取りするような仕方で小楠は三代という時代にアプローチし、三代という時代を考えながら彼の生きている現在の問題を考えていたという事が言えるだろうと思います。

そこで、今日の話は大体二つの内容に分かれますけれども、一つは心の思想の問題、それからもう一つは国家と国際関係という現実の問題。その二つの、思想として一番基本の部分と現実の問題との関係をどういう風に彼は統合しながら考えていたか、という事が問題になるだろうと思います。

彼自身、別に哲学の訓練を受けた人でもありません。そして専門の学者でもありません。一生東奔西走した、非常に忙しかった人で――まあ、合い間合い間に彼はしくじりをして、孤独な生活をせざるをえなかった所があって、その時は非常に思索にいい時間になったと思いますが――そういう中で問題を考えていくんです。それから、次のエピソードはこの人のものの考え方をよく示していると思います。例えば自分が講義をしている時に、学生達がそれを筆記するのが大嫌いだったそうですね。「やめろ!」と言って止めさせたそうです。そして「そんなに一々筆記をしないで、聞きながら自分で考えろ。自分ならこうやるという事を考えながら、わしの話を聞け」という事を言って、学生に筆記させる事を彼は固く禁じたそうです。そのへんのところを吉田松陰と比べると小楠の思考の特質が非常によく分りますけれども、松陰は書き魔というんですか、物凄く書くのが大好きな人ですね。若くして亡くなったのに、大判にして十巻にもなる大変な分量の全集を遺しています。小楠には一生の間、彼が書いたもの、言ったもの、手紙を含めて全部でたったこの一冊だけしかないんです。そういう点では自分の書いたものをいちいち記録に残すという事をあまりやらなかったんです。ところでこれを再構成する事は案外難しいんです。小楠の思想というのはそういう点で、非常に魅力があるけれども研究の対象としては余り楽な対象じゃありません。分ったようで分らない。難しいんです。まあ基本的な事は先程申しました長先生への献呈論文に書いておきましたので、それを皆さんに今日さし上げて、後でゆっくり御覧いただく事として、簡単に申しますと、彼は心の思想の立場に立ちつつ現実の物の世界とどういう風に接触したのかなあという事を考えてみました。

私の論文では「物と格物の思想」と「仁と誠の倫理」、それから「理の観念」、「天の観念」と四つの項目について、これが彼の学問思想を構成している基本的な概念であるという様に、私は理解をしました。そのような概念は、これは全て朱子学の中にあるものです。勿論朱子学の域を出て、古代儒教の中心にあるものもあります。そういう概念を使いながら、その概念を彼は自由に自分の立場から解釈する事をやっています。小楠の三代の学というのは、自分の理解する『書経』の世界に立ちながら朱子学を再解読してみた、そういう内容ではないかと思います。これが荻生徂徠の場合ですと、学問的に非常に厳密です。文献学的な方法を使って、古代の経典を材料として——古代の経典というのは唐末、ないしは宋以後の言葉とは全く種類の違う言葉でありますから、古代の言葉を宋の時代の言葉の意味からではなく、古代の言葉の意味として理解するという方法をとりながら——そこで古文辞学という学問が成立するわけですが、それによって古代の思想を本来の意味において理解し、そしてそれによって古代の政治思想を明らかにしていくという手続きをとります。この考え方は学問的に非常に優れたものでありまして、これが国学の、例えば本居宣長などの研究方法に対して大きな刺激を与えた事は御承知の通りであります。けれども小楠の場合は別に学者ではありませんし、結局自分の政治的な活動という観点から、朱子学を『書経』の観点、つまり三代という観点から理解し直そうという事をやったと思います。

その中で、まず認識論的な問題についてどういう事を考えているかと申しますと、儒教では「思う」ことと「学ぶ」こと、これは両方とても大事だと申しますけれども、基本的な考え方では「思う」ことよりも「学ぶ」ことに重点があったという事が言えるだろうと思います。中国は過去の文化の重みが余りにも大きい国ですから、新しく思索して何かを考えていく事よりも学ぶ事の方が大事だという事になり、『論語』を見ますと孔子は両方の要素の重要さを認めながら結局学ぶことの方にアクセントを置いた、と考えていいと思います。ところで小楠は「思う」事の方に重点を置いて、博学明弁というような事も「思う」という事の「小割れ」、すなわちある部分であると言っています。それから「思う」ことと「知」、知るという事は当然深い関係があるわけですけれども、この場合「思う」という事は心の知覚である――ちょっと分りにくい表現ですね。この場合の知覚というのは、今日の我々の perception という意味ではありません。「神知霊覚」という言葉を使っておりますけれども、これから見ますと彼の「知」というのは霊性的な思惟の自覚的な活動と考えていいかと思います。こういう立場に立って彼はまず思索し、そしてどうしても分らない時は本を調べてみる、というような考え方をとりました。そういう彼は、これはまた大変俗な表現ですが、「知る」という事と「合点する」という知り方、この二つを区別しています。知るというのは形に滞った知だ――それはホワイトヘッドの inert ideas に通ずる考え方でしょう――と申します。我々が何かを知る、ある時ある事がこうなされたと。これは一つの知ですね。けれども、その知だけではやはり充分ではないと彼は言います。合点するというのは、ある状況の中である事がこうしてこういう原因で行われたという事がもし分るならば、今状況はこう違う、では我々はこうすればいいんだという事が分ってくる。そういう知になるのが、合点するという言葉で言っているものです。こうした概念の違いを分析しながら、現実と思惟との結びつきを考えていくわけです。

それから格物という事もですね――これは中国の四書の一つである『大学』という本の中に出てくる言葉ですけれども――この言葉については七十二の解釈があるそうです。このようなことは西洋の勉強をする人にとっては考えられない事ですね。一つ一つきちんと概念規定をして、間違いない規定をきっちりやって、その上で自分の思惟を進めていく。これは西洋の学問の良さだと私は思いますけれども、中国の漢字は、非常に象徴的な文字ですから、いろんな解釈の仕方が可能であって、「物をきたす」と読んだり、「物にいたる」とか、あるいは「物をさる」といろんな解釈がありますけれども、小楠は基本的には朱子学者ですからこれを「物にいたる」という朱子学の読みには従っています。だが彼はその場合に、朱子学の格物の考え方は思弁的だ、それでは現実の社会の要求に応える事ができない。そこから彼は格物を生産と結びつけて考える。その為に朱子学の五行説を否定して、『書経』の木・火・土・金・水という言葉ともう一つの穀――此を『書経』の方では六府と言います――この六府を現実の木とか火とか水とか穀物といった物に置き換えて、そしてこれを生産と結びつけて考えるという解釈をやった訳です。彼の場合「明徳新民」という――陽明学の方では新は親、民に親しむ。朱子学では民を新らたにする――これは、従来の伝統的な解釈では、支配者・為政者が自分の中に存在する明徳という持って生まれたある根源的な一つの徳を明らかにすると、それは周囲にだんだん拡がっていく。ちょうど石を投げると波紋を描いてずっと周囲に拡がっていくように、それは世の中を感化して、全ての人がその感化を受けながら優れた生き方をするようになっていって、善い社会が実現される、という考え方が朱子学の伝統的な解釈です。けれども小楠はその伝統的な解釈に反対をして、新民という事が基本だ、民が現在非常に苦しんでいる、民の為にどうするか。どうすれば民はより良い暮らし方ができるようになるのか。或いは国家がどういう風にすれば独立できるのか。世界の平和をどういう風にして実現するのか。そういう事を本気になって考える。そういう事をやる事を通じて支配者・為政者というのは、いつのまにやら自分の中に明徳というのが身に付いていくんだというように、今迄とは全く違う解釈をした。伝統的な解釈と違う行為の立場に立つ解釈をして、その為に自分の古い友人と一週間論争をします。お互いに論争して、結局友人とそこで「これ以上議論しても仕方無いから、我々はもうこれから交際をやめよう」と言って仲を切ってしまうという生き方を彼はしております。このような生き方をする彼は、新民の為に儒教の基本的な概念の解釈の仕方を変えながら、儒教の枠の中で、いろいろな自分の直面した問題を考えていこうとします。そして格物によって理を知るのだけれども、理を知るといっても、一本の木や一本の草の理を知るというような朱子学の中にある理ではなくて、天下の理を知るという事が大事だと言います。

それからもう一つ重要なことは、格物という認識の行為と、誠という倫理的な要素とを結合しようと考えていることです。これは非常に大きな問題のあるところです。どういう事かと申しますと、誠という事は倫理的な価値です。我々がものを知るという時に、そこに価値的な要素が入れば非常な混乱が起こりますね。だから認識過程の中に価値的要素を入れない事によって認識内容の首尾一貫性が保てるだろうと思いますけれども、小楠は二つの要素が同時に大事だと考えたわけですね。これについては倫理的要素、価値的な要素と認識的要素をごちゃごちゃにする事ではなくて、倫理的な要素と、普通の意味での、つまり経験的レベルの認識過程は一応別にしながら、例えば認識の過程に於て、まず誠、そして致知という認識のレベル、そしてまた誠、こういう順序で考えるべきじゃないかという問題提起をしています。我々西洋の認識論を知っている人間からすると非常に奇妙な感じもしますけれども、考えてみると私どもの、特に政策決定の過程という事を考えた場合に、これはかなり大事な問題提起ではないのかなと思います。何かを決めていく、その場合にそれが論理的に首尾一貫する事はとても大事だということは改めて言う迄もありませんけれども、その首尾一貫するものがどういう前提の価値観に立っているのかということですね。これは我々がもの事を考えていく場合に、価値観というものは自分達の生きる場の前提になっているので、前提の価値観というのはあまり検討しないで、そこからすっと「これは正しい」という考え方をする傾向があるだろうと思います。その場合に自分らの立っている価値観はどういう事か、これは善いのか、問題無いのかという事を考えながら、そこの前提を、価値の問題ですから自分なりの決断で方向を決めて、その上で認識過程は論理に沿ってやる、しかし出てきた結論に関してこれが善かったか悪かったか、主観的に善であっても、それが行為としてどういう結果をひき起こすのか、そういう事を考えながら、自分の思惟過程というのをもう一遍検討してみる。こういう認識過程が必要じゃないのかということですね。これは実践的な認識という事を考える場合に非常に大事な一つのアプローチではないかと思います。

それからもう一つですね。誠と知の関係で、彼はまた非常に注目すべき事を晩年に語っています。「我思ひのかゝる処、宇内にかけて皆我が分内といたし候故、宇内のこと皆我心竅かにひゞき候て所レ謂格物も皆空理に相成不レ申、我惻怛の誠にひゞき候て、今日千緒万端見聞する処の者、皆我心の働と相成候」。宇宙内のあらゆる事柄、これを主体の側から言えば「今日千緒万端見聞する処の者」が、自己の中の「惻怛の誠」に響いて主体の中に感応現象をひきおこし、自己のあらゆる経験が自己の心の働きに転化するというのであります。こういうような事が書いてありまして、ここで語られているのは、認識過程が精神活動、生命活動というものに段々深まっていくということを示しているだろうと思います。これらは全て暗示的に書かれている事で、これ以上哲学の問題として深められておりません。現代の哲学をやった人が人間の生活の中での認識過程というものを考えていく場合に、更にこういう問題を深めていく手がかりがここにはあるだろうと思います。

三　小楠の生涯

ややこしい問題は議論をすれば切りがありません。この位にしておきます。それで私は気が付きましたけれども、小楠の伝記的な事について少しもお話しせずに今迄話していました。これは大変不親切な事だったと思います。皆さん小楠についてもう既に誰でも御承知であるかのような事で話しておりましたけれども、これは大変申し訳ない事をしたことに途中で気がつきました。

彼は一八〇九年、文化六年の八月に熊本藩士の次男として生まれました。当時の武家社会の次男というのは冷飯喰いです。そういう点では彼の将来は保証されているわけじゃありません。ただまあ非常によくできるということから、十歳で時習館という当時の学校、藩で創った学校がありますけれども、そこに行って勉強を始めて、彼は二十五歳で時習館の居寮生となります。そして講堂世話役を務めて、居寮世話役というのを二十八歳で命ぜられている。言ってみるならば一種の tutor となったという事です。当時の熊本藩の藩校というのは非常に教育の内容が進んでいて、一種の tutorial system を作って教育をしていた事が分ります。彼は二十九歳の折に居寮制度を改革して、その初代の居寮長となります。

ところでその二年後、三月に江戸に遊学をする。この頃田舎から江戸に勉強に行くという事は、これは大変名誉な、珍しいケースだったろうと思います。ところが小楠はお酒の癖が良くないという大変困った、しかしまあよくありがちな（笑）欠点がありまして、酒はあんまり強くなかったらしいが、好きなんですね。好きで飲んだら、何ていうんでしょうか、私など飲んだら赤くなって眠くなる性質《たち》ですけれども、飲んだら非常に喧嘩をする人がいますね。この人はすぐ喧嘩をしたり、言わなくてもいい事を言ってしまう。そういう事がある性格の人だったようですね。それで彼は江戸に行きまして、林大学頭とか佐藤一斎とか松崎慊堂とかいう様な偉い儒者にも会っておりますけれども、特に水戸藩の藤田東湖と仲良くなりました。水戸藩は、当時は諸藩の間の政治的な中心でした。そこでいろいろ話をしているうちに、酒の上の事で肥後藩のことをあだこうだとつい洩らしてしまったんですね。藩の方では藩の秘密を洩らしたという事で、特に肥後藩は非常に保守的な藩ですから、江戸詰めの家老その他の人の間に問題になって、結局「お前が江戸に居っては、藩は困る」という事で帰国を命ぜられて、十二月に逼塞の処分を受けます。それ迄は彼は特別手当を貰って、ある程度の収入はあった訳ですけれども、結局お兄さんの収入に寄りかかり乍ら生活せざるをえない事になってしまったわけです。

山崎さんの伝記を読みますと、その時に彼は、朱子によって高く評価された宋の程子兄弟の兄にあたる程明道の「物就ニ於用一不レ是《ものようにつくはぜならず》」という言葉に触れて、考え込んでしまったんです。というのは、この人は政治的な問題に一番関心をもつ武士ですね。その場合何か行動しようと思うならば、それはやはり或る一つの社会的な有用性を目指さざるをえない。だけれども「物就ニ於用一不レ是」、用ということを目指すのはよくないというのは、いったいどういう事かと。儒教であれば経世済民という事が当然の課題である。それは用という事を目指さざるを得ない。しかも「物就ニ於用一不レ是」という言葉である。この用と用につかないという事の関係はどう考えたらよいのかという事です。そういうことで、自分のそれ迄の思惟の範囲では解けない問題にぶつかってしまったんです。それ迄の彼はどちらかと言うと歴史学に非常に関心を持った青年です。元田永孚の『還暦之記』というものを読んでみますと、自分が寮に入った時に横井先生が居寮長であった、新入の居寮生に歴史の本を読まなくちゃいけない、それもありきたりじゃなく、中国の古代から現代迄の各王朝毎の歴史を全部読めと勧められたという事を書いております。小楠は若い時代はむしろ歴史を勉強する青年であったわけです。これは変動期の青年に非常に多い傾向だと思います。日本の戦後でもそうですね。変動期に従来の歴史観では解けない問題が出てくる。そういう時に青年が歴史という問題に関心を持ってくるというのは、非常に自然な発想だろうと思います。世の中が安定していますと、歴史でも社会史等に興味が移ってくるという事になりますけれども、世の中が不安定な、どういう風に自分達が生きていいか分らない時には、むしろ政治史を中心とした歴史の方面に関心を持つ事は、非常に自然な事だろうと思います。そういう歴史学を勉強し歴史が好きな青年であった彼が、ここで初めて哲学的な問題に突き当たった訳です。そこで彼は、自分の家の六畳の一部屋を貰っていたらしいですけれども、その部屋の行灯とか襖とかに「物就㆓於用㆒不㆑是」といっぱい書いて、毎日毎日これを眺めながら、いったいこれはどういう事かと考え続けたらしいです。

そこで何か分ったんでしょうね。そして彼はその間に特に、自分は今迄ある種の名誉を求めて生きていたという事ではなかったかと反省し、ここで朝鮮の李退渓という朱子学者の次の言葉に触れて、大いに自得するところがあったようです。

須先将㆓世間窮通得失栄辱㆒、一切置㆓之度外㆒、不㆔以累㆓於霊臺㆒。既辨㆓得此心㆒則所㆑患已五七分休歇矣。

当時彼は失意の状態にあったわけですね。藩の秀才として将来を嘱望されていた人間が、酒の失敗でこうした事になってしまった。そこで自分自身道を求める気持ちはあったけれども、結局自分は世間的に調子がいいとか悪いとか、名誉を得るとか恥をかくとか、そうした事についてそういう関心を持って生きていた人間であったという事を自覚したわけです。こうした事を全く自分の関心外に置いて、自分の心をそれによって汚される事がないようにする。そうするともう大体自分の心配の六、七分はこれで済んだ、解決できたと言ってよろしいと、こういう事を読んで非常に彼は自分で「ああそうだ」というある小さい悟りを得たわけですね。そういうものによって彼は自分の思想をだんだん方向づけていく事になります。

そしてその後まもなく、天保十二年には『時務策』というものを書いて、肥後の藩政を批判しています。文化・文政の頃の藩政は堀平太左衛門という人が中心になった藩政ですけれども、荻生徂徠とか海保青陵あたりの思想にどこか通じるような考え方に基いて、藩の為の、藩財政を良くする為の藩政改革、ですから藩の人民が実際どういう生活になるのかという事よりも藩の財政上の色々な困難が解決できる為にはどうすればいいかという観点に立つ藩政改革であったわけです。肥後の名君と讃えられていた細川重賢の政策は実はそうではなくて、藩の人民にとっては大変な苛斂誅求の政治であったと、そこまでは言っていませんけれども内容的にそうなっていると思います。そういう『時務策』を書くんですね。藩というお互いに顔見知りの小さい社会としては随分思いきった批判だろうと思います。その二年後あたりから実学党というグループができ、そしてこれは思想的な中心は小楠かもしれませんが、もう一人中心になるのは長岡監物という人で、これは一万五千石位でしょうか、藩の家老です。小楠は百五十石で、足高で二百五十石位でしょうか、ちょっとそこは正確じゃありません。そういう非常に軽輩の子供で、しかもこの当時迄は次男ですから部屋住みです。そのほかグループの荻昌国とか下津休也とか元田永孚という人が中心になって始まり、それがだんだんと一つのインフォーマルな大きな集団になって、政治的に藩に対してある種のインパクトを与えるようになってしまうんです。このグループの人々は非常に熱心に集まって勉強会を開いていたようです。一週間に一遍とか、場合によっては二日に一遍とか、毎日やるとか、そういう事もあったらしいんです。そういう様な事でお互いに研究し、勉強し、テキストを読んで、勉強と同時に現実の政治をどうすればよいかと考えていたんです。その頃小楠はそれとは別に私塾を開いて、一番最初に入門したのが徳富一敬と申しまして、徳富蘇峰の父親になります。その頃から実学ということを言い出す。そして三十九歳の折には小楠堂という私塾を創るようになります。

そして今度は関西地方から北陸にかけて旅行してまわる。この旅行の見聞録は非常に良いものです。それから嘉永五年、この年の三月に「学校問答書」という教育についての論稿を書いて、越前藩に送る。そしてそれが一つの機縁となって、後に彼は越前藩の教育顧問となりますが、橋本左内の死後、政治顧問になります。それから嘉永六年、ペリーやプチャーチンが日本へやって来た年ですけれど、そこで「夷虜応接大意」という非常に注目すべき論稿を書いて、幕府の要人でもあり、小楠が江戸にいた折の知人でもあった川路聖謨に送っています。立場はまだ攘夷論ですけれども、その内容をみますと頑迷固陋な攘夷論と違って、後でちょっと紹介しますけれども、非常にいい考えが示されています。

その後安政二年、この年は非常に注目すべき年だったんですけれども、一つはこの年にさっき言った明徳新民の解釈で、長岡監物と一週間論争し絶交するという事をやり、自分の孤独の道を歩き始める事。それからもう一つ、この年に魏源の『海国図志』という本を読んで、そして彼は今迄の攘夷論を捨てて開国論に転向します。ここから後、今迄とは違って小楠的方向がずっと出てくるんです。その後越前藩に行って、越前藩の中で藩の国是を確定するために努力します。実はこの前後、安政の大獄で越前藩のいろんな政治上の政策決定の中心にあった橋本左内が亡くなって、その後彼がその役割をせざるをえなくなり、そしてここで『国是三論』を出す。これは直接には越前藩の「国是」ですが、その内容は日本国の「国是」を論じたものです。そして江戸に出て松平慶永が幕府の中心的役割をする事になった場合に、結局そのブレインとして、ある方向の政策を出すようになります。

この過程に於てこれ迄の幕府の政策が幕府中心主義であったという事を批判し、全人民の事を考えるような政治というものに考え方を変えるべきだという事で、いろいろと問題提起をし、そして彼については当時「横井の舌剣」という言葉がありまして（命名者は桂小五郎、のちの木戸孝允）、非常に弁のたつ人だったんでしょうね、非常に説得力があり、例えば参勤交代の制度をやめてしまい、江戸におった家族達を田舎に返すというような思いきった改革をして、難局を乗りこえていくような方向の考え方を出すんです。

ところで彼はここでまた、お酒で失敗しています。非常に大事な時に……。これが文久二年です。肥後藩江戸留守居役の吉田らと酒を飲んでいる時に刺客に襲われるんですね。どうして彼がその時そうしたのかよく分りませんけれども、彼は階段の入り口に近い所におったらしく、手拭いで自分の顔を隠して、何かこういう太鼓持ちみたいな格好をして階段を下りていった——酒席によくそういうのが来るわけですから——刺客は顔を知らなかったんでしょうね。見逃してしまった。彼はその時刀を持っていなかったんです。それで自分の宿へ帰って刀を持ってもう一遍行ってみると、吉田とか都築とかそういう人々は刺客たちと格闘して疵を負っている。それで彼は、武士道にあるまじき行為をしたという事で、肥後藩からもうこういうのは武士をやめてしまえという様な事になってしまうんですね。結局明治以前に幕府が民主的な方向に向かうチャンスがそれで無くなってしまいます。そして文久三年に故郷の熊本の沼山津という田舎の村に帰って、その上士籍を剥奪されて、全く浪人として田舎で孤独な生活をし、世の中の事に関心は持つけれども、いわば世の中と縁を切った人間として世の中の事を見据えるという態度で生きることになります。しかし勝海舟から頼まれて「海軍問答書」を書くというような事もやっておりますし、自分の亡くなった兄の子供を海舟の神戸海軍操練所に入れるという事をやっております。その頃の小楠の思想を理解する資料となる二つの対話記録が残っています。これは井上毅、後の明治政府に於て明治憲法とか教育勅語とか地方自治制を創るというような非常に大事な役割を果たして、いわば明治国家の骨組みを創ったといっていい官僚です。この人は小楠の考えに必ずしも賛成しているわけじゃありませんけれども、小楠の談話を記録して「沼山対話」というものを書いています。これは非常に良いものですから関心のある方は一度お読み下さい。それからまたその翌年、慶応元年に友人の元田永孚が小楠の談話を記録して「沼山閑話」というものを書いています。これは小楠の晩年の思想を理解するのに非常に良いものだと思います。

それからその翌年には甥を世話してアメリカに留学させます。その時に小楠自身は金を持たないので、小楠のお弟子の連中が自分の家で持っていた古金とか、あるいは場合によっては山を売って留学の費用を出したと言われております。この甥のアメリカ留学の際に彼に次の言葉を二人に贈りました。

明㆓堯舜孔子之道㆒。盡㆓西洋器械之術㆒。何止㆓富国㆒、何止㆓強兵㆒。布㆓大義於四海㆒而已。

これは彼の書きました書を石版刷りにしたものです。

明治以後、彼は新政府から招かれて徴士になります。しかしその頃は病気がちであんまり活動ができなかったように思いますね。ただこの年九月頃、アメリカから帰った森有礼と会うんです。そして森有礼からアメリカの議会政治の話を聞いたり、或いは、L・ハリスの話を聞いたりするのです。実は森はイギリス留学をやめてアメリカへ行って非常に不思議な経験をするんですね。林竹二という先生が新生社と訳しておられます（The Brotherhood of New Life の訳でしょうか）、Thomas Lake Harris という人のつくったキリスト教神秘主義の結社に入り、勤労しながら道を求める経験をするのです。

このハリスという人は非常に問題を含んだ人のようです。本当に偉いと心服していた人と、それとは逆にあの男は山師じゃないかと言う人もいたようです。彼はスウェーデンボルクの影響を受けた神秘主義者であるとともに、他方では空想的社会主義者のフーリエの影響も受けていました。そして当時の一般のキリスト教の信仰は全部腐りきって駄目だと思っていました。彼は一般の教会組織からまったく離れて一つの小さな兄弟団を作って、そこでお互いに勤労しながら、勤労と瞑想の中で神の道を味わうキリスト教のあり方を探求していました。それが当時はアメリカから、更にイギリスにも影響を与えたのです。現在はもうその兄弟団はありませんが、当時は多くの人をひきつけたのです。

このハリスの影響を受けた人にオリファントというイギリス人がいます。彼はもと外交官でエルギン卿に従って中国ならびに幕末の日本を訪れ、その見聞記を書いて文名を博します。その後外交官として日本に来ますが東禅寺で長州藩士に襲われ、大怪我をして外交官としての道を断念、帰国して下院議員となりますが、自らは日本の青年達によって傷つけられたにも拘らず日本の青年達は有望な人々であるとし、祖国愛に燃える彼らに対して献身的に援助の手をさし伸べます。薩英戦争後薩摩から派遣された一団の若者たちも、渡英後彼の世話を受け、ロンドン大学などに入学していますが、彼らはこのようなオリファントを尊敬していました。このオリファントが要職を捨ててハリスの許で修行するというのですから、薩摩の若者たちも心動かされ、オリファントと共にハリスの許に行くのですが、その中で最後まで残って勤労と信仰の道をきわめようとしたのが森有礼と鮫島尚信の二人です。日本の大政奉還・王政復古の話を聞いて彼らはすぐに帰国、新政府に登庸されます。この二人の新帰朝者の話を聞いて横井小楠は心からハリスに共鳴するのです。

横井小楠は政教一致の考えを抱いていましたから、西洋の政治についても最初の中はこのような観点から捉え、キリスト教というものがヨーロッパの政治の基本であると考えて、ヨーロッパの政治がすぐれているのはキリスト教のおかげだとみなしています。しかし後になると、ヨーロッパのすぐれた面は一種の経綸窮理の学であって、キリスト教は倫理の教にすぎないと考えるようになっています。また西洋近代の教は「事業の上の学」であって「心徳上の学」がないから、約束の履行という観点からのみ問題が捉えられ、すぐに戦争に訴えるということになるとして、西洋の将来に対してもけっして楽観的な見方をしていません。

小楠の晩年はある孤独感に包まれていたように思います。東洋の世界についても自足していたのではないのです。日本あるいは中国の儒者を見ても、堯舜の道、三代の道を求めている人は一人もいない。西洋もアジアもそうであれば、いったい人類はどうなるだろうかということを考えています。そういう時に小楠は森有礼からハリスの話を聞いて、西洋のキリスト教世界の中で人類の行く末ということを本気で考えている人がいると、彼は心から感動してその人に是非会いたいと考え、アメリカに行っていた二人の甥たちに、この人に絶対会って来いという手紙を出しています。彼は、ハリスと自分は「道の入処」は違うけれども「良心を磨き人倫を明らかにする」という点では自分とまったく同じ考えだとみなしました。しかもハリスは日本とアメリカが世界を変えていく二つの力になると考えている、そういう人たちと力を合せてやっていかなくては、という気持に小楠はなります。彼はキリスト教と自分の考えている儒教との間に、共通の地盤に立って問題を考えていく可能性があると感じました。

しかし小楠は、彼の新しい関心が十分に展開しないうちに、明治二年の一月四日に京都の丸太町のちょっと下ったところで、御所に行った帰りのところを刺客に暗殺されます。その細かい事については、森鷗外に『津下四郎左衛門』という小説がありますので、そちらを御覧下さい。小楠はキリスト教を信じていたのではなかったのですが、そういう風にとられ、また政府の欧化政策の原動力は小楠であると誤解されて、欧化政策に反抗する人々によって暗殺されたのです。

ところで小楠が暗殺された後、一般の場合と違って殺した方への同情が集まって、小楠は天皇制廃止を考えていた人物だから殺されるのは当然だという議論が多く出始め、その揚句には「天道覚明論」という偽書がつくられます。その全文はお手許に用意しておきましたから御覧下さい。文体・用語などからみると私はこれは間違いなく偽書であると思いますが、こういう偽書が書かれてもおかしくない面が小楠の中にあったのです。次の詩をごらん下さい。

人君何ぞ天職なる

天に代りて百姓を治むればなり
天徳の人に非ざるよりは
何を以てか天命に愜《かな》はん。
堯の舜に巽する所以
是れ真に大聖なり
迂儒は此の理に暗く
之を以て聖人の病《へい》となす。
嗟乎《ああ》　血統論
是れ豈《あ》に天理に順ふものならんや。

聖人の聖人たる所以は世襲制をとらず、徳あり見識ある人に位を譲るところにある。迂儒はこの道理に暗く、これを聖人の欠点だと考えている。血統論は天理に順うものではない、というのです。

この詩の作られた時期は安政年間らしいので、ここで人君というのは将軍か藩主のことだと思います。しかし論理的に言えば、天皇が血統であるから後を継ぐのではなく、一番すぐれた人が次の天皇になるのが本当だ、という解釈も可能だと思います。小楠を嫌っていた人はそういう解釈をして「天道覚明論」なる偽書を書いたのです。尊王論が明治維新の原動力の有力なものであったことを思えば、このような反・小楠的動きがあったこともわからないではありません。明治・大正・昭和前期を通じて小楠の評価は一般的にはそう高いとは言えませんでした。とくに国粋主義が高まった時代がそうでした。戦後になって初めて彼についての正当な評価が生まれてきたように思います。

四　「公議・公論」の思想

では次に、小楠は国家とか国際関係をどう考えていたかということが問題になります。これについては詳しくはお手許にある論文を御覧いただきたいと思いますが、今日は今まで書いてないことを一つだけお話しします。それは「公議・公論」の思想です。

小楠の「公」の思想を考える場合に、二つの大事な点があると考えます。第一に、「公議・公論」という共和政治・民主政治の基本になる考えの日本における思想的オリジンを彼が創ったということです。「広ク会議ヲ興シ万機公論ニ決スヘシ」という「五箇条の御誓文」の第一番目の条項の一番基本になる考え方は、小楠がつくったと言ってもよいと思います。その「公議・公論」という考え方を彼はどのようなプロセスで身につけたのかということ、これが第一の問題です。

第二は「公と私」という問題についての小楠の考え方です。この「公と私」という考え方自体は古代からある考え方ですが、問題を江戸時代に限定しますと、まだ幕府が政治権力を十分に持たない段階では、幕府が「公」であるという考え方もはっきりしなかったわけですね。そういう中で統一国家としての実ができあがっていきますと、そこで日本全国のことを考える立場の考えが「公論」であるという考え方ができます。そういう立場の「公論」は荻生徂徠などによって出てきますけれども、大体それ以後の「公」というのは、例えば「御公儀」という言葉の「公」は幕府を公と考えるという立場でできている言葉ですね。それに対して横井小楠は、幕府は私であって日本の国家全体これが公であるという考えを出しています。これがこれ迄にない優れた考えであることは言うまでもありません。しかし、これは当時の改革的な人々に共通の考え方であって、小楠だけの考えでは勿論ありません。スティール先生の御専門の勝海舟なんかもそうですね。小楠自身の偉さは、そのような国家レベルの公ということを超えて、日本もある立場に立てば私である、と人類的な立場で公ということを考えて「各国には各国の私がある」という風に「国家ということも私である」というところまで思想のボルテージを高めたというところに小楠の思想の、この当時の人と比べて格段にすぐれた面があるように思います。

これら二つの側面、これが小楠の公の思想を考えていきます場合に非常に大事なことですけれども、後の面、これは御存知の方も多いでしょうし、かなり時間がたちましたので、前の面についてだけお話しておきます。これはまだ一度も話してないことですので。どういうところで彼の公論という考え方が出てきたかということですけれど、その場合、普通私どもは魏源の影響であるとか、あるいはエートンの『万国公法』の翻訳の影響であるとか考えております。国内の一つのディスコースとしては、公議公論という考え方は小楠以外にもなかったわけじゃありませんし、勝海舟とか大久保一翁とか、あるいは福井藩の人々とか、もう随分こういう公とか公議公論という言葉を使っていますから、まあそういう climate of opinion の中で彼の思想が形成されたということは言えるでしょう。けれども、小楠自身がそういう中で、やはりさっき言ったように公議公論の思想の大きな思想史的な創始者であるということを考えますと、そこには他の人と違う何かがあったろうと思います。それは何かということを考えてみますと、彼の教育についての考え方がどうもそれと結びついているのではないか、ということですね。そこで私は「学校問答書」という嘉永二年に彼が書きました教育論というものを御紹介したいと思います。

これは非常にわかりにくいもので、はじめ読んだ頃はどこによさがあるのかよくわかりませんでした。人材教育ということが大事なのはよくわかる。人材教育は大事だけども、人材教育をやるということで作られた教育機関で本当の人材が育成されたためしはない。この小楠の見解は非常によくわかりますし、良いと思いましたけれども、この考えというものが小楠のその後の思想の発展のなかでどういう意味があるのか、読んでみますと朱子学の「理一分殊」という考えにもとづいて論議がつくられていて、何も新しい事はないじゃないかというような気持ちが強かったのです。けれども私は最近それは自分の考えが足りなかったと初めて知りました。七十になってそういう事を知るんですからちょっと恥ずかしいんですけれど、これはもう仕方ありませんね。で、それはどういう事かと申しますと、その一つのきっかけになりましたのは、ド・バリーさんといって御存知の方もあると思いますが、アメリカのコロンビア大学の教授ですね。あの方が『朱子学と自由の伝統』という本を書いているんですね。その中で「講学」ということをいわば「キー・コンセプト」として問題を追求しています。その講学ということ、これは朱子学の教育の基本の考えですね。その講学ということをリベラリズムと結びつけて解釈した、というところにド・バリーさんの考えの新しいところがあります。勿論それに対して色々な反論もあります。朱子学というのはそういうリベラリズムとは違うと、そういう批判もよく分ります。ただド・バリーさんは朱子学の持っている思想的な可能性という点から、講学を中心として朱子学とリベラリズムの関連について論じていると私は理解します。

ところが小楠の場合は、講学あるいは講習討論ということ、この考え方が公議・公論という考え方に結びつくと私は考えます。「学校問答書」の範囲ではその考えは十分に展開されていません。その後彼が安政三年に自分の福井藩でのお弟子に書いた手紙があってその中にロシアの教育について書いた部分があります。ペテルブルクの大学のことが書いてあるんですけれど、ここには「政事何ぞ変動之事総て学校に下し衆論一決の上にあらざれば決して国王政官之所存にて行候義は相成不レ申、将又執政大臣等要路之役人是又一国之公論にて黜陟いたし候由」と書いてあります。この「衆論一決」、政治上のことは全て学校にその意趣を下して皆で集まって討論をする。そのディスカッションで意見が決まったところを国王や政府の行政担当者に持っていく。国王や政治家達は自分の考えで事を行うんじゃなくて、その学校での講習討論あるいは講学に基いて、それを公論として問題を展開していく、そういうことが書かれているんです。彼が儒教のレベルで講学とか講習・討論と言っていた事がここで公論と結びついています。小楠の場合学校というのはたんなる学校じゃなくて公論形成の場であり、場合によっては一つの議会・国会の役割をする学校であった、ということが言えるだろうと思います。

小楠の「学校問答書」からこの事に気づくのは大変難しいことですが、この事にはっと気がついたのは、中国の明末清初の思想家黄宗羲の『明夷待訪録』という著作を再読した時であります。私は昨夏、この本の考えと小楠の考え方の間に共通性がある事にはっと気がつきました。で、この人はどういう人かと申しますと、明末当時の宦官政治というものに非常に反対して批判をし、投獄されるなど随分苦労しているんです。しかし明が敗れて清が新しい王朝になった時にそれに仕えないで、その後は著作活動をしながら次の時代を待つ。次の時代の夜明けを待つという意味で書いたのが『明夷待訪録』という本です。ところでこの夜明けは非常に遅く訪れ、清末になって初めてこの『明夷待訪録』というのが評価されることになります。梁啓超という思想家が『清代学術概論』を書きますときに黄宗羲やその著『明夷待訪録』を評価して、彼らの清末の政治改革の問題の思想的よりどころとしてこの本を高く持ち上げる、ということをやる。その後『明夷待訪録』は清末の思想に測り知れないほどの影響を与えました。

ところで小楠はこの本を読んだのではないかと思う位に両者の考え方にはどこか共通する面がありますけれど

も、日本に黄宗羲が影響を与えた形跡はほとんどありません。小楠自身もおそらく読んでいなかったと思います。ただ彼が自分自身の問題を追求していく中に、自からそこに響き合うものがあったと考えるのが、現在のところ妥当な解釈ではないかと思っております。両者の類似性を具体的に検討してみましょう。『明夷待訪録』の「学校」というところにどういうことが書いてあるかといいますと、

学校、所二以養レ士也。然古之聖王、其意不二僅此一也、必使下治二天下一之具、皆出中於学校上、而後設二学校一之意始備。（「学校」）

学校は人物、当時の中国の言葉では士を養成する為のものである。しかし古代の聖王は、学校設立の趣意を士を養うだけじゃなくて、学校で政治をおさめる色々な手段が議せられて決まっていくようにした。それで初めて学校設立の趣意が完備したという、小楠が考えたのと同じような事が書いてあります。黄宗羲はそれに引き続いて、「天子の是とするところ未だ必ずしも是ならず。天子の非するところ未だ必ずしも非ならず。天子も亦遂に敢て自ら非是を為さずして、其の非是を学校に公けにす」と、学校が国家の政策の是非の決定機関であるという非常に重要なことを記しています。これを一般化しますと「儒教民主制」は「学校民主制」であるという事が言えるかもしれません。

それから原君というところがありまして、それは君主は如何にあるべきかという問題ですけれども、ちょっと読んでみますと、

有生之初、人各自私也、人各自利也、天下有二公利一而莫二或興レ之、有二公害一而莫二或除レ之。有二人者出一、不下以二一己之利一為上レ利、而使三天下受二其利一、不下以二一己之害一為上レ害、而使三天下釈二其害一。此其人之勤労必千二万于天下之人一。夫以二千万倍之勤労一而己又不レ享二其利一、必非二天下之人情所レ欲レ居也。（「原君」）

人間の歴史が始まった当初、人間は全て自己本位で自己の利益を追求した。天下には公利というものがあってもこれを興すものがなく、天下に公害があってもこれを除くものが無かった。（公利をおこすことは大事な事であり、また公害を除くことは大事な事だけれども、皆自分の利益にならないからやろうとしない。）ところがこうした自分の利益を利益とせず、自分の一個の害を害とせず、害を変えて天下のために利益をはかる人というのが出てくる。これは普通の人の千倍万倍という程の努力が必要であり、そしてその場合に利益を受ける事は自分では無いわけだから、天下の人情としてこういうような位に就こうという人はなかなか出てこない。それをやったのが昔の聖人だと言うわけですね。

ところが後の君主というのは、そういう天下の利害の権は皆自分に出ると考えて、そして天下の利をもって尽く自分の利益としてしまう。そして天下の害を人のせいにして、それをいいじゃないかと考えている。このような後世の君主と古代の君主とを比較してみると、古は天下をもって主とし、君は客であった。君の経営するところはすべて天下のためであった。今の君主は天下を客とし自分を主であるとする。自分の好きな事をするために権力ある地位に立って、自分の利益を追求していく。

それから臣下と君主との関係について彼は次のように言っています。

君臣之名、従㆓天下㆒而有㆑之者也。吾無㆓天下之責㆒、則吾在㆑君為㆓路人㆒。出而仕㆓於君㆒也、不㆘以㆓天下㆒為㆖事、則君之僕妾也、以㆓天下㆒為㆑事、則君之師友也。（「原臣」）

君臣の名は、天下という立場から生じてくる。天下という責任がなければ、われわれは君主に対して他人である。君主に仕える場合、天下を務めとしないならば、君主の僕妾である。天下を務めとするなら、君主の師友である。

黄宗羲にはこのような考え方があって、彼の思想は、中国が清末になって西洋の思想に触れ、中国をなんとか早く改革しなくちゃいけないというように時に改めて再評価され、当時の人々は黄宗羲を中国のルソーという言葉で呼んでおります。この人の学校や政治についての考え方と横井小楠の考え方には非常に多くの共通の面がありますけれども、ここで小楠の幕府批判のあり方を見てみましょう。

本多佐州を初帷幄参謀の名臣悉皆徳川御一家の基業盛大固定に心志を尽して曽て天下生霊を以て念とする事なし。自レ是以来当時に至る迄君相の英明頗る多しといへ共皆遺緒をついで御一家と私事を経営する而已なれば、諸侯亦是に倣ふて各家祖先以来の旧套によつて君臣共に自国の便宜安全を謀つて隣国を壑とするの気習となれる故、幕府を初各国に於て名臣良吏と称する人傑も皆鎖国の套局を免れず、身を其君に致し力を其国に竭すを以て、忠愛の情多くは好生の徳を損し却て民心の払戻を招く国の治りがたき所以なり。

(『国是三論』)

ここに見られるように小楠は、幕府の成立以後の君主や大臣達は全て御一家の私事を経営するだけであり、全て幕府の政策は徳川御一家の便利私営をはかるものにすぎないというふうに批判をし、ペリーが「日本は無政事の国である」と言うのももっともだというようなことを書いておりまして、このへんの考え方に於て両者には共通性がある。こうした事は前から知っていたわけですけれども、このよってきたる所が教育についての考え方の共通性であることを最近初めて知って驚いているところです。

五　東アジアの中の小楠

私はこれ迄小楠と中国の思想家との比較をします場合に、清の時代の、特に変法思想との比較という事を考えておりました。しかしその問題に入る前に中国・日本・李朝朝鮮の、西洋のインパクトに接触した場合の対応のアウトラインを申し上げたいと思います。中国の場合はアヘン戦争に負けた後、これじゃあいけないと西洋の科学的な成果をどんどん学び受け入れて、そのことによって中国を改革しようという動きが始まってまいりました。こうした科学技術に基いて社会の近代化をはかっていく事を考えていく人々やその運動を、歴史家達は洋務派とか洋務運動と申します。中国でそういう考え方を最初に形成したのは、先程ちょっと言及した魏源であります。彼の『海国図志』は幕末の日本に驚くべき影響を与え、実に多くの日本人がこの本を読んで攘夷論から開国論に転向しました。ところで中国では六朝以来士大夫の教養から科学技術という要素、更には武に関する事は全部省いて、いわゆる文官として官僚を規定するということになります。で、いわゆる中国的なヒューマニティーズの教養を身につけて、それによって彼らは政治をやっていったという歴史があります。この結果、科学技術を担当する人や軍事技術を担当する人は社会的にランクが低いということになったんですね。清末の読書人たちはそういう価値観の下に育った人達ですから、自分自身で西洋流の科学技術を自ら学ぼうという事迄は考えない。科学技術の成果を金を出して求め、自分の国で便宜をはかっていくことしか考えなかったんですね。

日本の場合には、その魏源の考え方を受けて洋務派的な方向に行くわけですけれど、武士達が当時いわばリーダーになって社会を動かしていました。彼らは武士として国の安全に非常に責任を感じる、こうなればただたんに成果を金で買うんじゃなくて自分達で作ろうじゃないかという事を考え始めて、今迄の洋学者の他に武士達が洋学を始めます。こういうことの口火を切ったのは佐久間象山ですけれども、彼は三十二、三歳でオランダ語の勉強を始めて、そしてオランダ語を二ヵ月位でマスターしているんです。日に二、三時間の睡眠でマスターしたと言われています。大変エネルギッシュな人です。そしてその語学の力によって百科事典などによりながら色々実験を試みて、例えばとても素晴しいビードロ（ガラス）の器ができて、古道具屋に持って行ったら「これはオランダ製でしょうか、どこでしょうか」と誉めてくれたと言って大変喜んで自慢しています。彼にはそういう無邪気な面もありますが、オランダ語で書かれた軍事技術の本に基いて、例えば大砲の鋳造なんかをやる。そして外国からの輸入ではなくて自前で色々な物を作っていく。こういう方向というのは象山だけじゃなくて薩摩あたりでもあったんですね。日本の武士達はそういう事をやったのです。そこに中国と日本の洋務運動の違いがありますね。それから李朝朝鮮の場合には、洋務運動はほとんど起こらなかった。十八世紀にはそういう方向に行く可能性がありましたけれども、それは抑えられて非常に保守的な朱子学になり、そういう点で道徳論的に優れた点がありますけれども、科学技術は朝鮮では抑えられた。ここに李朝朝鮮の不幸があると思います。

右のような過程で東アジアの洋務運動は進んでいったわけですけれども、どうも西洋の事を知ってしまうと、たんに科学技術だけが優れているというわけではなさそうだという事がだんだん分ってくる。すると科学技術の背景にはそれを生み出す社会があり、思想がある。どうもそうなるとそこにはアジアにない民主政治というものがあり、議会があり、そしてまた万国公法というものが国家間で行われているという事が分ってきます。産業の方では、資本主義という言葉はまだ十分分りませんけれど、社会の経済的な仕組みというのが違うらしいという事が分ってきて、どうも科学技術のレベルだけじゃなく、政治、社会の仕組それ自体をやはり我々は西洋から学ばなくちゃいけないんだというふうに、彼らの認識がだんだん広がっていきます。その場合に最初の段階では西洋から学ぶけれども、それと同じようなものが実は中国の伝統にもあり、そしてそれは儒教文化圏に属する日本の伝統でもあると考えられました。『古事記』や『日本書紀』にはそのような思想的側面はありませんから、その当時の日本の知識人達は日本も儒教文化圏内にあると考えたのです。小楠の場合には、堯舜のやった事の中にそれがあるという解釈をしたんですね。そして西洋の政治や社会の仕組みを学ぶ事は堯舜の考え方を現代に於て展開する事になる、という解釈を致しました。そういうことで彼の場合には、堯舜三代の治は西洋の民主共和制とか議会制、あるいは資本主義、あるいはそれにもとづく国際関係とか、色々な問題に展開していくんですね。

このように、日本では洋務運動と変法運動はごく僅かな時間的な遅れで並行的に進んでゆきました。ところで中国では、洋務運動は実は軍閥——地方軍閥と結びついてしまう。地方のボス達は自分達の軍閥としての権力を強化するための道具として洋務運動を使う。社会全体の仕組みを変えるという事に関しては、洋務運動を行った人々は非常に抵抗を示すんですね。ですから結局日清戦争で日本に負けるまでは、変法運動というのは十分な力を持つことができませんでした。日本の場合にはそういうような様々な不幸な事情が少くて済んだのです。

ところで私は日清戦争後成立した中国の変法運動と幕末の日本の変法運動の比較を、康有為と横井小楠を通じてやろうと最初は思っていたんですね。ところがその前に、洋務家の魏源から小楠が何をどのように学んだかということを明らかにする必要が出てきました。そこである程度、魏源の『海国図誌』から小楠はどう学んだかという事は明らかにしましたが、康有為の場合についてはまだ私自身の研究が不十分です。おそらくしかしこれについて答えを出すのは数年かかるでしょう。康有為という人は小楠と違って厖大な量の本を書いています。でも資料としてまだ十分じゃなくて、最近やっと中国で康有為全集の本当に良いのが出始めて、やっと二冊出たところという状況ですから、本格的にやるためには相当時間がかかるだろうと思います。まあそういうことも将来やりたいと思っていますけれども、小楠の思想形成の核になる部分を考えてみると明末の黄宗羲と小楠とが重なるところがある。それが今度は西洋のインパクトにふれ、そして『海国図志』を通してどんどんふくらんでいくわけですね。そして最後に彼は万国公法の翻訳も読んで議会制等の事も詳く知り、それに基づいて新しい思索をやるということになります。

しかしながら小楠の公議・公論の思想の一番根っこにあるのは、自分の仲間達と一緒にやったセミナーみたいな場での勉強や討論の中で感じ考えた事だと思います。彼の場合、公議公論の思想が強いというのは、いろいろの文献を通じて知的に学んだという事は勿論ありますけれども、それ以前に自分達のささやかなグループの中で一生懸命考えて討論した経験が基礎になって、そこでのディスカッションの中から公論が出てくるというようなところではないかと思われます。小楠を表面的に見ると非常に難しい漢文で書いていたり文章も古臭い、ずいぶん野暮ったいような感じをお持ちの方もあるかもしれませんけど、そういう自分の基礎経験のうえで公ということを考える。そしてまたそれを通じて普遍思想を形成していく。そこに小楠の思想家としての大きな強さがあると思います。

結び　小楠の普遍主義思想を支えたもの

小楠の実学は一方では民衆の生活を良くしていくという、いわゆる格物の実学になるわけですけれども、他方では国家の問題、国際関係における普遍主義思想になっていく。そういうことを考えていきますと、結局彼の普遍思想の普遍ということを可能ならしめたのは何であったか、という問題になるだろうと思います。私は、彼の場合は儒教の枠の中での天、あるいは道ということではなかったか、と思うのですね。そして例えば天ということであれば、彼の場合ですと色々な側面がありまして、これはお手許の「横井小楠の三代の学」の中に入っておりますけれども、天というのをほとんど主宰者として考えていたり、天を天理として国際法、国際的な自然思想というものを受容する基盤にしたという側面もあります。天というのが人格としてとらえられるというところを見ていきますと非常にキリスト教に近くなっていく。そして最終的には天と人間とが現在に於てそこで交わるという、単なるメタフィジカルな概念としての天じゃなくて、生きた人格としての天と、個人としての人間とが人格的に現在ここで相見え、そして我々が経世の営みをやるんでも、天を助け天に事えるという気持ちでやっていったのだと言えると思います。このような小楠における天人関係を見てみますと、彼自身は倫理的なレベルで問題を考えていると自分では思ってますけれども、彼の倫理性というのは実は宗教性に裏付けられた倫理であったと、私は考えております。ですから彼の場合、L・ハリスの話を聞いて非常に共感するというようなことが可能であったのではなかったかと思うんです。

そこでまとめとしてですね、彼の開国論についてちょっと一言お話しいたします。次の引用文（「沼山対話」）には、

今日の人情は開国と鎖国と因循の三通に相分れ候。今日の因循なりに打過候はゞつまり衰亡を招くべく候。其開国の内にも三通有ㇾ之候様に存候。国本を正大にして神聖の道を宇内に推広可ㇾ申との説に御座候。神聖の道とも被ㇾ申まじく、道は天地自然の道にて乃我胸臆中に具え候処の仁の一字にて候。人々此の仁の一字に気を付け候へば乃自然の道にて候。神道の害は甚しきことにて、水戸・長州など神道を奉じ候族君父

に向い弓を引候埒に相成候。
一つは自ら強ふして宇内に横行するに足るに至らんとには水軍を始め航海を開くべしと申説に御座候。
一つは彼れが四海兄弟の説に同じて、胸臆を開て彼と一躰の交易の利を通ずべしと申す説に御座候。横行と申すこと已に公共の天理にあらず候。所詮宇内に乗出すには公共の天理を以て彼等が紛乱をも解くと申丈の規模無レ之候ては相成間敷、徒に威力を張るの見に出でなば後来禍患を招くに至るべく候。

ということが書いてあります。

一番目のこれは、日本の八紘一宇の考えにつながる考え方だろうと思います。二番目の考え方は、これは佐久間象山あたりから始まって、西洋の優れた武器や更にはそれを生んだ優れた科学技術を身につけて、そして世界の覇者となるというような考え方で、象山の場合にはピョートル大帝を理想とするという言い方をしたわけですね。この二つの考え方が一緒になって明治以後の日本の政治的な動きの主流になったと言えるでしょう。それに対して小楠の考え方は傍流であったと言えます。彼はあくまで四海兄弟という立場で普遍的立場に立って考えていこうとする。もちろん彼の場合でもこうした考え方がやはりある種の力を伴わなければ政治の場では現実化しえない事を知って、そうした力とエートスですね、マハトとエートス、この二つの要素をどういうふうに統合していくのかという事が大きな問題になるわけで、彼はそういう立場で問題を考えていきます。そして道について次のような事を申しております。道というものは、これは日本の道とか、どこだかの道ということはない。道というのは普遍的なものだ。世界中それぞれの国が道に従わなくちゃいけない。それで道に従ってそれぞれが国家のエゴイズムをやめて、本当の意味での対等な立場で国家間の障壁をなくして、お互いに平和実現という方向に向かって努力しなくちゃいけないと。「道は天地の道也。我が国の外国のと云事はない、道の有所は外夷といえ共中国なり、国学者流の見識大いにくるひたり、（中略）ここで日本に仁義の大道を起こさには（ネバの意）ならず、強国になるではならぬ。強国になれば必弱あり。此道を明にして世界の世話やきにならには（ネバ）ならぬ。一発に壱万も弐万も戦死すると云様成事は必止めさせには（ネバ）ならぬ」（村田氏寿筆記「横井氏説話」、安政四年五月）ということが書いてある。そして彼は、誰か自分を用いる人があったらアメリカに行って、大統領と話しあって世界の平和の実現ということのために努力をしたいと言っていたと伝えられています。当時の日本の国力からいえばちょっと誇大妄想じゃないかと思う位のところもありますけれど、そういうことを本気になって考えていたところに、小楠と彼を生んだ幕末日本のスピリチュアリティの高さがあると思います。私共はここに大きな励ましを得ることができます。

小楠自身はユートピア主義者ではなく、彼自身も国家の統一、国家の独立ということを大事に考えていました。しかしそれだけじゃなくて国家というものはそれを超えるある一つの価値に従って行動していかねばならぬということを彼は本気で考えていました。もちろんこういう考え方をした人は明治以後なくなったわけではありませんが、だが日本の置かれた状況というのが、世界の現実のレアル・ポリティークというものに接触すると、そこにはだんだんとそれに対する妥協がおこる。軌道修正ですね。おそらくそれ以後宗教的な立場にたって絶対平和主義を唱えることがこういう議論を進めていく上で一番強い議論であると思います。内村鑑三などはその代表的な人だろうと思います。私は非常にこれは貴重な考えだと思います。ただ国家全体としては、現実の政治の立場にたって、ある面レアル・ポリティークというものを認めながら、その中でどういうふうにして国家エゴイズムというものを超え、普遍主義の立場にたって平和の問題を考えていくのか、こういう平和思想の形成がそれに劣らず必要ではないかと思います。これは現実には非常に困難な事だと思います。そういうことを考えていく場合に、小楠は政治思想家でありながらある宗教的な経験を持ち、あるいは教育の場で民主政治の基礎になる一つの経験を持っており、そういう経験に基いて彼の普遍主義思想というものが成立してくるわけですから、彼の普遍主義の思想は非常に強固なものだったと思います。現実に真向いながら、経験に裏付けられた思想を形成する。そこに私どもが最も小楠に学ぶべきところがあるように思います。

もちろん小楠の思想というのは完全なものじゃありません。例えば明治以後、彼は二つの面で批判、否定されました。一つは小楠の場合にはやはり儒教ですから、為政者のための教説ですね。人民の人民による一つの新しい民主的社会をつくっていくというのとは違う。そういう点で一番鋭く小楠に対して違う立場に立ったのは福沢諭吉だと思います。それから経済の面ですけれども、彼が幕末において成功した事はどういうことかといいますと、福井藩で藩札を出すんですね。現金の裏付けは必ずしもありません。藩という組織の信用があって出た有効な紙幣ですね。藩ではこれを人民に貸し、民衆はそれを基にして生糸をつくり、できあがったものを長崎へ持って行く。そうするとわずかの資本で実にたくさんの利益が出る。もう一遍それを持っていく。それを繰り返す事によって福井藩はしばらくの間に非常に多くの利益をあげました。それによって幕末の色々な政治とか教育の活動をやっていく。こうした経済政策の考え方は当時としては唯一の方法だったかもしれませんけれども、藩という封建社会の一つの組織の信用の下においてはじめて可能だった方法ですね。明治以後、小楠の高弟の由利公正が中央政府においてそれをやろうとすると、明治政府の紙幣は結局現金の裏付けがありませんから、紙幣の表面の金額と実際の価値とには大きな差が出てくるわけですね。そこを外国の商人から突かれて中央政府は窮地に立ちます。結局これはパターナリズムではなく、西洋の資本主義的な思想をとりいれながら経済の運営をしなくちゃ仕方がないということになって、大隈重信が新政府の財政政策の中心になって新政策をやっていくことになります。封建的なパターナリズムということの限界はそこに出ていると思います。そういう点で小楠の思想の限界というのはやはり率直に認めなくちゃいけない。ただ小楠の思想の場合、そういう面で駄目だからじゃあ全部駄目なのかというと、私はそうは思いません。明治以後の日本が見落としてきた、忘れていた実に大切なものが彼の思想の中に沢山あるんじゃないかと思うのです。そうしたものを彼の生きた時代とは違う社会乃至は文化のコンテキストの中でどうやって生かしていったらいいのか、これが今後私どもが小楠をめぐって考えていくべきことではないのかと思う次第です。

大変長話になって失礼致しました。

第一部　「公共」の思想と「開国」論

横井小楠における学問・教育・政治

――「講学」と公議・公論思想の形成の問題をめぐって――

一

徂徠において学問は「内証事」つまり私的な知的探求の営みとなった（『徂徠先生答問書』）。このことは学問の中に価値判断を混入しないのが真の学問であり、その点は一つの価値判断に基づいてステロ・タイプ的に事実を解釈したり裁断する『資治通鑑綱目』（朱子）ではなく、事実を事実として捉え、活物を活物さながらに記述する『資治通鑑』（司馬光）の方が学問のほんとうのあり方にかない、それこそ「実学」である、という彼の実学観にも示されている（『徂徠先生答問書』）。

このような徂徠の学問観は、近世日本の学問が「価値からの自由」をめざすマックス・ウェーバー的な学問観に大きく近づいたことを示すとともに、江戸後期における私的な知的世界の多種多様な営みを誘発した[1]。とくに春台・周南を除く徂徠学派は江戸時代における学芸の世界の近代化の姿を示すものであったが、「実践知」としての儒学の観点からすれば、これでは儒学は現実の公的問題をまったく解決できないのではないかという不満と反省を誘うことになる。この公的問題というのは「経世済民」の問題である。江戸社会における「農業経済」と「商品経済」の矛盾は、この時期にはもはや貨幣の改鋳という技術的操作では乗り越えられない局面に達していた。とくに諸藩では、十九世紀も二、三〇年代になると政治的問題を捨象した経済合理主義の枠ではもはや事態の解決は不可能であることが自覚されて、政策論的発想の経世策の必要が痛感されてきた。ここに幕末における「政教一致」「学政一致」の思想形成の社会的背景がある。

あらためて言うまでもなく、そのような思想の首唱者は後期水戸学派の藤田幽谷（一七七四―一八三六）である。

ところで程度の差こそあれ、諸藩の置かれた状況は水戸藩と同じであったから、この「政教一致」「学政一致」の考えは、諸藩の有能な若い武士たちを魅きつけた。横井小楠もそのような武士たちの一人であった。しかしどのようにすれば政教は一致するのか、学政一致の「学問」はどのようなものであるべきか、ということになると、議論の声の高さの割に内容は乏しく、また議論の一致点を求めることも困難であった。加うるに外圧問題がこれに絡まってきて、しかもその外国がたんなる蛮夷の国ではなく、高度な文明をもった国であり、彼らの軍事的優越はこの高度な文明に由来し、科学技術においても産業の力においてもそれに匹敵することは容易ではなく、しかもそれには政治的にも倫理的にも学ぶべきものがあるということが次第にわかってくると、儒教の立場に立って「政教一致」「学政一致」の原理を貫くことは至難のわざと言ってよかった。

小楠はこのような事態の中で、西洋文明の卓越性を率直に認め、そのすぐれた面を受容しようとしながら、儒学のアイデンティティを保つことができると信じることのできた思想家であった。それが可能であったのは、彼が儒学——とくに朱子学の基礎概念を『書経』に照し、現実の社会の中で験して、きわめてフレキシブルで、しかも普遍性の高いものに解釈し直して「三代の学」と称するものに再構成したことと、政治思想において「公」「公共の政」「一国の公論」「天下の公議」「公共の天理」等々、いろいろの名前で呼ばれる革新的な公思想の形成に成功したことによる、と私は考える。小楠の「公」思想の革新性は、江戸時代を通じて「公」とされていた幕府権力（「御公儀」の用例に見られる公）を「（徳川）御一家の私事」と断じ、その政策は「徳川御一家の基業盛大固定に心志を尽して徳川御一家の便利私営にして絶て天下を安んじ庶民を子とするの政教あることなし」（『国是三論』）として、幕府中心主義を批判し、民本主義的制約はあったが「国民国家」を「公」とする——彼には「一国の公論」（安政三年十二月二十一日村田巳三郎宛書簡）という考えがある——とともに、国際関係において、国家を超えた「公共の天理」という「公」観を形成し（「沼山対話」）――この場合、「割拠見」（国家的エゴイズム）の立場に立つ「国家」が「私」となる――、時流をはるかに抜く「公」観を形成したことにある。近代日本においてもこの第二の公観はないではなかったが、福沢諭吉の場合に見られるように、彼においてさえも厳しい国際状勢の中で動揺を免れなかった。まして小楠の孫弟子の徳富蘇峰となると、三国干渉の中で簡単に捨て去られる。このような過程を見ると、「国本を正大にして神聖の道を宇内に拡広」めようとする立場も、「自ら強ふして宇内に横行するに足」ろうとする立場も共に斥けた小楠の「公」観は、群を抜いて見識に富み、そして勇気あるものであったと言わねばならない。

おそらく晩年の小楠の国家をも超える普遍的な「公」観を基礎づけたものは、彼の宗教的な「天」の観念であり⑶、さらに彼はその「公」という言葉や観念の多くを魏源の『海国図志』や恵頓の『万国公法』、さらには友人の勝海舟や、彼がある時期仕える松平春嶽との対話、等から得たであろう。しかしここに見られるような小楠の一貫して強靱で徹底した「公」観念の形成の原動力として、たとい「公」という文字を使わなくても、その内容をもつ体験としての「公」意識と、それを裏づける思想が、完成期以前の小楠の中にあったのではなかろうか。

私がここで体験としての公意識というのは、自分個人の考えによってだけでは確定できない公的事柄について、同じ関心をもっているいろいろの考えの人々が集まって一つの「場」をつくり、そこで率直に自分の考えを披歴しあって討議しあい、議論と思索を深め、場合によってその論拠となる古典のある箇所を再検討しながら、互いに納得できる結論を出すという「講学」の過程をたどる時、その結論は「公議」となるという実感をもつということである。そしてこの公議形成の過程は、幾重もの層から成り立っているであろうが、その基礎になるのは、個性を異にしつつも同じ志をいだいて学問する者たちによって構成される「講学」の場である。そしてこの「講学」の場は、互いに信頼し尊敬し合っている人間たちの開かれた「講習・討論」によってつくられる。おそらくインフォーマルな集団――そこでは学問・教育・政治への関心が一体になっている――によって形成される「講学」の場を拡張すると、それは学校という教育機関の中で形成される「講学」の場になる。小楠の場合は、長岡監物（米田是容）・下津休也・荻昌国・元田永孚らと結成した「実学党」[4]の中での「講学」「講習・討議」の過程でなんらかの「公議」が生まれる――この段階では小楠はまだ「公議」という言葉は使っていない――という原体験を藩という組織に、さらには「国」という組織に広げ、それらの集団に「学校」という教育の機関をつくって、それを「講学」の場とするという考えが形成される。そしてこの学校はいわゆる「教育」の場であるとともに、「公論形成」の場である。ここでの「講学」・「講習・討論」は「公議」を生み出す唯一の手つづきであり、政治改革の原点である。

右のような原体験とそれにもとづく思惟の過程をへて、嘉永五年（一八五二）の「学校問答書」に盛られている小楠の教育思想は形成された。そして小楠における「学政一致」の学問と、彼の政治思想の核をなす「公」観念とを媒介するものは「学校」である。そして藩・幕府・国家をも「私」とする普遍的「公」観念は、講学、講習・討論によって生まれる公議・公論の支えによってはじめて成り立っている――これが本小論における私の作業仮説である。

ところで朱子学の教育の観念における「講学」の重要性の首唱者は、W・T・ド・バリー教授である（山口久和訳『朱子学と自由の伝統』、平凡社――原著は、“*The Liberal Tradition in China*,” *Columbia University*）。ド・バリー教授は、朱子学における教育の考え方のもつ普遍的意義に注目する。そしてその中において「講学」が中心的概念であるとし、これと関連させながら、従来の朱子学理解に相反して、朱子学を核とする新儒学に「自由主義」の伝統があったという挑戦的な主張をなしておられる。

この見解においては、「自由主義」という用語がいったい何を意味するのか、西欧の思想文脈の中での自由主義と何処が共通し何処が違うのか、という問題と、歴史的に朱子学に基づく教育の果した役割がどのようなものであったのか、ということの解明が残されている。たとえば自分の朱子学的信念を講義を通じて弟子の中に注入した山崎闇斎の教育における講学が「自由主義」の伝統と結びつくのか、もしかりにそれが結びつくものなら、その自由主義は今日の通念としての自由主義という用語とは意味の異なるものではないか、というような疑問が、誰しもすぐに念頭に浮かぶであろう。

しかしそれにもかかわらず、私はド・バリー教授の「講学」への注目は非常に重要な意味をもつと考えている。すべての朱子学者がそうであるというわけにはゆかないが、たとえば明末清初の黄宗羲（一六一〇—九五）や幕末日本の横井小楠のような広義の朱子学系の思想家の場合には、彼らの講習・討論を内容とする「講学」が、公議・公論の形成に非常に大きく寄与したと思う。この小論は、ド・バリー教授の問題提起に対する私の受けとめであり、いわばボールの投げ返しである。そこには教育の場における講習・討論を内容とする「講学」が、儒教的民主政へと展開する母胎となる可能性をもっていたということができると思うのである。

二

小楠の「学校問答書」は私にとって理解しにくい論策であった。そこにおいて展開されている論理は、朱子学の「理一分殊」論であり、しかもこの論理は彼のそれ以後の論策においても展開を見ないものであって、私はこの「教育論」をうまく彼の思想の展開の中に位置づけすることができずにいた。今回いくらか自得することがあったので、初心に帰って「学校問答書」を再検討してみたいと思う。

「学校問答書」は、小楠が福井藩の求めに応じて書いた「人材教育論」である。この問答書は短かいものであり、かつ彼の攘夷論から開国論への、さらには朱子学から「三代の学」への思想的転回が起った安政二年（一八五五）以前に書かれたものであるにもかかわらず、「講学」を核として政教一致・学政一致を考える彼の政治思想の骨格はすでに確立している。（なぜ「講学」が彼の政教一致・学政一致の思想的核なのか、この問題については後で触れることにする。）この一文は人材教育の必要性を認めつつ、しかもその弊を突いたものとして、他の幕末・維新当時の数多くの人材教育論にない独自のすぐれたものをもっている。

この論ではのちの「沼山対話」と同じように対話本の形式をとって議論が展開されている。「沼山対話」の場合は、若き日の井上毅との対話の記録であり、完全な意味での対話の形式をとっているが、「学校問答書」の場合は「自問自答」式の不完全な対話の形式をとっている。小楠がここで自発的にこのようなスタイルをとったのには、なんらか特別の理由があったに相違ない。私はその理由を、問題の困難さに彼がみずからに問いかけ、みずからそれに答えていく、という仕方で思惟の展開をはかる試みをせざるを得なかったことによる、と考えている。そして読む者をその対話の環に引き入れ、問題の重要さに気づかせ、共に考えさせるという効果をもつ。

では何が問題の難しさか。それは「人材教育」という問題の包蔵する自己矛盾に由来する。小楠によれば政事の根本は「人才を生育し風俗を敦」くすることであり、学校を興すことが第一の政にほかならなかった。ところでこのような考えは、幕末維新期の日本では心ある日本人の共通の考えであり、幕府ではさまざまの教育改革がなされ、諸藩でも多くの藩校がつくられたりしていた。当時の多くの改革思想家たちの上書を見ると、教育改革の必要を論ずるものが圧倒的に多く、しかもその主たる内容は人材教育をめぐる問題であった。こうしたことを見ると、当時の人材教育論は日本の教育の近代化の過程の中で非常に大きな意味をもつ事柄であり、東アジアの教育の近代化を考察するときの重要なイシューであることがわかるが、日本の国内に視野を限ると、人材教育論を唱えることそれ自体は小楠の独創性を示すものではなかった。小楠を他の人材論者と区別させたのは、小楠が、人材を育成しようとして学校を興さなかった明君はいなかった、しかしそれにもかかわらず学校から傑出した人材が出たためしがない、という人材教育の包蔵する自己矛盾的事実を直視したところである。彼は学校の存在は必要と考える。しかし現実の学校は人材生育の社会的要求にこたえてくれない。この矛盾をどう解いて問題の解決をはかるべきかという時代の課題に小楠は立ち向うのである。以下暫らくこの対話に沿って彼の思考の跡を追ってみよう。

A（問）政事の根本は人才を生育し、風俗を敦くすることですから、学校を興すということは政治の中でもまず第一の課題でしょうか。

B（答）それはそうです。和漢古今、明君が出られたら必らず学校を興されました。しかしその跡を見ると、学校から類いまれな人才（材）が出たためしもないし、まして学校を中心として教化がおこなわれ風俗が敦くなったことも歴史上見えませんね。

A　たしかに和漢古今の学校教育の跡かたちはその通りでしょう。これは学問と政事とが二つに離れたので、学校はたんなる読書所になって無用の俗学に帰したのです。今、明君が出られて、学政一致を心がけて学校を興し、人才を生育し風俗を敦くしようと思われるなら、このような事態はなくなるのではないでしょうか。

B　なるほどそれは一応尤《もっと》もなように聞えます。しかしまだ深く問題の根本を考えていないと思われます。

まず考えて見給え。日本でも中国でも、昔も今も学校を興されたのは、その国その時代の明君のときではありませんか。この明君の興される学校ですから、初めから章句文字ばかりを事とする無用の学問になるのを深く恐れ戒しめられて、必らず学政一致に志し、人材生育に心を留められたはずではありませんか。

A　もしそうなら、なぜこのような事態になったのでしょうか。

B　それは、その学政一致という心は、人材を生育し政事の有用に用いようとの心であるからです。為政者の学問を政事の有用に用いようとの心が直接教育を受ける側の一統の心にとおって、みんなが有用の人材になろうと競いたち、着実に己れのためにするという為己の学の本を忘れ、政事運用の末にはしってしまい、その弊害の起るところ互いに忌諱娟疾を生じ、甚しい場合には学校は喧嘩場所になってしまったのです。これはすなわち人材の利政というもので、人材を生育しようとして却って人材をそこない、風俗を敦くしようとして却って風俗を壊るということになってしまったのです。その結果、羹《あつもの》にこり膾《なます》に吹くように、人材をいやがる心になってしまい、果ては章句文字だけを事とする俗儒の学校になってしまうのは、勢の止むべからざるところなのです。

A　では学政一致の心は悪いのでしょうか。

B　秦・漢以来この道は明らかでなくなっています。天下古今、賢知も愚夫も押しなべて、以下のように心得るようになってきています。すなわち学問というのは己れを修めるというだけのことで、書を読み、その議を講じ、篤実謹行で心を世事にとどめず、独り自分の修養に努める人を「真の儒者」と称し、経を講じ史を談じ文詩に達する者を学者と唱えています。それに対して才識器量があって人情に達し、世務に通じている人を「経済有用の人才」と言い、簿書に習熟し、貨財に通じ、文筆達者な者を「能き役人」と考えているのが現状です。

こうしたことの結果、学者は経済の用に達せず、経世家は修身の本を失い、本末体用あい兼ねることはできなくなっています。このように儒者に体があって用がなくなると、政事には覇者功利の人が用いられるようになります。今日の人心は、誰に聞いても学問と政治との関係はこのようなものであるというように理解していて、明らかに学と政とが二つに分離しています。この二つに分離した学政を一致させようと思うのは一応尤もなようですが、元来その本がなくて治を求める心が主になっているのであって、その実は一致ではないのです。これがすなわち学政一致の心が人才の利政という結果になってしまった理由であって、これは古今明君の通弊なのです。(5) (原文は分り難いので読者の便宜を考えて自由に現代語訳を試みた――源注)

学問と政治との一致、これは後期水戸学の成立以来の幕末日本における儒学の立場からの改革目標であった。それを可能にするのは教育という場である。人々はそう考えて多くの学校を造った。小楠もまたそのような時代の新しい流れの中にあった。しかし彼はこの時代の流れの基本を支持しながらも、そこには足りないものがあることを感じていた。それは「本末体用」を兼ねるという朱子学の提起した基本命題の欠落であり、これを学問の地平にひき戻すと「為己の学」をたんなる「修己の学」と誤解して、「修己治人の学」であることを忘れているという事態にほかならない。このような事態は、「修身の学」に止まる多くの朱子学者に反対する、修身不在の「治人の学」「治国安民の学」の唱道をひきおこす。これを教育の場に移すと、一方では、まじめではあるが社会有用の人材とはならない人が育ち、他方では、これではいけないと人材教育をめざすと、そのような社会的機能の面だけが注目されて「人材の利政」というものになってしまう。

この視点はその後、小楠においては、国内政治における藩内部の、そして幕府と諸藩との間の、「割拠見」批判、さらには国際政治における国家間の「割拠見」批判の根拠となっていくが、ここではそこまで論点を拡げる必要はないであろう。ここでは、俗流朱子学者の修身の学への批判としての「治国安民」という徂徠の提起した誰しもが否定し得ない政治のモットーが、現実の政治の場では目的合理性と結びついたために、政治主体である為政者の自己への問いかけが失われてしまった、という事態への深刻な反省が彼の中に起っていることに注目すればよいであろう。このような態度は、徂徠学者だけでなく徂徠を通過した朱子学者の中にもある。[6] 否、かつての小楠の中にさえあった。私はこの小楠の視座は、彼が天保十一年の酒失によって出世コースから落伍し、数ヶ月の蟄居謹慎の生活の中で「物就二於用一不レ是」という程明道の言葉の意味を考えつづけた（山崎正董『横井小楠　伝記篇』八六頁）小楠の原体験の中で獲得されたものと考える。さらにこの原体験は肥後実学派の先蹤大塚退野（一六七六—一七五〇）への共感となるとともに、宝暦の間、名藩主と称された細川重賢の下、学政においては秋山玉山、行政においては堀平太左衛門を起用し、退野を退けた肥後藩の政治主流（学校党につらなる）のあり方への批判へとフィード・バックして、歴史省察の過程でさらに確かめられていったものであろう。

話を元に戻そう。この「学校問答書」で小楠は学政一致の根拠を何処に求めたか。当時純然たる朱子学者であった小楠は、その論理的根拠を朱子の「理一分殊」論に求め、価値的根拠を「修己治人」の理想に求めた。そして小楠においては、この修己治人論を可能ならしめるものが「学問」にほかならなかった。彼は言う、「天地の間唯是一理にて候へば、人間の有用千差万変限り無く候へ共、其帰宿は心の一にて候。去れば此心を本として推して人に及し万事の政に相成、本末体用彼是のかわりは候へ共二に離候筋にては無レ之候。此二に離れざるが一本より万殊にわたり、万殊より一本に帰し候道理にて候へば政事と申せば直に修レ己に帰し、修レ己れば即政事に推し及し、修レ己治レ人の一致に行れ候所は唯是学問にて有レ之候」（山崎正董編『横井小楠　遺稿篇』四頁。以下この本から引用に限ってページ数のみしるす）。

ところで小楠がこのような修己治人の学の現実化された模範として仰いだのは、『書経』に示された中国古代三代の世界であった。[7] 彼は言う。

……三代の際道行《おこなわれ》候時は君よりは臣を戒め、臣よりは君を儆《いまし》め、君臣互に其非心を正し、天よりは万事の政に推し及、朝廷の間欽哉戒哉念哉懋哉都兪吁咨の声のみ有レ之候。是唯朝廷の間のみにて無レ之父子兄弟夫婦の間互に善を勧め過を救ひ、天下政事の得失にも及び候は是又講学の道一家閨門の内に行れ候。上如レ此講学行れ、其勢下に移り、国天下を挙て人々家々に講学被レ行、其至りは比屋可レ封に相成候。（同上）

ここに描かれた三代君臣の間の講学は、厳密に『書経』の中から抜き取ったものではない。いわゆる「断章取義」である。たとえば君臣が互いに儆戒し合ってその非心を正したというのは、たとえば皐陶謨篇における禹と皐陶との間の「昌言」の交換を指すものであろうし、「欽哉戒哉念哉……」等の言葉は『書経』の或る一箇所にまとめて出る言葉ではなく、おそらく堯典、皐陶謨、大禹謨等の諸篇に出る言葉を小楠が自己流に抜き出してまとめたものであろう。「講学」という本文の眼目ともいうべき重要な言葉自体も『書経』にはなく、もし古典の中から小楠が引用したものとすれば、『礼記』礼運篇の「故聖王脩義之柄。礼之序。以治二人情一。故人情者。聖王之田也。脩レ礼以耕レ之。陳レ義以種レ之。講レ学以耨レ之。本レ仁以聚レ之。播レ学以安レ之」から得た可能性が多いのではないかと思われるが、おそらく小楠は古典から得たものではなく、朱子を初めとして宋、明学の中で一般に使われる言葉を三代の世界に援用したものではないかと私は考えている。いずれにしても「三代」は小楠にとっては儒教の理想が達成された原世界であり、現実を批判する場合の準拠である。そこに書かれていることが漠然としている方が、現実の問題に引きつけて拡張的に解釈するのに好都合である。

ところで私は右の小楠の文章の中の「講学」[8]という言葉の重さに注目したい。さきに言ったように小楠においては「学問」は「修己」と「治人」の両者が一致する場であったが、この学問を講ずることはその一致を社会的に可能にする実践的手つづきであった。小楠は儒教を奉じていたから君臣・父子・夫婦の間の「分」を認める。しかし道のおこなわれるところでは君と臣、父と子、夫と妻との社会的立場の差異は消えて、そこには平等な、そして独立した人格と人格との間の「朋友講学の情誼」が成立するというのである。そこにはタテの関係を崩してしまうのではないが、硬直したタテの関係を柔らげ、ヨコの関係へと拡げていく動きがある。同じく道を求める者同志の謙虚で、しかも自由な、開かれた共同の場、信頼の念に満ちて腹蔵なく語り合える親愛の場が成立する。この朋友講学の情誼の成立があってはじめて学政一致は現実のものとなるであろう。そして小楠はこの朋友講学の情誼にもとづく学校を「天理自然学術一定の学校」と呼び、「覇術功利の心」に立脚する学校と区別する。

覇術功利の心にもとづく学校においてはさまざまな弊害がおこる。しかしそのことは学校が不必要であることを意味しない。国天下に学校がない時は「彝倫綱常」も立たないし、「人才志気」も養われない。「風教治化」もおこなわれない。小楠は、道を知る明君が出ると、(1) 必ずまず一家閨門の内から講学がおこなわれる。(2) 次に朝廷においては君臣儆戒の道が立つ。そしてこれら両者の成立によって学政一致の根本が成り立つ。ここに至って (3) 学校を興し、君臣はここで講学すべきである、というのである。ここに見られるように「講学」は家庭・朝廷(政府)・学校の三者を貫いて学政一致を可能にする基本的な生活態度とされている。しかし為政者の家庭や朝廷における講学があってはじめて学校をおこすという順序になっており、家庭や朝廷は為政者の「私」の部分、すなわち「修己」の部分であり、学校はその上に成り立つ「公」の部分、すなわち「治人」の部分とされていることが注目される。この部分に関しては「伝統的支配」の中のとくに「家父長的支配」形態に属すると言わざるを得ないが、「学校」はそれを超える「公」的場所であり、国家という公的世界における講学の中核として公的機能をもつことになって、彼の考えはにわかに近代的相貌を帯びてくる。

では小楠においてあるべき学校はどのような学校なのか。小楠はそれについて次のように語っている。

抑此学校と申は彝倫綱常を明にし、脩レ己治レ人天理自然学術一定の学校にて候へば、此に出て学《まなぶ》ものは重き大夫の身を云ふべからず。有司職務の繁多を云べからず。武人不文の暗を云べからず。上は君公を始として大夫士の子弟に至る迄暇あれば打まじわりて学を講じ、或は人心の病痛を儆戒し、或は当時の人情政事の得失を討論し、或は異端邪説詞章記誦の非を弁明し、或は読書会業経史の義を講習し、徳義を養ひ知識を明にするを本意といたし、朝廷の講学と元より二途にて無レ之候。（同上、五頁）

これはまた非常に政治的色彩の強い学校と言わねばならない。「読書会業経史の義を講習し、徳義を養ひ知識を明にするを本意」とする点は儒教に立脚する普通の学校と同じであるが、それだけでなく「人心の病痛」「人情政事の得失」「異端邪説」や「詞章記誦」の非にいたるまで、幅広く時代の直面する問題を論ずる、というのであるから、これはまさに小楠流の実学的学校と言わねばならない。そしてこの学校に学ぶ人は、行政職にあって忙しい人も、年老いた人も、武人であまり学がない人も、君公・大夫・士の子弟もすべて暇がある時はここにあって学ぶというのであるから、学校は狭い意味での教育の場としての機能をもつとともに、政治的議論を闘わしてそれを通じて「公議」を形成する公的場という役割をも担っている（小楠はまだ「公議」という言葉は使ってはいない）。それは教育的であるとともに政治的であるという二重の性格をもつ公的場である。小楠はこの学校について「貴賤老少を分たず学を講ずる所にて候へば、学校は朝廷の出会所と申《もうす》心にて是則学政一致なる所以にて有レ之候」（五六頁）と言っている。この「出会所」という言葉の意は定かではないが、政治の掌にあずかっている人々が教官から儒教の経典の意味やその現代的意義などについての講義を聞くとともに、学生をはじめとして役についていない一般の貴賤老少の人々の意見も聞き、また自分らの考えも伝え、両者が議論を闘わして講習し、その過程において公議をつくってゆく為政者と非為政者との出会いの場所という意味であろう。もちろんその中で議論は儒教の経典や史書にフィード・バックし、教官が現実の問題と古典や歴史とをリンクさせて、大きなパースペクティヴの下に判断を下す場合もあろう。このような過程を考えると、学校は教育の場所であるとともに、政策決定の場所であり、われわれの主題に即しては公議形成の場である。小楠の考える学校における「講学」はそのような深い意味が含まれていたと私は理解する。もちろんここでは「非為政者」と言っても、要路についていない一般武士に限られていて、公議・公論と言っても当時政治に責任のあった武士階級内部での公議・公論の形成やその掬み上げという範囲にとどまっている。しかしこのような考えが一旦認められると、この「非為政者」(正確には「非役職」)を「一般人民」にまで拡張することはきわめて容易である(これについては後述)。

三

前節で私は小楠の「講学」という考え方が、小楠の「公議」とか公論という考え方の基礎をなし、核心をなすものではないか、という論を展開した。ところで初期の小楠はまだそのような言葉は使っていない。私の議論はもしかすると私の深読みであり、勇み足かもしれない。この節では私のこの推論は、ある根拠をもつものであることを示したい。

私がここで明らかにしようと思うことが二つある。第一は、小楠において「講学」はたんに学を講ずる――儒学について講義をするという意味ではなく、「講習・討論」ということを常に伴っている、ということである。このことは小楠の「講学」が「公」議・「公」論的性格をもち、しかも彼の公議・公論思想がたんに西欧からの外来の思想の受容にとどまるのでなく、彼の生活経験に由来することを示すであろう。第二は、彼の「講学」が「公論」という言葉と実際に結びつく姿を示すことである。これについては特別にコメントする必要はないであろう。

まず第一の問題について検討する。私は小楠の「講学」や「講習・討論」という考え方は、彼が天保十二年（一八四一）盟友長岡監物（米田是容）・下津休也・荻昌国・元田永孚らと結んだ「実学党」の会合の中で生まれたという仮説をいだいている。これについての検証は今のところ困難であるが、その傍証として、（1）嘉永二年閏四月十一日、小楠から監物へ、（2）同十三日、監物から小楠へ、（3）同十五日、小楠から監物へ、（4）監物から小楠へ、と、四回に渉る小楠と監物との往復書簡に示されている（一一一―五頁）。この往復書簡は次のような小楠の問いかけから始まる。「乍レ憚拝呈仕候。近来御勤学以前の通に不レ被レ在共《ドモ》にては無二御座一候や、御会読・御咄等に罷出候ても御新得之御高論拝聞不レ仕のみならず、御誠実之人にうつり候処何と無く以前と相替り候様に奉レ伺候。万一左様に共被レ在候ては此道之衰廃御国家の傾運甚大関係之事に奉レ存候。申迄も無二御座一候へ共学問は修身之事業に御座候へば弥益強励の力を用ひ、読書無二懈怠一参り可レ申事に奉レ存候。此段先頃より申上度御座候処、何角《か》と押移り、今夕罷出候へ共他人も御同席にて相憚り、必多《ひた》もの（益この意）延引仕候間書中にて拝呈仕候。不レ顧二鄙意一奉レ犯二尊厳一候義は誠以恐懼之至に奉レ存候。以上」。

これに対する監物の答は、自分の新得の説をお話申上げなくなったのには、少しく存念があるからです。誠意が人にうつるところが以前と違うようになったについては、是非この道を世にも人にも伝えようという気持が、近来甚だ薄くなったからです。このところは大きな「曲《く》せ事」だと思います。どうぞこれからも遠慮なく御教示下さい、というような趣旨のものであった。

この書簡を受けて小楠は次のように言っている。彼の関心は、監物書簡の第一の、新得の議論を他者に言わないということに集中している。

……此理発明いたし候へば已が受用はさし置先づ人に咄し度心御座候間、此心を省察仕妄に咄し不レ申が所謂為レ己の処にて学者尤も可レ用レ心処勿論之事に御座候。乍レ然又あながちに人に咄し不レ申にしても有二御座一間敷事は、此理元より無レ極、発明新得無レ疑存候筋も或は不レ覚私見に落、或はいまだ其理を尽し不レ申事のみ多く御座候故、其人により候ては咄合候へば存外之益を得申事に御座候……。

況哉聖賢之言語意味深重にて彼よりして説き是よりして言ひ或は浅く或は深く一方ならざるの活理に候へば、其意を不レ得して疑惑を生じ候事尤も夥敷御座候。是等之処咄合候へば意量之外なる合点も参り其益尤も不レ少奉レ存候。是故古今朋友之交を大切に仕、君臣父子之倫に同じく仕候てあながち切磋琢磨之益薫陶観感之徳迄に限り不レ申、講習討論平生致知上に於て尤《もっとも》得益《えきをうる》之処に関係仕候。然者平日読書に心を尽し修行仕候へば右之会得之筋も有レ之疑惑之筋も有レ之、何分同学之人に咄し不レ申ては不レ叶之意思より寄合候ては此学事之詮議に相成候は必然之勢と奉レ存候。尤其場にて発明するの心さし起り候も有レ之、是は直様克治之力を下可レ申、如レ此心得候筋にては無二御座一候哉。如何々々。……（一二三―四頁）

この委曲を尽した手紙において小楠の言おうとしていることは、我々が何かの道理にはっと気がついたことについて、自分の身にひきうけて受用できるものかどうかについて反省することもなく、軽率に人に話してしまうようなことは避けなければならないのは言うまでもない。しかし自分が疑いなく新得したことでも、自分でも気がつかないで私見に陥ったり、まだ十分その理を尽していないことが多いので、相手によっては話し合うならば存外の益を得るものである。まして聖賢の言葉は深く重く、一通りでない活理だから、十分に理解できないことも多々あるので、話し合えば思いのほかに合点し、その益も少くないこともあるものだ。だから昔も今も「朋友之交」を「君臣父子之倫」と同じように大切にするが、それはあながち「切磋琢磨之益」「薫陶観感之徳」だけに限らず、「講習討論」ということが「致知」の上で最も益を得ることと関係している。ふだん読書に心を尽し修行していると、会得の筋も疑惑の筋もあって、なにぶん同学の人に話さずにはおれないという気持から寄合っているのだから、このことはどうだろうと事を詮議するのは必然の勢だと思うのです、というものである。

ここに見られるのは、(1)「朋友」の関係を「君臣父子の人倫」と同等に見る、日本儒学ではたぐいまれな開かれた態度、(2)「講習討論」という知的対話を、友人間の「切磋琢磨」や「薫陶観感」というような道徳上の相互修練に劣らず重要な事柄と考える小楠の人生に対する態度である。このような新しい態度は、社会の変動が起ってこれまでの世代の人々のいだいていた価値観では対応できなくなり、新しい世代の友人関係が、君臣・父子という儒教の基本的な人間関係に劣らず重視されざるを得ない事態がおこったこと。そして変動期の混乱した知的・価値状況において、若い世代が「講習討論」しながら自分の歩むべき道を究明しなければ事態の解決は求められない状況になったことへの、非常に積極的な対応であると言ってよいと思う。このようなことを自得した点では、実学党のグループでも小楠が随一であったろう。彼は身分的には低かったが、精神的な意味ではこのグループのリーダーであった。「講習討論」という開かれた態度への信頼ということが彼の中に躍動している。

しかしまたわれわれが見落してならないのは、長岡監物(米田是容)の人間としての美質——謙遜さである。彼は肥後藩の家老の一人であり、禄高は一万五千石であった。これに対して小楠の生家は知行百五十石(このほか足高として父は百五十石、文化十五年には二百石を貰っていた）取の家であり、しかも小楠は二男で、当時は部屋住の身分である。封建社会のルールから言えば、対等に物の言える間柄ではないが、是容には道を求める人としての謙遜さと道の前での人間の平等という考えがあり、小楠の卓越性を認める雅量があった。このような人がグループの長であったことが、小楠の「学校問答書」における「朋友講学の情誼」という発想を可能にしたと思う。小楠は「実学党」での講学、講習討論でそのような基礎経験をもった。両者の書簡の往復を見るとわれわれはそのことを感知することができる。

しかしここではまだ「講習討論」と「講学」とは結びついていない。両者が共に一つのセットとして論ぜられるのは嘉永五年五月二十一日の吉田悌蔵宛の書簡からであり、その後も書簡によって「講学」のみが論ぜられ（安政元年九月二十日、吉田悌蔵宛、安政元年十二月二十一日、村田巳三郎宛）、それに対して「講習討論」（安政二年十一月三日、立花壱岐宛書簡）、あるいは「講習」のみが論ぜられるもの（文久三年四月「乍レ恐言上仕候三条」福井藩にて）、とがある。最後の出典としては慶応三年正月の「国是十二条下書」であるが、ここでは同一文の中に「講学」も「講習討論」も共に使用されている（一、興学校／三代の道に本き西洋技芸の課に及ぶ事来書御注に於て分明也。規模の正大に至らざれば講学の道不レ興、兎も角も人君政府合一に、治教は人倫に本き、民を治るに仁を以するの義を真実講習討論事第一にて可レ有レ之哉」、九一頁）。しかしわれわれはそれらが別々に書かれていようと、同一箇所に書かれていようと、それにこだわることはないと思う。小楠にとっては両者は同一文脈のものであったに違いない。われわれにとって重要なことは、「講習討論」を内容とする「講学」が、嘉永二年以来その死に至るまで、教育と政治の核であったということである。安政二年十一月三日の柳河藩立花壱岐宛の手紙で、自分の希望と抱負を次のように語っている。

今日之大急務之御処置、天下人才之悉名顕候者総て江戸に被㆓召寄㆒、天下之政事当今之御誠心を御打明し、老公を初諸閣老三奉行に至り候迄貴を忘て御講習被㆑成候へば天下之人言を求め天下之人心を通じ天下之利病得失を得候事は此一挙に有㆑之候。勿論其人々相互之講習討論は尤盛に行れ面々所見殊候共、遂に一本之大道に帰し可㆑申候。是則舜之開㆓四門㆒達㆓四聴㆒之道にして天下之人才と天下之政事を共に致し、公平正大此道を天下に明にするは此外に道は無㆑之候。（二三二頁）

そして福井藩に登用され、そこにおける政策の立案の中心的役割をになった時、藩の行政の責任者や門弟らとの講習・講論がいかに有効であるかということが験証された(9)。

第二の問題に移る。この「講学」「講習」と「公」（公論・公共）とが結びつく問題である。安政三年十二月二十一日附の村田巳三郎宛の小楠の書簡に次のような文言がある。

其《その》（ロシアのこと―源）学校之法は一村童男女より教を入、其内之俊秀を一郷之学に挙、其より一郡其より一部々々よりペートルヒュルクの都城之大学校に入候由、当時学校生員より一万に余り、政事何ぞ変動之事総て学校に下し衆論一決の上にあらざれば決して国王政官之所存にて行候義は相成不㆑申、将又執政大臣等要路之役人是又一国之公論にて黜陟いたし候由、是等之事総て其宗旨之戒律之第一義と承申候。（二四三頁）
なお同年十二月十五日附の小河弥右衛門の書簡にも同文の文章が載せられている）

ここには「講学」という文字も「講習討論」という文字も見えないけれども、学校における「衆論一決」とある以上、その内容においてはそのような考えがあったとみなして差支えないであろう。そこでは政事のことを基本的に決めるのは、学校の「衆論」であって、国王や政官が勝手に決めることは許されない。さらにまた、執政・大臣など要路の役人たちの黜陟も、「一国之公論」で決められる。学校の衆論と一国之公論との関係は必ずしも明瞭ではないが、政事上のことはすべて学校に下す、とある以上、両者は同一の事柄とみなしてよいものと考えられる。

かくして「講学」「講習討論」は「公論」の母胎となる。小楠がこのロシアについての知識を何によったか、ということについては厳密に確かめることは出来なかったが、村田宛書簡中の『海国図志』への言及を見ると、それによったと考えてもほぼ差支えないであろう。もしそうであれば、小楠は彼の「講学」「講習討論」の考えを下敷として、その上に西欧の「公論」の思想を受けいれたと考えてもよいだろう。

次に「講習」と「公共」が一つのまとまった文章の中で並記されている例を見てみる。それは文久三年四月に書かれた朋党の病を建言した「乍レ恐言上仕候三条」と題する文書である。

朋党は人君の不明に起り国家の大害たる事兼て御講習の第一義にて候、即今執政諸有司一致の躰に相見へ候得共、御油断被レ遊候へば今日に起り可レ申候。

朋党は私情に起り所謂閑是非に争ふ事に候。執政諸有司に先立玉ひ公共の明にて事々被二聞召一、条理に随ひ御決断被レ遊候へば、自然に閑是非は消へ申候。是朋党無レ之所以に御座候。（八六―七頁）

右の文章は「講習」によって自己の「公共の明」を人君が磨かなかった時、朋党の禍が起ると解して差支えないであろう。そうすればこの文章でも「講習」を下敷として「公共」の思想が受けいれられたとみなしてよいと思う。

用例の数は必ずしも多いとは言えないが、これらの事例を見ると、小楠の「公論」「公共」の思想は、彼がその生活経験の中で体得し、儒学思想の中で学んだ「講学」「講習討論」の中で実際に彼が経験したことと別ちがたい関係にあり、たんなる西欧思想の翻訳語から学んだにすぎない場合より比較にならないほど根を深く下したものであることは間違いなく言えると思う。

四

私はこれまで小楠の「講学」「講習討論」が彼の教育論の眼目であり、それが後の彼における「公論」「公共」の思想の基になるものであることを示した。これらのことは「教育」が学問と政事（治）を結合する重要な役割を果す、と小楠が考えていたことを示す。彼はその一生を通じて、公的教育機関たる学校に重きを置いた（慶応三年の「国是十二条」にも「興学校」という項目がある）。嘉永五年の「学校は政事の根本」（「学校問答書」）の考えを一生もちつづけていたというべきであろう。

ここに見られるように、小楠の学校教育論はきわめて政治的色彩の濃厚なものである。このことは彼が学校を建てる場所を、朝廷（政府機関のあるところ）に近接した場所であることを条件としていることにも示されている。その理由として、君公も左右の人を召し連れて日々出向くことができること、大夫以下の人々も少しの閑暇を利用して出席して講学することができることが挙げられている（「学校問答書」）。

さらに彼の「教官」選択についての考え方は、彼の政治的教育論の特色をよく示している。彼は教官としてどういう人を選ぶかということについて二つの選択肢があるとしている。一つは、知識は明らかで、心術は正しいが、経学文詩の芸には達していない者、他は、篤実謹行ではあるが知識は明らかではない。だが経学文詩の芸は格別な者、この両者の中のどちらを選ぶか、という問題である。この場合、世間普通の考え方は、前者は「側用人・奉行等の役人」、後者は「能き教授先生」としてふさわしいと考えるだろう、と小楠は言う。だが小楠によれば、この世間一般の考え方は「体有りて用無きを儒者と心得候後世人心のくるひ」を示すものであり、このような選択基準によって教師が選ばれた場合、学校はその勢「記誦詞章の学校」にならざるを得ない。小楠は前者こそ学校の教授としてふさわしいとし、その理由を次のように述べる。「一藩教授先生と被レ仰候人知識明に心術正しく無レ之候て、何を以て人の神智を開き人の徳義を磨き風俗の正しきを得せしめ可レ申哉。譬文芸は無レ之候とも、前の人にて無レ之候ては教養の道は行れ不レ申、況哉知識明に心術正しく此道の大旨を会得いたし候人聖賢の書一通り読み得ざるは有レ之間敷候」（同上、六頁）。

そして更にこの知識明らかに心術正しい人物は一藩に一両人の外はあるまいから、この人を学職に用いると、側用人・奉行の要路に人を欠く怖れがあるとし、側用人・奉行・教授の三職を一人の人に兼ねさせる必要があるとするのである。それは人材の不足という理由だけでなく、この三職は元来一体のものであり、これを三人の人に分掌させると自然に一致でない勢が生じ、その末、弊害が生ずるという理由に基づいている。そして彼は「此三職は必一人をして総べしむれば、宮中・府中・学政一致に相成、情義能通じ隔絶の憂ひ無レ之のみならず、学校の勢自然に重相成可レ申候」（同上）と言う。

これらの小楠の教育についての考え方を見てみると、『明夷待訪録』における黄宗羲の考え方に共通するものがあるのに驚く。小楠の完成期の思想については、『書経』にもとづいて「三代の学」「三代の治」を主張する小楠と、『礼記』にもとづいて「大同の治」を唱道する康有為との変法論者としての比較研究もすぐれたテーマであり、小楠の思想を攘夷論から開国論に変えたものとしての魏源の『海国図志』の受容も小楠研究のための重要なアプローチであると思う。私もそのような構想をもって研究を始めたのであるが[10]、小楠の思想の核になる部分を見ると、黄宗羲と共通のものがあり、その観点からの比較研究がそれ以前にまずなされるべきではないかと思うに至った。

二人は共に経世済民の立場に立つ実学者であり、経学とともに史学の重要性を強調する人であり[11]、三代を理想として現実を批判する人である。幕府の政治を「徳川御一家の便利私営」「御一家の私事」と批判する小楠と、三代以降の人君について「以為天下利害之権皆出二於我一、我以二天下之利一尽帰二于己一、以二天下之害一尽帰二于人一、亦無レ不レ可。使下天下之人不二敢自私一、不二敢自利一、以二我之大私一為中天下之大公上」（『明夷待訪録』「原君」篇）と批判する黄宗羲との間には響き合うものがある。小楠はもしかしたら『明夷待訪録』を読んだのではなかろうか、という疑問も起るが、読んだという形跡はまったくない。偶然の冥合というよりほかないであろう。

『明夷待訪録』の「学校」篇は次の言葉を以て始まる。「学校、所二以養レ士、然古之聖王、其意不二僅此一也、必使下治二天下一之具、皆出中於学校上、而後設二学校一之意始備」。儒教においては学校設立の目的の一つが「士を養う」ことにあることは言うまでもないが、聖王たちが学校を設けた趣旨はただそれだけではない、必ず天下を治める手段がみな学校から出るようにする――そうなってはじめて学校を設けた趣意が完備する、と言うのである。これは学校における講学を政治の中核とする小楠の考え方と同じである。そして政策の是非を君主の独断によって決めるのではなく、その是非決定を学校に公開するという黄宗羲の考えも、学校における上下の情誼的講学という公開の場での公論を政策としていくというという小楠の考え方と同じである。

この同一性の背景には、黄宗羲の場合には「古者以二天下一為レ主、君為レ客、凡君所二畢世而経営一者、為二天下一也」（「原君」篇）という天下のための政をおこなう天下のための君、という主君観、「出而仕二於君一也、不下以二天下一為上事、則君之僕妾也、以二天下一為レ事、則君之師友也」（「原臣」篇）という臣下観、横井小楠の場合は、「天下生霊を以て念」（『国是三論』三九頁）とし、「公共の道を以て天下を経綸」（同上、三二頁）する政治をめざし、

「政教悉く倫理によって生民のためにする」（同上、四〇頁）という天下のため、生民のための政治をおこなうべき為政者観を「三代」から学び、「本多佐州を初帷幄参謀の名臣悉皆　徳川御一家の基業盛大に心志を尽して天下生霊を以て念とする事なし。自ʟ是以来当時に至る迄君相の英明頗る多しといへども皆遺緒をついで御一家の私事を経営する而已」（同上、三九頁）と、天下のため人民のためでなく、ただひたすらに主人と主家への忠節に励む臣下のあり方を批判する等、表現の違いこそあれ、その君や臣についての考え方は基本的にまったく同じである。ここに見られるように儒教の基本的理解において両者には共通のものがあったから、学校教育の位置づけにおいても同様の考え方になったのであろう。

このほか学校における教官の地位の高さという点についても、両者の考え方は軌を一にする。黄宗羲の場合は、大学の祭酒の地位は宰相と等しく、あるいは宰相の退官者がこれに当るということになっている。横井小楠の場合は、教授は側用人・奉行の職を兼ねるという構想になっていて、教育が政治の基礎であり、政治改革のイニシャティーヴを取るべきだという考えがその背景にある。

ただ黄宗羲の場合は、大学の祭酒と宰相とは別人格であり、天子や宰相に教育者の立場からの直言が許されているのに、横井小楠の場合は側用人・奉行・教授が同一人格であるという差異があるのは看却できない。黄宗羲の発想を見ると、中国においては西欧社会における宗教（キリスト教）の役割を果したのは儒教教育であったということを実感させる。国家の儒教教育の責任者は、教育の立場から政治の責任者に批判することが許される、また批判すべき義務がある、という精神的風土がその背景にあってはじめて、そのような発想もあり得たのではなかろうか。小楠の考え方は、一人の人格が三つの職を兼ねるというのであるから、その人に当を得た場合には最高の能率のいいしくみであろう——小楠は福井藩の鈴木主税や橋本左内のことを念頭に置きながらこのような発想をしたのかも知れない——が、万一人を得ない場合は、いったいこの集中された権力の暴発をどのようにして制度的に阻止するのか、という問題が残っている。

細かく見ればいろいろの違いがあるが、「講学」の場としての学校が、たんに教育機関であるにとどまらず、公議・公論形成の機関であるという基本構想において両者はまったく軌を一にする。いったい何がこのような国も違い、時代も違う二人の発想を同じくさせたのであろうか。私は明末の中国と幕末の日本との社会状況・教育状況の類似性に注目したい。それは体制が危機に瀕し、既存の制度が十分機能しなくなったとき、中国では「社」（復社・読書社、等々）という在野の読書人たちのつくったインフォーマルな教育集団・政治集団がつくられた——その淵源は東林学派の「書院」にある——ように、日本では、幕府直轄の昌平黌や諸藩の藩校、ならびにそれらの卒業生たちによって構成される官僚（役人）にあきたりない気持をいだいた人々によって、さまざまな自発的でインフォーマルな教育集団・政治集団がつくられた。横井小楠がその一員であった肥後の「実学党」もその一つであった。そして黄宗羲も横井小楠もこれらの結社の中で相似た経験をしたのである。

黄宗羲の場合は、崇禎十一年（一六四二）の宦官派阮大鋮《せい》の排斥運動である。復社の指導者の一人張溥は、宦官派の阮大鋮をかつぎ出して復社の勢力を拡張しようとした。しかしこの阮大鋮はかつて東林派の人々の殉難に関係した男であり、復社・読書社のラディカルな連中は、猛然と反対運動をおこしてこの阮大鋮擁立を阻止してしまった。この運動の中に黄宗羲も有力なメンバーとしてはいっている。そして黄宗羲研究者の小野和子氏はこの事件が『明夷待訪録』の成立と深い関係があるとして次のようにしるしている。

この運動の成功は、黄宗羲の「明夷待訪録」の成立にほとんど決定的な影響を与えた。「明夷待訪録」のなかのもっともユニークな章である「学校」篇は、こうした在野の清議の正当性を主張するとともに、その主張を政治機構のなかに制度化しようとこころみたものに他ならない。しかもその場合、学校の決定権は、君主権に優越するものとして、君主を制肘し得るものである。つまり、それは士大夫、とくにまだ官僚となっていない在野の学生によって、抽象された人民の輿論を反映する場として構想せられたものであって、主観的には人民主権の原則を、まず士大夫階級において適用しようとしたのである。[12]

小楠の場合には、黄宗羲の場合のようなドラマティックな経験はない。しかし実学党グループの、身分を越えた同志としての、遠慮のない自由な講習・討論の過程の中で公議・公論が形成されつつあるという実感をもつ機会はたびたびあったと思われる。時にはこれが長岡監物を通じて藩政を動かすこともあったであろう。実学党は学校党にくらべると弱体だったから、この清議が藩の公議・公論となって欲しいと夢みることはあったであろう。学校が公論形成の場であり、人君やその政府の政策決定の場となるという小楠の構想は、人民主権の原則を、まず武士階級において適用したものである、という解釈はけっして不可能ではない。

不幸にして黄宗羲の『明夷待訪録』はその後長い間省みられず、清末になってはじめて改革派や革命派の志士たちのあいだで「中国のルソー」と呼ばれ、非常な崇拝をうけた。[13] 小楠の場合は、福井藩で同志たちとの討議を、ある程度藩政の中に生かすことができた。『国是三論』はそのような中での産物である。そしてこの福井での門弟であり同志でもあった由利公正(三岡八郎)が、日本における議会制構想の基礎をつくった「広ク会議ヲ興シ万機公論ニ決スヘシ」の句を以て始まる「五箇条御誓文」の起草者の一人であったことは言うまでもない。小楠自身も、明治元年(一八六八)の時務私案において「立法・行政相兼るを得ざるの旨を執り大に議事の制を興す可し」(山崎正董編『横井小楠　遺稿篇』一〇三頁)と、素朴ながら議会制について一つの見通しをもっていたことを示している。

さらに小楠の暗殺の年の秋（明治二年）惣庄屋出身で小楠の門弟であった竹崎律次郎、徳富一敬は「藩政改革意見書」をつくり、その中でそのような地方議会の構想を示している。

一　政府上下二院を建設し、上院は君公等初執政参政諸役人一切出勤いたし、下院は在（藩の中の有力都市以外の地域をさす、——源）中は一千名より弐人宛、熊本町五人、其他五ヶ所より弐人宛、社寺を除き四民之無二差別一入札相定め、下院に出勤いたし、上院と相対し諸務を議すべし。尤下院議事人は四年を一季とすべし。入札いたし候心得は、形跡に不レ拘、上下之為に成人物を選み候様、委敷示方可レ致事。才器次第、上院並在役人に被二召仕一事。(14)

この構想において下院は、神官・僧侶を除いて四民の無差別投票によって選出される議員によって構成されるというのである。これこそまさに「民」を基とする議会制ではないのか。この「藩政改革意見書綱要」は小楠の死後数ヶ月たって書かれたものであり、まだ自由民権運動が抬頭していない時であった時であったことを思えば、小楠が生前その門弟たちに語っていた構想に基づくことは想像に難くない。明治になっての小楠やその門弟たちの議会制構想は、教育論とは直接つながっていない。しかしそれは小楠と門弟たちとの講学、講習・討論の過程の中から生まれたものであることは間違いない。かつて小楠の「学校問答書」で武士階級のものに限られていた公議・公論は、農民出身の二人の門弟たちの手によって今や「民」の世界にも拡げられ、国民の公議公論となったのである。

注

（1）このような考えにもかかわらず、徂徠自身は政治の目的は「治国安民」ということであると説き、『政談』その他のすぐれた「経世済民」の書をあらわしていることはあらためて言うまでもない。しかし徂徠の数ある弟子の中でその面を受けついだのは、太宰春台ならびに山県周南のわずか二人であったことは見落せない。徂徠学派の文学化・文人化については日野龍夫氏の『徂徠学派』（筑摩書房）を参照されたい。

（2）この問題については、拙稿「横井小楠の「三代の学」における基本的概念の検討」（『アジア文化研究』別巻2、国際基督教大学、一九九〇、参照）。

（3）同右、六二—四頁参照。

（4）実学党は長岡監物（米田是容）・横井小楠・下津休也・荻昌国・元田永孚らによって天保十四年（一八四三）に、肥後藩の主流「学校党」に対立するものとして結成され、幕末日本の置かれた状況に対応する学問のあり方を求めた。リーダーの長岡監物（米田是容）は肥後藩家老の一人で家禄一万五千石、山崎闇斎・浅見絅斎らの崎門の学を信奉していたが、史学を勉強したいというので小楠らと『資治通鑑』を、小楠は監物から経学を学びたいというので『近思録』の会読を始め、経学と史学を併せ学ぶという態度をとった。これ以後月に十回二十回、時には隔日、さらには毎日ということもあったという。元田の記録によれば「集会スル毎ニ講学ニ非サルハナシ其講学スル所ハ誠意正心ノ実心術ノ微ヨリ工夫ヲ下シ閨門ノ内人知ラサルノ地ニ専ラ力ヲ用ヰ治国安民ノ道利用厚生ノ本ヲ敦クシテ決シテ智術功名ノ外ニ馳セス眼ヲ第一等ニ注ケ聖人以外ニハ一歩モ降ラス日用実行孝弟忠信ヨリ力行シテ直ニ三代ノ治道ヲ行フヘシ是乃尭舜ノ道孔子ノ学其正大公明真ノ実学ニシテ世ノ人之ヲ知ル者鮮シ」（『元田永孚文書』第一巻、二七頁）としるされている。それは俗儒の「記誦詞章」や実務家の「法制禁令」を重んずる立場をいずれも排撃するとともに、新儒学の「修己治人」の立場に立ち、日本の儒者では熊沢蕃山、ならびに熊本実学派の先蹤大塚退野・平野深淵が尊敬されたという。右に述べた記述の基本方向はほぼ信頼してよいと思われるが、「三代ノ治道」という目標を最初から明瞭にもっていたとは信じがたい。元田が『還暦之記』でしるしていない重要な事柄として、この派が政治的に水戸学の人々と親しい関係にあったこと、そしてそのことが斉昭の蟄居とともに、藩における立場を悪くし、監物の家老職からの辞職となり、そしてそのことが監物の家臣たちをして、監物の辞職を小楠がそこに引きずりこんだものとしてこれを遠ざけようとする動きになり、それ以後会読は頻繁ではなくなったように思われる。しかしこの派の解体は、安政二年（一八五五）、『大学』の「明明徳・新民」の解釈を以て、「民を新たにする実践を通じて、君主の明徳も明らかになる」という小楠の解釈と、「為政者の明徳の工夫を通じて民もおのずからら新たになる」という監物の伝統的立場とが正面から衝突して、両者が思想的に相容れなくなったことによって起った。その背後には開鎖の問題をめぐって水戸藩、とくに斉昭の「心術」にあき足りなく思っていた小楠が、この年魏源の『海国図志』を読んで開国論に転じ、後期水戸学からの離脱をなしたのに、なおそれへの共感を失わなかった監物との気持の齟齬もあったのではないかと思う。二人の中間にあって小楠との親交を絶たなかった元田も「天は天祖」という考え方をもちつづけ、小楠とはその点ではっきり異なること、そしてその点に関して監物の家臣であった井上毅と同調できたことに、井上の主君監物の天皇観や後期水戸学との共感を猜せしめる。なお「実学党」はその勢力の拡大と共に、肥後藩の家臣や上層農民の子弟の参加を招いて、一時は藩政府に対しても脅威を与える一大勢力となった。この問題については鎌田浩「天保期熊本藩政と初期実学党」（『熊本法学』四三号）ならびに花立三郎「熊本実学派の人々」（注（14）参照）らの論稿が小楠研究において新生面をひらいた。「学校党」、二つの「実学党」、「勤王党」「敬神党」らの関係は幕末肥後藩政史の大きな研究課題である。

（5） 原文は山崎正董編『横井小楠　遺稿篇』一―七頁参照。

（6） 小楠はそのようなタイプの代表的な朱子学者として、中井竹山を挙げ、徂徠の思想の功利性は誰にも分るが、朱子学者竹山の場合は明瞭に人の眼に映らないからもっとたちが悪いという趣旨のことを言っている。

（7） 私は「横井小楠の「三代の学」における基本的概念の検討」の中で、小楠において「三代」という語の初出は、嘉永五年（一八五二）七月十一日の吉田悌蔵宛書簡であると書いたが、それは私の大変な思い違いで、それ以前の嘉永五年三月の「学校問答書」に「三代の際道行候時」という用例がすでに示されている。

（8） この「講学」という言葉はひとり小楠だけでなく、肥後実学党の人々にとっても重要な概念だったのではないかと思われる。たとえば元田永孚の『還暦之記』を見ると、「実学党」に関する記述の中に「講学」という用語が頻出している。

（9） たとえば安政五年八月八日の「永嶺仁十郎」宛書簡では「近日来は執政初中々勃興致し、日夜講習前日よりも一段の盛大に相成り、面白き勢に御座候。拙者宅にて集義和書の会相初め、執政諸有司其外も参り種々討論、何時も鶏鳴迄は咄合申候」（二七〇頁）としるされている。三岡八郎（のちの由利公正）らの経済政策の成功は、度々福井の小楠の許でおこなわれた『集義和書』をテキストとする「講学」をもととする講習・討論に負うところが多い。

（10） 拙稿「十九世紀における西欧の衝迫と日中両国のそれへの対応――洋務論と変法論の問題をめぐって」、平成元年度科学研究実績報告書（文部省科学研究費・重点領域研究「東アジア比較研究」（代表中嶋嶺雄氏））。

(11)　黄宗義が清代史学の基礎をつくったことは周知の事実であるが、日本の史学史上ほとんど何の影響を与えることはなかった。ところで小楠も、その若き日の学問の出発点は史学であった。元田永孚が藩校時習館の「居寮生」となった時、寮長の横井小楠（平四郎）に挨拶に行った時に、次のようなことが告げられたことが『還暦之記』にしるされている。「余命ヲ受ルノ始横井先生ニ至リ拝命ノ旨ヲ告ケ為学ノ方ヲ問ヒタルニ先生曰ク……凡ソ学問ハ古今治乱興廃ヲ洞見シテ己レノ知識ヲ達スルニアリ。須ラク博ク和漢ノ歴史ニ渉リ近少ニ局スヘカラス廿二史ノ書等一読スヘシ然ラサレハ経国ノ用ニ乏シク共ニ為ルニ足ラス」（『元田永孚文書』第一巻、二一頁）。小楠には「南朝史稿」ならびに多くの史論があり、これらの歴史研究は彼の経世論の背後にあってそれを後から支えているものと思われるが、私の現在の小楠研究はそこまで及んでいない。なお廿二史については、黄宗義も「十九・二十歳の頃、二十一史（当時はまだ「明史」は編纂されてはいない―源）を毎日読みつづけて、二年間で読みあげた」ということであり（山井湧「黄宗義の学問」）、「二十一史には、あらゆる経世の業ももれなく記載されている」と語ったということであって（同上）、考え方の上で小楠と多くの共通点がある。（山井湧『明清思想史の研究』、二七四頁ならびに二七三頁から引用）

(12)　小野和子「黄宗義の前半生――とくに『明夷待訪録』の成立過程として」（『東方学報』第三十四冊、一八三頁、昭和三十九年三月）

(13)　梁啓超は一九〇二年八月刊の『新民叢報』第一四号に「黄梨洲」という一文を書き、黄宗義のことを「わが中国にもルソーはいた」としるしている。この日本訳は島田虔次氏の「中国のルソー」（現在、同氏著『中国革命の先駆者たち』筑摩書房、に収録）に載せられている。また同氏の論文には、一九〇五年に懐仁という作家は小説『梭《ルソー》魂』を書き、ジャン＝ジャック・ルソーの霊魂が東方にやって来て、黄宗義や展雄（戦国時代の大盗・盗跖のこと）陳渉（秦の暴政に反抗して最初に起義した陳勝）らとおちあい、陰府の君主制度を顚覆しようと謀議し、さらに満洲朝を打倒して漢民族国家を建設しようと起義軍をおこした、云々のことをしるしているとのことである。（同著、一一四頁）

(14)　竹崎律次郎・徳富一敬の二人が構想した「藩政改革意見書綱要」はもと徳富蘆花『竹崎順子』に載せられ、花立三郎氏の横井小楠『国是三論』解説（講談社学術文庫）によって紹介され、昭和六十三年度文部省科学研究費・重点領域研究「東アジア比較研究」（代表中嶋嶺雄氏）の一部門「一九世紀における日本と中国の変法運動の比較研究――横井小楠と康有為を中心として」の昭和六十三年度科学研究実績報告書の中の花立三郎氏の「熊本実学派の人々」の中に、その歴史的背景がくわしくしるされている。

横井小楠における攘夷論から開国論への転回

一　「攘夷」から「有道・無道」のパラダイムへ

「攘夷論」から「開国論」への転回は異文化接触という観点からも、個人の精神史という観点から言っても極めて興味ある問題であるが、横井小楠の場合もその例に洩れない。彼の転回は安政二年（一八五五）の秋、『海国図志』という著作を読むことによって起ったが、その五年前の嘉永三年（一八五〇）五月十三日附の福井藩士三寺三作宛への書翰においては、次のような激烈な攘夷の思想が展開されている。「夫我　神州は　百王一代三千年来天地の間に独立し世界万国に比類無レ之事に候へば、譬人民は皆死果、土地は総て尽き果て候ても決して醜虜と和を致し候道理無レ之候」（『横井小楠　遺稿篇』一三五―六頁。以下本書についてはページ数のみしるす）。このように後に幕末日本の最も開明的思想家とみなされる小楠も、第二次大戦下での竹槍決戦論を想起させる攘夷論を展開していた時期があったのだ。

小楠がこの手紙を書く前年の閏四月、英艦マリーナ号が浦賀に入港し江戸湾の測量をするという事件が起った。この事件は幕府の当局者には衝撃を与え、翌五月に三奉行を初め有司の人々に「外国船打払い令」復活の可否を問うた。その時提出された対策が百余通あり、その写しが若干、肥後藩にも伝えられた。それを見て小楠は、その大抵が「軍器防禦之手当之末」を説くもので、「天下大勢之所レ係大根本を痛論」したものは一通もなかったことに愕く。なおまた当時を代表する儒者として尊敬されていた佐藤一斎が「和講通商の説」を立てたという噂も小楠の耳にはいってきた。小楠にとってこれは相当のショックだったのだろう。彼は福井藩士三寺三作宛の手紙にコメントとして次のように言う。「和議之説は、一斎に限り不レ申、余程多く御座候由。就レ中学者之説に出候と承り、学術之不正人心之邪なるとは乍レ申、誠に以て沙汰の限なり」（同上、一三五頁）。そしてこのような状況は「南宋衰弱之時勢」に少しも替るところはないと極言する。

恐らく小楠の右の発想は、当時後期水戸学に共鳴したような気概ある「田舎武士」[1]たちの共縫するものであったろう。この三寺宛の手紙は「浩然正大之気」「神州固有之正気」等の語を用い、藤田東湖の「神州正大之気」の詩を連想させる。当時の小楠は一方では『中庸』や『中和集説』（山崎闇斎著）を読んで心法の工夫をなすというように朱子学に立脚する儒学者としての研鑽・修業を怠りなくつとめるとともに、他方では『春秋胡伝』を読んでは自己の「大義名分」の考え方を検討し、肥後藩士としては、藩の主流「学校党」に反対して、家老長岡監物（米田是容）を長とする「実学党」という改革派に下津休也、荻昌国、元田永孚らと共に参加して「講学・討論」を深めるとともに、林櫻園を精神的指導者として仰ぐ宮部鼎蔵、永鳥三平、河上彦斎らの「肥後勤王党」とも交わっていた。活力に満ちていたが、その精神状況は混沌としていろいろの矛盾を精神の内部に蔵していた。そしてこれらの諸派は国内政治に対する立場を異にするにもかかわらず、安政二年当時みな攘夷論をとっていることで共同戦線を張っていた。

このような状況にあった小楠がどうして安政二年、突如として開国論に転ずることになったのか。それを知るためにまず嘉永六年（一八五三）に川路聖謨《としあきら》（一八〇一―六八）のために書いた「夷虜応接大意」を検討しなければならない。川路は小楠の江戸遊学中の交友であり、小楠の「遊学雑志」の天保十年（一八三九）の条にも「八月十九日川路三左衛門殿を訪ふ。此人其名を聞くこと久し、果して非常の英物なり」と記されている。聖謨は、当時「御勘定吟味役」の重職にあったが、ここでは彼がいかに職務に精励格勤であるか、それとともにいかにその余暇をさいて文武の道にいそしんでいるかが事細かに記されている。小楠は川路聖謨という人物によほど感銘を受けたのであろう。

嘉永六年の七月、ロシアの使節プチャーチンは軍艦四隻を率いて長崎に入港、国境劃定・交易開始に関する国書を提出した。幕府は川路聖謨、筒井政憲の両名を応接係に任じ、長崎に派遣することにした。この報を聞いた小楠は藩の許可を得て長崎を訪れ、いかに応接すべきかということについて川路と論ずるつもりであった。ところが長崎に着いてみると、幕府使節の到着の遅さにしびれをきらしたプチャーチンはすでに出港し、川路は未着だった。やむを得ず小楠は川路のために「夷虜応接大意」を書いて長崎港関係の幕府の役人に川路に送致することを頼んで帰国した。

この文章で小楠はロシアの使節だけでなく、アメリカの使節を含めて外国の開国を求めての使節にどう対応すべきか、ということの基本方針を述べている。ここに述べられた基本方針は「只此天地仁義の大道を貫くの条理」を得ることにあるとするものである。そして外夷に処する「国是」は、「有道の国は通信を許し無道の国は拒絶する」という二つの態度しかない、有道・無道を分たず、一切拒絶するのは「天地公共の実理」に暗く、遂に信義を失うに至るとするものである。ここで「有道」というのはただわが国に信義を失なわない国ということだけを言うのではなく、日本以外の国に対しても亦、信義を守り、侵犯暴悪の所行なく、天地の心に背かない国をさして言うのであって、そういう国があってわが国に通信交易を望む場合に、これを拒絶する道理はまったくない、と小楠は言う。

そしてわが祖宗たちがこの道理を理解して、すでに中国、オランダの二国に交易を許されているのに、万国はこの道理に暗く、アメリカの書翰にも、日本は鎖国を国是としていると言っているがそれは彼らがまったくわが国の国是を知らないからである。ただ外国だけでなく、わが国の人々も亦、鎖国を日本の国躰であるという風に思いこんで、彼らの信義が万国に貫くものであるかどうかということによって対応の仕方を決めるというわが国の「天地仁義を宗とする国是の大道」を知らないから、自己の信義を失い、彼の忿怒の心をひき起して、大いに国躰を誤まるという結果に至っていると慨歎する。

そこで今アメリカの使節に対する答には、「有道」の国には国交を許し、無道とは絶つというのがわが国の国是であって、一切鎖国するというものではないことを明らかに示し、その後、彼らのこれまでの日本へのアプローチの仕方は、日本が彼らの通信通商の望みを許さないとすぐ軍艦で迫まりくるという無法なものであって、彼らが妄りに国禁を犯して浦賀に乗入れ、わが国の法度を守らないという無礼無道をはたらいていることを責め、このような国には国交を結ぶことを禁絶するのがわが国の大法であるということを言い聞かせるならば、彼の国の代表は叩頭して非礼を陳射し、前非を改め、必ずや通信通交を乞うであろう。その時は、朝に無礼をはたらき、夕べに改めるといっても、それはその実なくしてその辞《ことば》だけがあるに過ぎないと言ってこれを拒絶し、もし貴国がわが信義に服し罪を改めようということであれば、後にその信義が世界万国に貫徹する時を待って改めて通信通商のことを相談しようという態度をとるならば、彼は何の言葉があって兵事をおこすことができようか。もしこう言っても彼が自己の罪に服せず強いて兵を起すときは、「彼《かれ》曲にして我は直」であるから、必死を以て戦うならば百戦百勝たるは顕然としている。何の懼れることがあろうか、と小楠は言う。

ではロシアに対してはどういう態度をとるか。日本側がまずアメリカを拒絶する「大義理」を述べ、もしロシア側でも日本を援けようということがあっても、力を他国に借りることはわが道ではないとこれを説諭するならば、ロシア側は必らずわが国の「有道信義」はアメリカの類ではないと述べて通信を乞うであろう。ここにおいて日本側はロシアに対して、もし日米間に事があってもしアメリカが軍艦を以てやってくるならば、厳しくこれと血戦しその罪悪を懲すべき時である。それなのに今わが国がロシアと通ずるならば、世界万国がわが国を「不勇」と唱えることはもうはっきりしていることだ。これはわが国の深く恥じるところであるから、今は通信経済を許すべき時ではない。開国を求めるならば、後年その時が来たら相談することがありましょうと答えるならば、彼はまた、どういう言葉で再陳することができようか。小楠はこのように述べて「凡天地の間は只道理のあるあり、道理を以て喩べて諭さんには夷狄禽獣といへども服せざる事不レ能也」と自分の信念を展開する。

彼はさらに、今日の日本で外国と国交の問題について接衝する時に次の四つのタイプがあるとする。

(1) わが宴安に溺れ、彼の威強に屈して和議を唱えるもの……これは最下等である。

(2) 鎖国の旧習になずんで理罪を分たず、外国を一切拒絶して、どんなことがあってもこれと戦おうとするもの……これは(1)の、「宴安の徒」にはまさっているが、「天地自然の道理」を知らないで必敗を取る輩である。

(3) 外国の無礼を憎み、戦おうとは思うけれども、わが国の二百五十年の泰平に、天下の士気が頽廃して、武士たちがみな「驕兵」となってとてもまともに戦えない状態になっていることを心配し、暫らく身を屈して彼と和を結び、その間、時を稼いで士気を練り、強国になってその後彼と戦おうとするもの……これは恐らくペリー提督の率いる黒船を迎えた当時の為政者たちの主流の考えであろう。小楠はこの考えは一見、彼我の国情を明らかにして利害の実を得たかのように思われ、事態は一見彼らの見るところに似ているけれども、その実は「天地の大義」に暗いだけでなく、利害においても亦彼らの見るところのようになることはあり得ない。廟堂に在る人(政治の責任を担う地位についている人)が仮にも彼と和を結ぼうという心がある時は、天下の人心はいよいよますます惰弛に赴いて、士気はいずれの日か振い立つことができようか。また、器械においても整うことはできない。再三訓令を出して戒めても、何の効果もないだけでなく、天下はついに瓦解土崩の勢をなすことは避けがたい。

（4）（1）（2）（3）のすべて駄目である。であるから今日に当っては必戦の計を決めて、幕府、列藩共に傑出した人材を挙げ用いるということが第一の緊要のことである。その人を挙げる時はその政は革まり、天下の人心は日本に大義のあることを知って、士気一新するも一瞬の間にある。そして今日の驕兵がたちまち変じて精兵となることは、ちょうど掌を返すことのようにやさしい。——

小楠はこう言って、「戦の勝敗は砲熕器械のみにあらずして正義の天地に貫と不レ貫と人心の振《ふるう》と不レ振とにあり。況や人心振時は器械砲熕も亦随て実備するに於てをや。百夷千蠻何のおそれかあらん、是利害得失の見易きもの也。故に我は天地の大義を奉じて彼に応接するの道今日の一義にあらずや」と言い、これしかわれわれの執るべき道はないとする。わが国が毫も彼が強梁横行を恐れないで、大義を明らかにして彼を拒絶するならば夷虜は戦うことなくしてそれに畏服せざるを得ない。以上が小楠の示した夷虜に応接する「大義」である。これはあくまで「応接の大綱領」すなわち基本方針であって、実際の応接の場では機に臨み変に応じてこの「綱領」を拡充して使節としてどう事に当るかはまったくその人次第である。したがって応接の人材は最も心して選ばなければならない。このように開国を迫ってくる夷虜の使節にどう応対するかということについての自分の基本方針を述べた後、これまで縷々述べてきたことを次ぎのように要約してこの一文を終わっている。「夫天地有生の仁心を宗とする国は我も又是をいれ、不信不義の国は天地神明と共に是を威罰するの大義を海外万国に示し、内天下の士気を振起して器械砲艦漸を以全く備るに至りては万国醜虜我正義に服従せざる事能はざるもの何の疑かあるべきぞや」（一一一～一一四頁）。

短かい文章であるけれども、その中に含まれている内容の豊さ、深さ、論理の明晰さ、鋭さ、そうして日本中の「正気」が小楠の筆に乗り移ったかと思われるその気魄に今読んでも圧倒される。かりに小楠が幕閣にあってこのような態度で応接したなら、あの傲岸なペリーはこれに対してどう応対したろうか。もちろん外交は使節一人の力によってなされるのではなく、その背後のモラル・サポートがなければできないことであって、かりにこの時小楠が幕閣の前でこの見解を述べたとしても、それが文久年間の幕閣のように支持を与えたかどうかわからないが、翻ってペリーは、日本にも人ありと却って尊敬の念を惜しまなかったのではないか。ペリーが、小楠の言う通り長崎に商船でやってきてアメリカの立場で条理を説き開国を要求した時、果して事態はどのように展開したであろうか。また逆にペリーが攻撃を強行し米兵が上陸してきた場合、日本の国内はどうなったのだろうか。いろいろ困難な事態が想像されるが、政治の責任を担っている人がまず事態を直視して、日本の進むべき道を宣言し、国の内外におけるあり方を改革し、国民の協力を要請するならば、事態の解決は小楠の言うほど簡単ではなかったことは明らかだが、しかしまた当時の幕閣の考えるように絶対不可能なものではなかったと思う。幕末日本の進んだのとは異なる動きが始まったであろう。

ここでわれわれは彼の言う「大義」という言葉について考えよう。文字通り言えばそれは大なる道徳的原理であり、くだいて言えば人々の践み行うべき最も重要な、基本的道であり、儒教では君臣間とか父子間の道義をさすことが多かった。日本の武士社会ではとくに「大義親を滅す」という言葉が好まれ、君臣間の道徳が最優先された。しかし小楠のいう「大義」はそういう意味ではない。この一文において彼は「天地の大義」（二箇所）「天下の人心大義の有事を知り」「大義」「応接するの大義」「天地神明と共に是を威罰するの大義」という用例を示し、そのほか注目すべき用語としては「アメリカを拒絶するの大義理」「万国醜虜我正義に服従せざる事態は」

ず、という文脈で使われているところの「大義理」「正義」という「大義」に近い言葉があり、また「信義の万国に貫くと貫ざるとの天地仁義を宗とする国是の大道」という「信義」「国是の大道」という言葉も亦閑却することができないと思う。

いずれにしてもそれは一藩ないし一国内の「君臣の大義」の次元を越えた言葉であり、日本が新たに国際社会に直面した時、一国内の支配者とその臣下との関係の倫理では処理できない国家と国家との間の、両者を共に平等に規制する道徳的原理・儒教に基づく国際正義の理念に生きるアジア側からの首唱としての「大義」なのである。それは「大義理」(偉大な道徳的原理)であり、国家を越えた「天地の大義」であり、またそれ故に国際間の「正義」であらねばならず、それを守ることは双方にとって相手国への「信義」であり、一国について言えば「天地仁義を宗とする国是の大道」——すなわち一国の政治の基本方針、国家そのものの基本的理念としての「大道」でもあった。

この時点の小楠は、もちろん西洋の国際的自然法というものを知らない。彼は自前の儒教で考えてゆかねばならない。小楠は日本の国家としての理想形態を「君子国」として捉え、その具体的あり方を「天地の心を躰し仁義を重んずる」ということにあるとした。そして彼の主張する「大義」を基礎づける原理を「天地仁義の大道を貫くの条理」「天地公共の実理」とも称した。それは「天地の間は只だ是道理のあるあり」とする「道理」であった。これ以上問題は突きつめられてはいないが、「条理」「実理」「道理」ということばに示されている「理」の観念が「天地仁義の大道」「天地公共の実理」すなわち「天地」が天地の「道徳性(仁義)」「公共」という普遍性と結びついて、一国範囲の道理を超える普遍的理性として捉えられていることが注目される。これらのことばが、『万国公法』に接触する前に使われていることは、儒教のもつ思想的可能性を示すものといえよう。(2)

二 『鎖国論』との出会い

「開国・攘夷」というパラダイムでなく、「有道・無道」という新しいパラダイムで欧米列強との国交問題に対処するところまで到達したのに、小楠はなぜ安政二年まで攘夷論者だったのか。その原因の第一はいうまでもなく、彼はこれらの国々を有道の国とは認めていなかったからである。英・魯・仏・独は日本以外の他の国々に対して無道をはたらいた実績があり、当時の米国はその点問題はなかったが、ペリーの恫喝外交は武士としての小楠の誇りを傷つけ、米国は「無道の国」であるという反撥心が彼の中に強かった。第二に、徳川斉昭・藤田東湖に代表される水戸藩に対する小楠の期待が大きく、それを核として外国勢力に抵抗し、内政を改革しようとする日本の国政改革の目論見が彼の中にあったことも理由の一つとしてあったように思われる。しかしそれだけでなく、日本は資源に恵まれた国で外国と交際を結ばなくても国民の生活に事欠かない（不足と考えられた薬は中国、朝鮮から、書籍は中国から求めればよい。そして世界の動向についてはオランダから求められる）と考えていた節がある。そして日本の国が海洋に囲繞され、しかも海岸まで山が迫り、外国から攻撃されない安全な国だという認識を彼がもっていたことも、西洋諸国と交易関係を開こうとしない第三の理由であった。そしてそのような日本像を小楠の中で確固たるものとしたのは、志筑忠雄の翻訳したケンペル（Engelbert Kaempfer 1651~1716）の『鎖国論』であった。

わが国で『鎖国論』という名前で知られているケンペルのこの著作は、小堀桂一郎氏によれば[3]、もと彼の著『廻国奇観』（呉秀三の訳語）（幸田成友訳では『海外快話』となっている）と訳されている長文のラテン語の書名の著作[4]の附録として書かれた一章（第二部第十四章）であるが、後にケンペルの主要著作『日本誌』――最初は一七二七年に*The History of Japan*, vol I, II. 一七二九年にオランダ訳、フランス訳、一七三三年にオランダ訳の改訂版、一七四七―九年ドイツ語訳、そして一七七七年にはChristian Wilhelm von Dohmによる現在最も完成されたものとされているドイツ版が出版――が成るや、その巻末に附録として載せられた六つの論文の第二論文（ドイツ語の「ドーム本」）、英文のショイツエル本では第六論文（オランダ訳は英文からの重訳である）を、志筑忠雄（一七六〇―一八〇六）が『鎖国論』という題で翻訳したものである。この原文を忠実に訳すると「今の日本人全国を鎖して国中国外に限らず敢て異域の人と通商せざらしむる事、実に所益なるに与れりや否やの論[5]」となる。

この本の訳者志筑忠雄は、本姓を中野、号を柳圃と称する和蘭通詞であったが、「口舌の不得手」のためと、翻訳・著作に専念したいためという消極・積極の理由から役をやめて隠棲し『暦象新書[6]』（英人 I. Keill――ニュートン系の天文学者の著作）の翻訳や、「気」の概念によって「真空概念」を説明した「求力論[7]」の著者として知られる篤学の士であったが、その死の五年前の享和元年（一八〇一）にケンペルの『鎖国論』の翻訳を成し遂げる。この本によって「鎖国」は初めてわが国の歴史用語となった。

この書は、翻訳後直ちに公刊されたのではなく、四十九年たった嘉永三年（一八五〇）、国学者黒沢翁満《おきなまろ》によってはじめて『異人恐怖伝』と題して刊行された。だが発行後間もなく発売禁止となり、その後明治二十四年まで公刊されることはなかった。しかしそれ以前に多くの写本が次から次へとつくられて、かなりの範囲に拡がったらしい[8]。この本が有名になったのは、原著の良さ、信頼できる翻訳の魅力、そして何よりも当時の人々にとって鎖国すべきか開国すべきかという大きな関心事が取り扱われていたことによるであろうが、この本の存在を世に知らしめたものは、志筑のなくなる一年前の文化二年（一八〇五）に長崎を訪れ、この本を読み、そして恐らく志筑に会い、「読鎖国論」という漢文の序文を書いた大田南畝の筆の力によるところが大きかったと思われる。

小堀桂一郎氏によれば、言及の一番早いのは安永七年（一七七八）の三浦梅園（『帰山録草稿』）、寛政十年（一七九八）の本多利明（『西城物語』の中篇）、文政七年（一八二四）の平田篤胤（『古道大意』）、天保九年（一八三八）の渡辺崋山の『鴃舌小記』等があり、閲読していることが確認されている主な者に松平定信、滝沢馬琴、伴信友、本多利明、横井小楠、勝海舟等がいる。

小楠が『鎖国論』を初めて読んだのは、天保十年（一八三九）の秋、江戸において八月十九日川路聖謨に会って以後のことである。小楠の「遊学雑志」は川路についての記事の後、旗本の概況についての記録、林大学頭、佐藤一斎についての簡単な記述、徳川斉昭、羽倉外記と江川太郎左衛門とが会った時の噂話、等に引きつづいて、小楠が『鎖国論』を読んだ直後の読書メモとも思われる記事が、比較的長くしるされている。(9)「志筑忠雄が翻訳せし 忠雄享和年間人 鎖国論を読むに西洋人エンゲルト　ケンペルと云ふ人の著」という書き出しで、その内容の第一は世界の都域の大きさの問題で、江戸より大なる都域があることの驚きとしかもそれらはカイロ、メキシコ、モスクワの三者で、西欧の中心地ではないこと、歴史的に高名なローマ、パリ、ロンドン等ヨーロッパの重要都市はいずれも江戸より小さく、泰西人が江戸を「天下最大域」と言うのも適当であるということが述べられている。初めて江戸に出てきてその大きさに驚いている小楠の心情の反映ともいうべきものであろうが、小楠が歴史や文明の中心・周辺という考えをもっていたことが極めて興味深い。

第二は、「吉利支丹」の問題についての記事である。彼はこの『鎖国論』を読むことによって初めて、吉利支丹禁制の深き所以を知ったとして、ポルトガルの宗教政策が日本占領を意図してのものであったということを看破して豊臣秀吉がキリシタン禁制の政策を取り始め、その方針が徳川家康、秀忠、家光と徳川幕府においても受け継がれ、家光の時に全面的禁制になった過程を刻明にしるしている。それらはケンペルの記事を忠実に追って書いたものであるが、そこから小楠が得たものは次の通りである。

ポルトガル人が近世初頭の日本にとって大害ある国であったことを、この本を見て知るべきである。従ってキリシタンを厳禁したことは甚だ深慮であった。具体的にそれが大害があった点を列挙すると

（1）吉利支丹はわが国の愚民を誑し、信心を弘通させて禍乱の基になる。

（2）わが国の貨財を外国に運び出し、国を空亡の状態にする。

従って国家のこの上もない大害となる。小楠は日本のこの状況を清初の状況と比較し、康熙帝の時吉利支丹を許した結果として、中国の吉利支丹は①儒の教を混ぜ、孔子を奠り祖考を祀ることを許すもの、②儒法を雑えず行うもの、の二派に分れたが、①は本国から禁止され、②はその教法を禁じ中国から追逐された。唐土は文明の国だから吉利支丹にまどう者は少く、それが国家の害たることは少かった、と記している。

原城に籠って幕軍に抗戦した吉利支丹軍の統率者益田（天草）四郎時貞は肥後小西行長の配下の士であったが、幕末の小楠は意外なほど吉利支丹のことについて知らない。そのことは幕府のキリシタン抑圧策が効を奏して熊本でもキリシタンの記憶が風化したことを示すものだろうか。ところで（2）に示されるように、キリシタンは経済問題と深く関わっているが、小楠の場合、開鎖の問題を考える時、吉利支丹についての恐怖は彼の鎖国説の根拠としてはまったく考えられていない。この問題については、この後ある程度の時間の経過を置いて小楠が攘夷論時代に書いたと思われる「読鎖国論」[10]という未完の論策を検討しなければならない。まず全文の書下しを左に記す。

我が邦は東海中に孤峙し、天地の中を得、物足り人蕃《しげ》し。外には山海風濤の険有り、内には列国藩屏の固き

有り。万国に雄視すること二千年なり。昔日蒙古、十万の軍を挙げて来り侵さんとするも、一風涛之を淹滅す。爾後醜虜の敢て覬覦の心を萌さざるは、抑《そもそ》も天の我が邦に於ける、独り之を厚うする者の有りて存するに非《あら》ずや。豊太閤雄大の見を以て、一切万国の通を絶つ。当今の制は之に因る。独り進港を許すは清・蘭の二国のみ。此の二国は我れ好《よしみ》を修し交を結びしに非ず。書籍と薬物と彼に需《もと》むる所あればなり。又其の交通に因りて以て万国の動静を観察するに非ず。但だ二国の通久しくして且謹なる故に許して絶たざるは我が覆天の仁を示す所以なり。近き世に至りて和蘭学漸《しだい》に行なわれ泰西諸州沿革の勢を見る有り。遽かに其の戦艦・火器の大にして且つ巧《たくみ》なるに愕き、動《やや》もすれば魯西細亜《ロシア》・暗厄剌亜《アングリア（イギリス）》等呑并の事を以て我が邦人を虚喝せんとす。是れ其の人の眼に淵識無く、胆《きも》虚声に落つるにして、安《いずく》んぞ天下の勢を知らんや。天下の勢は唯我が眼有る者のみの能く之れを知るにあらず、彼の泰西の人も既已《すで》に之れを知る。乃ち検夫爾《ケンフル》の鎖国論の如きは、我が山海の険絶を窺ひ、我が士気の剛鋭を見、我が土地の産する所の百物自《おのずか》ら足るを知りて、極めて我が鎖国の卓越の見に服せるなり。蓋し泰西諸州大抵襟帯相接するは、猶ほ我が七道のごとし。交はらざれば互に生を為すことを得ず。是れ彼の我と球を同じうして地を殊にする所以なり。故に彼に在りては通を開くを道となし、我に在りては鎖を閉づるを道と為す。各其の宜しく所を得て、而る後之を天に順ふと謂ふ。夫れ民の頼りて以て生を為す所の者は天なり。天の賦する所、既に地を殊にすれば、則ち治法、亦殊ならざるを得ず。是れ検夫爾の論ずる所にして、各々斯の民を安んずる所以の道に非ずや。唯《ただ》に検夫爾のみならず、泰西人の論ずる所、往々此《ここ》に出づ。予志伊勃留杜《シイボルト》の言を聞くに云く、和蘭千七百年間、魯西細人其の国王の命を奉じて軽舸を東洋に廻旋し、我が海上の険易を窺測するに、海浅く岸高く風涛暴起すれば天険を称嘆して去ると。志伊勃留杜は我が邦に在ること五年、我が邦内外の情実を悉《ことごと》くす。舌官某に與ふる書の見る所特に検夫爾と合す。則ち醜虜の志を我に絶ちしは、彼に在りては既に一定の見を為すなり。然りと雖も呉子云はずや、徳に在りて険に在らずと、我れ其の険を頼みて徳を脩めずんば、則ち滔天の禍と覆地の変と、何れの世か之れ無からん。益《ますます》其の徳を脩め、益其の徳を固くし、醜虜既に絶つの念に安んぜず、而して天険の頼む可きを頼まず。豈天下万世の安きを保つ所以の道に非ずや。

方今五大州内列国分裂し、強弱呑并して帝と為り王と為る。朝に治まり夕に乱れて定めなし。猶ほ我が永禄、天正の際のごとし。而して我が邦独り泰平の治を願ひ、日益《ひまし》に(以下欠文、原漢文、六九二―三頁)

一読して「遊学雑志」におけるメモ的記事に対して、この「読鎖国論」は小楠が『鎖国論』を繰返し読み、心の中で反芻して原著者の言わんとするところをよく受取り、それを自家薬籠中のものとして、自分の「鎖国」という問題についての考えを結晶させたものと言うことができる。

小楠が『鎖国論』を引いて鎖国肯定の最大の理由としているところは、(1)わが国の「山海の険絶」、(2)「士気の剛鋭」、(3)産物が豊富、自足する国でわざわざ開国して交易するに及ばない、ということであって、これは原鎖国論のエッセンスとも言うべき部分である。アジア大陸東辺の島国であり、海浅く、海岸まで山が迫まっているこの国は攻撃侵略するのに非常に難しい国々であり、また産物が豊富でことさら外国と交易しなくても国民が十分に生活できるというケンペルの主張は、小楠になるほどと膝を叩かせたに違いない。また士気の剛鋭についての記述は、のちに小楠が『国是三論』を書く時にその後のわが国の「士風」の変化を反省させ、「士道論」を加えた根拠となったのかもしれない。さらに、ここに見られる三点の指摘は形を変えて『国是三論』富国論・強兵論・士道論という三部構成の骨組をつくったとさえ言えるのではなかろうか。

それから小楠がその次に「泰西諸州襟帯相接するは、猶ほ我が七道のごとし。交はりて互に生を為さざることを得ず。是れ彼の我と球を同じうして地を殊にする所以なり。故に彼に在りては通を開くを道となし、我に在りては鎖を閉づるを道と為す」という箇所、すなわち西欧の交易思想の相対化と間接的ながら我が国の鎖国の肯定は、もとの『鎖国論』の冒頭でケンペルが、ヨーロッパの啓蒙思想の立場に立って世界における人間社会に障壁を築いて相互の交流を絶つことは邪悪で大きな罪悪だという見解を披瀝しながら、「自然に恵まれ、あらゆる種類の必要物資を豊富に授かっており、かつその国民の多年の勤勉な努力によって国造りが完成している国家としては、自分からは何も求めるものがない外国に対しては、外国人どもの計略に乗らず、貪欲を撥ね返し、騙されないようにし、戦いをしないようにして、その国民と国境を守ることが上策であり、また為政者の義務である」(11)として日本がその条件に恵まれた国であることを論述した論述の仕方を、巧妙に小楠流に換骨奪胎したものである。

ところでケンペルの考え方と小楠のそれとの間にはその骨組において一致するところがある。ケンペルは敬虔なキリスト教徒であるとともに啓蒙的普遍精神をくぐった人であった。彼は一方では「われわれ人間は、みな一つの太陽を仰ぎ、すべて一つの地球に住み、同じ空気を呼吸している。自然に境界はなく、われわれを互いに分け隔てるようなことは天理に悖る」という普遍思想もいだきながらも、「地球上に居住する民族が、言語により、習俗により、才能によってそれぞれ別れて生活していることは、神の叡智に適う生き方である」とし、この「永遠の自然環境」を無視して、「自分の勢威を他の国に確立しようと努め」る君主たちを非難している。(12)このような国際状勢の下では、日本のような自然条件に恵まれている国は鎖国によって自衛するのが上策である、というのが彼の考え方である。

小楠は儒者であるから、「天」や「理」や「道」という普遍的理念の下に、地球のあらゆる国々は平等であり、対等の立場で交渉するのが道に適うという考えをいだき、しかもあらゆる国は「割拠見」（自己中心、自国中心的考え）に捉われがちであるから、「天下万世の安きを得る所以の道」（「読鎖国論」六九三頁）である「仁」の思想の実現を追求しながらも、そのような国々の国家的エゴイズムに対しては国を閉じて自衛すべきである、と考えている。そしてここでの小楠は、戦いにおいて恃むべきは「徳に在りて険にあらず」という呉子の言葉を引いて、「天険」を最終の頼みとしないで、「徳を脩め」「徳を固く」すべきことを説いて、「夷虜応接大意」に見られる有道・無道の原理に立脚する応接につながっていく。

三　『海国図志』とその幕末日本における受容

前にしるしたように小楠が開国論に転じたのは安政二年の秋のことであった。小楠自身がそのことについて遺した記録はない。われわれに遺された記録は、小楠の弟子内藤泰吉[13]の『北窓閑話[14]』七頁の次の記事だけである。「安政二年、二十八歳のとき先生（横井小楠のこと）は海国図説（志）により、愈々開国論を主張さるゝことになつた。俺を相手に毎日談が始まる。昼飯を忘れたことが百日も続いた。先生は兵法で談される。俺は医術を以て之れに応じ、大に啓発する処があった。此の対談以来、先生の学意が大いに判って来た」。

泰吉は肥後南関の医者内藤桂壽の三男で、当時沼山津に新築されたばかりの小楠宅に住みこみ、小楠に仕えながら医業を開き、沼山津の小楠家から洋学系の医師寺倉秋堤（熊本在住）のところに通って医学の勉強をし、帰宅してから師小楠の説を直接伺うという生活を送っていた。当時数え二十八歳、この年八月、転宅後間もない小楠の自宅に泊りこみながら右のような生活を始めたのである。

では小楠に開国論へと眼を開かせる機縁となった『海国図志』とはどういう本で、どういう風に日本に伝えられたのか、また小楠はこの本からどのように啓発されたのか。

この本は清末の道光二十二年（一八四二）、魏源（一七九四―一八五七）の手によって編まれた世界地理の本であるとともに、世界各国の歴史、政治、経済、宗教、教育等々についても記した「世界事情」ともいうべき性格をもった本であり、さらにこの本の冒頭には魏源自身の書いた「籌海篇」がおかれ、議守、議戦、議款として、防禦・戦闘・外交についての魏源の考え方がしるされた軍事・外交の書でもある。そしてその方面については、この本の末尾に造船・鋳砲・測量・砲台の築き方、火薬の製法、その他西洋の機械をめぐる諸技術について図をつけて記されている。西洋のインパクトについてどのように対応するかということについて、実に広い文脈でいろいろの角度から情報を提供した当時のアジア社会で最も望まれた本であった。

最初に刊行された道光二十二年の版は、五十巻であるが、魏源は道光二十七年（一八四七）にこれを改訂増補して六十巻本として出し、さらに増補改訂の作業をつづけて、咸豊二十二年（一八五二）には百巻本を出しこれを定本とした。わが国に受容されたのは六十巻本と百巻本であるが、その中心をなすのは六十巻本である。（なお今日比較的容易に入手できるのはこの六十巻本であり、これは民国五十六年に台湾の成文出版社から翻刻されたものである。）

なぜこのような本が編集して出版されたのか。それはアヘン戦争における中国の敗北を貴重な経験として、これから立上るために企画されたのであった。基礎になるプランを立てたのは、この戦争の中国側の指導者林則徐（一七八五―一八五〇）であり、彼はすでに『四洲志』――ヒュー・マレイ（Hugh Murray）の大著『地理全書』（*An Encyclopedia of Geography : Comprising a Complete Description of the Earth, Physical, Statistical, Civil, and Political,*

London, 1834）を、袁徳輝等に命じて二十分の一に要約して翻訳したものである――、「澳東奏稿」ならびに洋式の船砲の模型図、等々『海国図志』の骨格をなすものを集めていた。道光二十一年、この業の中途で阿片戦争の敗北の責任を取って新疆省に左遷されることになった林則徐は、後事を魏源に托した。

魏源自身もアヘン戦争に従軍し、両江総督代理の裕謙の幕友として戦い、敗北を身を以て体験した。戦争中は林則徐の間接の部下であった。そして道光九年（一八二九）から中国人の士気を奮い立たせるために、清朝の創業から道光年間に至るまでの中国の歴史『聖武記』を描き、とくに財政、軍事共に盛んであったありし日の祖国の姿をしるすことによって国運の回復をめざす者の輩出を秘かに願った。林則徐の依頼を受けたのは、この本の完成の前年であったが、依頼を受けるや直ちに構成を考え、オーガナイザーとしての役割を果すということを決心し、かなりの新しい資料も加わえて、同じ道光二十二年、年初に『聖武記』年末に『海国図志』も刊行された。この大部の書の完成にいたる驚くべき進行の速さを見ると、その作業をいくつかのチームをつくって同時並行的に進めたこともあり得ると思う。かりにこのような過程をたどったからと言って魏源は人任せではなく、この本の基本方針ともいうべき「籌海篇」はまったく彼の手になるものであり、その他の部分にも「源曰く」「源案ずるに」というような形で、魏源の考えや本文の批評が述べられ、この本を生彩あるものとしている。魏源は編集者としての責任を立派に果したといえよう。

この本の軍事的基本戦略は、「夷の長技を師として夷を制する」ということであるが、ここでいう「長技」とは「戦艦」「火器」および「養兵・練兵」の三者であるが、具体的内容については『聖武記』と『海国図志』とでは考え方の上で大きな違いがある。前者では西洋から砲や船を購入するということであったが、後者では広東に造兵廠や火器局を置いてアメリカ、フランスの二国から指導者や技術員たちを呼んで、船や火器の製造を始めること等の提案をなすほどの飛躍を示している（「籌海篇」の「議戦」の項）。

『聖武記』『海国図志』を問わず、魏源の軍事的戦略の卓越性は、狭義の軍事的技術面への関心に止まらず、より広い戦略的観点から問題を捉えているところにある。具体的には「訳館を立てて夷書を翻訳」すべきことの提案である。ここに見られるように西欧の科学技術文明の採用や、外国の事情を知るための措置が講ぜられている。

次に「外交戦略」の問題に移ろう。この面は『海国図志』において初めて展開した。それは二つの側面をもっている。第一は「夷を以て夷を制する」というものであり、第二は「夷を以て夷を款する」ことである。前者は中国の伝統的な遠交近攻的な外交政策であり、後者は「互市・議款」の通商政策である。彼は南京条約の成立（一八四二）以降は、積極的に国を開き通商貿易をする道に転じた。さらに彼は、外国の経済発展の背後にある民主政体への関心をもち始めたように思われる（とくにアメリカ篇、それほどではないが、イギリス篇にも）。すなわち『海国図志』はその読み方によって、読者たちに「洋務家」になることも「変法家」になることも、極端な場合は攘夷家のまま外国勢力を撃破するための「火器」をつくることを教える本として読まれることも可能であった（李朝末期の朝鮮では、『海国図志』の火器製造の諸篇を読んで、実際に戦艦（戦闘する船という程度の意で戦艦・巡洋艦と併称される時の戦艦ではない）や水雷砲がつくられた[15]）。

この本は、一つ一つの事柄の認識の精密においてはまだ欠けていることは否定できないが、その包括的・綜合的見方においてすぐれている。そして「中華中心主義」を捨てて、世界の中で自国を見るという視点を取った点においては、中国の歴史でも画期的な著作であった。

では『海国図志』はどのような経緯で日本にはいり、どのように幕末の日本社会に受容されたのか。日本に伝わったのは嘉永四年（一八五一）で、もともと中国では同年に出版された『聖武記』より七年遅れる。その理由は、禁制のキリスト教に関する記事が載っているので、日本にもって行っても所詮駄目だろうということだったようだ。嘉永四、五年と引き続き輸入されたが、案の定「御禁制の文句」があるということで、奉行所や長崎会所に保管されて公開されていないし、幕府がこれを利用した形跡もない。正式に輸入されたのは嘉永七年（一八五四）九月のことである。この時十五部輸入され、うち七部が幕府御用となり、残り八部が競売に付けられた。幕府の許可は同年三月のペリー提督の率いた黒船のインパクトによる。もちろん『海国図志』の一部にキリスト教関係の記事はあったが、国家の危機として世界の情勢を知ることが何よりも優先されたのである。そしてこの時輸入された原著並びにその翻刻が、幕末の日本を揺り動かすことになる。

　このときの幕府側の対応で注目すべきは、当時勘定奉行の地位にあった川路聖謨の行動であった。彼は幕府の文庫に秘蔵されていた『海国図志』の一部を読んで、わが国に与える利益を思い、老中阿部正弘にその旨を告げる。阿部は「有用の書」を文庫にとどめるのは道理に反するとして、閣老、参政たちに下附して熟読させる必要を感じ、将軍の許可を得る。まず政権の中枢部にあった人々の『海国図志』の勉強が始まる。

　聖謨はこの迅速な対応を喜び、この範囲だけでなく、これを翻刻して「公衆有志者」に見せるのが国家のためになると阿部に申し出て、余った一本の下附を請い、即時、下附と翻刻を許された。聖謨は儒者鹽谷宕陰《しおのやとういん》、蘭学者箕作阮甫に校訂の作業を頼み、私費を投じて浅草の須原屋仲八に翻刻、出版を依頼した（川路寛堂編述『川路聖謨之生涯』）。幕府の開明官僚川路の尽力によって『海国図志』は死蔵を免れ、しかも原典以上の正確なテキストとなって、多くの日本人に読まれることとなった。

　このような過程で、政治家、識者だけでなく、国民一般に公開されることになった『海国図志』の、わが国における受容の形式面から見た特色の第一は、直ちに二十三種類もの翻刻が出たことである。これを発行にしたがてみると、嘉永七年（安政元年）十五、安政二年五、安政三年二、明治元年一となって、当初の三年間に集中的に出版されている（開国百年記念文化事業会編『鎖国時代日本人の海外知識』）。

特色の第二は、多くの種類の「書下し文」が出たことになる。翻刻の形式は、①鹽谷・箕作の協力によって原文の事実の誤りを正し、誤植を直し、その上で訓点を施し、人名に洋音のルビを施した「校訂本」四、②単なる「訓点本」三、「書下し文」十六の三種類がある。漢学者、洋学者の協力による正確な校訂本の出版は中国や李氏朝鮮にはなかった特色だが、書下し文が十六種類も出たというのもそれに劣らぬ特色である。これはわが国の、漢文を自由に読まない民衆が世界の大勢に関心をもち、しかもこの本を理解する力を持っていた重要な証拠であろう。

第三の特色は、すべての巻を翻刻するのではなく、重要と思われる巻を重点的に翻刻していることである。その内訳は「籌海篇」二、「アメリカ篇」九、「ロシア篇」二、「イギリス篇」三、「プロシヤ篇」「フランス篇」「インド篇」各一、「夷情備守篇」一、「礮《ほう》台・火薬・攻船水雷図説」に関するものの抄訳が一、「国地総論篇」一である。総計二十四となって、翻刻本の総数二十三と数は合わないが、それは頼《らい》三樹《みき》三郎《さぶろう》が「インド篇」と「夷情備守篇」とを合せ、一つの巻として翻刻したからである。翻刻が特定の巻に限られたことは、当時の人々がこの本を緊急の役に立つ情報を提供するものとして、極めてプラグマティックに読んでいたことを示す。識者への影響という観点から捉えると「籌海篇」の影響が最大であるが、一般国民にとっては黒船の国・米国への関心が最も大きかったことが判る(16)。

四　横井小楠における『海国図志』の受容と開国論への転向——軍事的観点の開国論と経済的観点の開国論

幕末日本での『海国図志』の受容の思想的特色はそのくらいにして、小楠自身の問題に帰ろう。小楠が『海国図志』を読むことによって攘夷論から開国論に転じたことは、前述の内藤泰吉の『北窓閑話』の示す通りであり、またその転回が、小楠自身や幕末日本にとって果たした意味は非常に大きい。だが彼自身の言葉で『海国図志』について言明されているのは、『遺稿篇』を通して次の一箇所である。「近代翻刻之海国図志、アメリカ之部は其国志に因て著し候間余程明白に有レ之候へ共、魯西亜抔は殊の外大略にて事情を得不レ申事かと被レ存候事」（安政三年十二月二十一日書簡、二四三頁）。

こういう次第であるから、小楠が六十巻本、百巻本のどちらのテキストを読んだのか、中国から輸入された元版で読んだのか、あるいは日本での翻刻本を読んだのかは、それを知る確かな手がかりはない。ただ言えることは彼の書いた記事の内容を通して、確かに読んだと推察されるのは「籌海篇」「アメリカ篇」「イギリス篇」「ロシア篇」の四篇だけである。そして「翻刻」という文字が使われている以上、日本で翻刻されたと考える方が穏当なこと、彼の経済事情や、肥後藩当局との関係を考えるならば、彼が自分の経済力で中国版の全巻を買うことはちょっと考えにくいし、また佐久間象山や橋本左内の場合のように藩侯や藩当局から貸して貰えるということも非常に難しい。従って和刻本で、自分が重要と思われる篇だけを読んだ可能性はかなり高いのではないかと想像される。しかしもちろん確かなことではない。

『海国図志』を読んで開国論に転じた理由の具体的内容については、小楠は何も語らず、内藤泰吉は「兵法で談される」(前述)と語っているだけで、その兵法の具体的内容については何も語っていないが、その主な内容は恐らく『国是三論』の「強兵論」において述べられているごときのものであろう。具体的叙述にはいる前に一言しておかねばならないのは、小楠が『海国図志』の冒頭の「籌海篇」の軍事戦略・外交戦略とどのような関係をとったかということである。前者については、佐久間象山その他の多くの洋務論者と同じく基本的な考えは認めたが、象山の場合のように全面的共感というものではない。世界平和の実現ということを窮極の政治課題とする小楠の場合、西洋勢力の打倒ということを窮極の課題とする魏源の思想とは全面的に一致するわけにはゆかない。しかし世界平和の実現を希求する小楠においても「日本の独立の保持」は国民的課題であるから、その限りにおいて採るべきは採るということであろう。

外交政策に関しては、洋務論者だけでなく、橋本左内のような変法論者たちも権力のバランスをとる政策をとり、英露の二大強国の日本海での対立という状況の中で日露同盟論をとる傾向が強かったが、小楠は日露同盟論はもちろん、その反対の「日英同盟論」もとらず、当時平和政策をとっていた唯一の国である米国と協力して世界平和の実現をはかろうという独自の道を選んだ。この点で小楠は、魏源の「籌海篇」からは本質的にはあまり学んでいない。彼が積極的に学んだのは、各国篇の具体的記述である。そこに書かれていることをヒントとして彼は自己の独自の思想を形成したり、それを読む以前にみずからもその方向で考えないし感じていたことをより確かなものとしていったと言ってよい。

小楠が攘夷論から開国論に転向する時に、越えねばならない三つのハードルがあった。第一は、『鎖国論』が示すように、日本は周囲を海にとりかこまれ、しかも山が海岸近くまで迫っているとか、疾風が近海を襲い、また潮流も激しく変化して、日本列島に寄りつくことが非常に困難である、という鎖国論に有利な「天険」の問題はどのように解決されるのか。第二の問題は、日本は産物が豊かで、人々は生活に困まらない、何も国内の秩序を乱してまでも、わざわざ外国と通商貿易をするには及ばない、という日本国のかかえる社会的条件の問題である。

この二つは、ケンペルの『鎖国論』から小楠が得た鎖国肯定論の正当化の根拠であった。このほか小楠を鎖国論にとどめておくのにあずかって力があったのは、開国を迫まる世界の列強たちは果して有道の国かという疑問である。日本に対してだけでなく、世界の諸国に対して道ある態度を取ってきたか、という条件で見るならば、アメリカ以外の国々は「無道の国」と言わざるを得ない。その例外であるアメリカも、日本に対して取った黒船を以てする「恫喝」外交を見ると決して「有道の国」とは言えない。ならば鎖国を守るのが日本の取るべき道ではないか。

第一は、軍事的観点からの鎖国論、第二は、経済的観点からの鎖国論であり、第三は、列国の国家としての実態の認識から生じた政治道徳的観点の鎖国論である。小楠が安政二年『海国図志』を読むまでの鎖国論は、この三つの考え方の混合ともいうべきものであった。小楠はどのようにしてこれらのハードルを乗り越えていったのか。私見では、小楠にとって軍事的観点からのハードルを越えることが第一の課題であり、経済的観点からのハードルはそれに次ぐ。その中の或る部分は第三の対外的認識の修正のハードルを越えた後でも、まだ問題として残り、元治元年（一八六四）の「沼山対話」においてやっと克服されたように思われる。ここでは（1）（2）（3）の順序に検討することにする。

1　軍事的観点からの転回

さきに示したように、内藤泰吉との対話で「兵学」の立場で開鎖の問題を論じたというのがこれに当る。わが国の天険、産物の豊饒というような自然的条件、地理的条件はケンペルの言った通りである。しかし世界が変わったのだ。航海術が発展し、火輪船が発明されて以来は、千万里離れた国も亦比隣のようである。地球上氷海を除くの外は「至らぬ隈」もない。天険も恃みがたい時勢になったのに、日本だけ独立して鎖国していようとしてもそれは不可能だ。何時までも旧見に固執して短兵陸戦を日本の「長技」と頼み、あるいは俄かに銃陣を学んで侮りを受けないように禦ごうとするのは、憐れむべき「陋習」だ。その理由は、今となっては日本は「孤島」――「列島」ではなく「孤島」という文字が使われていることに注意――になってしまった。ところで小楠は国を大船に、四海を陸地に譬える。わが陸兵を以て彼の海軍の攻撃に対応しようとするのは、船に乗って陸上に戦うようなもので、彼は「主」、我は「客」である。我が軍が進んで攻撃するのは非常に困難だ。また退いて守ろうとしてもその処がない。彼は利を見て進み、不利を知って退く、進退自在であって、わが軍は敵の思うように蹂躙されることはあっても、敵を思うように蹂躙することは困難だ。且つ彼が数艘の軍艦で東に姿を見せ西に出没すると、日本の沿海は悉く守らざることを得ず、徒らに奔命に疲れて戦う以前に斃れてしまう。又敵艦が近海に横行して海運を妨げ積荷を奪うならば、全国の港をつなぐ通路は絶えて人民の困難は言いようもない。江戸のごときは数日を出でずして飢餓におちいるだろう。このような日常卑近な身のまわりのことを考察しても、海軍を興さなければならないことがわかるだろう、と小楠は言う（『国是三論』「強兵論」、「海軍問答書」）。

軍政的問題をめぐる小楠の議論の特色は、実力主義による海軍の建設という、社会改革へとつながる視野をもった海軍造成の提案、幕府の海軍でも各藩の海軍でもない「挙国一致の海軍」をつくろうという、将来の全国統一の基礎ともなる海軍建設の理念によく示されている。さらに、鉱山局や製鉄所、造船廠を造って自立した海軍にしようというように、大きな社会的文脈の中で海軍の問題を捉えたことにその特色がうかがえる。それだけでなく軍政的問題への関心は小楠の海軍論を、長い間平和がつづいた結果、「驕兵」（驕りたかぶって、その実はなまくらな兵隊）となってしまった武士たちを、海軍の将兵として軍艦へ乗り外国を巡観させて、聡明さ、胆気共にすぐれた「強兵」に変え、「恐怖の人情」を化して「万国を呑むの正気」をおこさせるという、海軍による国民性改造論とでもいうべき内容のものとした（「海軍問答書」）。これはまさに小楠の独壇場であり、彼は一大見識ある政治思想家の眼で海軍の問題を捉えていたというべきだろう。小楠は軍事の問題を論じながら、社会的に平等な条件の下に能力主義的で、しかも精神的エートスに満ちた将来の日本の姿を頭に描いていたように思える。

2　経済的観点からの開国論

軍事的見地からの開国論は、論者が虚心にさえなれば、攘夷と開国のどちらを選ぶかということは比較的明快な問題である。しかし経済的観点からの開国論は、問題が錯綜して、前者に較べると判断を下すことは難しい。開国しても鎖国を守っても、いずれもなんらかの難点をもつ。したがって二つの立場の長所・短所を冷静に分析し、いずれの立場を選ぶべきかを判断し、自分のとるべき道を決断しなければならない。小楠が容易に開国論に踏み切れなかったのは、経済的観点からの開国論に自信をもった解答を出すことの困難さのためであろう。

しかもこの困難さには、私見によれば二つの段階がある。第一の段階は、国を開き世界の国々と通商関係をもつことが、日本国や日本国の国民たちにとってより多く利益になるということがはっきりわかることであり、それがわかればそれで決断がつく。第二の段階は、開国・通商が交易の当事者の双方にとって利益になる、という

確信が明確にもてる段階をいう。ここに到って小楠の開国論ははじめて完成する。あらゆる国々が相互の利益の

体系に組みこまれた世界では、人々はもはや戦争することを考えなくなるだろう。しかしその確信をもつことは

非常に困難で、彼が安政二年に開国の決心をした時は第一の段階にとどまっていた。そして『国是三論』の「富

国論」も亦この段階の議論であったと私は理解する。そうはいうものの、この「経済的観点からの開国論」に到

達することさえ非常に困難で、当時の志士たちでは小楠や橋本左内を除いて、佐久間象山はじめ、当時の開国論

者の大部分は軍事的観点からの開国論にとどまっていた（象山の開国論が交易の観点をもつのは文久年間にはいってからである）。

以下、小楠の開鎖の是非についての経済的観点からの考察を『国是三論』「富国論」によって見てみよう。彼はまず鎖国をよしとする者の立場に立って、開国をすることにどのような害があるかを検討する。（1）わが国は五穀、金銀を始め万物豊饒で、他国に求めなくても人々がその生を遂げるのに何も欠けたものはない。しかるに今鎖国の鍵を開くならば、日本から輸出するものは「有用」の物で、輸入するものは「無用」の物である、「有用を以て無用に易う」――これが開国の害の第一である。（2）外国に輸出するところが多いと、わが国の品物が少くなって必要に事欠く。これが害の第二である。（3）過度の輸出によって品物が不足し、その物の価格が騰貴する。（4）交易によって利益を得る者は少数の商人で、交易の害は全国に及ぶ（5）たとえ交易によって物品は金銀に換わったとしても、これまで金銀が不足していたわけではないので、これ以上の金銀は何の役にも立たず、有用の物が減ったことに替りはない。ところで小楠が『国是三論』を書いていたちょうどその時、すでに交易が始まり、そしてそのために物価が騰貴し、士・農・工・商の四民は共にその害を受けて生きてゆくことが困難な状態に陥ろうとしていた。これは交易を開いた結果、幕末日本を襲った現実の害である。

以上が開国して交易を開いた場合の害であるが、鎖国の害はないのかという問題を小楠は提起し、みずからその問いに答えてゆく。彼は言う、鎖国は二百年余りの「染習」となっているので、その害は最も大であるが、誰もみな鎖国が害であることに気づいていない。鎖国が害になった次第を述べると次のようになる。二百年前は「乱世」につづく時代であったから、衣食住はじめ万事が「質素易簡」で、あらゆる事態を乱世と思いくらべる習慣がついていたので、人の心も穏やかで不足もなかったが、太平の世が久しくつづくと暮しぶりが驕奢になってゆくのも「自然の勢」であって、日本国中の大名たちの暮し方も次第々々に「倨傲鄭重」になって、参勤交代をはじめ、その日その日の暮しの費用として金銀の出費は次第に多くなったが、金銀の量は増えることなく、国中の人口は次第に増加するけれども、土地は昔のままであるから生産量の増加は少ない。それなのに大名たちだけでなく下々の者も大名たちに見習って、富者は自分の分を忘れて驕り、貧しい者もこれにならって貧を忘れて驕ろうとするから、それぞれに「困窮逼迫」を招く。これに加うるに太平の世の恩沢に浴して生産に従事しない「遊手徒食」の連中（小楠は「今となっては武士も遊手徒食の仲間」と考えている）が十人中九人となっているので、生産されるものは依然として前のようである。非生産者だけが増加するから物価は自然と騰貴し、物価の値上に応じて金銀が不足する。金銀が不足すると四民は困窮する。四民のうちでも農・工・商の三民は自分の労力で生活するから、物価に従って労働の対価も増加する。従って彼らの場合は、なんとかうつ手もあるが、ただ大名はじめ士と呼ばれる者は、収入に限りがあって、支出が収入の限界を超えると、もう打つ手は何もない。

　小楠は右のような鎖国封建制下の一藩の生活状況とそこでの人々の意識を次のように記述している。「鎖国封建の制、諸大名各一国一郡を鎖閉して己《おのれ》に利あれば他に害あるを顧みず、利政聚斂いたらざる処なけれ共国用の不足を補ひ難ければ、不ㇾ得ㇾ止諸士の俸禄を借り豪農富商を絞り細民の膏血を吸ふても今日の急を救はざる事を得ず。農・商も是が為に疲弊を受る故愈々物価に就て其窮を免れんとするを以其弊又士に及び交互困窮するに至る。仍ㇾ之上下共に栄辱礼節の差別も乱れて民心離叛に及び、一揆を起し窮を訟へ上に迫るに至るも亦少なからず、事重畳にして年を経て遂に騒乱を招かざる事を得ざるも必然の勢なり」（『国是三論』「富国論」三一頁）。徳川日本の「鎖国封建の制」が各一国一藩を「鎖閉」して統治する仕組であるために、人々のいや増しに増大する欲望と、それに見合う仕方で発展することのできない生産力との間の不均衡の問題を解決することができず、やむを得ず何度か「大節倹」（徳川吉宗、松平定信、水野忠邦らの試みた幕政改革、あるいは諸藩のさまざまの藩政改革をさす。小楠が天保十四年に書いた「時務策」もそのような試みの一つであった）をおこなってきたが、「驕惰の習慣」に安んじようとする「人情」に戻《もと》り、人々は「節倹」をもって「苛酷の新法」のように心得て心服しない。当局者としては人情に戻ることは分っているが他に打つ手はないので強行せざるを得ないが、その結果「士庶上下の人気険悪鄙野」におちいって、もはや礼・義・廉・恥という「四維」をもっては治めることが難しい状況になってしまう。つまり失敗を重ねて心ある人は「鎖国封建の制」の行き詰まりを実感せざるを得なかった。

小楠より一時代前の経世家海保青陵の経済思想は、人々の欲望や人情を考慮した近代的な経済合理主義思想であったが、参勤交替制や鎖国という枠組を残して、その枠の中での経済合理主義の貫徹ということであったために事態の究極の解決にはならない。小楠は鎖国の害については「方今航海自由を得て万国比隣の如く交易する中に就て、日本独り鎖国の法を固くする時は外寇の兵釁を免るゝ事を得ず、其時に当つて治世すら殆困極せる国勢を以て兵備を厳にし或は離叛或は拂戾の士民を駆て防禦の策を建《たて》攘夷の功を奏せん事甚以無二覚束一次第と云べし、是鎖国の害なり」（三二―二頁）と力強く断定を下す。

こうして交易を開いた場合、鎖国を続ける場合のそれぞれの問題点は公平に列挙された。では日本はどのように決断すべきか。小楠はこの問題を根本的に解決するために「公共の道」を以て国を開き、積極的に交易する以外はない、として次のように述べる。

天地の気運と万国の形勢は人為を以て私する事を得ざれば、日本一国の私を以て鎖閉する事は勿論、たとひ交易を開きても鎖国の見を以て開く故開閉共に形のごとき弊害ありて長久の安全を得がたし。されば天地の気運に通じ万国の事情に随ひ、公共の道を以て天下を経綸せば万方無碍にして今日の憂る所は惣て憂るに足らざるに至るべきなり。（三二頁）

このような「公共の道」を以て天下を経綸する基本的な考えに立脚しつつ、小楠は、日本国の、さらに具体的には福井藩のことを念頭に置いての経済政策を考えた。福井藩での経済政策は、小楠にとっては日本国を念頭に置いての経済政策であった。しかもそれは世界の中の日本の経済政策であった[17]。福井藩はたまたま不思議な縁によって彼の抱負を実現すべく彼に与えられた場であった。彼はこの場で真剣に課題に取り組む。以下小楠の主導の下に福井藩がとった具体的政策論だけを紹介しておく。交易をするには、売却すべき品物をつくる費用が要る。ところが藩にはそれだけの金がない。そこで小楠は一万金の紙幣（藩札）をつくってこれを民に貸して養蠶の料に宛て、出来上った繭糸を官に納め、官はこれを開港場（長崎）にもっていって洋商に売り、一万一千金の正金を得る。たった数ヶ月のうちに藩札一万円は正金一万円となり、加うるに千金の利益を得る。官ではこの利を私せず公に示し、ことごとくこれを散じて民救恤の費用に宛て、その他金が出るだけですぐに返却されることのない費用（たとえば学校の建設などこれに該当するであろう）に宛てる。ただ繭糸だけでなく、民間の生産品をこの方法でつくり出し、年々正金の入るのを見てそれに必要な藩札を発行すると、民間の生産も増進し、政府も年を逐うて正金の備えが多くなる[18]。

この時、正金の融通が自由自在であれば、物価が高いのは怖るゝに足りない。もし不換紙幣たる藩札が多くなりすぎると、銀局もしくは司農局で、正金と引換えでこれを買上げる。なぜここで小楠が物価が高くなっても怖くないと言ったかというと、それは当時の日本の特殊な経済状況による。当時日本では金と銀との価格比率は一対五であったが、西洋では一対十五の比率であった。日本の銀は金に対して三倍割高であった。従って外商が百枚の洋銀（一〇〇ドル）をもってきたら三百枚の一分銀と交換してもらえる。これを日本の一両小判に交換すると、一分銀は四分の一両だから、七十五枚の小判がもらえる。この小判を外国へもっていくと約三百ドルの洋銀が貰える仕組になって、外国人の日本渡航者は約三倍もの利益を得るという仕組になっていた。[19] 小楠が物価は高くなった方がいい、と言っているのは、そのことによって外国の利益の幅が減るという意である。ここに見られるように、こと経済の問題に対する小楠の議論は非常に緻密であり、けっして大まかで無責任な政論家の議論ではない。交易が国民の不利益にならないよう考察が進められていて、彼が国際化の時代にふさわしい経世家であったことがよく分る。事実この考え方は三岡八郎（後の由利公正）らによって福井藩で現実化され、非常な利益を上げた。

五　西洋列強は有道の国か

これまで小楠の「攘夷論」から「開国論」への転向と『海国図志』との関係を「軍事」的開国論と「経済」的開国論の両側面から検討してきた。しかし残されたもう一つの問題は「有道」「無道」という視座に立って、通常の攘夷論を超える立場に立ち得た小楠が、それにもかかわらずまだ開国に踏み切れなかった理由として、西洋諸国は「無道」の国であるという認識から抜け出ることができなかったからである。したがってわれわれは小楠が『海国図志』から西洋の代表的国々、その中でも日本にとって関係の深い国々、小楠の場合は、米・英・魯の三国について、どのようなイメージをもったか、ということを検討する作業が残されている。従って「亜米利加篇」「英吉利篇」「魯西亜篇」、とくに「アメリカ篇」が重要な意味をもつ。そしてそれぞれの国について、またそれぞれの国の記述を通じて西洋にどういうイメージをもったか、そのことが小楠の攘夷論から開国論への転回にどのような寄与をしたのか、ということを明らかにするのが本節の課題である。

小楠はオランダ語や英語は読めない。彼の西洋についての知識は『海国図志』を読むまでは耳学問にすぎなかった。したがって情報の提供者が間違っていれば、とんでもない間違いを犯す。たとえば嘉永六年八月七日、伊藤荘左衛門宛の手紙には次のようなことがしるされている。「全体ヲロシヤは御案内通り世界第一之大国、イギリス抔は元来其属国に候処文政之初か（ママ）より強大に相成独立いたし、ヲロシアの命令を受不㆑申全体悪しく有㆑之。此節の北アメリカも同様にて…」（二〇三頁）云々。

このような初歩的な誤謬を犯している手紙に接すると『海国図志』を読んだことが小楠にとってどんなに大きな知的展開を可能にしたかということがよくわかる。ところで小楠が『海国図志』を読んだ成果が一番初めに記録として残っているのは、安政三年（一八五六）十二月二十日の福井藩主村田巳三郎（氏壽）宛の書簡、ならびに年月は不明でほぼ同じ内容の豊後岡藩の小河弥右衛門（一敏）宛の書簡である。その内容は意外にもロシアについて記されたものである。

ここにしるされていることの要点は、ロシアが「政教一致」の国であること、「比達王」（ピョートル大帝）による中興から現在までほぼ二百年間政令が行届いているとされている。その行届いていることの内容として書かれているのは、(1)国王は一年の三分の二は国内を巡視して「民間之利害、政事之得失」を察し、しかも「供人」わずか八十人、別に行在所というものもなく行懸りに官舎あるいは民屋に泊まるというように極めて手軽なこと、(2)「学校之法」は一村の「童男女」から教育を始め、優秀な子どもは「一郷之学」校に挙げ、それからその一部は「ペートルヒュルクの都城之大学校」(ペテルスブルク国立大学)に入れる。この大学は学生数が一万人余り、そして政事上重大な問題があったら、その案件はすべて学校に下し、そこでの「衆論一決之上」でなければ、国王や政官たちの考えだけで実施に移すことはできない、そしてまた執政大臣等の要路の役人もまた「一国之公論」でその登庸・免職・昇進・降職(黜陟)のことが決まる——これらはすべて「宗旨之戒律の第一義」であるとされている。そして経済については人民から取立てる年貢は「十之一分」(十分の一税)で、これ以上はいささかも取らない。そして経済の道は、土地から掘出す金・銀・銅・鉄等の産物は「工作場」に集め、その地その地で製品をつくり、これで天下に交易し、その利を国用とする。これを要するにその政事はまったく「教法」にもとづいているから人心は一致し、国のうちに異論はない、そしてこれらのことは、西洋諸国では大同小異であるとされている。

これを見ると、ロシアの政治はまるで堯舜の政治や、「学校問答書」その他で小楠が展開した君臣の「講学」による公論の世界[20]のようだ。「政教一致」のことはそれでもよろしいが、ピョートル大帝のことであれば、佐久間象山だったら、若いときオランダに潜行して造艦技術を学び、技術者をロシアに連れて帰ったところなどを強調することであろう。教育のところでも、国王が許した者以外は、国王の権威を守るために「学を禁じ」たというような『海国図志』中の記事はまったく取り上げられておらず、また国家の政治の方針を決める際に大学に案件を検討させ、「公論」が形成されたのち、大臣によって実施される等の記事も、原文の「国汗握レ権毎ニ公会議一レ事召二国之尊貴者百二十人一諮二問得失一令三各抒二意見一(21)」ということであって、公会の構成員の意見を問うことではあっても、大学とは別に関係はない。何分原本は小楠も認めているように粗笨な書き方だし、その上小楠自身も、さらに拡大して言えば当時の日本人のロシアについての知識自体がほとんど空白に近かったから、小楠は不充分な記事の中から自分の好もしいと思う記事を取上げ、足りない分は自分の想像力でふくらませて、自分の考えている理想の政治世界のイメージをロシアの中につくり上げたというべきであろう。小楠が「ロシア篇」の叙述の粗笨さを批判しつつも、案外ロシアのことについて詳しく述べているのは、その教育のシステム、とくに最高の教育機関であるペテルスブルクの大学における「講学」――「講習・討論」が「公論」となって、ロシアの国策を決定していると小楠が想像を逞しくすることを可能にする手がかりがいくらかあって、彼の「学政一致」の考えと共通するものを感じて、つい肩に力がはいりすぎたものではなかろうか。

さて次に小楠の書いたものの中から、彼が『海国図志』の各国篇から何をどのように学びとったかということを見てみよう。一番確かなのは『国是三論』中の「富国論」の記事である。ここには米国・露国に関して小楠が学びとったものが要約的に記してある。

……墨利堅に於ては華盛頓《ワシントン》以来三大規模を立て、一は天地間の惨毒殺戮に超たるはなき故天意に則て宇内の戦争を息《やむ》るを以て務とし、一は智識を世界万国に取て治教を裨益するを以て務とし、一は全国の大統領の権柄賢に譲て子に伝へず、君臣の義を廃して一向公共和平を以て務とし政法治術其他百般の技芸器械等に至るまで凡地球上善美と称する者は悉く取りて吾有となし大に好生の仁風を揚げ、英吉利に有つては政体一に民情に本づき、官の行ふ処は大小となく必悉民に譲り、其便とする処に随て其の好まざる処を強ひず。出戎出好も亦然り。仍レ之魯と戦ひ清と戦ふ兵革数年死傷無数計費幾万は皆是を民に取れども、一人の怨嗟あることなし。其他俄羅斯《オロシャ》を始各国多くは文武の学校は勿論病院・幼院・唖聾院等を設け、政教悉く倫理によつて生民の為にするに急ならざるはなし、殆三代の治教に符合するに至る。（三九―四〇頁）

ここでの小楠の捉え方は、彼の個性を生かしつつ、しかもさきに見たロシアについての叙述と違って、大変客観的になっている。欧米の政治は小楠の考えるような政教一致ではないが、キリスト教が文化の基礎にあるから倫理にもとづく政教――小楠の文脈で言えば人民のためにはかる政教――となる。これはアメリカ、英国においてはまったくその通りだし、専制的な帝政ロシアと雖も公共の福祉政策に限っては恐らくその通りであらう。彼らの国々の国際政治についての考え方や行動には問題があるが、国内政治への志向ではそのような方向を米英両国はすでに取っており、ロシアも専制政治の枠の中で部分的にそのような政策をとっていたかもしれない。そういう面だけを見ると、彼らは「有道の国」であり、わが国は「私営の国」となる。かくして小楠は「如レ此《かくのごとき》諸国来て日本の鎖鑰を開くに公共の道を以てする時は、日本猶鎖国の旧見を執り私営の政を務めて交易の理を知り得ずんば愚といはずして何ぞや」（『遺稿篇』四〇頁）と断定を下す。すでに言われているように、「夷虜応接大意」の有道・無道の立場が逆になって、西欧側が「有道」、日本側が「無道」になったとも一応言える。しかしここでの小楠の視点は、各国の国内政治のあり方に変わっていることを見落すべきではない。

ここでは小楠は「夷虜応接大意」の国際政治における列強の行動のしかたから立てられた「有道・無道論」とは視点を変えて、一個の国家として「政教悉く倫理によって生民の為にする」政治であるか否か、ということをめぐって判断するという態度をとっている。そして『海国図志』に載っている叙述から、米・英・露のいずれも「三代の治教に符合するに足る」国々であるという判定を下され、「如レ此諸国来て日本の鎖鑰を開くに公共の道を以てする時は、云々」（『富国論』）と、国内政治におけるその国のあり方が「有道」であれば交易、通商を認めるべきだとされる。これによって彼を鎖国論にとどめた対外的契機は、三つとも消失したということになった。一方、彼がかつて心酔していた水戸藩に対して小楠は、開鎖問題についての曖昧な態度を「心術の不正」に根ざすものとして批判するようになり、もはや彼を攘夷に引きとどめる諸契機は悉く消え失せてしまった。小楠の思想が大きく飛躍し、当時の思想家の中で群を抜いた普遍性をもった思想を展開するのはこれ以後である。

小楠が『海国図志』から学んだもので、まだ論じ足りない問題は、彼が「アメリカ篇」から学んだことである。当時の小楠にとってアメリカは世界中で国内政治についても国際政治についても、模範とすべき唯一の国であり、正真正銘の「有道」の国であった。

小楠が安政二年以降、『国是三論』の執筆前の間に書いたと思われる「海外の形勢を説き併せて国防を論ず」という小論の中で、彼はアメリカについて次のようにしるしている。

尤晩進の国なれ共其国土人心盛大にして賢を薦め善に従ひ、万国盛衰の迹に明にして短を舎長を取制度を立ること勝れたるべし。其国是とする所万国の戦争を息め交易の道を以て諸国の情を通じ、善に従ふの道は之を世界に取る。是等宏大の規模に至ては決して他邦の及ばざる所なり。且又人の国を覬覦し人の土地を掠奪するの類此国には絶て無レ之ことは大に利害に明かなる所なり。幸に来て交和を求む、我又是等の国と深く交り我国の羽翼とせんは策を得たりと謂つべし。(六三頁)

ここに見られるように、アメリカは最も晩進の国であるが、国土・人心共に大らかで、賢者がそれにふさわしい位を占め、善に従う道徳にもとづく政治がなされているところで、その国是とするところはスケールが大きく世界中の国も及ばないものがあり、また人の国を侵略することは絶えてない、従ってアメリカとは信頼を以て交わるべきことを小楠は提唱している。彼が『海国図志』を読み、アメリカ合衆国という国を知ったことが、彼の

「開国論」への転回の最も深い理由なのではなかろうか。彼がこの地上において儒教の古典、とくに『書経』の「二典、三謨」を読んで、彼が自分の中に思い描いていた「理想の国」をこの地上に見出した。これこそ「朋」とすべき国、深く交わるべき国なのではなかろうか。私には、このような思いが彼の開国論の最も深部にあったように思える。そしてそれが彼の次の「和魂批判」となるのである。

無識無策世の所謂和魂なるもの却て彼を無道禽獣なりとし、尤甚しきは之を仇讎とし之を拒む。天地の量日月の明を以て之を観ば何んとか言はん　ア、隘陋国家蒼生を誤る　痛歎の至ならずや（同上）

しかしこの「和魂」は、ありし日の自分にもあった。「無道の国」として、自分は「朋」とすべき国を遇しようとしていた。この反省の気持も右のことばに籠められているように思える。右の文章は、彼の魂の深部にある「攘夷」の心がすっかり洗い落された記録としても読めると思う。

小楠が具体的にアメリカ合衆国をどのような国として捉え、それと共に日本の国をどのようなものとして見直しするのか、そしてその過程で問題解決のためにどのような思想を形成したか、これを明かにするにはもう少し紙数が必要だろうと思う。このことは次稿の課題としよう。

結び

私はこれまで小楠の攘夷論から開国論への転回を、軍事的観点、経済的観点、そして開国を求める西洋諸国は果して有道の国か無道の国か、という三点から明らかにした。主な点はほぼ論じつくしたように思うが、唯一点、経済的観点の点で論じつくしていないところがある。それは、開国することは利害関係からいうと一長一短あって、必ずしも絶対的にプラスであるという断定は下さないが、大所高所から見るならば開国する方が天の理にかない、また開国した場合の経済上のマイナスの面はいろいろの工夫でプラスに転化することは可能であるから、この際断固として開国すべきである、という小楠の見解は充分に判った。しかし開国がわが国にとって利であってわが国の人民を豊かにするものであっても、交易の相手国にとってもそれが利であり、そしてその相互の利益が世界の繁栄と平和を現実化するという保証はこれまでの叙述の範囲ではなかったのである。経済上の関係が相互に利益を与え、相互の共存、繁栄を保証するものであるならば、開国をし、交易関係をもつことは地球上の諸国の平和と共存を保証し、征服、被征服の関係を地球上から駆逐し、戦争することの無効性を人類に自覚させるであろう。でなければ「四海兄弟」の理想は一場の夢にすぎない。

ところで小楠が「四海兄弟」の説を述べているのは、元治元年（一八六四）の「沼山対話」が初めてである。ここで小楠は、日本の今日の人情は「開国」と「鎖国」と「因循」の三通りに分れるとし、今日の因循なりにうち過ぎるならば、日本の衰亡を招くであろうとして、「開国」のあり方について分析する（「鎖国」と「因循」の相違が明確でないが、「鎖国」は積極的、自覚的鎖国論を意味し、「因循」はこれまでの惰性で鎖国をよしとするものであろう。そして「今日の因循なりに」はここで言う「鎖国」も「因循」も共に含まれると理解すべきであろう）。

さらに小楠は、井上毅が、開国にも三通りあるとして、その三通りを

（1）国本を正大にして神聖の道を宇内に推し広めようとするもの

（2）自ら強ふして宇内に横行するに至らんとには水軍を始め航海を開くべしとするもの

（3）彼が四海兄弟の説に同じて、胸臆を開て彼と一躰の交易の利を通ずべし（とするもの）

とまとめたことに寄せて、自分の議論を述べていく。小楠は第一の説に対しては、「神聖の道とも被レ申まじく、

道は天地自然の道にて乃《すなわち》我《わが》胸臆中に具え候処の仁の一字にて候」とコメントして、人々が仁の一字に気をつけるならば、それが自然の道であるとして、神聖の道を独我論的に主張する神道の批判をなす。

第二の説に対しては、小楠は「横行」と申すことがすでに「公共の天理」ではないとして、宇内に乗出すには「公共の天理」で地球上の諸国の紛乱をも解くというほどの気宇の雄大さが必要であるという。批判の原理として「公共の天理」という普遍理想が提示されていることは注目すべきであろう。第一は、神道や後期水戸学的タイプの思想、第二は、佐久間象山らのようなタイプの思想をさすものと考えてよいと思う。両者は幕末当時は別の系統の思想であったが、三国干渉後明治三十年代から混合して帝国主義的膨張主義となる。

第三についてはここでは小楠は何もコメントしていないが、この「沼山対話」の前の箇所で「洋人の万国一体四海兄弟と申唱へ候は天理に叶候哉」という井上毅の質問に対して、これは全体に就て言ったので、具体的現実には親疎の差別があるとした上で、「然るに華夷彼此の差別なく皆同じ人類にて候えば互に交通いたし交易の大利を通し候が今日自然の理勢と被レ存候」としているところに小楠の真意がよく示されている。

現実に国際関係の上で歴史に由来する国民感情にもとづく親疎の関係、さらには国家のもつ「割拠見」というエゴイズムがあることを小楠は認める。しかしそれにも拘らず「皆同じ人類」であるということに立って、互いに交易し交通の大利を得るのが、今日の「自然の理勢」であると小楠は言っている。これは今日の自然の道理であるとともに、社会的にも承認され、社会に支えられて時代の勢いに乗った思想であるというのであろう。

小楠は、西洋諸国が国内において民主的に公共の原理で動く方向に向っていながら、国際的には「四海兄弟」という理念を掲げつつも、実際はそれぞれの国家の利益を求めて争っているという国際関係の現実はよく知っていた。だが諸国家の取るべき方向は「公共の天理」「天地公共の実理」という普遍思想に立脚して、「四海兄弟」

の方向に行くことだと考えていた。しかしこの普遍思想だけで四海兄弟の説が現実化する保証が得られるのであろうか。私にはそういう疑問が残る。

私の疑問というのは、第一はもしこの「沼山対話」の説が自己完結的な思想なら、明治二十年のコブデン、ブライトらのマンチェスター学派に立脚した『新日本之青年』時代の徳富蘇峰[22]の思想の原型であり、三国干渉のようなことに会えばそれまでの平和主義を捨てて突如として「帝国主義」的膨張主義に変じてしまうような思想のひ弱さがある。この問題をどう理解すべきか。

第二の疑問は、交易が一方を勝利者とし、他方を敗北者とする危険性をもつことはいうまでもない。小楠はそのことに十分気づいている。もしそうならば、自由交易の現実がそのような危険性を含むとはいえ、最終的には自由交易が相互に利益を与え、相互の共存を可能にするという信念を小楠は何から得たのだろうか。

第一の点については、私は「沼山対話」の開国論については、自己完結的な議論として読まないことが重要であると考える。『国是三論』において「富国」と「強兵」とは一対のものとして論ぜられているし、「陸兵問答書」「海軍問答書」等の著作に見られるように、国防論は常に彼の経世的関心の重要な一項であった。とくに「海軍問答書」は「沼山対話」と同じく元治元年に書かれているし、「四海兄弟説」を信奉しても、国防的関心の一項が、世界政治の現実をよく知っている小楠の経世論から落ちてしまうことはあり得ない。そしてそのことによって ideal-real な経世家、すなわち基本的には理想主義的でありながら、現実的問題にも配慮した経世家として小楠は終始した。彼には宗教的側面もあるが、彼は宗教家ではなくてあくまで理想への基盤に立って、ideal-real の両側面をもつ経世家であった。そのことを見落すと、それまでの平和主義者から突如として帝国主義者になった三国干渉後の蘇峰のように判断の均衡を失ってしまうことになる。小楠は鋭敏な頭脳の持主であったが、平衡感覚 sense of equilibrium の持主であった。

第二の問題については、小楠ならこの箇所から交易が相互にとって利益になるという見解を引き出したかもしれないと思わせるところがある。それは『海国図志』「墨利加洲部」の「弥利堅国総記上」の「美理哥国史畧」において、米国の経済的発展についてしるしている部分であり、以下はその要約である。

ここにおいて、建国の初め、米国においては「知」もなく「識」もなく「工作之事」(工業生産の技術)をマスターした人もいなかった。しかし、この米国という新しい国は、もろもろの困難を見事に乗り越えた。原材料があって知識がない場合は、他国の知識ある者を受け入れて制作の知識を教わり習う。知識は有るが原材料がない場合は、他の国に行ってそれを運載して帰る。知識も原材料も有りながら人力がない場合には水力、火力とか獣力等の物力を以て人力に代える。こうした工夫をして米国は短期間のうちに見事豊かな国となった。

先に記したように、その具体例としてこの本が挙げるのは米国南部の棉花のことである。

新しい国がつくられた時、南部における棉花はごく僅かしかとれなかった。しかも一つの紡車、一台の織機で一人の人が紡ぎ、かつ織るということであったから、その生産は容易ではなく能率も上がらなかった。だから棉の価格は高かった。二十数年間に渉る嘉慶年間(一七九六—一八二〇)に米国人の知識は進み、工場毎に紡車数十架を置いて、人力を加えず水力だけでこれを運転し、数十車の棉花を紡ぐようになる。一人の女児が監督するだけである。また布を織る工場毎に織機数十張を置き、これも水力で運転し、数十機の布を自動的に織る。ただ一人の少女がこの工程を監督するだけである。ここに一つの紡織所があり、ここに紡花車一万五千架が有ると、毎日四千丈の布を織ることができるようになった。加うるに経営の合理化も行われ、道光六年（一八二六）から今に至るまで毎年生産高は二十億七千万斤に達している。估価は二千七百万圓である。品物の五分の一を国内に留めて他はみな他国で販売する。道光六年から現在に至るまで棉花の生産は日に増加する。これを二十年前の価格に較べるとすでに三分の二を減じている。しかし現在の商をなす者の利益は二十年前に較べるとはるかに多い。だから布を織り出すことが日増しに多くなり、その反面苧羅布（麻布の一種）の需要は日に減じていった。

この記述を見ると、建国の頃は合衆国の南部でもまだ微々たる産業にすぎなかった棉花が、知識の増大と技術の向上、管理の巧妙さ・経営の合理性とが相俟って廉価な製品が大量につくられるようになり、最近二十年間の歴史を見ても売価は三分の二も安くなっているのに、会社の利益ははるかに増大している。しかもこの製品の五分の四は外国で売られているのであるから、米国の企業の利益——しかもそれは米国全体の利益となる——は、同時に外国の購買者の利益になり、彼らの生活費の切り下げとなっている。交易は生産国と輸入国のいずれにも利益を与えることになる。小楠は右の記述を見て、交易がその相互に利益を与える現実的可能性を確信したのではなかろうか。

注

（1）幕末の歴史の舞台への登場については、拙稿「幕末志士の悲願」（講座『思想の歴史』第十一巻「胎動するアジア」、平凡社、その後拙著『実学思想の系譜』に所収）を参照されたい。

（2）小楠のこのような儒教的国際自然法思想の先蹤として藤原惺窩（一五六一—一六一五）がいることを見落してはならない。これについては拙稿「江戸儒学の国際的普遍性」（『地球日本史』②所収）を参照されたい。なお幕末から近代日本にかけての「国家理性」の成立の問題については、丸山真男の「近代日本思想史における国家理性の問題」（一九四九年一月の雑誌『展望』に初出（未完）、のち一九九二年に手を加えて完成、現在『忠誠と反逆』、筑摩書房に所収）は必見の論文である。ここでは、丁　韙　良《ウィリアム・マーティン》（一八二七―一九一六）の漢訳『万国公法』（一八六四）（原著ホイートン Henry Wheaton（一七八五―一八四八）の *Elements of International Law* (1838) に「天地の公道」「万国普通の法」「宇内の大道」という語があることが紹介されているが、小楠はこの書を読む（慶応元年）以前に「天地公共の実理」という言葉を使用していることは銘記さるべきである。同様のことが、グロティウスの『戦争と平和の法』が書かれる以前に「理」の観念が国家平等の思想として藤原惺窩によって提起された時に起っている。日本の朱子学にはこのように「国際的自然法」として発展する可能性があったことを閑却してはならない。

（3）小堀桂一郎『鎖国の思想――ケンペルの世界史的使命』（中公新書、358）による。この本は小著ながら、きわめて内容のある信頼できる著作であって、この論文の「鎖国論」の部分はこれに負うところが多い。

（4）原題は次の如くである。"Regnum Japoniae optima ratione, ab egressu civium & exterarum gentium ingressu & commione clausum."

（5）その原文は注（4）のラテン語訳。

（6）志筑忠雄の天文物理の学に関する代表的著訳書。上篇は寛政十年（一七九八）、中篇は同十二年、下篇は享和二年（一八〇二）の三篇から成る。もとはニュートン力学の系譜を引く英国のジョン・ケイル（John Keill）のラテン語の著書の蘭訳に基き、忠雄が翻訳し、さらに自己の思索による見解をも加えた画期的著作である。

（7）この問題については、吉田忠「志筑忠雄と気の理論」（日本思想大系（65）『洋学　下』岩波書店）を参照。

（8）わが国に現存する志筑忠雄訳・ケンペル『鎖国論』について詳しく調査したものに、鈴木圭介「私の『鎖国論』入門」（『学鐙』一九八一年五月～十二月）、「学びの運命、ケンペル『鎖国論』の書誌学」（『歴史と社会』六号、一九八五年六月、リブロポート発行）ならびに井田清子「ケンペル『鎖国論』写本を読み継いだ人々」（『思想』八〇〇号、一九九一年二月号）がある。井田氏によれば、現存するもの、氏が手に取って見たり、コピーで見たものに限ると五五部、見ることが難しいものを加えると、五八、九部に達するという。現存するものの数から、当時読まれた写本の数はかなりのものであったことが推察される。小楠の読んだものも、その行方は定かではない。

（9）以下の記述は山崎正董編『横井小楠　遺稿篇』の「遊学雑志」中、八〇四頁より八〇八頁までを参照。

（10）原文は、山崎正董編『横井小楠　遺稿篇』六九二―三頁。

(11) ケンペル著、今井正訳『日本誌』下巻、四四八頁。
(12) ここに引用されているケンペルの言葉は、同上、四四六—八頁に拠る。
(13) 内藤泰吉については、花立三郎「内藤泰吉——熊本実学派の研究」一、『近代熊本』第二七号所収、一九九九年二月を参照されたい。
(14) 内藤泰吉の長男游が、父泰吉から聞書をとってまとめた泰吉の一小自叙伝、昭和二年発行、内藤游が著作兼発行者で、民友社で印刷されている。
(15) 李光麟「『海国図志』の韓国伝来とその影響」(韓国文、現在『改訂版韓国開化史研究』ソウル)に収録。
(16) この節で述べたことについて、より詳しくは拙稿「幕末日本における中国を通しての「西洋学習」——『海国図志』の受容を中心として」『日中文化交流史業書〔3〕』源了圓・厳紹盪編「思想」篇、所収、大修館書店、一九九五年、ならびに「『海国図志』の日中韓の読み方の違い」西尾幹二編『地球日本史』3、扶桑社、一九九九年、を参照されたい。
(17) 小楠は経世問題については「本国を該談するの器量ありて始て一国を治世べく、日本国を統摂する器量有て始て一国を治世べく、一国を管轄する器量有て一職を治むべきは理の当然なり」(『国是三論』「富国論」三二頁)と考えていた。
(18) この落札を発行し、それによって民間の生産を高めるという発想は、小楠が嘉永四年(一八五一)関西を巡歴した折、筑前秋月藩で藩の「爐方」という一局が「札」を発行し、相当の値段で爐を買上げ、それを蠟にして大阪で金銀に換しており、その成功の秘密は「官府値段立宣敷」(公正な値段で買上げ、藩政府の利益をはからない)という点にある、という観察に立脚している(「遊歴聞見書」、八二六頁)。小楠の思考の強さは、書籍からの知識だけでなく、自分の見聞したことを基にして、その経験を一般化・理論化していくところにある。
(19) この説明は、花立三郎訳注『国是三論』(講談社学術文庫)四九頁に拠る。花立の論はもと小西四郎『開国と攘夷』中央公論社『日本の歴史』19の説を採用したものである。
(20) 拙稿「横井小楠における学問・教育・政治——「講学」と公議・公論思想の形成の問題をめぐって」『季刊日本思想史』第三七号、一九九一年を参照されたい。
(21) 成文出版社六十巻本『海国図志』(第五巻六一—左、総ページ一九八八頁)ここに引用した文章は、鹽谷・箕作の校閲をへた和刻版では「国汗操レ権毎ニ公会議レ事西国之尊貴者百二十人諮ニ問特失一令三各抒ニ意見一」と、原文の「召」が「西」となっている。もし鹽谷の校閲が正しいのであれば、エカテリーナ二世当時のロシアの政治が連想され、それはそれとして面白いのだが、『海国図志』の定本である百巻本でも六十巻本と同じく「召」になっているから和利本の誤りである。

(22) 拙稿「若き日の蘇峰とその転向」(1)(2)(3)(4)、『創文』一月—五月号、のちにこれを改稿して「徳富蘇峰と有賀長雄におけるスペンサーの社会思想の受容」(上)、『東北大学日本文化研究所研究報告』14、昭和五三(一九七八)年、を参照されたい。

横井小楠の「公」をめぐる思想と「開国」観

はじめに

本論は「横井小楠における攘夷論から開国論への転回」と一組の論稿であって、小楠の選んだ「開国」という新しい態度を、政治、経済、社会、倫理それぞれの観点から理論的に基礎づけようとしているのが、彼の「公」をめぐる言説であることを明らかにしようとするものである。

ところで小楠の「公」をめぐる思想の全貌を理解することは、必ずしも容易なことではない。私はそれを（1）「公と私」の観点からの「公」の観念と、（2）「公共の政」と呼ばれる「公共」という観点からの「公」の観念の二者に分けて捉えることにしたい。そして後者はさらにこれを細分すると、「公議・公論」ということと「公共の政」ということになり、その「公共の政」は「公議・公論」の基礎の上にはじめて成立すると考えている。

私自身の現在の見通しでは、「公と私」は中国や日本の思想史の基本的なカテゴリーの一つであって、このアプローチ自体は別に彼の独創ではない。それに対して「公議・公論」ということを基にして「公共の政」というものを構想したことは、小楠の独自の考えであって、小楠は、日本思想史における新しい「公」観念の創造者であり、その後の「公共の政」という理念形成の口火を切った人であると考えている。

私は今、小楠では「公議・公論」ということを基にして「公共の政」というものが構想されたと言ったが、小楠においても最初からそういう道筋ができていたわけではなく、最初は「講学」・「講習」・「討論」ということから出発してそれが「公議」となり、そして「公議」をへることによってはじめて社会・国家・世界の「公論」という考えが形成されたのである。

「公共」という言葉は、広く政治思想・経済思想・社会思想・倫理思想に関わりつつ、「公」思想を基礎づける原理ともいうべき性格をもつ。そして「公議」「公論」という概念が小楠の中で成熟するとともに、この「公共」という概念は「公共の政」という言葉に結晶し、小楠の政治思想の簡明な性格規定となっていく。

ところで幕末・維新期の近代的「公」の思想は、米国人宣教師のウィリアム・マーティン (William Alexander Persons Martin 中国名丁韙良) が、米国人恵頓 (Henry Wheaton) の *Elements of International Law* を『万国公法』と題して中国で刊行したものを、慶応二年（一八六六）正月に開成所で西周によって返点を附され同名で刊行されたもの、ならびにその和訳（瓜生三寅『交道起源』、一名『万国全書』、堤穀士志訳『万国公法翻義』等）や、同年の十二月に西周がオランダのライデン大学で学んだフィッセリング (Simon Vissering) の講義録 *Volkenrecht* を同じく『万国公法』と題して翻訳したものの両者、ならびに前者の原典に由来し、そこに述べられた「公法」という概念を中心として受容されたと考えられている。[1]

確かに『万国公法』の受容は、幕末思想史における重要な事件であった。そして小楠も亦、翌慶応三年八月八日、渡米渡航中の甥左平太・大平宛の手紙で「万国公法と云書手に入候。是は原書はアメリカの恵頓氏著書にて、欧羅巴各国の人物・諸国交際の道を論弁したる書にて当今専流行之学問と存候。唐国にて翻訳、当春江戸開板、万国交際には尤も需要にて定て其許にても流行と存候」（山崎正董『横井小楠　遺稿篇』四八二頁、以下本稿ではこの本の引用についてはページ数のみ記載）としるしているが、実は彼自身の「公」をめぐる思想の基礎はそれ以前に確立しているのである。

たとえば彼の「公共」という考え方は、彼がまだいかなる西欧思想にも触れている形跡が見られない嘉永六年

（一八五三）の「夷虜応接大意」において「凡我国の外夷に処するの国是たるや、有道の国は通信を許し無道の国は拒絶するの二ツ也。有道無道を分たず一切拒絶するは天地公共の実理に暗して、遂に信義を万国に失ふに至るもの必然の理也」（一一頁、本論文に附せられた傍点は源がつけたものである）と記されている。恐らくここでの「公共」という言葉は、小楠が中国の古典から示唆されたものであろう。

また「公論」という言葉を小楠が初めて使った用例は、彼が藩校時習館の居寮長として菁莪斎（今日の大学院に当るが、そこの学生のある者は、イギリスのオックス・ブリッジのフェローのような役割も果す）にあった天保九年頃に書いた「寓館雑志」（「戊戌雑志」）にすでに二箇所ほど示されているが、[2] いずれも本論で問題とする「討議・討論」をへて形成される公論ではない。その意味で使われた初めての用例は安政三年十二月二十一日附の福井藩士村田巳三郎（氏寿）宛の書簡の中で、ロシアでは「執政大臣要路の役人是又一国之公論にて黜陟いたし候」（二四三頁）という文章であるが、この意味での「公論」という言葉は、魏源の『海国図志』の和訳本からヒントを受けた可能性が非常に高い（後述）。とはいえ重要なことは、それに先立って小楠が「体験としての公論意識」をもっていたことであろう。ここで言う「体験としての公論意識」というのは、討議・討論によって形成される公共性をもつ結論の形成の経験をもつことを言う。この問題についても詳しい説明は後ですることにしたい。

私がここで強調しておきたいことの第一は、「公共」「公論」「公議」等の小楠の「公」をめぐる思想の基本概念は『万国公法』を読む以前に、自己の思想の展開過程において形成されていたということであり、このことは彼の「公」をめぐる思想は外からの附焼刃ではなく、内発的自発的なものであったということである。外来の書籍や文書を読み、新しい知見を得ることは、とくにこれまでの価値観では説明できない事態が多くなった時期においては必要なことであるが、しかしそれだけでは変動極まりない事態にただ右往左往するということに終わる危険性がある。内発的・自発的なものをもっている人に対してのみ、外からの触発は大きなインスピレーションとなり得るであろう。第二は、彼の「体験としての公論意識」を概念として定着させたのは外来思想の触発であり、その触発の契機となったのは安政二年に彼が初めて読む機会を得た『海国図志』、とくにその「アメリカ篇」であったということである。これは私の立てた仮説であって、以下次節において小楠の「体験としての公論意識」とそれが『海国図志』「アメリカ篇」に出会うことによって「公論」という概念に結晶してゆく過程を明らかにしたいと思う。

一 「体験としての公論意識」の形成

ここでいう「体験としての公論意識」というのは、ある共通の関心をもって構成された集団に属する人々が、まだ「公論」という言葉こそ使っていないが、自分個人の考えによってだけは確定できない公的事柄について、その集団の中で一つの「場」をつくり、そこで率直に自分の考えを披瀝しあって討論を重ね、論議と思索を深め、場合によってはその論拠となる古典のある箇所を再検討しながら、その構成員のそれぞれが心の底から納得できる結論を出すことを指す。しかもそれがその構成員だけでなく、他の人々もそれに納得するに違いないもろもろの批判に耐える普遍性をもつと実感する時、それは「体験としての公論意識」と名づけるに価するものであろう。

その結論はもろもろの立場や観点からの公議をへて形成されるものであろうが、その基礎になるのは、年齢の差、社会的身分の差を越え、個性を異にしつつも同じ志をいだき、互いに信頼し尊敬しあっている人々の自由な討論の場である。小楠はそのような場に恵まれた。それは天保十四年（一八四三）、数え年で三十五歳の折であった。その集団は長岡監物（米田《こめだ》是容、肥後細川藩の家老の一人）、一万五千石、三十二歳、下津休馬（休也）、一千石、三十五歳、荻角兵衛（昌国）、二五〇石、三十歳、元田伝之丞、四五〇石、二十六歳、ならびに小楠、一五〇石、三十五歳という構成から成り立っていた。

当時肥後藩には筆頭家老松井佐渡を中心として藩政の要職だけでなく、藩校時習館の中枢部をも占める政治・教育の両世界にまたがる一大勢力があり、それは武士的エートスに富むが、学問は朱子学を古学派の文献実証主義的精神で研究するもので、政治的立場は幕府の方針に忠実な守旧派であった。さきにあげた五人の武士は、学問的立場は基本的には朱子学であるが、その思想は当時の日本や肥後藩の直面する課題を解くという観点から読み解こうとする態度で朱子ならびにその周辺の人々の著作を学んだ。さらにこの集団の人々は政治的には後期水戸学に通ずるところがあり、当時の政治状況においては改革派というべきものであった。こうした立場をとるこの派の人々はテキストの意味を正しく理解するだけでなく、それを現実の課題解決に資するものとして理解しようとするために、多くの時間を討論のためについやす必要があり、講学の熱気は弥増しに増したのである。彼らは朱子学の哲学的側面を理解するだけでなく、その現実的諸課題解決のヒントを得ようとして、真剣に率直に討論を闘わす自分達の講学の態度こそ「修己治人」の教にかなう真実の学問（実学）であるとした。藩や時習館の主流派の人々はこれを喜ばず、「横井の平四郎さん　実学めさる。学に虚実があるものか」と揶揄し、このグループを「実学党」「実学派」と名づけ、これと交わりを絶った。

さてこれら五人はどういう経緯で集ったか。このグループの中心となるのは、長岡監物[3]（文化十・一八一三―安政六・一八五九）と横井小楠であるが、監物は山崎闇斎・浅見絅斎系の朱子学崎門学派の経学を中心として学んできたが、藩政に関わるとともに史学を学ぶ必要を感じ始めた。他方、小楠は学生時分は史学を中心として学んだ政治青年であったが、酒失で江戸留学から帰藩を命ぜられ、七〇日の逼塞を命ぜられて以後、朝鮮の李退渓の『自省録』を読んで自己の功名心を反省し、程明道の「物就二於用一不レ是」の言葉（徳富蘆花『竹崎順子』に拠る）に触れて功利的思想が不可であることを痛感し、経学（哲学）を基礎から学び返さねばならない必要を痛感していた。そしてその経学のうち陽明学は偏である[4]として程朱の書の中に聖人の道はここにあるという確信をもつように変わっていった。

この二人を結びつける役割を果したのが小楠の少年時代からの親友であった下津休也である。彼は監物が家老職にあった時、奉行職に就いていて何かと監物を支えたが、今は閑居無事の生活で汎く人と交際し酒を呑み乗馬・弓射・作詩を楽しみ書を学んだが、一つとして心から満足する物はなく、一日偶然『論語』を読んで快然として悟るところがあった。これから鎌田老人を招いて日夜『論語』を読んだ。そしてある日親友小楠の訪問を受けその新境地を聞いて、自分と所見が一致することを喜んだ。

もう一人、この会のフィクサーの役割を果たしたのは一番若い元田永孚である。彼は小楠が時習館菁莪斎の居寮長であったときに入寮した学生で、小楠とは後輩でありつつも半ば弟子でもあった。彼は寮にはいった日に小楠に為学の方法を尋ねたが、「凡ソ学問ハ古今治乱興廃ヲ洞見シテ已レノ知識ヲ達スルニ在リ　須ラク博ク和漢ノ歴史ニ渉リ近小ニ局スヘカラス　廿二史ノ書等一読スヘシ　然ラサレハ経国ノ用ニ乏シク共ニ為ルニ足ラス」と教えられたことを服膺して経学・文学と共にとくに史学を学び、小楠とは九歳の差に過ぎないがこれに師事した。小楠が江戸遊学することになって熊本を後にして以後長岡監物の知遇を得、その信頼を得た。

元田は時習館を退学した後、二三の友人らと徂徠の『政談』・『鈐録』、『韓非子』、蕃山の『集義和書』・『外書』ならびに『宋名臣言行録』等の中国・日本の本を読み、その精華のあるところ、道理の帰するところを求めたが汪洋として帰着するところを知らない。そこで『孟子』を読み「何必曰レ利。亦有二仁義一而已矣」（梁恵王篇）「人皆有二不レ忍レ人之心一。先王有二不レ忍レ人之心一。斯有二不レ忍レ人之政一矣。以二不レ忍レ人之心一。行二不レ忍レ人之政一。治二天下一。可レ運二之掌上一」（公孫丑篇）、「養レ生喪レ死無レ憾。王道之始也」（梁恵王篇）というような句に接して忽然と悟るところがあって「天下ヲ治ルハ吾心ノ仁ニ在リ　外ニ求ムヘカラス」ということを悟り、更に『論語』、『大学』を読んでみるとあたかも左右、源に合うようで自分の悟りに一致するのを覚えた。

ちょうどその頃友人の荻（昌国）も亦大いに覚るところがあった。『集義和書』、『宋名臣言行録』、『孟子』を摘要しては自分の見解を元田に見せた。元田もそれに倣ってこれらの三書を抄録し、徂徠の経済はその源本するところがないことを看破し、熊沢の経国は正道であってその学問の蘊蓄は測り知るを得ないことを敬慕し、『宋名臣言行録』を読んでは韓・范・司馬のような人物を望ましいと思い、『孟子』を読んでは別格で聖人の範囲にも及ぶことを覚え、さらに聖人の書を読む志を立てるに至った[5]。

これらの五人は期せずして同じ志向の人となっていた。まず初めに長岡監物が横井、荻、元田を呼んで『通鑑綱目』を読み始める。史学の得意な小楠がそのチューター役である。監物は自分の不得意な史学を学び始めたのである。そこで小楠は自分は経学が不得意だからと言って、長岡大夫に就いて経学を学ぼうではないかと首唱し、あっという間に『近思録』の会読を始めることになる。この折の参加者は長岡、下津、横井、荻ならびに元田の五人である。これが幕末の熊本藩における実学の始まりである（以上、元田永孚の『還暦之記』『元田永孚文書』第一巻所収、による）。

この実学派の歴史はよくわからない。天保十四年（一八四三）に始まったというのが今日の定説であり[6]、私もこれに従っているが、二年前の天保十二年という説も残っている。この派の分裂は安政二年（一八五五）の三月頃、大学の「明明徳、新民」の句をどう解釈するかということをめぐって、「為政者がみずからのうちにある明徳を明らかにすれば、民はおのずから明らかになる」という伝統的解釈を取る監物と、民を新たにするという実践を通じて為政者の明徳も明らかになるという考えを取る小楠の長い議論の後、両立は難しいことを自覚した小楠が絶交を申しこんでそれが監物によって受けいれられた時に起っているから、定説に従えば十三年の歴史をもっていることになる。

しかし実質的にこの派が勢いをもち、熱心な講学が行われたのは、弘化四年（一八四七）までの四年間である。この年の三月、実学派の盟主長岡監物は藩主の細川斉護によって「文武倡方」の職を免ぜられた。これを不服に思った監物はみずから家老職を辞したが斉護はこれをとめることなく辞表を受けいれた。松井派（学校派）と長岡派（実学派）の対立が藩の秩序を乱すと考えたからであろう。ところで主君監物がここに至ったのは、小楠が主君の道を誤らせたためであると信じた監物の家老たちはこれに憤慨し、小楠を討とうとする動きが出て、監物邸におけるこれまでの熱気ある講学は中断せざるを得なくなった。この時にはまだ内部分裂は起っていないので、そのような異常な空気が冷めた後では研学は回復したが、監物の心の中に微妙な変化がおこり、また監物が非職になったので、実学派の見解を藩政に生かす道も絶えて、かつての熱気はさめてしまった。

ところで監物の辞職事件の背後には、実学派の結成後一年たった弘化元年（一八四四）頃から実学派に加わる者が激増し(7)、これを見た藩の主流派が脅威を感じ、捲き返しを計り始めたということがあった。主流派にチャンスを与えたのは、弘化三年（一八四六）の幕府による水戸藩弾圧である。彼らは、熊本実学派は後期水戸学派と気脈を通じ、斉昭を盟主とする水戸藩と連動する集団であるとみなし、これを圧えこまないと幕府との関係もまずくなると考えた。というのは熊本藩では、幕府の方針に忠実であることによって藩の存続をはかることが、藩成立以来の基本方針とされていたのである。

この実学派の歴史についてはさらに解明すべきことがたくさん残されているが、ここは「体験としての公論意識の形成」を明らかにする場所であるから、その問題に関係のあることだけに絞ろう。

実学派が出来て以来、彼らは『近思録』を基点として儒教、とくに朱子学派の書籍の講学につとめた。五人ともすべて非職の状況にあったので時間はたっぷりあり、彼らの収入にはかなりの差があったがそれなりに固定したものがある。彼らの研鑽ぶりは「月に十回二十回或ハ隔日或ハ日々集会スル毎ニ講学ニ非ルハナシ」と『還暦之記』には記されている（『元田永孚文書』第一巻、一七頁）。ではその講学の内容はどうか。同書は次のように記している。

> 其講学スル所ハ誠意正心ノ実心術ノ微ヨリ工夫ヲ下シ閨門ノ内人知ラサルノ地ニ専ラ力ヲ用ヰ治国安民ノ道利用厚生ノ本ヲ敦クシテ決シテ智術功名ノ外ニ馳セス眼ヲ第一等ニ注ケ聖人以下ニハ一歩モ降ラス日用常行孝弟忠信ヨリ力行シテ直ニ三代ノ治道ヲ行フヘシ是乃堯舜之道孔子ノ学其正大公明真ノ実学ニシテ世ノ人之ヲ知ル物鮮シ俗儒者記誦ニ拘シテ脩レ己治レ人ノ工夫ヲ知ラス政ニ預ル者ハ法制禁令ノ末ヲ把持シテ治国安民ノ大道ヲ知ラス漢儒以後謬伝シテ其道ヲ失ヒ周程張朱初テ千載不伝ノ学ヲ得テ後来能ク其真傳ヲ得ル者幾希ナリ（同上、一七頁）

ここで述べられていることはおそらく数年間の研鑽をへて元田永孚の中に結晶した熊本実学派の実学観であると思われるが、それは心術の微から出発して堯舜三代の治道に至る「脩己治人」の朱子学に立脚する実学である。彼はこの「堯舜の道、孔子の学」は漢儒以後その道を失い、宋の「周程張朱」において蘇ったが、その後また「真伝」を失い、日本では熊沢蕃山と熊本実学派の大塚退野、平野深淵にのみ生きているという。「治国安民の大道」という措辞に、永孚が若い時に学んだ徂徠の痕跡が残っているが、功名心を去り、「唯勉メテ己レノ知識ヲ進メ己レノ心ヲ正フシ其気質ヲ変化シテ各聖賢ノ地位ニ至ルベシ」（同上）と相互の「切磋琢磨」によって、心法に立脚しつつ気質の変化の可能性を信じ聖賢の地位に至ることを期しているところは、あくまで心法の学的傾向をもって脩己治人につとめる朱子学である。

このような研鑽につとめる熊本実学派の人々は、年齢の差があるにもかかわらず、「皆朋友ノ交ヲ以テシテ師弟ノ看」を以てしない「懇誠」の集団であり（二八頁）、相互に他者のすぐれている面を認めあいつつも、「其講論ニ至テハ其非ヲ責メ其足ラサル所ヲ進メ毫モ仮借セス目ヲ張リ声ヲ励マシ相争フテ止マス既ニシテ渙然トシテ互ニ氷釈シ談笑シテ止ム」（同上、三五頁）と記されているように真理の追求という点では相互の理解がつくまでは徹底的に討論をつづけ、一旦理解がつくと「渙然トシテ氷釈シ談笑シテ止ム」という開かれた友情の関係の上に成立し、後にしこりを残さない自由な討論者の集団であった。とくにこの朋友の交わりと討論の問題を共に論じたものとして、横井小楠から長岡監物宛の嘉永二年の閏四月十五日の書簡があり、そこでは「……古今朋友之交を大切に仕、君臣父子之倫に同じく仕候であながち切磋琢磨之益薫陶観感之徳迄に限り不レ申、講習討論平生致知上に於て尤《もっとも》得レ益《えきをうる》之処に関係仕候」（一一四頁）としるされ、「朋友之交」を「君臣父子之倫」と同じように大切にするが、それはあながち「切磋琢磨之益」「薫陶観感之徳」だけに限らず「講習討論」ということが「致知」の上で最も益を得ると考えられていることとされている。

ところでこの集団の中で、私の言う「体験としての公論意識」はどのように具体的に形成されるのか。その問題については『還暦之記』における元田永孚の次のことばが非常によく示しているように思う。

長岡先生ノ宅ニ会スルヤ経義ノ解シ難キニ当リ或ハ時事ノ処弁ニ困難ナルニ偶フ一座思慮シテ口ニ発スル能

ハサルニ横井先生即坐発論人人意ノ表ニ出テ浩々トシテ禦クヘカラサルカ如シ下津先生旁ラヨリ之ヲ賛シ思慮周遍浹洽至ラサル所ナシ然後長岡先生道理ヲ以テ確定シ大山前に崩ルトモ屹トシテ動カスヘカラス

（『元田永孚文書』第一巻、三一頁）

恐らく実際の講学の会は、さきにしるしたように「其講論ニ至テハ其非ヲ責メ其足ラサル所ヲ進メ毫モ仮借セス目ヲ張リ声ヲ励マシ相争フテ止マ」ない場合が多かったのであろうが、元田の頭脳の中に、討論を通じての問題の創造的解決の典型として強く刻印されているのは、ここに記された問題の解決における三人の役割であろう。答の核心的部分は横井によって思いもかけない仕方で一挙に答えられる。しかしそれは常識を超えた考えであるから、常人には容易に認められがたいであろう。それを下津は、いろいろの仕方で常人の理解できるものへと補ってやる。直感的に核心を示された横井の説は、みるみる現実の世界へ架橋されてされていく。これらの二人の見解を倫理の立場から裏づけ、あるいは基礎づけてゆるぎないものとしてゆくのが長岡の役割である。――こういう場面に接して元田は心中ウーンと唸ったのではないか。彼は、この三人を「不世ノ傑出」と呼んでいる。誰もが答えることができなかったことへの解答が、今や講習・討論（公議）をへて、公論ともいうべきものに結晶して提起された。この会の討論は「天下の公論」を生んだ――彼らはまだ「公論」という言葉を知らない。しかしその中で小楠はそれに類するものを感得したに違いない。私が「体験としての公論意識」というのはこれを指すのである。小楠がのちに『海国図志』を読んだ時、ロシアの大学で「討論」の結果生まれた結論が「一国之公論」となったという小楠の発想の底には、五人の講学の会の講習・討論における小楠の自得があった。これが私の仮説である。以下、この「体験としての公論意識」が『海国図志』を読むことによって「公論」として小楠の中に結晶する過程の検証も含めて、『海国図志』アメリカ篇に示された「公」をめぐる考え方を検討してみよう。

二　小楠の「公」観念の形成における『海国図志』「アメリカ篇」の役割

小楠と『海国図志』、とくに「アメリカ篇」との関わりについては書くべきことが多いが、それは他の機会に譲って、(8) ここでは「アメリカ篇」が小楠の「公」観念の形成において果たした役割の検討のみに限定する。

まず小楠がどのテキストを読んだかということであるが、読んだ可能性があるものとしては、中国版六〇巻本（ここで「アメリカ篇」は「墨利加篇」と表記されている）、それに訓点をつけた中山伝右衛門『海国図志』「墨利加洲部」八巻六冊、ならびに書下し文として広瀬達『通俗　海国図志』（「亜米利加総説」「続亜米利加総説」「墨利加総記後編」）（本稿ではすべて「アメリカ篇」と記載することにする）が挙げられる。なぜ広瀬達の「書下し文」の版をその中に含めるかというと、「原文」にも中山版にもない「公論」の訳語がこの広瀬版にのみ見られること、ワシントンについての叙述の部分に、ワシントンを堯舜に類する人物として賞賛する文を広瀬が書き加えていること、などのためである。

「アメリカ篇」を読んで小楠が米国について受けた感銘は、次の引用に簡明にしるされている。

……墨利堅国に於では華盛頓《ワシントン》以来三大規模を立て、一は天地間の惨毒殺戮に超たるは亡き故天意に則て宇内の戦争を息《やむ》るを以て務とし、一は智識を世界万国に則て治教を裨益するを以て務とし、一は全国の大統領の権柄賢に譲て子に伝へず、君臣の義を廃して一向公共和平を以て務とし政法治術其他百般の技芸器械等に至るまで凡地球上善美と称する者は悉く取りて吾が有となし大に好生の仁風を掲げ……、

（『国是三論』「富国論」三九頁、万延元年）

とくに「公」の思想と関係があるのは「一は全国の大統領の権柄賢に譲て子に伝へず、君臣の義を廃して一向公共和平を以て務とし」の箇所である。小楠は、公的役割を果たすべき人の職務は世襲されるべきではないと考え、堯がわが子ではなく、最も賢明で徳ある舜に位を譲ったことをかねがね賞賛していたので、アメリカの「大統領制」・「共和制」に感服し、これこそまさに「堯舜の治」と称するとともに、これを「公共和平」を以て務めとする政治であるとして讃えている。この時受けた感動が「人君何天職。代レ天治二百姓一。自レ非二天徳人一。何以愜二天命一。所二以堯巽一レ舜。是真為二大聖一。迂儒暗二此理一。以レ之聖人病。嗟乎血統論。是豈天理順」（『沼山閑居雑詩』八八〇頁）の詩を誘発したことは言うまでもない。

ところで「アメリカ篇」を読んで気づくのは「公」という文字に、必要な漢字を一字つけてつくった熟語が非常に多いことである。たとえば日本ではあまり使われない「公挙」という語が頻出している。「公二挙一大首摂之匪一」（「一大首摂之匪」とは大統領の意）「（大統領の）身後公二挙賢者一」「公二挙文武各員一」等々の用例は挙げきれないくらい多い。これに類することばに「公選」という語があり、「公選議レ事者。或十余人、或数十人無レ定」というような用例があるが、なぜか「公挙」の方がはるかに多く用いられている。おそらく「アメリカ篇」の基になった『墨利加国史』の中国語訳者と日本人との言葉に対する好みによるものであろう。「公選公挙之権」というような用例があるところを見ても、「公挙」は「公選」というわれわれに親しみ深い言葉とほとんど同義であるが、両語の基になる英語は何であるのか、よくわからない。このほか見慣れない言葉に「公預」がある。「其戦陣所レ費公預尚欠二一十余万一」というような用例を見ると、多分「公的予算」というような意であろう。「公挙」についで頻出するのは「公議」という語であり、「先由二王択定一再采二公議一」「某日某所、公二議何事一」「公二議議事一」「征二収銭糧税餉一。通二借国中経費一。公議不レ得二多取一」等々の用例に見られる。これらは「公議」

をして何事かを決定するというような文脈で使われている。

「公挙」と並んで「公議」の語がとりわけ多いことは、両者がアメリカ世界における「公」観念の中核的位置を占めることを推察させる。またこの「公議」という語に類するものとして「公同」という語があるが、これは恐らく公議をした上で、相異なる集団が協力して同一の行動をとるということを意味するものであろう。更に、公的業務にたずさわる人々が集まって会議をする場所を「公堂」とか「公会所」としている用例もある。また公堂や公会所で開かれる公的な会議を「公会」と言っている箇所もあれば、「公所会議」としているところもある。またこのほかに「公堂」「公会所」の在るところ、その他公的機関の所有に係る土地を「公地」としるしている用例もある。

この「公議」のグループで不思議なのは、「公議」と並んで重要な語である「公論」という語が、中国語の原典にも、原典に訓点を附して日本で出版された中山版にも、見当たらないことである。しかも幕末や明治の日本では「公議」と共に「公論」という語が多く用いられ、小楠の場合もそうである。このことについては後で私の見解をしるすことにしよう。

「公」という語が単一に記されている用例としては、この「アメリカ篇」の中で魏源のしるした総叙の中に「公二挙一大酋総摂之匪一。唯不二世及一。且不二四載一即受付。一二変古今官家之局一而人心翕然。可レ不レ謂レ公平」というような用例がある。このほか本文中に「如シ察院ノ審判不公ナラバ、統領亦更正レ之」という用例もある。これらの例から、「公」「不公」の「公」が、公正、公平公共のような意味で使われていることがわかる。

以上『海国図志』「アメリカ篇」における「公」をめぐる用語の多くの用例を見てきたが、これらを見れば、米国の政治が「公ということ」、つまり公共・公正を原理とし、衆人によって択ばれた人々（公挙・公選）の「公堂」「公（的会議）所」において開かれる「公会」での「公議」をへて政策が決定されてゆくことがおのずからわかる。しかも大統領ならびに大統領府の国務長官以下の官制、州政府の官制、国会（上院、下院）や州議会のしくみ、ならびに「察院」と称する司法機関のしくみ、更には「会議制令」を旨とする立法府、「論レ衆恪遵」を旨とする行政府、「究下問其不レ遵者上」することを旨とする司法府の「三権分立」のしくみをみれば、その公的原理が具体的に政治の場でどのように機能しているかということも判然とする。

さらに合衆国憲法の箇条を示した上で「所レ有条例統領必先自遵行如レ例。所レ禁統領亦断不二敢犯一レ之。無レ異二於庶民一。而後能為二庶民所一レ服」という法に対して大統領の取るべき態度の記述があるが、そのような記事は、法はあっても国王、皇帝に法が適用されなかった中国やそれに順った日本の法体系しか知らなかった小楠には大きな文化衝撃であったに相違なく、「公選公挙之権、不レ由レ上而由レ下」という言葉に接して、政治は民への惻隠の情から発すると言い、「民のための政」ということを自己の政治信条としてきた小楠は、この「アメリカ篇」に展開される「公」の核心部分に触れた思いがしたのではないか。

小楠のアメリカについての言説はいくつかあるが、基本的には先に引用した『国是三論』中の三点の記述を越えるものではない。しかしながらその他の点においてこの「アメリカ篇」の記述から何も得ていないということはまったくなく、「公」に関する彼の考えは多くを「アメリカ篇」に負っている。たとえば明治二年に徳富一敬と竹崎茶堂とが共同でつくった肥後藩における議会制度樹立を核とする藩政改革意見書(9)は、小楠の生前、沼山津での門下生たちとの「アメリカ篇」の良さを自己の置かれた場所でどう生かすか、ということをめぐる熱烈でしかもひそやかな討論の中から基本の考えは生まれたと推察しても、けっして無理な推理ではないと思う。小楠自身の「公共の政」という考えもまた、彼が「アメリカ篇」を何度も読み、その考えを反芻しながら思索したことの中から生まれてきたものであろう。しかしまた「公議・公論」という考えの基になる基礎体験は前説で示したように小楠自身のものであった。その基礎体験の上にはじめて彼のテキスト理解は可能であった。こうした問題については後にまた触れることにして、「公議」「公論」の問題に帰ろう。

私はさきに、「アメリカ篇」における「公挙」「公選」「公議」等々の近代民主政治の骨格をなす基本的概念について紹介した。しかし中国版、それによっている中山版においては公議によって形成される「公論」という語は見当たらない。しかし小楠は、さきに示したように安政三年十二月二十一日附けの村田巳三郎（氏壽）宛の書簡では「一国之公論」という重要な用例を示し、明治になってからの「時務私案」でも「当時の公議人に今日万機公論に決するの旨を以て議事の制を立つるは如何せんと議せしめ、再次に及で府・藩・県知事を立つるを本とし、公撰貢挙等の法を設くるの次第を以て又其如何んを議せしむ可し」（一〇三頁）と述べている。この「公論」という語のわが国の政治思想における重要性を考えるとき、小楠はこの「公論」という語を何から得たかということは気になる問題である。

この問題について一つの答を提供するのは、広瀬達の和訳による『通俗海国図志』巻二である。そこには「凡ソ人ヲ択ヒ用ルノ権ハ上官ノ意ニ由ラス　下民ノ公論ニ由リ用ルナリ」（「墨利加洲部二、続亜米利加総記巻一」一一頁）という一文がある。この部分の原文は、さきに引用した「凡公選公挙之権。不レ由レ上而由レ下」（「墨利加洲部巻一」）であり、そこには「公論」の文字はない。「公論」の語は広瀬達によって新たに加えられたものである。

このような用例は実はもう一つあって、米国の独立の際に志士たちのつくった激文の第四条は「旧例本処理刑官、或先由二衿耆選挙一。或先由二王択定一。再采二公議一、茲英吉利王自専不レ令二衿耆預聞一」とある一文を、広瀬訳では「旧例ニ刑政ヲ処置スル役々ハ或ハ国中父老ノ択ビテ任用シ又ハ王先ツ択ビテノ後チ再ヒ父老ニ相談致シ公論ヲ取リ任仕スルナリ　近来ハ然ラス　英吉利王独断ニテ父老ニハ曽テ預リ聞カシメス」となっている。この場合、広瀬は原文の「公議」を「公論」に変えている。

これらに見られるように広瀬は「公議」の代りに二度も「公論」という語を使っている。もちろん小楠が「アメリカ篇」を広瀬訳で読んだという確証はない。しかし大いに考慮すべき事柄であると思う。ところで私をして小楠はもしかして広瀬訳を読んだのではないかと思わせるもう一つの箇所がある。それは次の一文である。

近来ニ至テ育奈士迭《ユナイテトダム》（合衆国 United States の音訳）遽カニ富強ノ国ト成レリ　此ニ因テ国家ノ興ルハ人ノ精勤ニ由ルヲ見ルニ足レリ故ニ国王ヲ立テスト雖モ僅カニ総領（大統領のこと）ノ官ヲ設ケ政権ヲ操リ衆人ノ言フ所ハ必ス施シ行フ　若シ人民ニ害アレハ必ス上聞ス　総テ政事ハ簡単ニシテ止ム事聖賢君主ノ行フ所ニ異ル事ナシ此レ諸侯ヲ封建シ或ハ天下ヲ郡県ニシ或ハ堯舜ノ如ク天下ヲ賢人ニ禅《ユズ》リ三代ノ如ク子孫ニ伝フ古格ヲ変革シテ別ニ自ラ一世界ヲ成ス者ナリ。（広瀬達訳『通俗　海国図志』巻三、三〇頁）

この原中国文は次の如くである。

数百年来。育奈士迭《ユナイテッドステイツ》遽成二富強之国一。足レ見二国家之勃起一。全由二部民之勤奮一。故雖レ不レ立二国王一。僅設二総領一。而国政操レ之。輿論所レ言。必施行。有レ害必上聞。事簡政連。令行禁止。与二賢辟所一レ治無レ異。此又変二封建官家之局一。而自成二世界一者。（「弥利堅総記下」一二一頁、成文出版社一三〇一頁）

両者を比較してみると、広瀬訳はまた思いきった意訳と言わねばならない。米国における大統領の施政は、堯舜三代の治のように、従来の世襲政治の古格を廃して別におのずから一世界を成すものであるという広瀬の挿入した堯舜三代との同一化は、儒教の教養のある読者にとっては米国大統領制の理解を容易ならしめる恰好の譬喩であった。広瀬の経歴はよくわからないが、藤森天山の序文のあるところを見るとその門弟ないし天山と関係のある儒者であろう。そしてもし小楠が広瀬訳を読んだのであったら、膝を叩いて共感したことであろう。恐らく小楠は広瀬訳を読まなくても広瀬のようなイマジネーションをいだいたであろうが、「公論」との重なりを見ると、広瀬訳を読んだのではなかろうかという気持は、私の中でますます強まってくる。

三　小楠における「開国」と「天地公共の道」

前節において私は、横井小楠が『海国図志』「アメリカ篇」から学んだこと、すなわち小楠のいう米国の三大国是、ならびに米国の政治の仕組にみられる「公」意識、この「公」意識を構成する公挙・公選・公議等々の基本概念、それらを社会化していくことによって生ずる公会、公堂、公会所、等の公式機関を示し、そのような公観念に基づいて運営される中央・地方の議会や国政、そこに生きている三権分立の理念、などを示し、最後に日本の近代政治思想において重要な役割を果している「公論」という用語が「アメリカ篇」の元版である中国版にも、またそれに訓点を施した中山版にもなく、意外にもその翻訳とでもいうべき広瀬達『通俗　海国図志』に使用されていることを示した。

ところでこのような思いもかけない米国の姿に接した小楠は、省みて当時の日本をどう見たか、総じて「開国」というものをどう考えるに至ったか。小楠の眼は、徳川幕府という政府は果して名実共に公的機関かということに焦点が定まった。ここで「名実共に」と言ったのは、幕府の成立以後、幕府は「御公議」と呼ばれ、それとくらべると他の機関はすべて私的存在とされていた。たとえば一般人民からすれば公的機関であった藩も、幕府の前では「私」となる。名目で云えば幕府は公的機関の頂点に立つ。だがここで問われるのは「公」の実質である。

　小楠からすれば、米国の美点は、第一に平和主義、しかもそれは自国の平和だけではなく、他国の平和も祈求するような平和主義である。そして実現の具体的手つづきとしては、相互の国の人民に豊かさを提供しようとする「交易」という政策があった。第二は、万国の知識・智恵にも心を開いてこれを受け入れて自国の知的レヴェルを向上し、産業を発展させて人民の生活を向上させることに努める国であった。第三は、一国の支配者たる大統領は世襲制をとらず、最もすぐれた賢者に譲位する仕組をつくり、大統領制の下に中央も地方も議会制を採用している。小楠からすればまるで夢のような「堯舜の治」の理想がこの世に実現したような国である。

　ところでこれら三つのことを貫いてあるのは（1）人民のためにある政治、小楠流に表現すれば政と教とが根源的に一致して、悉く倫理によって住民のためにする政治であった。（2）米国は「公選公挙之権、不㆑由㆑上而由㆑下」という人民による社会であり、「公」的原理が社会の隅々にまで浸透している国であった。
（2）の件の全面的な実現は早急には無理であるとしても、少くとも（1）の「人民のための政治」は、儒教倫理からしても直ちに実現されるべき問題であり、それとの関連で政治的な次元の公的原理も亦少しでも早く実現されるべき問題であった。そこからいろいろの改革が始まると小楠が考えたからである。
　こういう観点から幕府を見返してみると、その創業の初めから誤まっていたことに小楠は気づく。そして「本多佐州（佐渡守正信）を初帷幄参謀の名臣悉皆　徳川御一家の基業盛大固定に心志を尽して曽て天下生霊を以て念とすることとなし」（『国是三論』「富国論」三九頁）と断定する。なぜそのようなことが起ったのか。そのような気風は幕府が創業された戦国時代に由来する。それは生民をまるで「草芥」のようにみなす時代で、「韜鈐」（兵学）に長ずる者が明主であり、「謀略」に巧みな者が名臣と称された時代であった。このような気風の中で幕府はまず徳川家だけの繁栄を図る。諸侯もまたそれに倣って自国の便宜安全のみをはかり、隣国を「壑」（谷間）とみなすような気習が生じ、幕府をはじめ諸国の名臣良吏と称する人傑もみな「鎖国」の套を免れない（この場合の「鎖国」というのは、国家内部の各藩毎の他藩に対する鎖国の意）。日本全国の形勢がこのように区々分裂して統一の制度がないから、癸丑（嘉永六年・一八五三）のはじめ米使ペリーが日本のことを「無政事の国」と看破したのは活眼洞視というべきである。

このような見方に立って、小楠は幕府の政策を次のように具体的に批判する。「当今忌諱を犯して論ずる時は幕府の諸侯を待つ国初の制度其兵力を殺《そが》ん事を欲するによりて参勤交代を初大小に随て造営の助功・両山其他の火防・関門の守衛且近事に至っては辺警の防守等最労役を極めて各国の疲弊民庶に被る事を顧ず、又金銀貨幣の事より諸般の制度天下に布告施工する所覇府の権柄により徳川御一家の便利私営にして絶て天下を安んじ庶民を子とするの政教あることなし」（同上）。すなわち徳川幕府はあらゆる制度、あらゆる布告が徳川一家の便利のためにする「私営」の政府である。なぜ小楠は公共の機関ではないと言うのか。「天下を安んじ庶民を子とするの政教」がそこにはないからだ、すなわち儒教的王道政治の理想が政治の理念としてそこに生きていないからだ、と彼は言う。

この批判は、徳川幕府の統治の本質を最も的確に示した言葉であろう。それは権力の維持という観点からいうと、実によく考え抜かれた制度であった。「徳川の平和」（Pax Tokugawana）もそれによってもたらされた。しかし産業革命を達成した西洋諸国がナショナル・インタレストの政治理念に基づいて、大砲を具え蒸気船に乗って開国を強要する時代になると、それが却って新しい現実への対応を困難にした。

小楠はこの徳川中心主義に立脚する「私営」の政治システムの実態を、「鎖国封建の制」と言う。ここに言う

「鎖国」は世界列国に対して国を閉じることだけを言うのではなく、国内においてそれぞれの国（藩）が他国（藩）に対して閉じていることをも言う。そして閉じるとは、自由な交通、情報の交換が出来ないだけでなく、飢饉や災害に襲われた場合でも相互に扶助することが認められない関係を言う。そしてそのような規程を作ったのは幕府であり、このような規程が破られないよう多くの藩に幕府からの密偵が派遣されている。そしてそれは、徳川体制の安泰を守るためであった。

この「封建にして鎖国」する体制の内包する難点は、国郡の大小によって差異はあるが、たとえば一斗であれ一升であれ、升をもってはかった場合のように、何事もその升の中で事を済まさざるを得ないということである。その中で善い者は自分が倹約して用を足す。それは譬えるなら衣服を質に入れて米を買うような仕方で寒を忍ばざるを得ない。善くない者は下の者を虐げてそれによって自分の当座の用を足す。それは自分の股の肉を切って口一杯に頬張るようなもので、当座は腹一杯になるが自分の身自体は斃死してしまう。

このような社会状況が長く続くようなところでは、自分の国は豊饒で、他国は凶作であることを祈るような気習が育つから、「明君」と言われるような人があっても、僅かに民を虐げないことをもって仁政とするまでのことで、仁君の名前に価する真の仁術を施すに至らない、良臣と言っても耕地をひらいて藩の庫を一杯にすることを自分の務としている程度のことで、孟子のいわゆる「古の民賊」[10]たることを免れない。

また民間の生産品をもち出す先に限りがあるから、生産品が多いと、必らずその物品は藩内に滞って値段は安くなり、あるいは姦商の詐術に落ちて大いに価格が下落するようになる。そうなると人民も働き甲斐がなくなって勉励しなくなる。役所の方でも大いに生産の向上を計ることができない。一国の金銭の出納もこれに準じて、凶歳に少いことはあっても豊年に収入が多くなるようなことにはならない。おおよそ窮屈で何かと差し支えが多い社会体制である。

これは実に簡にして的を突いた「封建にして鎖国」の社会体制の構造的問題点の指摘と、その社会体制に由来する徳川日本の経済状況のスケッチである。今日、徳川時代に鎖国は存在しなかった、それは幕府による貿易独占であり、情報の独占的把握にすぎないという見解が示され、それは当っているのであるが、徳川幕府の支配体制の仕組とその問題点を構造的に示そうと思うとき、この「封建にして鎖国」という用語は実に的確に対象を捉えている。この小楠的観点に立つ時、開国は世界中の諸外国と交易関係をもつことであると共に、国中に眼に見えない障壁として存在した壁を全面的に壊して、外に向っても内に向っても国を開くことである。小楠において「鎖国」は歴史的な概念だけではなく、譬喩的な概念でもあった。恐らく小楠は、『海国図志』の記述に見られる米国が、国の隅々まで公的理念が浸透しているとすれば、徳川幕府下の日本は、国の隅々まで「徳川的私的支配[11]」の原理が浸透した国というイメージをもっていたのではなかろうか。

この観念に立つ時、諸外国の要求を入れて交易関係を結んだとしても、「攘夷」の精神で国を開く場合、それは真の開国ではない。また外国人と交際を結ぶ場合でも、民族的偏見を以て交際するのであれば、それも亦真の開国ではない。小楠の場合、「交易」は相互の利益になるような経済関係をもつことになることをめざすものであり、したがって幸いにしてそのような交易の輪を世界中に拡げることができるならば、それは人類から究極的には戦争をなくし、平和を地球上に実現することも可能になる意味をもつ行為であった。

交際の面ではどうか。彼は、当時の日本人としては珍しく民族的偏見から解放された人であった。私が小楠の書簡中最も心うたれた次の言葉を示そう。「万里之山海隔り候へば山川草木何もかも異類のみ多かるべし、乍レ去人は同気之性情を備へぬれば必ず兄弟之志を感じ知己相共にする人出来するは自然之道理にて、却て日本人よりも外国人親切なる事に被レ存候。中迄も無レ之候へ共木石をも動かし候は誠心のみなれば、窮する時も誠心を養ひうれしき時も誠心を養ひ何もかも誠心の一途に自省被レ致度候。是唯今日遊学中之心得と申にて無レ之、如レ此修励被レ致候へば終身之学中今日に有レ之、航海之芸業世界第一の名人と成り候よりも芽出度かるべし」（四九二頁）。この文章は慶応二年十二月二日、有為な海軍将校となることをめざして渡米、修学中の二人の甥左平太（二十二歳）、太平（十七歳）への手紙の一部である。小楠の思想の中核にある「誠心」の心法を支えているのは「人は同気之性情を備」えているという人間洞察である。この句は儒学を少し学んだ人であれば誰でも知っている言葉であるが、小楠はこの句を自己の肉体化し、どのような状況になってもこの基本洞察はゆるがなかった。これが民族的偏見から自由であり得た理由である。この「心の開国」まで行かないと、それは「真の開国」とはならない。小楠の右の手紙はこのことを如実に示している。

小楠における「開国」とは何であるかということを明かにする上に、残された一つの大きな問題がある。それは彼が「開国」という問題を「公」という観点、——具体的には「公共の道」、更に詳しくは「公共の道を以て天下を経綸すること」という観点から考えていたということである。

小楠において「公共」という用語が初めて使われたのは、嘉永六年（一八五三）の「夷虜応接大意」であり、そこでは「凡我国の外夷に処するの国是たるや、有道の国は通信を許し無道の国は拒絶するの二つ也。有道無道を分たず一切拒絶するは天地公共の実理に暗して、遂に信義を万国に失ふに至るもの必然の理也」（一一頁）。ここでは道徳的な「理」の観念の普遍性が、「天地公共の実理」として国際関係を規定することが示されている。

その後、「公共」という言葉は、暫く小楠の書いたものには姿を見せない。七年後の万延元年（一八六〇）の『国是三論』「富国論」に次のような形で現われる。

如ㇾ此諸国来て日本の鎖鑰を開くに公共の道を以てする時は日本猶鎖国の見を執り私営の政を務めて交易の理を知り得ずんば愚といはずして何ぞや。（四〇頁）

ここでは「鎖国の見」＝「私営の政」対「交易の理」＝「公共の道」として図式化され、更にこれは「交易の理」に従う「公共の道」＝公、「鎖国の見」を執る「私営の政」＝私、と「公と私」という図式に集約されている。そして右の文章には、すでに日本が開国して諸外国と通商関係にはいった状況を反映して、「交易」という概念が登場していることが注目される。

議論はさらに展開し、問題は「交易」のありよう如何、というところにまで深められ、「真の開国」とは何か、ということの追求に至っている。次の一文を見られたい。

天地の気運と万国の形勢は人為を以て私する事を得ざれば、日本一国の私を以て鎖閉する事は勿論、たとひ交易を開きても鎖国の見を以て開く故開閉共に形のごとき弊害ありて長久の安全を得がたし。されば天地の気運に乗じ万国の事情に随ひ、公共の道を以て天下を経綸せば万方無礙にして今日の憂る所は惣て憂るに足らざるに至るべきなり。（同上、三二頁）

前文では「鎖国」だけが否定的契機であったのに、ここに引用した文では、「日本一国の私を以て鎖閉すること」、開国であっても「鎖国の見」を以てするものも、否定すべき契機となっていて、開国・鎖国という形式的分類に終らず、開国のありよう、開国の実質が問われて、「公共の道」を以てする天下の経綸こそ真の開国であるということになっている。それは交易において一方的に利益をあげ、相手から収奪するのではなく、交易によって双方が利益をあげ、相互に豊かになっていく、石田梅岩のいわゆる「我も立ち人も立つ」（『都鄙問答』）という「共生」をめざす開国論である。それこそが、「公共の道を以てする天下の経綸」にほかならない。

「公共」という概念が「交易」[12]という概念と密接な関係をもつことは、恐らく公共観念の歴史でも珍しい事例であろう。鎖国から開国へと、世界との新しい関係をつくっていくという状況の下、交易という行為を正当化する論拠として、「公共」ということが求められたのであろう。交易の現実は美しいこと、正しいことばかりではなく、人間の欲望の俗悪な面が露呈する場であることが多いだろうと思う。小楠が敢て交易を公共と同一化させたのは、彼が交易の当事者の双方が共に利益を得、共に豊かになっていく真の交易の実現を欲したからであって、その理想の下に交易ははじめて「公共」という性格をもち得たということが言えよう。

四　「公議・公論」と「公共」の思想

私は前節の終りで「交易」という経済的観点から「開国」を内容とする小楠の「公」の思想を考察したが、この節では、政治的観点から彼の「公」をめぐる思想の検討を試みようと思う。具体的問題に入る前に、次の二点について述べておきたい。第一は、小楠の「公」をめぐる思想は、中国訳を通じて入ってきた西洋の「公」の思想からの触発も大きな意味をもつが、基本的には儒学思想に由来し、それも日本化された儒学思想ではなく、儒学本来の普遍的な考え方を深めることによって形成されたものであるということである。第二は、日本での「公」をめぐる思想は主として「公と私」の関係をめぐって展開したが、小楠の場合は、「公と私」の関係についての考察のほかに、「公議公論」をめぐる思惟、またそれにもとづく「公共の政」という彼自身の創意にもとづく発想の面もあって、日本における「公」をめぐる思想の歴史でもユニークなもので、彼によって幕末以降の近代日本の新しい道が切り開かれたということである。

1　教育と「公論」形成――学校民主制

講学・講習における「討論」が、小楠における「公論」形成の基礎である。小楠の思想では「心法」というのは極めて重要な契機であるが、それにもかかわらず彼は自己の心を磨くだけでは満足せず、自分と意見や見解を異にする「他者」との討論・対話を通じてはじめて「公論」を形成することができると考えている。そして、思想形成の過程における「他者」との対話・対論の契機の重要性の自覚は、日本の歴史では特記すべきことであるる（既述のように長岡監物、下津休也、荻昌国、元田永孚らとの実学研習の講学、講習の会での経験が重要である）。討論のメンバーは年齢、社会的身分においては差はあっても、まったく対等の関係である。そしてこの対等の関係における講学、講習の過程において「朋友意識」が形成される（「朋友講学之情誼」・「学校問答書」）。この対等の関係における「朋友意識」の形成は君臣、父子間の上下の道徳が強調されてきた日本の儒学の歴史では画期的である。明では「東林学派」に同様な傾向が生じたとされている。[13] この「講学」集団を通じて「学校」が形成される。そして学校における討論、対話の中に形成される「公論」は「朝廷」（政府）の政策決定の基礎とならねばならない。そのためには、政府の内部にも講学集団が形成されねばならず、また朝廷、政府の構成員も可能な限り、学校の討論に参加せねばならない。

以上の要約は、小楠が嘉永五年（一八五二）に書いた「学校問答書」を基本にしたものである。「公論」という用語はまだつかわれていない。小楠は、長岡監物らの友人達との講学・講習の会ですでに公論的意識を経験していたにもかかわらず、それを「公論」という言葉で表現することを知らなかった。それを小楠に教えたのは、すでに述べたように、広瀬達の和訳『通俗海国図志』「アメリカ篇」である可能性が非常に高い。ともかく「公論」

という概念をしっかり身につけた小楠は、前記村田宛の書簡で、ロシアの政治について「政事何ぞ変動之事総て学校（「ペートルヒュルクの都城之大学校」＝国立ペテルスブルク大学）に下し衆論一決之上にあらざれば決して国王政官之所存にて行候義は相成不レ申、将又執政大臣等要路之役人是又一国之公論にて黜陟いたし候由、是等之事総て其宗旨之戒律之第一義と承申候」（二四二頁）とあるように、政府からペテルスブルク大学に下した案件を討議させ、その上で一致した衆議を「公論」と呼んでいる。これを一般化すると、公的に選ばれた人々（この場合はペテルスブルク大学の教員や学生）が公的な場で公議・討論を尽くした結果出てきた結論が公論ということになる。

しかし小楠の場合は儒教に立脚する「学校民主主義」ともいうべき立場で、このように教育を手掛かりとしてそれが民本主義的思想として変革的効果を果たす点では、小楠の考え方と中国明末の黄宗羲の『明夷待訪録』の「学校篇」のそれとは相呼応するものがある。そして小野和子氏によれば、黄宗羲は東林学派の「義塾」における教育に触発されて『明夷待訪録』の「学校篇」を書いたということである。[14] 私の知る限り、小楠が黄宗義ならびに東林学派についてなんらかの情報を持っていた形跡はない。影響関係なしに思想運動という点で、このような類似関係が生じたということは、小楠が多くの日本の儒者たちと違って、儒教の性急な日本化にかかることなく、朱子学を中心として陽明学も含め、宋明儒学の内包する美点を自分に納得ゆくまで幕末の思想状況の中で追求したことによって生じたと私は考えている。

ところで講学・講習における討論を通じての公論の形成という考え方は、彼自身は最後まで棄てていないが、[15] 相手によっては、そして政治状況の緊迫した時には、じっくり「講学・講習における討論」をなすということは事実上不可能なこともあるわけで、そういうときには「講学・講習」ということを抜きにして、徹底的に討論することが公論形成の条件となる。たとえば文久年間の徳川慶喜を初め老中板倉その他の幕閣たちとの間に、幕府の改革や、長州の突き上げを受けての朝廷との開鎖の問題についての交渉の案件を討論する場合、がそれである。また、その予算交渉として長州の桂小五郎（木戸孝允）との討論の場合もそれである。木戸はこの時の印象を「横井の舌剣」と言っているが、これらの場合は、小楠の死を賭したその徹底的な討論が公論形成の条件となっていく。こうしたことをへて「公論」は独り立ちして、個人ないし集団同士の討論、さらには公的な会議における討論を通じての「公論」形成となり、「公論」に基づく政治をすることが「国是」とならねばならないということが、幕末の政治状況の中で世論となる。こうしてこれが色々の経緯をへながら「広ク会議ヲ興シ万機公論ニ決スベシ」という「五箇条の御誓文」の第一条となったことは(16)周知のごとくである。

さらに、この講学・講習・討論は、学校や朝廷の構成員だけでなく、家庭における父子、兄弟、夫婦の間でも行われるべきであると「学校問答書」にはある。もちろん女性の問題にまで目配りした儒者はたくさんいる。しかし彼らの女性のために書いた本は「訓戒書」である。右に引いた小楠の言葉は、社会生活の基本である家庭の問題に注目し、父子の間、兄弟の間、そして夫婦の間のあり方に注目して、それらの間に「講学・講習・討論」が行われるべきだと言っている。夫婦の間においても、妻は夫と共に精神的に自立した人間であり、精神的に自立した人間同士の結びつきの夫婦関係の成立を求めている。何も革命的な言葉はないが、生活の現実においては当時の日本社会では画期的な事柄であると思う。

われわれは、小楠の思想の社会への浸透の過程における女性の役割についても考えておく必要がある。小楠の思想が農民の指導者層に受け入れられるのには、ほとんど抵抗はなかった(17)。しかし熊本藩の武士層の子弟たちに受け入れられるのには、大きな抵抗があった。父親達は藩の主流派を占める学校党からの離脱が、子どもの将来に与える影響を考えて、自分の子どもが小楠に近づくことを喜ばなかった。そういう場合には、防波堤のような役割を果たし、また積極的に小楠の塾に通うことを勧めたのは、安場保和や嘉悦氏房らの母親たちであった。彼女らに学問はなかったけれども、子どもの聞いてきた講義の内容を通じて、学校党の先生方の通り一遍の、テキストに沿った言葉の解釈を内容とする講義よりも、それを自分の血肉化して、自分の言葉で、テキストのもつ現代的意義を説く小楠の教えを受ける道を択ぶことが正しいと直感的に感じたのである(18)。

このような雰囲気の中で、小楠の教えを核として形成された熊本実学派の人々の家庭から、社会的に活躍した優れた女性が輩出した。農民出身の弟子の家庭からは矢嶋楫子（女子学院の創始者、矯風会の初代会長）、竹崎順子（熊本女学校校長）、久布白落実（矯風会）らがおり、その他に横井玉子（女子美術学校の創始者横井左平太妻、もと高瀬支藩の武士の娘）、嘉悦孝子（嘉悦学園創始者、嘉悦氏房の娘）、湯浅初子（徳富一敬の娘、安中の湯浅治朗妻、国際基督教大学の初代学長湯浅八郎の母）等々がそれであり、彼女等はそれぞれの仕方で近代日本における女性の社会的地位の向上に尽力した人々である。こうしたことを見れば、小楠は政治史、経済史において重要な人物であるだけでなく、社会史の面でも貴重な足跡を残した人物と言わねばならない。

2 「公議・公論」と「公共の政」

ここでごく簡単に、小楠の唱え出した公議・公論の思想が、五箇条の御誓文に至る過程を示しておくと、坂本龍馬の「船中八策」第二条では「上下議政局ヲ設ケ、議員ヲ置キテ万機ヲ参賛セシメ、万機宜シク公議ニ決スベキ事」（慶應三年六月十五日）となっている。小楠の弟子で、龍馬の友人でもあった由利公正の草案第五条では「万機公論に決し私に論ずるなかれ」（明治元年三月）、それを訂正した福岡孝悌案は「列侯会議を興し万機公論に決すべし」（会盟五カ条一条）と最終案に近くなるが、「列侯会議を興し」はあまりに土佐藩の改革案に引寄せられすぎている。最終案の木戸案が「広く会議ヲ興シ」ともってきたことによって、新政府の施政の基本方針が堂々と示され、「万機公論ニ決」するという理念の生かされる形が実によく見えるようになり、新政府の国是の第一条たるものにふさわしいものとなった。しかしこれら四つの案のいずれを見ても、「公論」「公議」などの言葉が見え、小楠の公議公論の思想が、小楠とは必ずしも一致しない文脈[19]の下においてではあるが、政治的世論となったことは認めざるを得ないであろう。

「公共」という概念の問題に進もう。「公共」という語が小楠の書いたものに出る初出は、嘉永六年の「夷虜応接大意」においてであって、そこには「有道無道を分たず一切拒否するは天地公共の実理に暗して遂に信義を万国に失ふに至るもの必然の理也」（前出）としるされている。ここでの「天地公共の実理」とは天地の下にある国々が、公のものとして共有し、共に従わねばならない規範性をもつ内容の「理法」という意であろう。そして恐らく公共の意は、もろもろの個人、社会、国家、世界（小楠の表現では天下）に共有されるべき公正、公平な普遍的価値という意である。そしてこの語の基本的性格は、普遍的ということである。この語はその後の用例「天下公共の正理」（文久二年十月二十三日、嘉悦市之進宛書簡、三九一頁）、さらには「公共の天理」（「沼山対話」元治元年）等々の用例を見ても「天」「天地」の文字と共に使われ、天、天地の下にある世界いずれかの国ともいずれの時でも相通ずる普遍性をもつものとされている。[20]それ故にこそ「公共の道」（『国是三論』万延元年）「正大公共の王道」（「海軍問答書」元治元年）とも呼ばれるように「規範性」をもつ。

このほか「公共」の性格規定として「公共の明」という用例がある。この語は「私情」と相対する言葉として使われている。それを見ると、彼の言う「公共」には知的性格、つまり「情」に流されない聡明さという意味があるが、小楠はそれを「条理に随」うと言っている。また彼は、「正大公共の王道」という語のコメントとして、一見これと相反するようなコメントをしている。すなわち「天下の人情を通じ、天下の人傑を挙げて天下の衆致を尽」すというのである。「情」「人情」の取扱いが逆である。つまり前者の「情」は個人の情、つまり「私情」であって、これに流されてはいけないが、後者では「天下の人情」であってこれに通じた上で「天下の人傑を挙げ、天下の衆致を尽」す――この「衆致」という文字は衆知の誤字という考え方もあろうが、衆致知の略語として、知を致すことの総体という意で使ったと解すべきであろう――というのであるから、小楠の「公共」は「世界的規模の公知」という意をもっていたと理解することができる。

なお「公共」という言葉ではないが、それと関連のある言葉として「共和一致の政」「至公至平の天理」「真実公平の心」「公共和平」等の用例もあり、「公平」「共和」「和平」等の概念が、小楠においては「公共」から派生したサブ概念であり、彼の「公共」という思想を理解するのに重要な言葉であることがわかる。

ところで小楠は文久二年（一八六二）になって初めて「公共の政」ということばを使っている。そしてこの語へのコメントとして「大いに言路を開き、天下と公共の政をなせ」（大開㆓言路㆒、与㆓天下㆒為㆓公共之政㆒」）（「国是七条」文久二年）と言っている。この語は『礼記』礼運篇の「大道之行也、天下為㆑公」と受けながら、言路を洞開することは「公共」の制を天下に布く基本的条件である、という意のことを言っている。そしてこの「大いに言路を開く」というのは、社会的に言論の自由を認め、意見を闘わせるということを意味するから、ここで「公議」は「公共の政」の成立する基本条件ということになる。ここまでくると、公議・公論を前提としてはじめて「公共の政」が成立すると考えに至るのはきわめて自然である。この「公議・公論」に基づく「公共の政」というのが小楠の政治理念の完成した姿であって、それがやがて慶應三年の「広ク会議ヲ興シ万機公論ニ決スベシ」

という五箇条の御誓文に至るのはきわめて容易である。前節で見たように、小楠においては、経済の面では「公共」という語はきわめてスムースに用いられたが、政治の側面では公議が「公共の政」の基になるという考えが出るのには、嘉永六年の「公共」という語の初出から九年の歳月をけみしている。しかし一旦この道がつくと、公議・公論を基にして公共の政が成立するという考えは、明治の政治の世界を支配することになる。(21)

この「公共」という理念は、小楠の理想とする国家の中核になる理念である。ところでこの「公共の道」に関して、小楠は「公共の道に有て天下国家を分かつべきにあらねど」(『国是三論』三二頁)とるして、天下・国家のいずれにも通用する普遍的性格のものであることを強調している。そして右の文で「公」であった国家はそれにつづく文章では、「日本一国之私」(同上)というように「私」となっている。幕末の政治的世界で最高の「公」的実体とされた国家も、国家的エゴイズムにおちいった場合には「私」とみなす普遍的性格が、小楠の「公共」という概念には存在している。

国家の「私」は、日本だけの問題ではない。国際社会における諸外国の「国家の私」について、小楠は云う。「方今五大洲中の精、英に帰さざれば則魯に帰す。英・魯両立すべからず、是又勢止むべからず。此に於て我邦一視同仁明らかに天地の大道を以て深く彼等の私を説破し、万国自ら安全の道を示すべき也」(「海外の形勢を説き伏せて国防を論ず」、六四頁)。この文章はアヘン戦争後、日本海が英・露(魯)両国の角逐の場となり、日本の心ある人々たちは非常な緊張を以てその帰趨を見守っている状況下に書かれたものである。その頃はこれら英・露の二つの超大国のいずれと同盟関係を結ぶかということが外国問題を論ずる人の重要なトピックであったが、(22)小楠はそのいずれにも組せず、国家エゴイズムに立脚する彼らの態度をいずれも「私」として批判したのである。

国際関係の問題として、「公共の天理」という言葉には、「彼等(世界中の人々)が紛乱をも解く」というだけの「規模」の大きさがある、と小楠は考えている（「沼山対話」九一一頁）。小楠のイメージでは「公共」のもつ普遍性は天下に満ちわたり、世界中の紛乱をも解く力をもち、世界的規模の公知を具えていた。

　これまでの叙述で見られるように、小楠の「公共」とは、「公正・公平」という意の「公」観念と「他者と共なる精神」とが結合してできた概念であり、その理念は、天下、国家、国際社会、国内社会、等々いろいろな場面に展開ないし浸透して、公正・公平の観念を社会化し、社会、国家、国際社会、すなわち世界をそれらのあるべき姿にする原理である。当時の多くのすぐれた人たちであっても、藩や幕府を超えた国家レベルの公共性を認めるにとどまったのに、小楠の場合は国家がもし国家エゴイズムの次元にとどまるならば、それは「国家の私」であって、「公共」ではないと主張したところに時代を超出した彼の公観の卓越性がある。

　たとえば若き日の井上毅との対談（「沼山対話」）において、井上が開国にも三通りの開国があるとして、（1）国本を正大にして「神聖の道」を宇内に押広めようとするもの、（2）宇内に「横行」することができるようになるためには、水軍をはじめ航海を開くべしとするもの、（3）西洋の「四海兄弟」の説に賛成して、胸臆を開いて彼と一躰の交易の利を通ずべきであるとするもの、と言った時の（2）の「横行」（膨張）説に対して「横行と申すこと已に公共の天理にあらず候。所詮宇内に乗出すには公共の天理を以て彼等が紛乱をも解くと申丈の規模無レ之候ては相成間敷、徒に威力を張るの見に出でなば後来禍乱を招くに至るべく候」（九一〇―一一頁）と批判しているところに、小楠の「公共」観のすぐれた点がある。平和な時代でなく、国家の独立を守ることさえ覚束ない時代に、小楠は一方で「不レ関二天下治乱一、一国以二独立一為レ本」（「国是十二条」慶応三年）として、日本の国家的独立を基本にしながらも、国家が横行主義に傾くならば、それを一言にして批判する。幕府中心主義の自己閉鎖性を打破するのが時代の革新的思想の公約数的性格を示すならば、小楠はそのような時代の新しい動向の先頭に立ちながら、それと共に国家の「独立主義的横行主義」とでも言うべき時代精神を突破するとともに、他方では、自己が帰属する故になしにくい自藩中心主義否定をもあえてする批判的精神と普遍的志向を持っていた。

そのことを可能にした思想的根拠は何か。それは彼の信奉した儒教である。しかし儒教に立脚して攘夷論者になった人は無数にいる。それに較べると数は少ないが、儒教に立脚しつつ横行論者になった佐久間象山、吉田松陰、その他志士と呼ばれる人々で開国論に転じた人々の大方はこのタイプに属する。では、小楠をそのような横行主義に向けさせなかった儒教的原理は何か。「天」「天理」という朱子学における超越的原理と、それを内面から支えた「至誠惻怛の念」である。彼はこれを「至誠惻怛の根元に立脚する」(九〇七頁)と言い、「天下を以て心とする」(同上)とも言っている。そこには「天理」の担い手に必要な主体の心法の工夫が要求されている。そしてそれに対立するものとしての「割拠見の気習を抱き、自利するの心躰」の存在が、否定されるべき「私」として指摘されている。われわれは小楠における「公と私」をめぐる問題を検討するところに至ったようである。

五 「公私」の論と開国

小楠の「公私」論は、「公私之説」[23]から始まると言ってよいと思う。これは何時頃書かれたものかはっきりしないが、通商の問題が積極的に論ぜられていること、「国家の理」「国家の利」ということが中心となって、「国家」の中に「私」があることを認め、国家ならびにその独立を重視しつつも、国家を超えた普遍的なものへの関心を深くしていった晩年とは異なることを考えると、開国論に転じた安政二年の秋以降、安政年間に書かれたものであろう。

この論の冒頭で小楠は、孔孟の教を「公之道」とし、老仏を私言とする儒者たちの伝統的な公私観を再確認し(24)、それが「死論」となりつつあった当時の状態を嘆き、老仏の私言の害を除ぐために「中正至当の理」に立脚する「天下公道の論」を起す必要を説いている。

しかしこの問題は小楠の論議の基本的前提ではあるが、この論の中心的課題ではない。儒者たちの伝統的な公私観を受けて、これを新しい地平に翻すための一種のスプリング・ボードと考えたらよいと思う。

この論で小楠が力をこめて言っていることは、『古事記』、『日本書紀』の「神代」についての叙述を事実に立脚しない「迂闊無用の説」として、「古典に拘泥し」「復古の論」だけを唱える「国学者流」の説と、それに妥協する腐儒俗士の説とを共に「私言」として批判し、新しい「公私」観を提起することにあった。

彼の批判の論拠は、儒学の中に一貫してある「治乱常変の理」こそ「中正至当の理」にほかならず、それこそ普遍的なものであるという信念であった。

中国における「公道」の思想は、「湯武の桀紂放伐」の事実があったかという斉の宣王の質問に対して、孟子が「一夫の紂を誅《こらし》めたりとは聞くも、未だ君を弑《あや》めたりとは聞かず」(梁恵王篇)と答えて、湯武においては、「弑君」が存在したことを認めなかったことに始まると小楠は捉えている。その後、「治乱常変の理」によって「公」の内容は変わる。そして現代の日本では国家の独立のためには開国して通商することが「公道」であり、その間に諸外国と立派に交渉できる賢者を登傭する必要がある。したがって「上帝王も徳を持って立てば、貴公卿士庶人の別なく賢に禄し不賢を貶すは残忍の様なれども、是天理公道を知る、真の学者なり」と言う。そして「天理に基き国家の理を計ることこそ公道たる所以なれ」と言い、それを妨害する見解を「私言」と言っている。

このようなところから、小楠の「公私」観は始まったのである。

この「公私之説」以降、小楠の「公と私」に関する議論は数多くあるが、「開国」の問題と関係して発想されているものがかなりあるところは、これまでの日本の公私論にない第一の特色である。そしてその文脈の中でいろいろの形の「公私」論が展開する。まず『国是三論』の中の「富国論」に、公と私を一組のものとして論じている次の箇所がある。そこでは、財用の融通は、鎖国していた昔日に比すると、大いに便宜を得たものとなった。今や民間に無量無数の生産があっても、これを海外に運輸することが可能になって価格の下落を招くことはない。かつ地元に生産物が壅滞する憂いもない。であるから安心して大いに勉励して生産し、それが民を富ませ、国を富ませ、そして士を富ませることになる、ということを前置きにして、以下のように議論が展開する。「一隅を挙げて是を譬んに先ず壱万金の銀鈔を製し民に貸して養蚕の料に充て其繭糸を官に収め、是を海港の地に輸し洋商に賣ならば大約壱万壱千金の正金を得べし。如レ此なれば楮札数月を閲せず正金となって、言ふべからざるの鴻益ある而已ならず、加ふるに千金の利有り。官府此利を私することなく公に衆に示し悉くこれを散じ救恤し其他出て反らざるの所用に給す。仍レ之利を得る事多ければ所用益足るべし」（三六頁）。

これは彼の「富国論」の有名な一節で、彼が若い時、そしてまだ開国ということに思い至らなかった時期に書いた「時務策」（天保十四年執筆）の、「節倹策」によって藩財政の行詰まりを解決しようとする議論とは違って、国を開き積極的に交易することによって問題を解決することを提起している。

しかしこれら二つの議論は対立する面だけでなく、連続する一面も持っていた。江戸後期以後の太宰春台や海保青陵を代表とする「富国論」の大方が、藩（国）を豊かにし藩財政の立て直しを至上命題として、人民の事を全く念頭に置かないかもしくは第二義とするかのいずれかであったのに対して、小楠は一貫して為政者が為政者としての公的責任を全うするには、民を豊かにすることを第一義として政策を立案することにあるという信念をいだき、それを実行した。この富国論でも、「産を制するが為に民を富」ますことを出発点とし、その結果「国を富し士を富」ますということも成立するという考えをとっている。

総額一万円の銀鈔を発行し、民に貸して養蚕の費用に充てさせ、その結果生産された繭糸を官に収め、これを開港地（この場合は長崎）に輸送し洋商に売ると、およそ一万一千円の正金を得る。銀札一万円が正金一万円に変じ、しかも千円の利益を得る。この時藩政府はこの「利」を私することなく、公けに衆に示し、善く民の救恤の費用、その他教育費のような出費がすぐ利益になって還元することのない事柄の費用にこれを充てるというのである。この場合の「公私」は名詞形ではなく「私することがない」とか「公に衆に示す」、すなわち「情報を公開する」というような動詞として、もしくは動詞形の言葉の一部分として用いられていて、いかにも政策の中の動的な原理にふさわしい言葉で示されている。利益は「公」の立場にある者の利益（私利）となったのではなく、情報を公開して人民のために使われるか、社会全体の為に使われて、それはやがて国の豊かさとも成り、自利を追求してはならない「士」という立場の人にも還ってくるであろう。生産を軸として民の利が社会の利、国家の利、そしてそれはやがて「士」の利となって大きなサイクルを描きながら、その社会は展開していく。その展開の輪の出発点は、支配者が利益を私しないという倫理観であり、支配者の民に対する惻怛の情であるという考えが小楠の「公私」をめぐる思想の基礎にあった。このような考えが実現されるためには、平和が続き、知識が進んでそれが生産の発展や社会の開発を可能にし、そして支配者には最も賢く最も有徳な人が選ばれて、その地位は世襲されてはならない。前述のように小楠はこのことを『海国図志』「アメリカ篇」から学んだのであった。

さらに小楠は、文久元年正月四日の荻・元田の二人の友人への書簡において次のように言っている。「是迄は天下列藩総て政事は官府四・五人にて取計ひ聊衆言を取用ざるより、下情に暗きのみならず先我私心にて一切下情を拒絶致し候故誠に無理不都合なる政事の押方のみに相成、決して治平を為し得ざる所以なり。是天下鎖国之私見誠に道を知らざるの甚しと云ふべし」（三四九頁）。ここで小楠が言っていることは、衆言を取り用いず、官府四、五人で藩の政治をとりしきるということは、下情に暗いだけでなく、まず自分の私心で一切下情を拒絶するということになり、それは「天下鎖国之私見」であるということである。これを見ると、衆言を聴こうという気もなく、四、五人でごく僅かな情報にもとづいて事を独断的に「自分の私心」で決めようとする独善的・排他的すなわち非公共的態度も亦「鎖国の私見」という譬喩的な意味での鎖国の範疇に属するのである。

　右に見られるように小楠の「鎖国即私」という見解は、外国に対して国を閉じるという鎖国についての一般の理解よりも、はるかに広い意味で使われていることがわかる。それは小楠の心に描く開国が、ただ単に外国と交易関係をもつということだけでなく、国内における「鎖国」即ち「私営の政」を廃止して「公論」に基づく「公共の政」を布くこと、更に対外的には「大攘夷[25]」の精神によってヘロデ主義的[26]に開国をするのではなく、世界における平和的関係の永続、すなわち世界中に張りめぐらされた相互利益・相互信頼のネットワークの持続を願っての開国であったことによる。

　このような国際・国内にまたがる開国を妨害するものの第一の契機を、小楠は国内においては「朋党」、そこから引き出される「朋党の禍」に見ていた。この朋党間の対立は小楠が育った熊本での学校党と実学党との葛藤、彼が若い時情熱を傾けてコミットした水戸における俗論党と天狗党の争い、そのほか大なり小なりどの藩にも有り得ることであった。小楠がその見識を大いに発揮した福井藩においても、ある程度この対立は存在した。小楠は、文久三年四月に「朋党の病を建言す」という建白書を藩主松平春嶽に提出している。そこでは「朋党は人君の不明に起り国家の大害」であることがのべられ（八六頁）、「朋党は私情に起り所謂閑是非に争」うことである。主君たる藩公が、執政、諸有司に先立って「公共の明」で事を聞き、「条理」にしたがって決断すると、自然にこの問題は消滅すると小楠は考えている。

元治元年の井上毅との対談「沼山対話」でもこの問題は再度取り上げられ、より詳しく取り上げられている。朋党の争いをなくすのは「上たる者の明の一字」である。上たる者が党派の別にはまったく目を付けず、ただその人才を見立てて士を抜擢するならば党派はおのずから消えてゆくものである。水戸の問題は、君主が不明で「天狗党」の者だけをもっぱら信用して、自分自身も「分党の一人」となってしまったことにある。朋党の禍は君主が人に対する時に「至誠を本として城府を去り交接致す」（九一三頁）ことによって解消するというのが小楠の考えである。彼の人間としての成熟がこうした言葉によく示されているが、この言葉をわれわれの主題に即して一般化すると、君主が公平な公共精神を失った時、彼はもはや「公人」ではなく、単なる「私人」になってしまうということになろう。

さて小楠が公共の精神に貫かれた開国を阻害すると考えていた第二の契機は、「割拠見」もしくは「割拠見の気習」であった。この言葉は、小楠では国際関係における国家的エゴイズムを指す場合が多いが、彼は国内の一官・一職の問題も含めて捉えている。

「沼山対話」の中で、井上毅は「仁と利」との関係についての小楠の意見を聞いた後で、「洋人已に仁の用を得候て人を利するの道を施し候えば、追々には和蘭は咬𠺕吧《カラバ》（ジャワ島をさす）を其土の国土に還し、英吉利は印度を其旧王に還して各其所を得る様に可ㇾ仕、必定左様可ㇾ有ㇾ之候はん乎」というきわめて鋭い質問を出す。それに対する小楠の答は「何分左様には参兼候。是必竟各国に於て各の割拠見の気習を抱き、自利するの心躰にて至誠惻怛の根元無レ之候故何分天を以て心として至公至平の天理に法り候こと不レ能ものに候」（九〇六頁）と答える。そして小楠は「国際正義」という言葉こそ使っていないが、（西洋人の国際正義は）管仲が「仁」と言っている場合と同じく、「至誠惻怛の根元」がなく、「天を以て心として至公至平の天理に法」るという根元のない覇術であると言う。しかし彼等は世の中の変化を見て「利害の終始」をよく見届けるところがあって、不仁不義は遂には患を招くに至る所があるところをよく知って甚だしい暴虐はなさないだけでなく、近来はひとの国を奪い取るようなことは時代の勢でもはや行われないことがわかり、そうしたことはけっしておこなわないようになっている。さてインドは膏腴の土地で、交易の便もいたっていいので、イギリスはこの地を甚だ愛惜し、租税などもいたって薄く取り立てるようなことをして、その民心を懐柔している。これはアメリカの事（米国の独立戦争を指す）で手懲りしたもののように見える、と言う。十九世紀の現実主義的外交の性格をよく見通した彼の犀利な眼に驚かざるを得ない。小楠は「洋人の経綸は有レ末無レ本ものに候はんか」と井上毅の問いを肯定し、彼らの所見はもともと利害の上から出たもので、「皆向ふ捌とみえ候」と言う。「向ふ捌」というのは聞き馴れないことばであるが、相手の捌き方、事の処理の仕方と言うような意であろうか。

　彼は当時の大国はイギリスとロシアであると理解し、イギリスはイギリスの割拠見で、おのおの一国の議論・主張をするから追々惨怛の戦争が始まり、すでに両国は釁を構えているから五年か十年のうちに大乱に及ぶであろう、という情勢観測をおこなっている。実際は両国間にその後大乱はおこっていないが、当時の露土戦争、インド・ロシアの国境地帯の紛争、中国をめぐる両者の角逐、文久元年のロシア海軍の対馬占領、それへの英艦の出撃など一連の事件を見ると、小楠がそのように推察したことが絶対に間違っていたともいえない。その後に起った日露戦争は、イギリスの立場から見れば「英露戦争」の代理戦争であり、長く続いた英露間の紛争に止めをさした戦争であったという見方もできるであろう。

小楠は右のように国際情勢をリアルに見て、ナショナル・インタレストという観点からなされる外交の真の姿を捉え、これへの賢明な対応の必要を説きつつも、彼らの「割拠見」を肯定しているのではない。彼は「割拠見」なるものについてメスを入れ「全躰割拠見と申す者免れがたきものにて、後世は小にして一官一職の割拠見、大にしては国々の割拠見皆免れざることに候。真実公平の心にて天理を法り此割拠見を抜け候は近世にてはアメリカワシントン」ひとりである（九〇八―九頁）と断言する。この割拠見を超出するにはワシントンのように「真実公平にて天理を法る」以外にない。このワシントンを生んだアメリカにおいてさえも、南北戦争以後ワシントンの遺意はもはや失われてしまっている。この間にあって日本はどのように諸外国に対応するか。「何様渠等如何なる心意を抱き候にも目前申立候稜々は皆道理をふまえ候えば我応ずる処のものも道理を以てするより他は無レ之、縦い彼は二重三重に城府を構へ参り候とも我は至誠惻怛を以て交るべきことに候えば世界に透らぬ処はなかるべく、所レ謂煙管一本にて事足ると申す処に候」（九〇九頁）というのが小楠の答えである。

交易の面における「四海兄弟」の立場に立つ相互の自由貿易、またそれによる「平和」の基礎づけ、「至誠惻怛」の念から発する「真実公平」の心に立っての外交の提唱――いずれも「理想主義的」であり、そんな甘いことでは貿易や外交はやっていけないという批判も当然あり得るが、彼の平和論が平和を守る為に必要な国防論に支えられていること、彼の四海兄弟の理想に裏付けられた公共の精神に立脚する外交論は、ナショナル・インタレストに立脚する西洋の外交理論の本質を洞察し、それに対応する仕方も十分に考えた上での理想主義的外交論であることを考えると、一見余りに楽観的と考えられやすい彼の理想主義的外交論は、実は厳しさに十分堪えられる内実の思想であることがよくわかる。私は小楠の理想主義は現実主義的要素を十分に含めた理想主義であり、

Ideal-real な理想主義であると考えている。その点、「横井小楠における攘夷論から開国論への転回」で述べたように『新日本の青年』時代の蘇峰は、小楠の現実主義的な側面を見落としていたと思う(27)。

これまで述べてきたことに見られるように、小楠の公私観の第二の特色は、すなわち主君、それを補佐する支配者クラスのあり方に重点が置かれ、被支配階級の人民の「私」のあり方を問うていないところにある。支配者の「公」が「己我の念」を挟まず、利益を私せず、民に対する「惻怛の誠」を基本とし、情報を公開（『国是三論』「富国論」）し、判断の正しさを得るために多くの人々によって多くの情報を集め（文久元年正月四日の荻・元田宛の書簡）、主君たる者は「明」の一字を以て臣下間の争いに対応し、「至誠を本として城府を去」って臣下に対せよ（「沼山対話」）、といった主君や主君を輔佐する為政者層のあり方を問うことがその中心になっている。

小楠の「公私」は為政者のありようを問うことが多かったために「利を私することがなく、公に衆に示し」というように動詞形で表現されることがかなりあり、「公私」が政策の中の動的原理として理解されていることは、彼の公私観の第三の特色であろう。

さらに為政者らの「公」を妨げるものとして「朋党の禍」（国内政治の場合のみ）、「割拠見」（国際政治の場合を主とするが、国内の一官一職の問題も含まれる）という人間の集団的エゴイズムの問題をとりあげている。これもまたこれまでの「公私」観になかった第四の特色である。

私はこれまで小楠における「公」の観念の種々相を見てきたが、小楠は「公」ということを一体どのように考えてきたのであろうか。そういう疑問に答える思想的詩が一つ彼の著作のなかに残されている。それは彼の晩年の思想を詩の形で表現したと思われる「寓言五首」の中の一つである。

智唯在撰善　智はただ善を撰ぶに在り

撰善即執中　善を撰ぶは即ち中を執るなり
何以執其中　何を以てかその中を執る
方寸一字公　方寸一字の公
（八八五頁）

この詩は小楠の儒者としての側面をよく現している。知とは何かということは哲学者たちを悩ましてきた問題であり、小楠も「沼山対話」の中で「思」ということを中心にして「知る」と「合点する」ということの差異というような角度からすぐれた考察をしているが、この詩で彼が問題にしている知はそれとは次元を異にする叡智の智の方の問題である。この智は「善を択ぶ」ということにあって、「善」を択ぶはすなわち中を執る、という二句は、彼の思想の哲学的側面が『中庸』から学んだものであることが端的に示されている。政治思想の側面は「明徳」「新民」の新解釈を核として『大学』から学び、社会思想の方は「惻隠の情」と「仁」という角度から『孟子』を中心に学んでいる。

「智はただ善を択ぶに在り」という句は簡潔だが、儒教の本質を示しており、儒教が知の面で人類に寄与できる究極のものはこの「実践智」の思想（私は、応用的知としての「実践知」と区別して、叡智としての「実践智」ということばを使いたい）であろう。近代では、知ることから道徳の問題を剥奪させることが知のあるべき姿という考えが支配的になった。たしかに知的作業の過程でそのような操作も必要であるが、それはあくまで知の営みの一断面であって全体を尽くすものではない。この一断面だけが肥大化して、それが知の全体であるかのように錯覚したところに今日の問題がある。人間の社会生活においては、道徳の問題を離れて知はあり得ない。小楠は端的に智はただ善を択ぶにある、という。「択ぶ」という以上、善ならざるものと善なるものとが混在している中から善を撰ぶのであり、善の中にもろもろの善があって、その中から最高の善を選ぶ行為が知を智にする。そして

「中を執る」という行為がそれであると小楠は言っている。

しかしこの中を執るとはどうすることか。古来哲人たちを悩ませてきた問題である。孔子も「中庸は徳の至れるものなり」と言って、それ以上のことは語っていない。「方寸一字の公」――心の中の「公」の一文字と答える。しかしその「公」がどう言うものかということについては何も答えない。それについての答えを彼のこれまでに書いたもので見てみると、『国是三論』の「士道論」では「諸有司も亦君相の意を稟て敢て己我の念を挟まず、忠誠無二俛焉として各力を其職分に尽し廉介正直共に士道を執て其の僚属を奨励し公に報じ下を治む」(五六頁)と書いている。これを見ると、「己我の念を挟」まないで俛焉として職務に尽し、廉介正直であることが公に奉ずることであるという意に理解して差し支えないと思う。職務に尽すときの「己我の念を挟まない」という心のありようがその核心部分であろう。

ところで小楠はその二回目の福井行きについて、「修身之様子余程地歩を占候様に相見へ候」(「北越土産」)と、元田永孚に評されている。この二回目の福井行きというのは、安政の大獄によって松平春嶽は藩公を罷めさせられ、春嶽の片腕として活躍していた橋本左内は刑死して福井藩は混乱の極に達した時であった。それまで主として藩士の教育のみにあずかっていた小楠は、藩論を統一し、藩のとるべき方向を指導すべき役割を背負うことになった。彼が執った方法は、これまで通り「講習・討論」を藩士たちと重ねて、藩士たちみずからの中にもっているものを導きだし、自分たちの力で藩の窮境を打破する自覚を促すことである。ここで新しいことは「是迄講習の通り」であったが「唯致㆓講習㆒候儀」を実に体験したことで、「其実験之上には聊会得致し候儀有㆑之」(「北越土産」)と言っている。この「北越土産」というのは安政六年、帰熊した小楠のその興奮いまだ覚めやらぬ心境を元田永孚に語った記録であり、永孚はこれを当時「郡代」として九住に駐在して直接この話を聞くことのできなかった荻昌国に送ったのである。

ここで小楠が体得したことは次のように記されている。「惣じて識見も第二之事にて、天下之事は唯徳之一つに帰着致し候段明白に実験致し候」（九一五頁）。「其の徳と云は心中一点之私を不㆑容公平和順にして能人之情を尽すに有㆑之事にて、此徳あれば此道行れ、此徳なければ此徳塞がり申候事、其感応実に影響のごとく、一日克己復礼帰㆓于仁㆒と申事初て歴然と相分候」（同上）。見識を以て鳴る小楠が「天下之事は唯徳之一つに帰着」致すというのは小楠にとって大きな飛躍であり、その徳というのは「心中一点之私を不㆑容公平和順にして能人之情を尽すに在り」とされる。これを見ると、「方寸一字の公」というのは心中に一点の私を容れない状態においてはじめて現前する「公平和順[28]にして能《よく》人情を尽す」とこころの徳であり、一見平凡であって実は容易に至りがたい至徳であり、それが「公」ということなのだ、ということであろう。そしてこの時の「私」は「私がない」という意味の「私」にほかならない。小楠が求めた「公と私」との関係は、「公」それ自体になりきった公人の公知であり、それが「神智霊覚湧如㆑泉」と歌われた「神智霊覚」の現実的姿に他ならない。それは一見「滅私奉公」に似て、その内容は全く異なった文脈のものであることは言うまでもない。

結び

以上で、横井小楠の「公」観念をめぐる考察は一応終わる。ただ、なすべき大きな問題が三つ残されている。第一は、小楠の「公」観念が、それに共鳴する人々を通じて幕末の維新への政治運動の中でどういう役割を果したかということである。第二は、小楠の「公」をめぐる思想が、日本における「公・おおやけ」をめぐる思想史の中で、どういう位置づけになるかという問題である。第三は、小楠の儒学思想に立脚する「公」の思想と中国儒学の「公」の思想とは、どの点で共通し、どの点で異なるかという問題である。

第一の問題については、小楠がその顧問としての役割を果たした松平春嶽、ならびに福井藩の人々、幕府の中の小楠への共鳴者である大久保忠寛、勝海舟、ならびにその門弟で幕府・藩という枠組みを超えた存在としての坂本龍馬、次第に共鳴者となっていった幕閣の人々、ならびに半ば共鳴者でありつつ、究極的にはその対立者となっていった徳川慶喜を中心として、幕末の公議・公論・公共思想の持ち主たちが、一つの運動として政治の上でどういう役割を果たしたかということが中心問題があるが、これについては当面、林竹二、松浦玲、三上一夫等の諸氏の研究に譲りたい[29]。第二については、これからの私の研究課題である。第三もまたそうである。この問題については中国思想史研究者との共同研究も必要である。

ここではそれへの手懸りとして、小楠の公観念の特質を列挙し、最後に前稿「横井小楠における攘夷論から開国論への転回」と本稿をまとめるものとして、小楠の「開国」という考え方の提起した意味を考えてみたい。

(a) 小楠の「公」思想の特質

(1) 小楠における「公」観念は、公私観の問題だけでなく、公議と公論(開かれた討論を基礎とする)、ならびにそれを基礎とした公共という視点から捉えられているところにその特色をもつ。

(2) 小楠の「公」観念は日本の土着的公《おおやけ》思想とまったく無縁で、純粋に儒学の立場からの発想であることをその特色とする。そしてそのことは、小楠を、共同体、とくに民族共同体の首長を「おおやけ」とし、これを絶対化する考えから自由にした[30]。

（3）しかもその儒学の立場は、普遍的立場に立つ。彼は若い時に後期水戸学を信奉したが、天を天祖とする後期水戸学の天観に同調することはなかった。彼は言う、「道は天地の道なり、我国の、外国のと云事はない。道の有所は外夷といへ共中国（国名としての中国ではなく、文化的に世界の中心としての中国の意）なり。無道に成らば我国・支那と云へ共すなわち夷なり。初より中国と云、夷と云事ではない[31]」（「横井氏説話」）――このような見解をとる小楠にとって、「公」は「天地の大道」であった。

それまでの日本で「公」とされていた幕府が「私」となり、日本国が「公」と考えられるようになったことは、幕末の日本にとって大きな飛翔であったが、小楠はそれにとどまらず、国家も亦天地の大道に従わねばならず、従わない国家の立場は「私」となる。このような国家のエゴイズムを否定する考えを提起したことは、日本という国家の独立が危機的状況にあった当時の国際政治の状況を考えると、まったく驚くべきことであり、それと共に小楠を歴史的に卓越した思想家ということに止まらず、現代においても意味をもつ思想家たらしめる。

（4）小楠の公議・公論思想の「公論」という言葉は、言葉こそ『海国図志』「アメリカ篇」の和訳である広瀬達の『通俗　海国図志』から学んだと推察されるが、それに当たる思想的内実は、幕末における肥後実学派グループの「講学・講習」における討論の経験の中から生まれたものである。小楠がロシアにおける「一国之公論」がペテルスブルク大学における教師と学生たちとの討論から生まれたとするのは、彼の『海国図志』「ロシア篇」の誤読であるが、たとえば今日、少し極端なことを云えば、アメリカ合衆国の「一国之公論」がハーヴァート大学の中の政治のセミナーにおける教授と学生達の討論の中から生まれる、というような言説に通じるような趣があり、必ずしも的を外れたものではない。一見、古くさく見える彼の「学校問答書」は捉え方では非常に現代的意義をもち、政治学科の「セミナー」のあり方に示唆を与える。もちろん討論の背景に熱心な「講学」の基礎があったことを見落としてはならない。

いずれにしても、徹底的なディスカッションが避けられることの多かった日本社会において、内政の行き詰まり、外圧による国家存在の危機的状況の中で、自分たちの受けた儒学の教養を基にして必死になって解決を模索する青年たちによって「講学・講習・討論」という新しい学習様式が考案された。そこから「公論」という普遍性をもつ新しい社会的合意の獲得が自覚され、それが普遍性をもつものだけに幕末の青年たちのうちにまたたく間に拡がって、新日本の国是となってきたその過程は、日本人が政治的・社会的に困難な問題に逢着した時、省みられねばならない原点ではなかろうか。

（b）中国の「公」思想との比較

ここで小楠の「公」の思想と中国のそれとを比較してみたい。その際、溝口雄三教授の中国の「公私」と日本の「おおやけ・わたくし」についての比較の要約を手懸りにして問題を考えてみたい。

一、中国の「公私」は意味の上で三つの群にわかれた。一つは首長的な側面からの公家・公門・朝廷・官府など政治的な公の群、もう一つは共同体的な側面からの共同・おおっぴらという社会的な公の群、この二つの群は日本のおおやけの原義に相当するものとして、日本のおおやけ＝公の意味にとり入れられた。そして三つめに、中国の公私に独自の特性として、均平や反利己の公と偏私や利己の私など倫理的・原理的な公の群、である。

一、右の倫理的・原理的な公には、天の絶対的な公平無私性が投影している。

一、すなわち日本のおおやけ＝公が最高位を天皇や国家とし、そこをおおやけ＝公の領域の極限とするのに対し、中国の公は皇帝や国家の上に更に普遍的・原理的な天の公をいだいている。

一、中国の私は、日本のわたくしと同じく官に対する民（私家）、あるいは内輪事の隠私などの意味をもつが、曲私・利己などの反倫理的な意味ももつようになったせいか、一人称の語とはならなかった。[32]

以上の溝口教授の要約を見ると、小楠の「公」の概念は、中国の公私観とあまりにも共通するものがあるのに驚かざるを得ない。小楠は終生天皇尊重の気持ちをもっていたが、天皇を「公」とする考えはなかった。そしてまた小楠の「公」観の性格は基本的に公平・公正を内容とする公共ということであり、「反利己の公」と「偏私や利己の私」（小楠の表現では「己我の念」）という倫理的な観点からの「公私」観がある。さらにはこの倫理的・原理的な「公」には、天の絶対的な公平無私性が投影していることについては、小楠の場合もまったく同じである。さらにはまた、小楠の「公」観が、天皇ないし皇帝や国家の上に更に普遍的・原理的な天の「公」をいだいている点も、小楠と中国の「公」観とは同じである。その点において、小楠は幕末当時のすぐれた志士たちをさらに超出する。また天皇に関しては、肥後実学派の仲間であった元田永孚のように、後期水戸学にならって天を天祖と同一化[33]し、それによって天祖の子孫である天皇を絶対化することはなかった。

「私」に関しては、小楠は人民の生活の安定や向上への意欲を満たすことが為政者の政治的課題であり、彼らへの惻怛の情が政事の基本であるという考えをもっていたが、彼の思想はあくまで為政者の立場からの発想であって、明末の儒者たちのように個人の欲望肯定を核とする経学をつくることはしなかった。小楠にとっての「私」は公人の利己心や、場合によって人間ではない国家の自己中心性も「私」であり、そのような「私」が一人称の語となることはなかった。

こうしてみると、小楠の「公私」をめぐる考えは中国で形成された儒学思想と基本的に同質である。しかしすべての点で中国の儒者たちと同じではなく、中国の儒者たちが個人から直ちに天下に向い、国家を無視しがちなのに対して、「国家」は彼の政治思想や社会思想の中の重要な契機である。たしかに中国の士大夫たちのいだく天・天下という普遍思想は、思想としての卓越性をもっている。しかし彼らが西洋文明の衝迫によって世界という舞台に立った時、天下という普遍思想は現実には彼らに潜在する中華意識と容易に結合して、自国の存在を国際政治の中で客観視することを困難にさせたことも否めない。これに対して小楠は小国日本という自覚に立って、中国儒学においてあまり発展することのなかった国家や国際政治という契機を含んだ上で儒学の普遍思想に生きた。ここに小楠の「公」思想の中国にない特質があると私は考えている。小楠の「公」は天・天地とつらなることによって、東アジアの儒教世界に帰属し、社会・国家・国際政治へと拡がることにおいて西洋世界と同じ土俵に立ち得る。そこに小楠の現代的可能性の一つがある。

なお「公」の問題について中国との異同を考える場合に、一つの重要な検討事項が残されている。それは「公共」の問題である。小楠の「公共」思想は本文で述べたように「公議」「公論」を基にした「公共」思想として形成した。溝口教授の著作を見ると、「公議」ということは中国の思想でも重要な契機となっており、当然それとの関連で「公論」という語もそのようなものとして存在したであろうが、「公共」という語は果して近代以前に「思想的用語」として存在したのであろうか。

たしかに用語としてはすでに『史記』「張釈伝」に「法者、天子所下与二天下一公共上也」（諸橋の『大漢和辞典』）という用例があり、おそらく一般的用語としては少くとも漢以降一般的に使用されたであろうが、思想的用語としてはどうであろうか。近代中国における「公」思想の源泉の一つと思われる『海国図志』「アメリカ篇」にも「公共」の語は見当らない。また中国の馮契主編『哲学大辞典』（上海辞書出版社、一九九一年）を見ても「公与私」

の項目はあるが、「公共」の項目はなく、「公共」関係の項目では「公共関係」(public relation)、「公共意志」(public will)だけで、いずれも西洋の近代の思想に触れて以降に形成された術語である。これらのことから、「公共」ということばは、古くから一般的に使われながら思想的術語としてはあまり使われなかったように思われる。これについては専門家のご教示を得たい。

(c) 小楠の公共観念の可能性とそれが省みられなかった理由

小楠のいう「公共」は開かれた社会の原理として、公平・共和・和平というような性格をもち、その成立の過程として他者との「討論」という「公議」をへた「公論」に根ざすものであるだけに、従来の日本社会とは異なる社会構成の原理となる可能性を十分にもっていると思われる。それが国家のあり方に示された姿を、小楠は「天下の人情を通じ、天下の人傑を挙げて天下の衆致を尽して、正大公共の大道」(「海軍問答書」一三頁)を行うことと言っている。

「交易」の問題と「公共」がつながることはすでに第三節で述べた。そしてこの交易は、小楠の場合、国家と国家との経済的関係であるが、それが相互の利益をめざす交易であることによって、究極的には全世界を交易のネットワークでつなぐことによって、世界平和の実現を可能にする条件でもあった。

現実にそれが困難を極める道であることはいうまでもないが、小楠の「公共性」はそれをも目指すものであった。しかし彼の「公」観念が今日まで十分に省みられなかったのは、それが為政者の立場からの発想で、一般市民の立場からの発想ではなかったこと、政教一致の立場にたっているために、近代的政治観に合致しなかったためである。確かに、小楠の思想的立場からは「人権」という発想は出てこない。また小楠の死後、自由民権運動に参加した弟子たちの間からも、この問題点に正面から取りくんで、小楠の基本思想に立脚して思想的にこれを解決した人はいない。

なおまた小楠の思想の評価のマイナス要因となったのは、徳富蘇峰の転向問題であった。三国干渉後の彼のあっけない転向は、蘇峰の信奉した小楠の思想を、国際政治の厳しさを知らない道学的ユートピア主義と誤解させる一要因となったのではないか。

しかし「為政者の立場からの発想」という問題については弁護しておきたい。小楠の主張する「講学、講習、討論」は学校や朝廷の構成員だけでなく、夫婦の間でも行われるべきものであった。この考えは、儒教の歴史では画期的なことであり、保守的な熊本の精神的雰囲気の中で、多くの母や妻たちが小楠の弟子になろうとする子どもや夫を支えてきたことの歴史的意義を見落とすべきではない。

他方小楠に代って新しい時代を担った人々の側に目を向けてみると、たとえば福沢諭吉である。彼は小楠と違って市民階級の立場に立ち、市民の立場から実学を唱えた人である。そして価値が多元化する必要を論じ、政治と学問・倫理・教育との分離を唱え、明治日本の知的指導者となった。彼をめぐって幕末日本は近代日本へと転回した。彼は「人民の私権を堅固にするは立国の大本」(「私権論」)と言う。このような「私」の立場は、小楠にはなかったものである。彼は『学問ノススメ』の冒頭の一節が示すように、人間の尊厳を自覚した自立自主の個人を通して、国家の独立をはかろうとする。彼はまた国際的自然法の思想を受け入れ、無道であればいかなる強国の圧迫をも恐れず、理があれば誰であろうと頭を下げると言っている[34]。

しかし明治十年代になっても西洋諸国の衝迫は消えることはない。否、それどころか世はまさに帝国主義の時代に突入した。そうした中で、彼はわが国の当面の目標はひとえに独立を守ることにあるとするとともに、「百巻の万国公法は数門の砲に若かず」（「通俗国権論」）、と言い、国際関係を江戸時代の藩と藩との関係と類比的なものとし、そこで藩外では「私」と言わざるを得ないことが藩内ではあくまで「公」として通さざるを得ないように、「国家」という「私」を国内においては「公」として通さなければならない。国際間においては「天地の公道」は成立し得ないという見解をとるようになる。

国際間においては「ナショナル・インタレスト」の擁護が基本であるという現実認識は正しいが、国の備えというものは立派にやりながら、そのような現実を相対化して、ナショナル・インタレストを超える道への模索を続けるという態度が福沢の身につかなかったことは、思想家福沢の問題点である。そしてそれは同時に近代日本の問題点でもある。福沢は小楠を旧くさい堯舜主義者として批判したが、小楠の普遍思想が黒船前後の攘夷の嵐を越えて考え抜かれ、鍛え上げられたものであるという小楠の思想の重さを知らなかった。それは違う観点をとると、両者の「天」の思想の重さの差異でもある。

われわれは近代において国家への超越的契機をもち続け、国家絶対主義を批判した宗教家内村鑑三のことはよく知っているが、政治思想の世界でそのことを成し遂げた横井小楠の儒学思想についても思いを致すべきではなかろうか。理想主義は宗教の世界においてはその存在理由をもつが、政治の世界、とくに国際政治の世界において妥当しないということではなく、理想主義に立脚しつつ現実主義的要素を多分にもつ政治思想の可能性ということも検討すべきことではなかろうか。小楠の思想はそのようなことを反省させる。

（d）小楠の考えた「開国」

更にもう一つ考えねばならない問題が残っている。それは、小楠の「公」論が「為政者」という観点からの議論で、その内容の主たる領域が政治であるということの評価の問題である。確かに小楠の「公」論は明治以降の「一国民」「一市民」の立場からの「公」論とは立場を異にする。そのために小楠の「公論」はすでに歴史的生命を終えたものとして、近代以降最近まで忘れ去られてきた。しかし小楠の為政者的立場の「公」論は、今日大いに振り返られるべきものをもつ。「国民」「市民」という立場での「公私」の問題のほかに、その中で公職につい た人の立場での「公私」の問題があることが忘れ去られているのではなかろうか。

最後に、前稿「横井小楠における攘夷論から開国論への転回」と本稿とを合せて、そのまとめとして小楠の「開国」という考えを検討する。それは二つの側面をもつ。一つは攘夷家小楠が開国家小楠に転回するには、果してそれが日本国にとって好ましいものかそうでないかということを吟味する際に、いかに彼が周到であったか、という問題である。彼はまず国家の独立と安全を守るのに攘夷と開国の選択肢を軍事的点から検討し、外洋を航海することが自由になった蒸気船の発明以降はむしろ海軍主体の兵制をつくるとともに開国する方がすぐれているとし、海軍が実力本位の社会の建設、国民の勇気の涵養という国民性の改造、海外渡航による交易への関心の増大に資するという戦略を立てる。さらに経済上の観点から問題を検討し、現象的にはいくらかの損失はあっても積極的に交易を営むことがわが国にとって利益があると確信すると共に、それがわが国にとっての利益であるだけでなく、相互の利益になることも努力によって可能となったことを周到な調査と思考によって確認する。そこまで至らなければ真の開国にならない。将来攘夷するために方便として一旦開国するというのではなく、経済的に相互依存のネットワークをつくって、相互の信頼を深くしてそれが平和実現の裏づけとなるような交易関係を営むことが、彼のいう「真の開国」である。

このような思考のプロセスには、世界経済の位相についての綿密な数字の裏づけを伴う学習もあって、彼はけって大雑把な経世家ではない。国家と国家との関係がナショナル・インタレストを求めての争いであるという現実認識をもちつつ、人類の生活の向上と平和の実現・持続を求めての開国論であり、その根本には人のもつ「誠心」に対するゆらぐことのない信念があった。彼は理想と綿密な現実認識とを一個の人格に統合しそして自分の思想とその主張に責任をもつ経世家である。

以上が軍事的・経済的そして政治的な観点を統合した対外的開国の側面である。

第二は、彼の言う開国は、譬喩的な意味の開国である。ベルグソン流に言えば、閉じた社会が開かれた社会へと転ずることが小楠の言う第二のタイプの開国である。この開国は外に向っての開国だけでなく、内における開国でもある。徳川時代に幕初の統治者が自己の集団の利益を守るためにつくった社会体制、彼の用語を使えば「封建・鎖国」の体制——この場合の鎖国は、それぞれの藩が閉じられた関係にあったことをさす——を一つ一つ壊して、相手が困まっている場合は相互に助け合うような開かれた社会となることが、彼の言う「開国」の第二の意味である。(35) このような開国は、前者が歴史のある時点での開国という性格をもつとすれば、後者は人類が生きている限り続く開国と言ってよいだろう。というのは人間には自己を守る防禦本能があり、自己中心性を容易に脱却できない。個人がそうであれば個人が集ってつくる社会もまたそうである。それを開いたものにする努力は、人間が生きる限り続けていかねばならない作業であろう。

このことは人間の集団が個性を失って、無機的に等質になることを意味しない。それぞれの文化と社会のかたちをもちながら、多元的で、しかも相互に開かれていて、しかも一つの秩序をもつ社会をめざす——それは中央政府の号令一つで動く同質的な社会ではない——、それが小楠のめざした第二の開国であろう。そしてこのような小楠の「開国」観を見ると、開国というのは、彼の理想とする国家理念の追求の軌跡と言えよう。

彼が「公」をめぐって書いたり、語ったりしているさまざまの言説を検討すると、このような一方では実体的な、他方では譬喩的な開国観が浮び上ってくるのである。小楠が幕末の時点で唱えた実体的開国を、国民の生活を守るという観点を忘れないで聡明に推し進めながら、この譬喩的開国をどのような姿で現実化していくかということはわれわれに与えられた課題である。

補論　晩年の小楠における「議会制」についての言説と「アメリカ篇」

以下のことは、幕末維新期の思想史という観点からすればそれほど重要なことではない。しかし、小楠の個人史という観点からは、それなりに意味あることであるから、大政奉還後の小楠が、議会制の問題を中心に献言した記録を整理してしるしておく。ここに書かれたことは、彼の献言や書簡等には少しも記されていないが、『海国図志』「アメリカ篇」から学んだことの多くを間接的に物語っているように思う。

小楠は慶應三年の十月十四日大政奉還の報を聞くと、すぐ翌日、まるでその時を待っていたかのように、沼山津から門下生を春嶽の許に派遣して新政についての建言をおこなっている。その中に「議事院」の制についての箇条があり、次のようにしるされている。「大変革の御時節なれば議事院被㆑建候筋至当也。」（九三頁）この考えは旧幕府の徳川氏に対しても適用され、「関東御辞職といへ共諸侯の長にて候へば、其職一人は旗下の士より撰び用にさだめ、其余は下院中より撰挙、大小監察・右筆等の類無用に属す、廃職なるべし。記録・布告等は下院にて為すべし」（九五頁）としるされている。これを見ると小楠は、両院から成る議事院（議会）の制度、その構成員の性格の違い、両院の役割の相違、等についてよく理解していたことがよくわかる。

小楠だけではない。彼の死の翌年の秋、その弟子の徳富一敬（蘇峰の父）と竹崎律次郎が協力してつくった「藩政改革意見書」という熊本藩改革の計画案において、旧藩の諸官制は会計局一つを残してことごとく廃止し、その上で「政府上下二院を建設し、上院は君公等初執政参政諸役人一切出勤いたし、下院は在中は一千名より貳人宛、熊本町五人、其他五ケ所より貳人宛、社寺を除き四民之無二差別一入札を以相定め、下院に出勤いたし、上院と相対し諸務を議すべし。尤下院議事人は四年を一季となすべし。入札いたし候心得は、形跡に不レ拘、上下之為に成人物を選み候様。委敷示方可レ致事。才器次第、上院並在役人に被レ召仕事」という二院制の議事院をつくる案がつくられ、しかも下院については「社寺を除き四氏之無二差別一入札を以て相定め」という当時としては驚くべき民主的案がつくられている。また地方における中央政治たる藩政治の「御役人」も在方《ざいかた》の「御惣庄屋以下在役人」もすべて「入札公選にすべし」と規定されている。

明治二年という早い時期、そして政治家たちは中央政府のことしか考える余裕がなかった時期、しかも匆々の間に小楠の農民出身の二人の弟子の相談によってこの案が出来上がったことを考えると、小楠がまだ沼山津にいた頃、小楠と彼をめぐる門下生の集団では、日本の将来の国家構想を『海国図志』「アメリカ篇」を参照しながら練っていたと考えることはきわめて自然であると思う。彼が「民のための政治」という政治観をもっていたことと共に、農民の弟子をもっていたことは、中央だけではなく、時流をはるかに抜きん出て、このような地方政治における二院制の議会制をつくる構想を生み出すことを極めて容易にしたのではないかと思うのである。そして明治以降、民権運動をよびおこしたヨーロッパ系の政治思想の大方が、国政レベルの発想であったのに対して、『海国図志』「アメリカ篇」の行政制度の叙述が、たとえどんなに素朴なものであったにせよ、地方政治のレベルまで含めたものであったことは、小楠一派のこのような発想の大きな原動力になったのではなかろうか。そして現実の明治政府において、地方自治のことが問題となったのは明治二十年代に山県有朋、井上毅によってであり、しかもその内容がドイツ風の国家権力安定の基盤としての、保守的な地方自治であったことを考えると、小楠ならびにその門下生たちの発想が、いかに画期的なものであったかということがよくわかる。

注

(1) 吉野作造「我国近代史における政治意識の発生」(『小野塚教授在職二五年記念政治学研究』第二巻所収)、尾佐竹猛『近世日本の国際観念の発達』、丸山真男「近代日本思想史における国家理性の問題」(『忠誠と反逆』、筑摩書房、所収)

(2) 一つは「太宰純所ニ重刻一古文孝経。其書之為レ偽是公論也」(七八五頁)であり、もう一つは「空印公(大老酒井忠勝のこと)徳量之大才智之秀絶似ニ韓魏公一。而論ニ其人品一殆是伯仲之間。豈私論也哉。抑天下之公論不レ得レ不レ出ニ於此一也」(七八八頁)であって、いずれもすでに漢語として出来上がった「公論」の意を踏襲して使っているもので、本論に見られるような劇しく熱心に長時間討議・討論してその結果「公論」が形成されるという自覚をもって使用されるのとは性格を異にする。

(3) 長岡監物については、鎌田浩『熊本藩の法と政治』、創文社、一九九八、の第四部第二章「横井小楠と長岡監物」(五三七—五五九頁)を参照されたい。もともとこの論文は、『暗河』四号、昭和四十九年に掲載されたものである。

(4) 小楠自身は陽明学は偏であるからこれを捨てて朱子学に入ったと言っているが、彼の思想を見ると、心の重視、惻怛を基本とする人間理解、敬より誠を重んずる考え方、良心の存在の強調、等、心法の工夫の側面に関して陽明学から学ぶところ大である。小楠が陽明の思想に反対したところは、「格物」の解釈の点で、それでは客観的世界の理を明らかにすることができず、その結果、「治人」すなわち経世の作用にも差し支えるというところにあったと思う。なお理の考えでは道徳的理を優先するが、経験的理も当然認めるという立場をとっている。しかしその問題の哲学的論議には踏込んでいない。

(5) ここに引用された『政談』『鈐録』(徂徠)、『集義和書』『集義外書』(熊沢蕃山)、『宋名臣言行録』等は、当時の時習館のある傾向の学生たちの共通の必読書であったように思われる。小楠も時習館の学生だった頃、史書のほかに当然そのような本を読んでいたことと思われる。そうしてみると、彼が逼塞中に読んだ李退渓の『自省録』や程明道の著作は、彼の関心を外的世界から自己の内面のあり方へと向わせる大きな意味をもっていた。

(6) 前出鎌田浩『熊本藩の法と政治』、五三四頁（第四部　幕末政治史の一斑——熊本実学党をめぐって）、参照。もと『熊本史学』四三号、昭和四十九年、所収。

(7) 同上、五二一—五三五頁、参照。

(8) 私は目下この論文と並行して「『海国図志』と幕末日本」という論文を執筆中であるが、その中には「横井小楠と『海国図志』」という一節を設ける予定である。詳しくはこの右論文を参考されたい。
なお幕末日本における『海国図志』の受容という全般的問題については「幕末日本における中国を通しての「西洋学習」——『海国図志』の受容を中心として」、源了圓・厳紹璗編『日本文化交流史叢書(3)・思想』大修館書店、一九九五年を参照されたい。

(9) 部分的には徳富蘆花『竹崎順子』詳しくは花立三郎「明治初期における中央と地方——熊本実学派の思想と行動」（『アジア文化研究』一八号、一九九二年二月）を参照のこと。なお、本稿にも言及がある。

(10) 小楠はこの語を『孟子』（告子下）「今之所謂良臣。古之所謂民賊也」に拠っている。

(11) ここで私が「徳川的私的支配」といったのは、徳川氏以外のそれぞれの地域の支配者も、徳川氏が全国的支配者ならびにその子孫の存続をはかるような仕方で、巧妙に支配体制をつくったことを意味する。

(12) 小楠の「交易」の考え方については、拙稿「王道論的社会観の大成」（源・花立・三上・水野編『横井小楠のすべて』所収、新人物往来社、一九九八年）。

(13) 東林学派における朋友意識・朋党論については、小野和子『明季党社考——東林党と復社』同朋舎出版、一九九六年、二四四—二四六頁、ほかを参照。朋友意識の必要を説く点では東林学派と小楠や肥後実学派も同じではあるが、小人も党をつくるのであるから、積極的に「朋党」をつくってこれに対抗すべきであるという積極的な朋党意識は、東林学派にはあるが小楠には見当らない。小楠ではもっぱら「朋党の禍」が否定されるべきとして批判されている。おそらくそれは、明末の政治状況が日本の幕末以上に深刻だったことを示しているように思われる。

(14) 小野和子「黄宗羲の前半生——とくに『明夷待訪録』の成立過程として」（『東方学報』第三十四冊、一八三頁、昭和三十九年三月）参照。

(15) 幕末の政治社会では、討論を通じての「公論」の形成という小楠の考え方は急速に浸透していくが、それは「講学・

講習」ぬきのものであった。小楠も政治家を相手にする場合はこの道を択んだけれども、じっくりと相手の自発的意志による次の行動を期待する場合、もしくは相手が自分になんらかの仕方で教示を乞うてきた場合には、「講学・講習」ということから始めることを止めていない。

たとえば元治元年の井上毅との対話は「今茲に両客（井上とその友人）と対坐して一面会の講習なれども誠意を尽して自分丈の議論を発し、互いに猜疑を抱く様なることなきは是れ互の修行地にて平生心を用ゆべき処に候」（九一三頁）という文章が収められている。

何回かの福井行では、藩の政策を決定する際に中堅の政策実施者たち、ならびにそれとは別に藩の最高幹部たちとのそれぞれ別の講学・講習・討論を度重ねて行い、彼らの自発的行動への誘導を行ったことが記録にのこっているし、記録こそないが、福井を辞しての帰郷後は、弟子たちと新しい時代が訪れた場合のために、中央・地方の議会のあり方などについて討論を重ねていたであろうと推察しても間違いはないであろう。

教育の問題は小楠の大きな関心事の一つで、慶応三年（一八六七）彼が越前藩に差出した「国是十二条」の別稿でも、「興学校」という一項を設け、「三代の道に本き西洋技芸の課に及ぶ事来書中に於て分明也。規模の正大に至らざれば講学の道不レ興、兎も角も人君政府合一に、治教は人倫に本き、民を治るに仁を以するの義を真実講習討論事第一にて可レ有レ之哉」（九一一頁）と記されている。講学・講習・討論を内容とする教育立国は、小楠の終生に亘る大きな課題であった。

(16) なお、小楠の「討論」を通じての「公論形成の考え方のほかに、国全体の運命に関わる重要な案件はたまたまその職に就いている一部の人で決定すべきことではなく、「衆論」に問うてはかるという「公論」主義的な考え方も幕末当時にあり、たとえばペルリが来た時、当時の阿部正弘が全国の大名の意見を問うた如きがそれである。阿部はそのような心得をそれ以前に徳川斉昭に教えられたという。（尾藤正英「幕末維新と武士――公論の理念と維新像再構成の試み」、『思想』一九八五年九月号、四―五頁、岩波書店）。幕末維新の時期の「公論意識」の形成の問題を考える時、このような視点は非常に重要であろう。

(17) 農民出身の、主な弟子としては徳富一敬（小楠の最初の弟子、肥後葦北佐敷郷の惣庄屋の嗣子、蘇峰ならびに蘆花の父）、弟熊太郎（小楠の嘉永四年の独行の随伴者）、矢島源助（肥後益城中山郷の惣庄屋の嗣子、徳富久子―一敬の妻、竹崎順子―茶堂の妻、横井つせ子―小楠の妻、矢島楫子等の兄）、竹崎茶堂（律次郎、阿蘇布田の豪農）、弟新次郎、等々があり、彼らはいずれも熊本藩の地方行政にあずかる豪農の子弟であった。彼らの妻たちも亦、小楠の教を聴くことに熱意を示した。なお小楠の門弟のうち、豪農層に属する者は、熊本の門弟六十八人中二十一名を占める（花立三郎『国是三論』「あとがき」による）。

(18) 安場保和や嘉悦氏房の母親たち（安場久子、嘉悦勢代子）の、息子の「小楠塾」への入門の際に果たした役割については、古くは山崎正董の『横井小楠　伝記篇』（昭和十三年、明治書院）があるが、より詳しくは花立三郎「安場保和――熊本実学派の研究」、熊本近代史研究会編『近代の黎明と転回』熊本出版文化会館発行、二〇〇八年八月、「嘉悦氏房――熊本実学派の研究」、熊本市史編纂委員会編『市史研究くまもと』第一〇号、熊本市発行、一九九九年三月がある。

(19) 小楠の高弟、由利公正が書いた原案の第一条では「庶民志を遂げ、人心をして倦まざらしむを欲す」となっている。これは「天下の生民への惻怛の心」を政治の基本とする小楠の政治思想の由利流の表現となっている。小楠の発想は、儒教風の為政者の立場からのものであるが、彼の言う「堯舜の政治」は米国の大統領制、共和制とも同一化しうる内容のものであった。安政年間の小楠の抱く日本国家のイメージは不明確であるが、晩年の小楠の国家構想は、象徴天皇下の議会制がその窮極の理想であったと思われる（桃節山『西遊日記』、慶応元年）。尤も小楠はドラスティックにそこに至る道を考えていたのではなく、幕府をそのような内容のものに変えることを当面の目標としていた。彼の幕府への協力はそのような意図のものであって、幕府への忠誠心からではない。彼が幕府の顧問になって欲しいという慶喜の要望を断ったのも、また文久の改革で「大将軍上洛謝二列世之無礼一」と第一条に記し、第四条に「大開二言路一与二天下一為二公共之政一」としるしたこと、慶応三年の「国是十二条」に「尊二 天朝一、敬二幕府一」としるしたことはそのような彼の考え方から発したものである。そして小楠が王政復古後の新政府に仕えたことも、そのように理解すると納得できる。長期的目標と短期的目標とを常にもちながら、短期的目標の次元で発言しているので、ひたすらその形に沿って理解しようとすると彼の行動は分りにくいところがあるが、二つの目標を抑えながら理解すると、彼の行動は非常に分りやすくなる。

話は元に戻る。「官武一途庶民ニ至ル迄其志ヲ遂ゲ」とする木戸案（五箇条の御誓文）は、庶民を含めるけれども、その上に「官武」を置くことによって決定的に異なり、木戸がどういう国家構想を具体的に考えていたかはよくわからないが、明治憲法下の天皇制と矛盾するものではない。

(20) 小楠の「公」「公共」の思想と天、天理、天地等の天の概念とが深い関連をもつことを指摘した論文に、井上勲「幕末・維新期における「公議輿論」観念の諸相——近代日本における公権力形成の前史としての試論」、『思想』一九七五年三月号、がある。

(21) この問題については、尾佐竹猛『維新前後に於ける立憲思想』邦光堂、昭和四年、同『明治維新』下巻、第八篇、八九七—九七〇頁。白揚社、一九四四年を参照されたい。

(22) 日露同盟論の最も代表的な者は、福井藩の橋本左内である。左内は経済の問題において小楠とほぼ同じ見方であるが、国際政治については、日本海は英・露の争奪戦場になり（そこまでは小楠と同じ）、その際日本はそのいずれかと同盟関係をもたなければならないが、英は阿片戦争をおこした国であり、このような国と同盟するわけにはゆかない、露はそれに対して開国を求めたときのプチャーチンの態度に見られるように紳士的であり、これと同盟関係を結んで英に対抗すべきであると考える。そして彼は当時の一般の志士と同じく大陸雄飛論者であった。これに対して小楠は、これまでの世界政治の中で露のやってきた行為は英と同じであるから、英とも露とも同盟関係を結ぶべきではない、世界政治において侵略を犯したことのない米国こそ同盟関係の相手として適当であり、これと計って世界平和の実現に努力することこそ日本の国是であろうという考えをとった。

(23) この「公私之説」は、山崎正董の『横井小楠　遺稿篇』にも載っていない貴重な新史料である。こころよくご貸与下さった平石直昭教授に心から感謝申し上げたい。なおこの史料は熊本市で計画されている横井小楠史料集に収録される予定である。

(24) 朱子は「異端寂滅之教。其高過二於大学一而無レ実」（大学章句序）と、仏教や老荘を「寂滅の教」とし、これを「無実」と言った。日本の朱子学者も多くそれに従ったが、林羅山はこれを受けて、「朱子曰く、寂滅の教高くして実なし……我が所謂る道は実なり。道なると道にあらざるとは、他なし、実と虚なり。公と私となり」（原漢文、『羅山先生文集』第一巻、三二一—三二頁）と言っている。

(25) 「大攘夷」というのは幕末の国学者大国隆正（寛政四年〔一七九二〕—明治四年〔一八七一〕）の『新真公法論』（慶応三年〔一八六七〕）において示した造語。隆正によれば、攘夷には「小攘夷」と「大攘夷」とがある。一般に言われている「攘夷」は「小攘夷」であって、「軍をむかへてた、かふ攘夷」を云う。「大攘夷」は「た、かはずして、かれを服従せしむる攘夷」である。「小攘夷」の方は勝敗はあらかじめ定めがたい。世界中の多くの国々が押よせてきた場合には、日本の必勝はおぼつかない。それに対して「大攘夷」の方は「天地の道理をもて、おしつめ、かれよりいふ公法をくじき、その端をひらきおき、時の至るのをまつ」ことであるから「敗をとるべきこと」はなく、勝つときは大勝を得る、と隆正は言う。

そして隆正はこの「大攘夷」こそ「まことの攘夷」である。この主張の背後には、彼独自の「公法」論があって、「真の公法、日本よりおこり、西洋の公法をくじき、万国ことごとく、わが国に服従したらんには、それこそ、まことの攘夷なるらめ」と言う。

隆正がこのような公法論を唱え出した背景には、清国の同治三年に米国のHenry Wheatonの *Elements of International Law*, 1838が米国人宣教師丁韙良（ウイリアム・マーティン）によって中国語訳され、それが慶応二年（一八六六）にも同名の『万国公法』として翻刻され、それによって日本人はグロティウス Hugo Grotius 1583-1645 に始まる「国際法」の概念を知ることができ、隆正もこれを読んだという事実がある。隆正はこれを読み、彼らの主張では万国に統轄の君がないなら、それに代って「万国公法」をつくり、あらゆる国々は、国際間の問題ではこの「万国公法」に順うべきだ、というのであるが、日本人としてそれに納得できないという。彼が根拠としているのは日本の神話であり、彼は平田篤胤に従って「アメノミナカヌシノカミ」は、西洋地方の天主、中国の上帝に該当し、タカミムスビノカミ、カミムスビの神は造物主に該当、その上帝、造物主がイザナギノミコト、イザナミノミコトに命じて万国を産み、さらに日本国を生ましめた。そしてこの万国は、イザナミノミコトの先言によって生まれた「下剋上のくに」であり、日本は改言の後に生まれた「上生下のくに」である。この違いによって万国では王統定まらず、日本では皇統が神代からつづいている。やがて日本国の天皇が「世界の總王」として万国から仰がれる時がやってくる。当面はそうではないから、当面は外国との条約は外国の国王とわが国の大樹公（徳川将軍）との間に対等の関係として結ばせ、天皇の万国に超絶した至尊性を保つべきである。そして外国と交際関係をもちつつ、時が熟して天皇が万国総轄の君として仰がれる時の到来を待っていると、必らずその時がやってくる。それは外国の国王が上帝と睦じくないのに、日本の天皇は上帝（アメノミナカヌシノカミ）の子孫として特別の関係にあり、やがて世界の人心が万国の総帝としての天皇の正統性を認めるようになってくる。このようなことで、「真の公法、日本よりおこり、西洋の公法をくじき、万国ことごとく、わが国に服従したらん」ようになるのが「まことの攘夷」でこれが「大攘夷」というものだ。そして朝廷が通商を許されたのは「大攘夷の初」という趣旨なのだ。

以上が大国隆正のいう「大攘夷」である。これは西洋諸国のインパクトに抗して、平田神道の立場に立ちつつ、青山半蔵（『夜明け前』の主人公）のように攘夷の道をとらず、開国の道を択んだ大国隆正のつくったイデオロギーである。彼がそのような信念をもちつづけることができたのは大攘夷の可能性を信じたからである。この道を進んだ国学の一派を「津和野国学」と呼び、福羽美静を長とするこの一派が明治国家の神道行政を支配した。

(26) この「ヘロデ主義」ということばは、アーノルド・トインビーのCivilization on Trialにおける「巨大文明」と「小文明」の遭遇の際の、小文明側の二つの類型的対応、即ちZealots（狂信徒）とHerodians（ヘロデ主義者）から採用した。トインビーは、古代ペルシヤ文明とユダヤ帝国との遭遇から、この類型を抽出した。「狂信徒」というのは、自己のアイデンティティを守るために、いかなる意味においてもペルシャ文明を受けいれず、自国の宗教的伝統を守りつづけようとした一派であって、平田派の「青山半蔵」的生き方をした人や、明治以降の熊本神風連がそれに当る。ヘロデ主義者は、古代ユダヤにおけるヘロデ大王のように、ペルシヤ文明の卓越性を学び、これを取り入れてそれを以て自国の強化をはかり、その上でペルシヤ帝国に反撃しようとする立場の人々を言う。佐久間象山を始めとして吉田松陰やその弟子たちがそうである。交易の必要を説いた橋本左内でもそうであった。小楠はこのような人々を「横行」主義者として批判している。小楠の考え方が近代の日本ではいかに受け容れ難いものであったか、ということがよくわかる。

(27) 「横井小楠における攘夷論から開国論への転回」、『アジア文化研究』一六号の二六頁を参照されたい。

(28) 元田永孚がこの時の小楠の言説をしるした「北越土産」によれば、彼がこのときの会読に使った書籍は、熊沢蕃山の『集義和書』と『論語』の首章から、「三省」の章までという。当該図書に当ると、「和順」の語が出るのは『論語』の「有子曰。其為レ人也孝弟。而好レ犯レ上者鮮矣。不レ好レ犯レ上而好レ作レ乱者。未二之有一也。」の章の『集注』に「此言人能孝弟。則其心和順。少レ好レ犯レ上。必不レ好レ作レ乱也」とある。即ち「孝弟であれば、其の心が和順」であるとされている。ところが小楠が言っているのは「仁は和順底の道理」であって、「孝弟」が「仁」に置き換えられている。

そこで次の章を見ると、「君子務レ本。本立而道生。孝弟也者。其為レ仁之本與」となっていて「孝弟なるものはそれ仁を為すの本か」となっている。この章の『集注』では「仁」と「孝弟」との関係について精詳なるコメントがつけられている。これによれば、孝弟は仁の一事である。これを（孝弟は）仁を行うの本と謂うのはよい。孝弟は仁の本であるというのは不可である。けだし仁は「性」であり、孝弟は「用」（働き）である。「性」の中には仁・義・礼・智の四者があるだけで、孝弟はない。そうして仁は愛に主たるものであり、愛では親を愛するより大なるものはない。故に

「孝弟なるものは仁を為すの本か」と言うのである。

小楠はこの二つの章の朱子の注をまとめて、「仁は和順底の道理」という理解を得たのである。そして小楠がたんに「公平」とだけ言わないで「公平和順」と言ったのは、たんに「公平」の理だけを杓子定規に主張して一方的に冷たく厳しく命令するのではなく、「和順」を加えて、「人之情」を尽してはじめて事はスムースに実現されることを体験して朱子の説の肯綮に当たることを体得したことを示している。

(29) 林竹二「幕政改革と「共和」政治運動――横井小楠の共和政治思想とその展開」、思想の科学研究会編『明治維新』徳間書店、昭和四十三年、松浦玲『横井小楠』朝日新聞社、昭和五十一年、増補版二〇〇〇年、三上一夫『公武合体論の研究』改訂版、御茶の水書房、一九九〇年、等を参照。

(30) たとえば本居宣長は「道は天皇の天下を治めさせ給ふ。正大公共の道」(うひ山ふみ)と言っている。同じ「正大公共」という言葉を使っても小楠とはまったく発想が異なる。この宣長の用例については苅部直「「利欲世界」と「公共之政」――横井小楠・元田永孚」(『國家學會雑誌』一〇四巻一・二号、一九九一年)に教えられた。

(31) 村田氏寿の「横井氏説話」は、彼の『関西巡回記』に収録されている。私のもっているその本のコピィは不備なので山崎正董『横井小楠　伝記篇』に拠った。

(32) 溝口雄三『公私』三省堂、一九九八年、五六―七頁参照。

(33) 天と天祖の同一化は会沢正志斎『新論』に始まる。元田永孚は肥後実学派の一人であるが、天皇観については、長岡監物と共に会沢の考えを支持していた。

(34) 「日本とても西洋諸国とても同じ天地の間にありて、同じ日輪に照らされ、同じ月を眛(眺)め、海を共にし、空気を共にし、情合相同じき人民なれば、こゝに餘るものは彼に渡し、彼に余るものは我に取り、互に相教へ互に相学び、恥ることもなく誇ることもなく、互に便利を達し互に其幸を祈り、天理人道に従て互の交を結び、理のためには「アフリカ」の黒奴にも恐入り、道のためには英吉利、亜米利加の軍艦をも恐れず、国の恥辱のありては日本国中の人民一人も残らず命を捨て、国の威光を落とさゞるこそ、一国の自由独立とは申すべきなり」(『学問のすゝめ』初篇『福澤諭吉全集』第三巻、三一頁)。

(35) 「開国」という語の二つの意味については、丸山真男「開国」一五九頁、『忠誠と反逆』所収、筑摩書房、一九九二年、に教えられた。

第二部　「三代の学」と「天」の観念

横井小楠の「三代の学」における基本的概念の検討

序

横井小楠の完成期の思想を、彼の呼称にしたがって「三代の学」[1]として捉え、そこにおける基本概念の検討を通じて、完成期の小楠の思想を彼の思惟の内面から明らかにするとともに、西欧のインパクトを受けた十九世紀中葉の東アジアの儒教文化圏における小楠の思想の位置づけへの展望を開いてみたいと思う。

まず、彼の完成期の思想を「三代の学」と捉えることをめぐる私の問題意識について述べることにする。第一は、私の思想史研究の大きなテーマの一つである実学思想史の中で、小楠の思想はどのように位置づけられているか、という問題である。小楠の実学思想に初めて触れた時の困惑——福沢諭吉の『学問のすゝめ』によって理解していた私の常識的実学観では説明できない困惑、しかもそこには何か無視できないものがある、という私の予感、それが私の実学思想史研究の出発点になるものであった。彼の「三代の学」の内容を理解することは、彼の懐抱している実学というものを明らかにし、実学思想史の中でのその位置づけを容易にするに違いない。

この実学の問題と絡んでいる重要な問題は、「心法」のあり方を問う小楠の価値合理主義的立場が、どのようにして、またどのような思想的手つづきで、山鹿素行や荻生徂徠などがかつて忌惧し批判した閉鎖された「心の世界」[2]を突破して開かれた世界に出たか、ということである。私が旧著『徳川合理思想の系譜』において問題とした思想は、小楠の思想の構造とは対照的な立場にある経験合理主義であり、理気論の地平では「気の思想」の立場をとる「主気論」、徂徠によって理気論が無用の論であるとされて以後の思想史の地平では「物の思想」の範疇に属すると考えられる。儒教思想と近代化との積極的な関係は、このようなタイプの思想において見られやすい。儒教と自然科学との接合、あるいは儒教と兵学的合理思想との関連、儒教と西欧の制度論的思想とのつながり、更にはやや漠然とした表現になるが、儒教と洋学との接合は、歴史的にも右のタイプの儒学において成立していることは否定できない。「心法の学」が閉鎖的になりがちな危険性をもつことは否定できないとしても、心法の学はただそれだけのものでしかなかったのかという疑問が私の中に残る。私はかつて日本儒学における「物の思想」のメリットの面を追求したが、「心の思想」の可能性はどうであったがということを一度明らかにしてみたい。小楠の思想はこの問題に対する一つの解答を与えるのではないのか、というのが私の見当である。

次の問題意識は、小楠の思想における普遍主義と個別主義との関係について、小楠の「三代の学」は何か理解の手がかりを与えてくれないか、という期待である。戦争中の偏狭な国粋主義にうんざりしていた私は、戦後の国家無用的議論にもついてゆけなかった。戦後初めて日本思想史を研究し始めた私は、国家を超えた原理から国家のあり方を考える小楠の思想に触れて共感を禁ずることができなかった。日本の多くの開国主義がいわば「大攘夷的開国論」[3]をとっていたのに、小楠の場合はそのような面をもたなかった。(竹越与三郎は小楠の開国論を「勇進的開国論」[4]と呼んでいる)それは、何に由来しているのだろうか。若い時激しい攘夷論者であった小楠がどうしてそのような勇進論的開国論者に転進したのか。彼における攘夷と開国の関係はどうなっていたのか。

小楠はまた当時の日本人としては珍しく平和主義者であり、戦争の悲惨ということについて至るところに言及し、平和実現のための抱負をもっている。しかし、また彼は「陸兵問答書」「海軍問答書」等の著者でもあり、国防の問題については彼なりに心を砕いており、国防の必要をいかなる意味においても認めない絶対的な平和主義者ではなく、まして一身さえ安全であれば国家の存在はどうでもよいという考え方とは最も縁遠かった。その意味では熱烈なナショナリストと言ってよいだろうが、いったい彼の普遍主義の側面と個別主義――ナショナリズムと置き換えてよい――の側面は、いったいどのような構造関連を以て統合されていたのであろうか。そのことを彼の「三代の学」は答えてくれないだろうか。

これまで問題にしてきたことは、日本という視点からの問題であるが、小楠を十九世紀東アジアの儒教文化圏に属する思想家という観点から見る立場が残されている。この観点からすると小楠は「変法思想家」であり、そしてこの変法の思想的根拠を彼は「三代の学」に求めたのであった。ところでこの「変法」という日本思想史では聞きなれない言葉は、小野川秀美氏の『清末政治思想研究』から借用したのであるが、小野川氏は清末の政治思想を洋務論・変法論・革命論の三つのカテゴリーによって説明している。私は幕末の政治思想もこの三つのカテゴリーによって説明可能だと考える。そして洋務論の代表者として佐久間象山、変法論の代表者として横井小楠、そして革命論の代表者として吉田松陰を考えている。日本の場合は正確には革命とは言えないかもしれないが、幕末日本における討幕運動と清末における清朝打倒の運動との間にはある類比の関係があるので、革命論の範疇を適用した。この革命論に対して、洋務論も変法論も共に改革思想である。このうち洋務論が国家の独立を保つために、西洋の軍事技術ならびにその根底にある科学技術を採用することをめざしたのに対して、変法論は西洋の政治制度をも導入して自国の政治制度を改革することをめざしている。しかもその際、導入しようとしている西洋の政治制度はたんに西洋を模倣することではなく、伝統の中にそのモデルがあるとするところにその特徴がある。中国の代表的変法論者である康有為（一八五八―一九二七）は、この伝統の中のモデルを『礼記』礼運篇の「大同」の治、「大同」の思想に求めた。これに対して横井小楠は、『書経』の二典・三謨に示された唐虞三代の治・三代の学にそのモデルを求めた。いずれも二人のすぐれた思想家によって、西欧のインパクトに対応するために古代儒教の中から再発見された伝統である。両者の態度にこのような共通性があるのは、清末の中国にも幕末の日本にも儒教が生きた思想として存在していたことを示す。その頃は、中国・朝鮮・日本さらにはヴェトナム[5]を含めて「儒教文化圏」と呼ばれるに価するものが確かに存在していた。（もっともヴェトナムのことは、当時の日本人にはまったく念頭にはなかった。）ここに見られるように共通の地盤に立ち、西欧のインパクトに対応する共通の態度を示す者の間の異同を明らかにすることは、比較研究の場合、最も稔り豊かな成果をもたらすものではなかろうか。小楠における「三代の学」を問うことは、そのような比較思想への大きな展望を拡げるものとはいえないだろうか。

一　小楠における「三代」

普遍主義者小楠もその出発点においては当時の一般のラディカルな武士たちと同じく、歴史に関心をもつ政治青年[6]であり、後期水戸学に共感する攘夷の志士であって、その点では一般の激派の志士たちとなんら異なるところはなかった。しかし彼がまだ攘夷論者であった嘉永六年（一八五三）には早くも次のような見解を示している。「凡我国の外夷に処するの国是たるや、有道の国は通信を許し無道の国は拒絶するの二つ也。有道無道を分たず一切拒絶するは天地公共の実理に暗して、遂に信義を万国に失ふに至るもの必然の理也」（山崎正董編『横井小楠遺稿篇』一一頁。以下、本書からの引用はページ数のみ記す）。彼はこのときすでに「天地公共の実理」という普遍主義的思想を懐いている。ここには朱子学の理を「上下定分の理」として捉える一般的理解とは異なる性格の理が見られる。このような性格の理は、日本の儒学の歴史では僅かに十七世紀初頭の藤原惺窩（一五六一—一六一五）に見られるに過ぎない[7]。幕藩体制がまだ固まらない時期とすでに動揺を始めた時期とに、理の観念は二人の思想家によってその普遍性を獲得したといえよう。

しかしこのことは小楠がユートピア主義者になったことを意味しない。彼は普遍主義者でありつつナショナリストであった。当時の用語を使えば富国・強兵論者であった。その富国・強兵論を国家的エゴイズムの陥穽におとしいれることなく、開かれた国家論にしたのが彼の普遍主義思想であった。そしてこの両者の接合点に小楠の「三代」の思想があった。小楠における「三代」は、康有為における「大同の世」と同じような重要な意味をもつ。では彼のいう「三代」の思想はどのような経緯をへて形成され、どのような内容から成り、どのような特徴をもち、どのような役割を果したのであろうか。

「三代」という文字が小楠の文章に初めて見られるのは、嘉永五年（一八五二）七月十一日の吉田悌蔵宛書簡に「必竟は三代上に眼上り不レ申、規模狭小と奉レ存候」（一七九頁）であるが、その後数年間はこの文字は姿をあらわさない。その後突如として再び姿をあらわし、それ以後いわば小楠の思想のキー・ワードとして爆発的に使用される。その始まりは、安政三年（一八五六）五月十五日の柳河藩立花壱岐宛への手紙の次の一節である。「方今天下知名之諸君子平生此道之正大を唱、其趣向大に流俗に異が如に候へ共或は事変に処し或は登路に当り候へば（第一）等之道はとても行れ候事にて無レ之、聊今日を小補するに志し不レ知不レ覚俗見に落入平生之言総て地を払ふに至候。是其立志三代之道に無レ之候故所レ謂古今天地人情事変之物理を究ず格物之実学を失ひ其胸中経綸全く無レ之。扨現実之大事に当り候ては茫乎として其処置を得ず、既に事理に明ならず何を以て君心を開き同列有司之人を導き可レ申哉、俗見に落ざること不レ能は当然之事に候」（同上、二三五頁。傍点筆者）。これ以後彼の書いたもののなかに「三代之道」[8]のほかに「三代の治」「三代治道」「三代の治教」「三代の分取」「三代の学問」等々の言葉が簇出し、晩年までこの文字が使われつづけている。これは小楠の思想の基礎的骨格がこの時期に出来たことを示すものであろう。私はこの書簡で「格物之実学」という言葉が使われていることに注目したい。周知のように「実学」という言葉は、小楠もその一員であった幕末肥後藩の改革派グループを総称して「実学派」と称したところからみて分るように、彼にとって重要な意味をもつ言葉であったように思える。事実そのグループの一人元田永孚の『還暦之記』には実に多くの用例がある。しかし小楠の場合には「横井の平四郎さん実学なさる、学に虚実があるものか」と俗謡に歌われたにもかかわらず、不思議なことに彼自身の用例ではこれが最初であり、最後である。この「最初」[9]であるということは、彼が自分の学問に本当の意味で自信をもったことを示す。そして「最後」であることの意味は、その後学問という観点の用例としては「三代の学問」に落ちついたところからすれば、実学は完成期の彼においては「三代の学」と同義であったことを示すものである。真実の学問は「三代の学」でなければならない、という信念が彼の中で形成されたものと思われる。

なぜ小楠は「三代」の世界にコミットしたのか。天保十年（一八三九）、酒失で蟄居を余儀なくされて以来、小楠は朱子学によって自分の学問の建て直しをはかっていた。[10]その上に心情的には水戸藩に対する期待、とくに藤田東湖に対する共感と傾倒があった。しかしそれらの枠の中では日本の直面する問題はまったく解決できないという洞察が安政二・三年の間に彼の中におこったのである。安政二年（一八五五）には彼に身近な世界では、熊本実学党の領袖長岡監物（米田是容）との訣別、国家的なレヴェルでは魏源の『海国図志』を介しての開国論への転向、[11]そして和親条約問題をめぐっての彼の水戸藩への愛想づかしなどが起こった。国内・国際問題のいずれを問わず、彼のこれまでの思考の枠組では問題が解けないということを自覚した小楠は、『書経』の世界に帰って[12]それを拠りどころとしながらそこに展開されている「三代の道」を通じて問題の解決を図るほかはない、という自覚に安政三年（一八五六）の春に到達した。それを示すものが前記の五月六日の立花壱岐宛への手紙であった。

この間の彼の行動の軌跡を、思想の問題としてふりかえってみよう。監物との絶交は、『大学』の明明徳・新民の解釈をめぐってなされたという。為政者が自己の明徳を明らかにすることを通じて民はおのずから新たとなる、という伝統的な朱子学的解釈をとる監物に対して、小楠の解釈は、民を新たにするという為政者の実践を通じてはじめて彼の明徳も明らかになるというものであって、従来の朱子学的解釈を顚倒するものであった。時代への能動的関与という彼の基本姿勢がここには示されている。開国論への転向は、開国が世界の道理であることを認めたということであろうが、嘉永六年にすでに有道の国との通商はこれを許すと考えていた（前出）のであるから、客観的に見ればそれほどドラスティックな変化とは思えないが、その後の『国是三論』そのほかの彼の言説から見れば、ここに見られるような道理の問題のほかに、生産とか流通という問題がこれに絡まって、それも併せて開国が道理であることを小楠がこの時点において認めたということであろう。そうならば、「明明徳・新民」についての小楠の新しい解釈と開国論への転向とは深く絡まっている。水戸藩への愛想づかしは、開鎖をめぐる水戸藩とくに徳川斉昭の態度に承服し難い心術上の不正があるということに集中されている。斉昭は状況によっては開国やむなしと考えていた。しかし鎖国を主張することを通じて国民統一をはかり、国民の正気を昂揚する必要があるという考えをもっていた。徹底的な開国論でもない、また徹底的な鎖国論でもない斉昭のこの戦略的鎖国論に、小楠は智にはしった心術上の不正（利害之私心）を見たのである。こうしてみると、小楠は一方では世界の新しい状況への実践的関与によって国民生活の閉塞された状況を解決しようという意図と、他方ではしかもそれを心術上の正しさを以て実現せねばならないという倫理的命題との、容易には解決できない課題を自己に課し、それを解く鍵が『書経』の「三代の道」にあると確信したのである。

しかし『書経』に展開される「三代」聖人の道を主張するのは別に小楠が最初ではない。政治よりも教育を重んじ、堯舜よりも孔子を尊敬した伊藤仁斎は別として、政治の重要性を認める一般の儒者で堯舜を重んじない人はいないであろう。とくに近世日本で堯舜を最も高く評価し、それにもとづいて自己の思想体系をつくった人は荻生徂徠であった。徂徠と小楠とで、堯舜ら唐虞三代の聖人の捉え方はどう違うか。徂徠は政治の方法としての「道」の制作者として堯舜を崇拝した。彼によれば道は人の拠るべき価値の基準である。彼は聖人を「制作者」と理解していたが、さまざまの内容の制作者たる諸聖人の中でも、道の制作者である堯舜は一きわ高い位置を占めていた。他のもろもろの聖人たちが「利用厚生」の道の建立者にすぎなかったのに、ひとり堯舜だけは「正徳」の道の建立者であった。政治の基本である道はそれが制作され制度化されると、「君子は以て徳を成し、小人は以て俗を成」す（弁名）というように、その下にある人をそれとして気づかないうちに感化し、人を人たらしめるから、その制作者である堯舜は最も尊ぶべきであるというのである。徂徠の著作を見ると、堯舜らがどのような場面でどのような政治をしたかという具体的なことにはまったく触れないで、政治の方法である道を制作したというただ一点に収斂されて彼らの偉大さが説かれている。

　ところが小楠の「三代」における関心は、聖人たちがどのように政治的実践をなしたのか、政治的実践の基礎としての「格物」をどう捉えたのか、彼らの政治家としての心術はどうであったのか、というような事柄であり、政治主体としての聖人のあり方がここでは問われている。たとえば禹については「禹の洪水を治め玉ふに手足たこを生ずる程に自ら働き」（八頁、「文武一途の説」嘉永六年）と民の幸福のために骨身を惜しまない為政者の像として描かれ、舜については、老公（徳川斉昭）・閣老・三奉行らの「相互之講習討論」は「舜之開㆓四門㆒、達㆓四聡之道㆒」というように天下の人に心をひらき、公平正大にその意見を聞き受けいれた態度に通ずるとされ（一三二頁、安政二年十一月三日、立花壱岐宛書翰）、堯については『書経』の堯の徳を称して「文思安々」とする句の「文思」

の字が学問の眼目であるとして、為政者の思索がいかに経世にとって重要であるかということが説かれている（八九八頁、「沼山対話」）。さらにまた『国是三論』の多岐に渉る諸論もすべて「堯舜精一之心術」に要約できるとし（三四八頁）、「三代之心取」と「秦漢以来之心取」との相違は、「事功に応ずる心」が「性情より発するか発せざる」かの相違であるとし、経世における「事功」が常に心法の工夫に裏づけされねばならないとして堯舜の「精一之心術」への注目がなされている。総じて小楠にとって堯舜は徂徠におけるような神格化された存在ではなく、「堯舜も一生修行し玉ひしなり」（九三二頁、「講義」）とあるように道を求めてやまない先達であった。三代の聖人たちはみな安民のために思索し、講習・討論して人々の意見に耳を傾け、骨身を惜しまず働き、そして自己の安民の行為が功利におちいらないよう心術の工夫をするというような活動家であり修行者でもあった。

両者の三代の聖人たちの捉え方の相違は何処に由来するか。徂徠は、開幕以来百数十年たって、政治や社会のシステムと現実とのくい違いを認識し、制度の立て直しを政治の最大の課題と考え、彼が人類にとって普遍的制度とみなした「政治の道」の制作者堯舜をモデルとしてその思想を形成した。それに対して小楠は、もはや徳川家康によって制作された幕藩体制の補強による問題解決の可能性を信ぜず、政治に責任をもつ「士」の立場に立って、幕末の日本の置かれた状況の中でいかなる行動をし、いかなるありようをすべきかという課題をもって儒教に立ち向い、そして『書経』に描かれた三代の帝王のありようをモデルとして自己の思想を形成した。この両者の置かれた社会状況の変化、またその中での両者の時代と取りくむ姿勢の相違、それが両者の三代の聖人観・聖人像の相違となったのである。

完成期の小楠は『書経』を精読するとともに『集義和書』をも精読した。彼は自己の先駆者として熊沢蕃山を捉え、その著作『集義和書』を通して『書経』を読み、現実を理解するという作業を、福井藩等における政治的実践の中でもつづけ、そしてそこで得たものをさらに次の講学と実践の中にフィード・バックするという作業をしながら、自己の思想を深めていったように思われる。

「三代」観をめぐる徂徠と小楠との相違には、彼らの朱子学に対する態度の相違が絡まっていた。徂徠の古文辞学は朱子学を徹底的に否定することによってはじめて成立したが、小楠は朱子学を批判したにもかかわらず、その批判は徂徠のような朱子学の根本的否定ではない。彼の講義の筆記の中に「今朱子を学ばんと思ひなば朱子の学ぶ処如何んと思ふべし、左はなくして朱子の書に就ときは朱子の奴隷なり」（九三一頁）というのがある。おそらく彼がまだ「三代の学」を唱える以前の講義の一節であろうが、彼が「三代の学」を主張するに至った後でも、それは徂徠のように朱子を決然と否定するものではなく、朱子学の基本概念を自己の理解する「三代」的観点から読解する作業を通してその「三代の学」を構成している。このことは小楠の完成期の思想を理解する上で非常に重要なことのように思われる。

ところで「三代の学問」という言葉は、彼の最晩年に出ている（慶応元年、「沼山閑話」）が、それは彼が安政五年から提起している「三代之道」「三代の治」「三代の治道」「三代の治教」の基礎になる学問――宋・明学においては「学問」ということばのもつ意味が非常に重いことは島田虔次氏が指摘[13]されるところであるが、小楠の場合もその例外ではない――という意であり、「格物之実学」の語に対応すると解釈して差支えないであろう。そしてこの小楠の「三代の学」の基礎になるものとして『大学』と『中庸』の結合ということがある（この問題については後述）。「格物致知」という知的営みを基礎とする小楠の三代の学が、功利主義に陥らないためには、「誠」の思想に立脚する必要があり、両者は安政二年十一月三日の「立花壱岐宛書簡」以後、ついに一つのセットの問題として論ぜられるようになる。

ここで附言せねばならないのは、小楠の朱子学は肥後実学派の先蹤大塚退野(14)(一六七六—一七五〇)、また退野が大きな影響を受けた李朝朝鮮の大儒李退渓を通しての朱子学であったということである。小楠における「心法の重視」、「敬」でなく「誠」の重視、霊性的思惟の自覚的活動という意味での「知覚」の重視、これらの小楠の思惟の背後に大塚退野を見ることは可能だし、また退野が若いとき影響を受けた王陽明の痕跡を見ることも可能であろう。そして、完成期の小楠の思想の中心概念である「格物」の根底に「思」の重要性を強調する小楠への、李退渓の影響を見ることも可能であろう。これらの問題については別の機会に譲りたいが、さりげなく小楠自身によって書かれた、もしくは他者によって記録された彼の言葉の背景にはそのような奥行があることを閑却してはならない。

これまで見てきたように、心法主義者でありながら「格物致知」を重んじた小楠は、どのような思想的文脈の中で自己の思惟を統合したか、このことを念頭に置きながら、以下小楠の「三代の学」の基本概念を検討してみたい。

二 「三代の学」の基本的概念

1 「思」と「格物」の思想

前に示したように、小楠は、心法主義者でありながら宗教への道をとらず知を重んじた。そのような彼の思想の中で重要な位置を占めるのは「思」の重視である。彼は職業的哲学者ではないし、学問の上での厳密さにも欠けるが、彼の思想の魅力は、儒教の枠の中で珍しく自由に考えぬいたことである。これから具体的に考察する儒教の基本用語についての彼の自由な解釈を成立させているのは「思」の重視である。朱子学時代の彼の詩の一つに「心官只是思。思則真理生。或在二一身上一。又入二天下平一。古今天地事。莫レ不レ関二吾情一。寂然一室中。意象極分明」（八七六頁）というのがある。事新しくいうまでもなく、「思」と「学」との関係は儒教においても重要な問題であり、『論語』において孔子は両者の共に重要なことを認めつつ、最終的には「学」を優先する観点を取っている。それ以後の儒教においてはモデルが古代にあったために、「学」を優先する傾向が強かったと言っても間違いではないだろう。それに対して小楠が「思」優先の立場をとったのは、彼の資質と、彼が自分の思想を形成した時代が「先例」というものがその意味を失った変動の時代であることとの複合による。

晩年においても彼の「思」重視の傾向はますます強まる。そして彼の思索はより不羈奔放になる。彼は「古の学は皆思の一字に在としられ候」（「沼山対話」八九八頁）と断定し、「思」は心の「知覚」であるとする。彼によれば人心の「知覚」は無限であり、この知覚を推しひろめることによって、天下の事物は何一つ遺すところなく、自分の心に包摂される。従って「思」の一字で学問の大体を包むことができる。中庸に言う「博学明弁」も要するに思の字の「小割れ」にすぎない。「思」を伴わない読書は「帳面調べ」にすぎない（八九九頁）。

ここでは「知覚」との関係において「思」の問題が考察されている。ここで小楠のいう「知覚」は、彼が「神知霊覚湧如レ泉」（八九五頁）と言った場合の「神知霊覚」であって、今日心理学でいう perception という意味での受動的認知という意味での知覚ではなく、霊性的思惟の自覚的活動という意味であろう。

ところで小楠にこの「知覚」についての考え方の上で示唆を与えたものとして、次の大塚退野の考え方をあげることができよう。退野は「明徳」の体には「衆理」がことごとく備わっているが、それがいろいろのことに触れ、感受して、日用のところにおいて応するのだとして、「此理と申は天下の理にて古往今来万事万物の上に在て古往今来易らぬ所の私ならぬ条理にて其総会は我に在て其運用も心の智覚に顕れ申候。此故に智覚は理をてらし候が其本分にて候」[15]（「体験説」）という。ところで聖人は気質が完全で人欲がなく、理のままの存在だから、この「智覚」は日々常に明らかである、しかし衆人は気質が人欲に引かれ、この「智覚」が明らかでないから理を照らすことがない。ではどうしたらよいか。「是を以大学の始の教物々にある処の理を則其物の上にて究尽し候へば己が智覚も明らかに成申候」[16]（同上）というのが退野の考えである。これを見ると、退野の考えは、明徳の中には「古往今来易らぬ所の私ならぬ条理」である「天下の理」が存するが、衆人にはその気質・人欲によって明らかでない、そこで「格物窮理」によって物にある理を究め尽すと、明徳に具わっている理が自己の心の智覚によって照らし出される、というのである。先天的理の内在を認めながら、それは「格物窮理」という認識作用を介することによって高められた心の「智覚」作用によってはじめて照らし出されるというのであって、「認識作用→霊性的思惟の自覚（智覚）→明徳の顕現」という図式に置き換えても差支えないであろう。ここでは認識と価値の世界が「智覚」によって媒介されるという考えが示されている。小楠ではこの「智覚」（知覚）が「思」ということに置き換えられている。儒教における智と倫理とをいかに関連づけるかという困難な問題に対する一つの答であろう。

ところで小楠は後述するように退野以上に「格物」ということを重視し、「格物即ち古の学問の業」（「沼山対話」八九八頁）と言い、「格物」についてさまざまの思索をめぐらしている。しかし彼は「格物」の根底に「思」を置き「格物と申は天下の理を究ることにて即思の用」（同上）と言い、あるいは「格物の業皆己が誠の思より出候」（同上）と言う。このように「思」を最も重視する考え方を小楠が形成したことは、彼の思想に力動性と柔軟性を附与するのにあずかるところ大であったと思う。

この「思」との関連で小楠は興味ある認識論を展開している。すなわち彼は「知」ということと「合点する」ということとを区別して次のように言っている。「学問を致すに知ると合点との異なる処ござ候。天下の理万事万変なるものに候に徒に知るものは如何に多く知たりとも皆形に滞りて却て応物の活用をなすことあたはざるものに候。合点と申は此の書を読て此の理を心に合点いたし候えば理は我物になりて其書は直ちに糟粕となり候。其我物になりたる以上は別事別物に応ずるにても此の理よく彼に通じて活用致すものに候」(「沼山対話」八九九頁)。彼のこの説明に従うと、「知る」というのは、「形に滞った知」、つまりわれわれの歴史的・空間的な或る一点に固定された、表面的なそして活用の利かない認識の仕方、ホワイトヘッドの用語を借りれば inert ideas(17) を指すものであろう。これに対して「合点」するとは、たとえば『大学』の八綱領である格物・致知・誠意・正心・修身・斉家・治国・平天下のそれぞれはどういう意味であるか、そしてそれらはどのような意味関連をもち、そこに示された全体としての思想構造はどういうものかということ——理——を納得して把握すると、もうその本を離れて、自分の物になった理によってどのような別事別物にも自由に柔軟に対応できるような認識の仕方をいうと理解してよいであろう。小楠はここで書籍の例しか示していないが、人の経験においても表面的な固定的な知と、その経験を深めて他の状況にも活用できる柔軟な知とがあり得るであろう。この場合は一回的な経験を徹底的に深めて、歴史的限定を越えて普遍へと迫る認識と考えてもよいであろう。小楠が心の立場に立ちながら、よく新しい事態に即応できた根本の理由は、彼が「合点」的理解に達せねば真の認識ではないという考えに立って事に触れ物に触れていたからであろう。

次に彼の「格物」観について述べよう。さきに示したように、元治元年(一八六四)の「沼山対話」においては「格物」は「思の用」すなわち学の根源であった「思」のはたらきであり、そしてそれは具体的には「天下の理を究めること」とされていた。「一草一木の理」を言わないで「天下の理」という点は「経世済民」を事とする政治思想家としての小楠らしいが、ここではまだ「格物」＝「窮理」の朱子学的構造は保たれている。

ではこの時点において小楠の「格物」思想はどのように現実の問題と結びついたのか。それはまたどのような特色をもったのか、これを経済の問題との関連で見てみよう。江戸後期の代表的経済思想家である海保青陵（一七五五―一八一七）は、経済の生産性が一つのピークに達した時代の状況に対応して、財貨の流通の問題に関心を寄せ、『書経』「洪範」や『史記』「平準書」から多くのヒントを得た(18)。これに対して幕末の時点ですでに開国し海外貿易を始めた状況の中で、小楠は「生産」の問題やそれとの関連で「勤労」の問題に関心を寄せ、基本問題である生産の問題に関しては、『書経』「大禹謨」からヒントを得て問題を解決していこうとした。

全躰聖人の作用利世安民の事業二典三謨にて粗《ほぼ》見得可レ致候。皐陶謨(19)に六府三事允乂［治］と有之、六府は水・火・木・金・土・穀の六府を指候て民生日用の財用不レ可レ欠者なり。聖人上に在て民生日用の世話をいたされ右の六府を乂めて其用を尽し、物産を仕立て器用を造作し許大の生道を建立せられたり。是実に聖人代天の大作用なるに、朱子之を知らずして五行の気と穀と合せて六府とすと説けるは大なる誤にて候。

（「沼山対話」九〇三頁）

ここに見られるように、小楠は『書経』「大禹謨」（小楠が皐陶謨としているのは彼の思い違いか筆記者井上毅の誤まりである）を手がかりとして、五行論を内容とする朱子学の存在論を否定しようとしている。木・火・土・金・水はもはや気ではなく、現実の木・火・土・金・水として穀と共に、欠くべからざる民生日用の財として解される。現実の木・火・土・金・水なるが故に、「山・川・海に地力・人力を加へ民用を利し人生を厚ふする自然の条理」（『国是三論』三八頁）とされる。こうして朱子の格物論の基礎をなしている五行論は否定された。

小楠の格物観と深い関わりがあるのは「交易」観である。格物が生産という性格をもち、民生の用を達するという目的をもつのであれば、それは農村共同体における自給自足の生活に満足できない。彼はすでに『国是三論』（万延元年）において、通商貿易のことは近年外国から申し立てたものであるが、その道は「天地間固有の定理」であって、儒教の基本的考えである人を治める者は人に食《やしな》われ人を食う者は人に治められるということも「交易の道」であり、堯舜が川を掘り水路を開き開墾をして人民に粒食が食べられるようにしたのも「大交易の善政不積《ひ》」であるという独自の解釈を示している（同上）。これによると経済生活だけでなく、社会生活自体が「交易」にもとづいて成り立っているということになり、そして交易の道を発展させるのが政治であるということになる。

「沼山対話」では若き日の井上毅との対話の中で、自分らが坐っている部屋中のものはみな交易をもって得られたものだという事実を指摘し、都市生活が「融通交易の便利」を得たものであることを言ったあとで、小楠は「交通融通の道日本全国に取り法制を得ざる故に今日本如レ此の貧国となりたり」（同上、九〇四頁）として開国の必要を説き、西洋人が「万国に交通して交易の利を広くする故に渠等国富兵強民用の利厚くして租税等も至て寛なることを得たり。其経綸の功業聖人の作用を得たるもの」（九〇五頁）と言うべきであるとしている。この交易の問題はすでに本多利明（一七四四―一八二一）がそのユニークな人口論にもとづいて、国内・国外との交通論として展開しており[20]、小楠以前に注目されていた問題であるが、これを儒教の教義と関連させてその観点から解釈したところに、小楠の新味があるといってよかろう。

話はもとに戻って小楠の「格物」観それ自体の問題に移ろう。井上毅と会った元治元年の翌慶応元年（一八六五）、元田永孚と会った時の記録「沼山閑話」になると、その格物観の上で大きな飛躍が示されている。彼はここでは朱子学の格物観を正面から批判し、「天」との関係において自己の新しい格物観を積極的に主張している。

宋の大儒天人一体の理を発明し其説論を持す。然ども専ら性命道理の上を説て天人現在の形体上に就て思惟を欠に似たり。其天と云ふも多く理を云、天を敬すると云も此心を持するを云ふ。格物は物に在るの理を知るを云て総て理の上心の上のみ専らにして堯舜三代の工夫とは意味自然に別なるに似たり。堯舜三代の心を用ゆるを見るに其天を畏るる事現在天帝の上に在せる如く、目に視耳に聞く動揺周旋総て天帝の命を受る如く自然に敬畏なり、別に敬と云ふて此心を持するに非ず。故に其の物に及ぶも現在天帝の命を受て天工を広むるの心得にて山川・草木・鳥獣・貨物に至るまで格物の用を尽して、地を開き野を経し厚生利用至らざる事なし。水・火・木・金・土・穀各其功用を尽して天地の土漏ることなし。是現在此天帝を敬し現在此天工を亮る経綸の大なる如レ之。（九二一頁）

中国思想史において一貫するところの「天人相関」の原理が、宋学の理気説においてその哲学的表現を見たことは、儒学の歴史の上において大きな進歩と言わなければならない。小楠はしかし宋学における天人の相関が「性命道徳」という次元にとどまっていることに満足できない。彼において天は「天帝」として人格的超越者であるが、しかもこの天に対して人は「現在天帝の上に在す」ように天を畏れ、「現在天工を広め」「亮け」る心得で「格物」の用をつくし、地上のあらゆる物のもっている可能性を十分に発揮させて利用厚生の実をあげる。これが彼の考える天と人とのあるべき交わり方である。それは抽象的な関係ではなく、現在そこにいて大きなみわざを発揮する天と、それに対して畏敬の念をもち、「格物」によってそのみわざの実現を扶ける人との生きた関係である。この「沼山閑話」において小楠の格物観が天――しかも人格的存在者としての天によって裏づけられるようになったことは大いに注目すべきことであろう。ここにおいて、天人関係は宗教性と生産関係を併せもつ。

この生産という性格を強くもつ「格物」を小楠は「民生の用を達する故の格物」（九二三頁）と呼んでいる。

しかし彼の「格物」はたんに民生の問題だけにとどまらない。当時の日本の置かれた国際的状況への対応ということもこれにからまっている。彼は言う。「近世西洋航海道開け四海百貨交道の日に至りて経綸の道是を宋儒の説に徴するに符合する所有る可きに、一として是れ無きは何なる故に乎。然るに堯舜三代に徴するに一に符合すること書に載る所の如し。堯舜をして当世に生ぜしめば西洋の砲艦器械百工の精技術の功疾く其の功用を尽して当世を経綸し天工を広め玉ふこと西洋の及ぶ可に非ず。是れ堯舜三代の畏天経国と宋儒の性命道徳とは意味自ら別なる所あるに似たり」（同上）。

この文章は彼の実学なるものが、宋学を批判し、三代の学の正しさを主張する理由をよく示している。小楠にあっては儒学はたんなる哲学的学説ではなく、幕末の歴史的状況においても十分の指導力のある、生命ある学問でなければならなかった。彼はさきに示したように、安政三年に「格物之実学」ということを言っているが、その言葉の意味は次第に深められて、今ここに「畏天経国」ということを内容とする格物の実学となったということができる。小楠の観点からすれば、宋儒の「格物」はあまりにも「理につめて見ての格物」（同上）であった。儒学の伝統に生きた彼にとっては、堯舜の治こそ最も潑剌とした模範であった。そしてそれは模範であるとともに、型にはまった固定的なものでなかったことも見落してはならない。彼は言う。「治道事も封建をするの井田を興すと云論あれども、是後世に廃れたる古法を彊て興さんとしても人情にも叶はず却て益なかる可し。三代の如く現在天工を亮くるの格物あらば、封建井田を興さずとも別に利用厚生の道は水・火・木・金・土・穀の六府に就て西洋に開けたる如き百貨の道疾く宋の世に開く可き道あるべきなり」（同上）。歴史的状況の異なる今日、古代そのままの政治や経済のしくみを考えてもうまくいく筈がない。「現在天工を亮くるの格物」という三代の精神さえ把握すれば、最も柔軟に現代の課題に対応できる、というのが小楠の考えであって、この意味では「三代」は小楠における思考と行為の原点ともいうべきものであった。

堯舜をモデルとして政治思想を展開するのは、日本においては必ずしも小楠が最初ではない。たとえばその代表的人物として荻生徂徠がいる。徂徠の場合は礼楽制度の制作者としての堯舜に注目し、礼楽のもつ感化力、人間の自己形成の能力、両々相俟って秩序ある社会の形成が可能であるとしている。そして彼の場合、各王朝の創立者はその王朝にふさわしい制度の樹立者とされ、徳川時代では将軍が王朝の樹立者に当るという考えが徂徠にはあるから、この思想の現実的効果としてはすぐれた制度をつくって幕府による秩序の維持をはかることがめざされたと考えてよいであろう。

小楠の聖人観は、聖人は天と人とを媒介して「天地ノ太徳ヲアラハス者」(「孝経小解」)とする熊沢蕃山の聖人観[21]を受け継ぐものであって、堯・舜・禹らの政治家としての生き方・あり方がそのモデルである。しかし小楠の聖人観には、生産・勤労の強調の点で蕃山にないものがある。たとえば禹は「手足たこを生ずる程に自ら働」(「文武一途の説」嘉永六年五月、八頁)いたと捉えられる。もちろん利世安民のためである。内外共に危機的状況にあった幕末の為政者は、かつて禹が洪水を治めるために骨身を削ったように労苦をおしまず事に当らねばならないという思いがそこにはあったであろうし、また彼の門弟たちの多くが豪農の出で、農民の立場から政治を考える姿勢がおのずから小楠の中に出来たということも言えるであろう。

以上が小楠の思想の「知的要素」を示す「格物」についての考え方の展開の跡であるが、晩年においてはその格物が「天帝」の「天工」を「亮け」「広むる」格物という宗教的畏敬の念と生産との合一という世界に至っていることは注目すべきことである。小楠の「天」の思想はこの論文の末尾に検討することにして、小楠の思想の他の柱をなす倫理的側面を検討してみよう。

2 「仁」と「誠」の倫理

今まで「格物」の問題を中心に小楠の完成期の思想を検討してきたのであるが、この格物についての小楠の発言を断片的に見ると、彼は功利主義者と誤解されるかも知れない。利を拒絶し義を択んだ一般の朱子学者と違って、小楠は確かに、利をいかなる意味においても拒否すべきものとは考えていない。政治家としては、公利というものは認めざるを得ないという考え方を彼はとっている。しかしながら彼の思想の核にあるものは儒教の伝統にしたがって倫理性なのである。そのことは「政教悉く倫理によって生民のためにするに急ならざるはなし、殆三代の治教に符号するに至る」（『国是三論』四〇頁）という彼の言葉からもわかる。この文章の省略された前文は、彼の理想化した西洋諸国像であるが、それはともかく、この引用された文章から、小楠が、儒教の理想とする三代の治教について「生民のためにする」ことを切実な課題とする倫理を核とする教説と考えていたことは明らかである。小楠は儒教倫理の中でも中心徳目は「誠」と「仁」であると考えていた。究極価値としては「仁」を考えていたが[22]、彼がより関心をもったのは「誠」の方であったように思える。

「仁」については、彼の尊敬する大塚退野に『紫陽言仁要録』の著作があり、小楠もその影響を受けて「吾慕二紫陽学一。学脈淵源深。洞二通万殊理一。一本会二此仁一」（八七六頁）という詩をつくっているが、その晩年においても「道は天地自然の道にて乃我胸臆中に見え候処の仁の一字にて候」（『沼山対話』九一〇頁）等の用例を示しており、その間にニュアンスの相違があることは否めない。しかしいずれにしても彼が「仁」の問題に生涯を通じて大きな関心をもち、「仁」を究極価値と考えていたことは間違いない。彼が、「仁」を「愛の理」とする朱子や

「愛」と把えた仁斎の「仁」の定義についてどう考えていたかはわからないが、「華夷彼此の差別なく皆同じ人類」（同上、九〇六頁）という言葉を見れば、小楠が内面化している「仁」という究極価値が彼をして普遍主義者たらしめていることは間違いない。この場合の「仁」はキリスト教の「愛」とか仏教の「慈悲」に相通ずる性格をもっているといえよう。ところが儒教の「仁」――そして小楠の「仁」にも、さきの「生民のためにする」という言葉に示された為政者的観点の「安民」の原理としての「仁」という意味があり、それが外面化されると「仁政」ということになる。この経世問題との関係における小楠の「仁」の思想は、「利」という問題をその中に取りこんだものとして注目すべきものがある。彼は言う、「大凡仁の用は利を以て人に及ぼすにあることにて候」（同上）。これは、各自の私利の追求が神の見えざる手によって予定調和的に公利となると考えたアダム・スミスの考え方や、それを受けた神田孝平の「農商弁」（文久二年・一八六二）に見られる一年の仁政は永久の利をもたらす私利の追及に及ばないとする考え方[23]とは、まったく発想の根拠を異にする。小楠においては、この問題は為政者の観点から捉えられていて、利が許容されるのは、それが「安民」の原理と結びつく「公利」の場合だけである。そして私利は次のように否定されている。「利の字己に利するときは不義の名たり、是を以て人を利するときは仁の用たり。仁の体は固より己に在て、仁の用は利レ物にあることにて候」（同上）。彼は自利心にもとづく政治家や国家それ自体の態度を「割拠見の気習」（同上）と呼び、彼等に対して「自利するの心躰にて至誠惻怛の根元無レ之候故何分天を以て心として至公至平の天理に法り候こと不レ能ものに候」（同上、九〇六頁）と批判している。彼の「仁」の問題をめぐっての「公利」「私利」の考え方は、今日でも公的立場に立つ人の倫理の問題として省みられるべきものを含むが、十八世紀後半の石田梅岩のような町人思想家、小楠より一世代若い神田孝平のような資本主義的思想をいだいた近代知識人の「利」の考え方とは一線を画する。

さきに言ったように、小楠の倫理思想の文脈の中で「仁」以上に大きな位置を占めるのは「誠」の問題である。彼は「仁」と「愛」との関係については明確に語っていないが、両者には二つの関わりがあると考えていたとみなしてよいであろう。第一は、「誠」という主体の内面的真実の態度を積み重ねると、「仁」という究極価値に至るという関わり方であり、第二は、「誠」という内面の真実を外的に表現したものが仁であるという関わり方である。すなわち第一の場合は、「仁」は「誠」を「誠」たらしめる原理であるとともに、「誠」という主体の内面的真実の態度を長きに渉って怠ることなく持続することを通じて「仁」と主体との一致が初めて可能になるというものであって、人間存在の内的あり方に関わる次元の事柄である。第二の場合は、「誠」という主体の内面的真実に裏づけられた社会的、政治的行為が「仁」であるというものであって、この場合の「仁」は「仁政」という言葉に端的に表現されている。この場合の「誠」と「仁」との関係は「内」と「外」との関係になる。

いずれにしても「誠」は、「仁」という理想、あるいは本来のあり方へと現存在としての人間を導く起動力として捉えられている。小楠の心術論の中心になるものが「誠」であり「誠意」であると考えてよいであろう。彼はその朱子学への傾倒時代にすでに、朱子や日本の崎門学派でとっている「敬」中心主義に対して「誠意」の工夫をより根本的であり、彼の言葉を使えば「学問の大本領」の工夫と考えている。

然ば格知御工夫被ニ仰下一夫々承知仕候。如レ命是も先《まず》（まあまあの意――引用者注）彼も先杯と推究十分に成り不レ申、根本を深吟味仕候へば必竟其事に誠意ならざる所に基き来り候へば丹書敬怠之字重々大切に奉レ存候。因レ之大学或問に主として敬之一字を説き来り候は即格致之根本全く是に有レ之尤親切に覚申候。然処近来熟と省察勘考仕候には敬尤大切に御座候へ共是は本心発見《げん》之上より持守いたす所にての工夫なり、今日之学者兎角旧習にまどわされ候へば言行共に善行をなし候とも此心は真実ならず、やはれ（やはりの意）内より引もの有レ之候故第一誠意之工夫にあらざれば其事物に親切ならず候。既是親切ならずして如何にして物理を究候事を得可ㇾ申哉。於ㇾ是甚以力を弱く覚へ何事もまあ〳〵の位に相成一切格知之修行に成不ㇾ申候。左候へば敬は勿論之事に御座候へ共尤大切なる工夫誠意と奉ㇾ存候。故に明道も先立二誠意一後致ㇾ知と被ㇾ申候。其上此誠意は論語にて申せば主二忠信一之処、近思録にては為ㇾ学之処、皆此学問之大本領之工夫なり。

（嘉永六年五月七日附の伴圭左衛門への手紙、一九三―四頁）

ここには小楠の心法の工夫の一番基礎になることが書かれているように思われる。この手紙は伴圭左衛門という福井の儒者の、格物致知をなす場合の心法上の工夫のあり方として、朱子学や闇斎らの教える「敬」という工夫でよろしいかという趣旨の質問に対する小楠の答なのである。それは「敬」よりも「誠意」を主とするものであり、その基本の考えの方向は『大疑録』における貝原益軒や古義学確立期以後の仁斎と同じであるが、小楠は彼らのように「敬」を主とする立場を全面的に否定するのではなく、「誠意」をこの心を真実たらしめる根本の工夫、「敬」を「誠意」によって本心が発動した場合の「持守拡充」の工夫と考え、敬の工夫の意味を認めながら、しかし「誠意」の工夫を第一義とするのである。そしてこの考えを要約して「兎角敬は此心之発る上よりの工夫、誠意は善を為せ共此心実ならざる上之工夫なり」（同上、一九四頁）としている。そして朱子がなぜ『大学或問』で敬を主とする説を提起したかという問題に対し、『丹書』の「敬怠に勝てば吉、怠敬に勝てば凶」という文章の「敬」の考え方に対して、朱子学の立場で「敬」についてそれとは異なる理解を示さざるを得なかったのだという極めて興味ある解釈を示している。ここに示された『丹書』のことばは、外なる事物への注意深い対応が敬、そうでない対応が怠、そして前者が吉なる結果をひきおこすのに対して、後者は凶なる結果をひきこす、という趣旨の文章であって、敬はここでは外なるものへの関心という思想的文脈の中で、吉凶という功利的観点から捉えられている。それに対して『大学或問』における「敬」は「一心之主宰而万事之本根」であり、「敬之一字、豈非㆓聖学始終之要㆒也哉」というように重要視される点において『丹書』の敬の重要視を受けつぐが、その「敬」の内容は「主一無適」「整斉厳粛」（程子）、「常惺惺法」（謝上蔡）、「其心収斂不㆑容㆓一物㆒」（尹和靖）であっていずれも「心法の工夫」とされている。外への関心としての敬を心の内面へと翻す作業が朱子にとっては必要であった。しかしそれは心法の工夫の根本としては不充分で「誠意」をこそ本源の工夫とすべしというのが小楠の主張なのである。『丹書』の敬から「主一無適」と内容とする転換は十七世紀の初めに林羅山によってなされたが(24)、小楠はこれを知ってか知らずか、結果的にはこの展開を受け、しかもこれに止まっては不可であるとして自己の誠意説を展開している。このようなことを考えるならば、彼はその経学学習の記録をほとんど何も残していないがなかなかの勉強家であったように思われる。

　ところで小楠の「誠」の思想において注目すべきことの第一は、「致知」との関係において「誠意」の重要性が説かれていることである。彼は程明道の考え(25)に賛成して、まず「誠意」を立ててその後に「致知」という考え方に立って、「誠意致知誠意」という順序をとるのがよろしいとしている。道を求める者はまず自分の心を真実ならしめる工夫をして、その上で「致知」に移らないと、致知自体が根底のないものとなる、というのである。ここに示された小楠の問題提起は、認識過程を抽象化して純粋に知的過程として捉える近代認識論とは異なって、知的要素と倫理的要素とを混同することなく、しかも認識過程における認識主体の倫理的あり方を問うというもので、認識の問題に関する「認識」と「価値」との関係について重要な問題提起となる考え方を示しているように私には思われる。

　この嘉永六年の伴圭左衛門への書簡に示された「誠」と「知」との関係についての考えは、次の安政二（一八五五）年十一月三日の立花壱岐宛の手紙では更に一歩深められている。この手紙は、和親条約の締結をめぐって国論が沸騰した中でそれまで攘夷派のイニシァティヴをとってきた水戸藩ならびにそのリーダーである徳川斉昭の心術のあり方への批判をなした一文であるが、「心術之曲」「利害之心」に対する「誠」とはどういうものかということについての、小楠の考えを示したものである。

惣じて人道は知識を本として致知力行之養を以て磨立候は第一大学之教明白に有レ之、中にも不レ及候。去れば中庸に中候通り自明易誠が自然之道理にして、何事に処《しょし》候ても我が了簡明白に有レ之聊も疑惑無レ之筋に候へば我が心も能《よく》其事に一途にはまり他念無レ之候。其はまり候心が則誠にて、此外に別に誠と中心は無レ之候。（一二三〇頁）

ここでは『中庸』の「誠」説が、『大学』の「致知」説との関連で説明されている。すなわち「知識を本として致知力行之養を以て磨き立てる」と「我が了簡は明白」で「聊も疑惑」がないから、「我心も能其事に一途にはまり他念」がない状態になる、そのはまりこんだ心が「誠」であって、このほかに別に「誠」というものはない。『善の研究』における西田幾多郎の用語を使えばいわゆる「純粋経験」の状態にあるとき、すなわち仏教徒であったら「無心」ということばで表現するであろうことを、小楠は「誠」という言葉で呼んでいる。儒教の枠を越えて彼の考えがより普遍的になっていく過程を看取することができよう。

この「誠」と「知」との関係の問題との関連で、晩年の小楠は「誠」と「格物」との関係について次のような注目すべきことを言っている。「我思ひのかゝる処宇内にかけて皆我が分内といたし候故宇内のこと皆我心竅かにひゞき候て所レ謂格物も皆空理に相成不レ申、我惻怛の誠にひゞき候て今日千緒万端見聞する処の者皆我心の働と相成候」（「沼山対話」八九九―九〇〇頁）。宇宙内のあらゆる事柄、これを主体の側から言えば「今日千緒万端見聞する処の者」が、自己の中の「惻怛の誠」に響いて主体の中に感応現象をひきおこし、自己のあらゆる経験が自己の心の働きに転化するというのである。この「惻怛の誠」は「誠意」の心法の上ではじめて自己を実現するものであろうから、ここで語られていることは、彼の思想の、認識過程から精神活動・生命活動への深まりを示すものと理解して差支えないであろう。

注目すべきことの第二は、「誠」を「政治」の根本とする考えである。彼は某年（年代不明）三月朔日の立花壱岐宛の手紙において次のようなことを語っている。「惣治㆑国之本は自修に有㆑之は古今之通言にて、三尺之童子も知たる言に候へ共、古今有志等座論に落入其実行無㆑之より乱日のみにて治日絶果申候。此自修は形跡之事には無㆓御座㆒候、真実に私情智術をさり本来之良心を推及す事にて誠心確立政事之根本と相成信義上下に貫徹し恩威二つながら行はれ候」（六一二頁）。ここに見られるように小楠は、山鹿素行などのように形から道にはいるという考え方をとらず、心から道にはいるという熊沢蕃山の考え方の型を選んだ。それは「誠心確立」が「政事之根本」とするものである。

小楠の、政治を主体の行為の動機から評価する考え方に対しては、このような主観的理想主義では政治はできない、政治には権力による強制の側面が必要だ、という批判も当然成立する。「恩威二つながら行はれ申候」というのはその批判を予想しての小楠の弁護であろう。この問題についての彼のコメントは次のごとくである。恩威というと賞罰ととられるがそうではない。恩というのは人の善を挙げ用いることであり、威というのは自分の明が人心に徹することである。人の善を自分の善のようによろこんで挙げ用いるので恩が一国に行はれ、自分がほんとうに事情に達しているから役人たちは欺くことができない。だから威が一国に行われる。かくして、恩威が二つながらおこなわれるのはわが一身の誠にある。発してそれが賞罰となるのはそもそも末のことではないだろうか――と。

　小楠のこのような考え方に接すると、勝海舟や西郷隆盛のようなタイプの政治家に対しては、たとえその間に葛藤があったとしても相通ずるであろうが、大久保利通のような現実主義的政治家に対しては、相通じ難い障壁の存在を感じざるを得なかったのではなかろうか。事実、大久保は小楠を高く評価しなかった(26)。小楠は大久保の前では言っても無駄だと思ったのではないだろうか。

　第三は、「誠」にもとづく人生における身の処し方の問題である。彼は言う、「万里之山海隔り候へば山川草木何もかも異類のみ多かるべし、乍レ去人は同気之性情を備へぬれば必ず兄弟の志を感じ知己相共にする人出来《たい》するは自然之道理にて、却て日本人よりも外国人親切なる事に被レ存候。申迄も無レ之候へ共木石をも動かし候は誠心のみなれば、窮する時も誠心を養ひうれしき時も誠心を養《やしない》何もかも誠心の一途に自省被レ致度候。是唯今日遊学中之心得と申にて無レ之、如レ此修励被レ致候へば終身之学中今日に有レ之、航海之芸業世界第一の名人と成り候よりも芽出度かるべし」（四九二頁）。この惻々と胸をうつ文章は、慶応二（一八六六）年十二月七日、小楠が当時米国に学んでいた甥の左平太・太平兄弟に出した手紙の一節である。公的な文章ではなく、私信であるだけに、彼の心情がありありと伝わってくる。長い間の心術の工夫の結果、彼は自然にこのような文章が書ける存在になりきっていた。

　その前年、元田永孚との対話において彼は次のように言っている。「我れ誠意を尽し道理を明かにして言はんのみ。聞くと聞ざるとは人に在り、亦安んぞ其人の聞ざることを知らん。預め計て言ざれば其人を失ふ、言て聞ざるを強く是を誣ふるは我言を失ふなり」（「沼山閑話」九二八頁）。これはかつて「横井の舌剣」（木戸孝允の評語）と怖れられた小楠の、晩年における公的場所での発言の態度であった。ところで一見これと相反するような見解も彼は示している。それは「鹽」というもので、彼は、物には鹽というものがある、親を悦ばそうと思う者が鹽を見て笑を含み、貴人の前に出たときは鹽を見て言語を発するというのがそれで、それは「知術」ではなく、「至誠惻怛の心」から出た「自然の誠」である、と言う。この「鹽」というのは、いわゆる「潮時」ということであって、かつて中江藤樹が「時中」ということばで言ったものと同意であろう。

ところでこの両者の関係を、われわれはどう理解したらよいのだろうか。前者は、政治的に厳しい状況下の公的場所での公的発言の仕方であり、後者は、すでに親和の関係にある人々への敬愛の念にもとづく心くばりの表現であると私は理解する。いずれも衷心の「誠」から発する、というのが彼の考えである。

以上、私は三つの側面から小楠の「誠」の思想を明らかにすることを試みた。最後に彼の「誠」と「信」との関係についての考え方の問題でこの節を閉じよう。彼は言う、「誠と信と意味別なり。誠は本然の真実源頭より湧出す、工夫を用ひず。信は発二於己一自尽之謂、誠に到るの道也」（「沼山閑話」同上）。これについての彼のコメントは、自分は道理を見ても心はまだ「誠」ではない、自ら勉めてこれを行う、これが「信」の工夫である。「信」なくしてどうして誠に至ろうか、というものである。ここに小楠の言う「信」は「信仰」の「信」ではなく、「忠信」の「信」である。他者に対する自分の言葉を裏切らないということである。この「信」の工夫を積み重ね、その極点に至ったとき、誠に「本然の真実源頭」——自己の実存のただ中から滾々と湧き出てくるというのである。ここにおける「誠」と「信」との関係は、「仁」と「誠」とのそれとアナロジーの関係をとっている。日常の「信」の関係を積み重ねるとそれが「誠」に至る。そしてその「誠」が極点に至ったとき、それは「仁」という普遍的愛となる、そしてその客観的姿が道である、こういう道筋を考えていたのではないかと思う。

小楠の「三代の道」は、それに至るためには、「致知格物」の知的工夫と同時に、それを支えるこのような心法上の工夫を必要としていた。この全体の過程が「三代の学」であると考えてよいであろうが、それは宋・明学との断絶の上に成り立つのではなく、宋・明学の心法の工夫にもとづいて、致知格物の点で朱子学を超えて新しい地平に出たものと理解して差支えないであろう。それは朱子学を思想の骨組としつつも、心法の工夫の点でも、致知格物の点でも、朱子学とは異なる点を多くもっている。しかしまた朱子学を抜きにしては、彼の「三代の学」は成立しなかったであろう。

以上私は、小楠の「三代の学」の知的側面である「格物」の思想、倫理的側面である「仁と誠」との思想、とくに「心法」の工夫の中核となる「誠」についての彼の考えを明らかにした。その両者をつなぎ、両者にまたがる「理」の観念の解明が次の課題である。

3 「理」の観念

前節でわれわれは小楠における「誠」の観念について検討してきたが、この「誠」の概念と「理」の観念とは小楠においては深い呼応関係にある。このことは、次の引用が示すであろう。「格物の業皆己が誠の思より出候て得る処の理皆我実得と相成候」(前出)、「凡我心の理は六合に亘りて通ぜざることなく、我が惻怛の誠は宇宙間のこと皆是にひびかざるはなき者に候」(九〇〇頁、いずれも「沼山対話」)。あらためていうまでもなく小楠は理の観念を朱子学から学び、とくに最初の段階では「理一分殊」論にそのまま従っていることは前に見た通りである(「学校問答書」)。

しかしながらその後、彼は次第に必ずしも「理一分殊」論にこだわらないで、「理」についてその考えを自由に展開し始める。嘉永六年(一八五三)、ロシアの使節プチャーチンが長崎に開港を迫ってきたときに川路聖謨のために書きしるした「夷虜応接大意」の中で、彼は次のように言っている。「凡我国の外夷に処するの国是たるや、有道の国は通信を許し無道の国は拒絶するの二ツ也。有道無道を分たず一切を拒絶するは天地公共の実理に暗して、遂に信義を万国に失ふに至るもの必然の理也」（同上）というような用例からみると、小楠の言う「理」が、益軒の経験合理主義的理、すなわち「気の理」ではなく、あくまで価値合理主義的性格の「理」であることは明らかである。

では、次のような用例はどう解釈すべきか。「是（平生この道の正大を唱える天下知名の士がいったん事変に処し登路に立つと、目前のことを糊塗し俗見におちいって平生の立派な言が地を払ってしまうことを指す。筆者注）其立志三代之道に無レ之候故、所謂古今天地人情事変之物理を究《きわめ》ず格物之実学を失ひ、其胸中経綸全く無レ之、扨現実之大事に当り候ては茫乎として其所置を得ず、既に事理に明ならず何を以て君心を開き同列有司之人を導き可レ申哉、俗見に落ざること不レ能は当然之事に候」（安政三年五月十五日、立花壱岐宛、前出）。この用例に見られる「物理」は貝原益軒や佐久間象山らが究めようとした経験的理と同じものではないか、小楠は彼らと同じ経験合理主義者ではないか、という疑問がおこるかもしれない。

だが小楠の文脈からすると、この「物理」は「事理」と同義であり、「古今天地人情事変之物理」という限定のついた物理であること、ならびに小楠が他の箇所で格物は天下の理を究めることと言っていることと照応させると、この場合の「物」は「事」と同義であり、ここにおける「物理」は、天下の事物の中に内在する道理をさしていると考えて差支えないように思われる。もしそうであったら、小楠は基本的には価値合理主義者であったとみなしていいのではないか。しかしそれではまだ落着けないものがある。そこで更に一歩突っこんで考えると、彼には「理」を「先験的理」や「経験的理」と分析的に分けて捉える考え方はまったくなかったのではなかろうか。価値的理と経験的理とが、価値的理の優位という構造を保って渾然と一つになったのが彼の「理」の捉え方であると理解するのが彼の思考に即しているように思う。でなければ「格物」を生産的に捉えるという発想（前出）がそもそも不可能であろう。この問題を違った角度から考えると、小楠には、貝原益軒や西周のように「物理」と「心理」とを異なった次元のものとして捉える発想[27]はまった無縁で、事物の「理」を明らかにすることが心の「理」を明らかにすることであり、また逆に自己の心の理を明らかにすることが事物の「理」を明らかにすることになるという循環過程を考え、そしてその循環過程の動力として「思」のはたらきを考えていたように思われる。

では、小楠の「理」の捉え方の特色は何処にあったであろうか。その第一は普遍性・公共性である。「自然之天理」「公共之天理」「至公至平の天理」「天地公共の実理」というさまざまの用例が示しているように、彼は個人の次元では「私利」を否定して「公利」をはかる必要を説くとともに、集団の次元では「派閥」的発想（これを彼は「割拠見」とか「朋党の禍[28]」と呼んでいる）や「幕府中心主義[29]」を大胆に批判し、「天下」という公平の立場に立ち、国家のため、人民（天下の生霊）のためという発想の必要を説くとともに、国際的次元の問題に関しては偏狭な国家中心主義的発想を批判して次のように言っている。「無識無策世の所謂和魂なるもの却て彼を無道禽獣なりとして、尤甚しきは之を仇讎として之を拒む。天地の量日月の明を以て之を観ば何んとか云はんア、陋国家蒼生を誤る痛嘆の至ならずや」（六二頁、「海外の形勢を説き併せて国防を論ず」執筆年月不明）

小楠の国家至上主義者への批判は、攘夷論者だけでなく、開国主義者にも向う。批判の対象となるのは次の二つのタイプである。第一は「国本を正大にして神聖の道を宇内に推広」めようとするものであり、第二は「自ら強ふして宇内に横行するに足るに至らんとには水軍を始め航海を開くべし」というものである。彼は前者に対しては「神聖の道とも被レ申まじく、道は天地自然の道にて乃我胸臆中に見え候処の仁の一字にて候。人々此の仁の一字に気を付け候へば乃自然の道にて候」（九一〇頁）と批判し、後者に対しては「横行と申すこと己に公共の天理にあらず候。所詮宇内に乗出すには公共の天理を以て彼等が紛乱をも解くと申丈の規模無レ之ては相成間敷、徒に威力を張るの見に出でなば後来禍乱を招くに至るべく候」（九一〇―九一一頁）と、近代日本の通った道を予見し警告する。その批判の原理は「天地自然の道」「公共の天理」であり、端的にいえば「天」である。これについては後述する。

ここに小楠によって批判された第一の道が神道的八紘一宇主義であり、第二の道が海外膨張主義・帝国主義である。これに対して小楠の選んだ道は「彼れが四海兄弟の説に同じて、胸臆を開て彼と一躰の交易の利を通ずべし」（九一〇頁）というものであった。幕末・維新の日本の開国論にはこの三つの可能性があった。しかし近代日本の歴史において第一と第二とが結合し、そしてそれが社会的・政治的に大きな力となって第三の道を圧迫したことはあらためていうまでもない。この過程を明らかにし、どこにその原因があったかを明らかにすることは、近代日本研究における最も重要な研究テーマであると思う。

話は少し横に傍れたが、ここで「公共の天理」「至公至平の天理」「天地公共の実理」と呼ばれた小楠における「公」の問題について考えておきたい。江戸時代「御公儀」という言葉で示された幕府を「公」とする立場は、小楠が「天下生霊」という立場に立つことによって「徳川御一家の便利私営」として「私」の立場に落ちた。しかしそこまでであれば幕末の多くの先覚者が至っている。幕府でなく国家を公とする立場はこの時代の公観念の大きな進展であった。しかし日本の置かれた厳しい国際状況の中で人々の公観念はそこに止まった。小楠の偉大さは、国家を絶対化し、そこに「神聖の道」を認めることにも、「横行」主義を主張することにも反対し、国家を超える「公共の天理」「天地公共の天理」の実在を認めたところにあった。そのような立場に立たない国家エゴイズムの行動原理は、彼によって「割拠見」として否定された。国家を相対化する「公」観に至ったところに小楠の真骨頂があり、それを可能にしたものは彼のいだいた「天」の観念であろう。

小楠における「理」の観念の第二の特質は、その動態性にある。たびたび言及したように彼の初期の作品（たとえば「学校問答書」や詩）においては「理一分殊」という静態的構造を示す概念がたびたび使われているが、晩年の作品にはその言葉は見られない。代って強調されるのがその動態性である。「天地の道窮すれば則変ず、変ずれば則通ず、もと一定の理なし」（「海外の形勢を説き併せて国防を論ず」六四頁）、「天下の理万事万変なるものに候」（「沼山対話」八九九頁）などがそれであり、「古今勢異候。勢に随ひ理亦不レ同候。理と勢とはいつも相因で離れざる者に候」（同上、九〇七頁）では「勢」との関連で「理」の動態的性格が示されている。彼が現実政治の経験を重ねるにつれ、「理」の動態性を強調せざるを得なくなったのであろう。

では「理一」に代わるものは何だったのだろうか。もしそれがなければ、小楠はたんなる「機会主義者」になってしまう。私はそれは「自然の天理」と表現されるものではなかったかと思う。「自然の天理に則り自然の人事を尽し利害得喪一切度外に付す。此の大条理明なれば吉凶禍福凡そ外事の変態人心を動すに足らず。其理に随て順応し信義をして天下に明かならん事を欲す」（「国是十二条」慶応三・一八六七年、八九頁）がそれである。理が天と結びつき、しかも作為を用いない自然な態度をとるとき顕になる「天理」、即ち「自然の天理」が動態的理に照応しつつそれを統合するものではなかろうか。

このほか小楠には「神知霊覚湧如レ泉。不レ用二作為一付二自然一。前世当世更後世。貫二通三世一対二皇天一」（八九五頁）という「偶言」がある。これはおそらく、自然を排して作為こそ先王の道であるとした徂徠に対する批判の気持がこめられているのであろう。そして小楠のこの「自然」観が、ある時期から繰り返し繰り返し読んでその思想的源泉を得た熊沢蕃山の『集義和書』に示唆されたことは、かつて私が指摘したところである[30]。近代西欧では自然主義に対立して理想主義が唱えられたのに対して、蕃山・小楠では、自然に立脚して理想主義的政治観が提起されている[31]。そしてこのことを可能にしたのは「誠者天之道也、誠レ之者人之道也」(『中庸』)という存在論と価値論とを混融し、天人の合一を信頼する儒教哲学であろう。徂徠における「作為」説は近代西欧的観点からすれば非常にわかりやすいが、われわれは封建的秩序の温存をめざす林羅山に始まる「自然」的封建社会観とは異なる「自然」的政治観があったことを想起する必要がある。徂徠の「自然—作為」観は制度論的発想に由来しているのに対し、蕃山・小楠の「自然—作為」観は、政治的行為者・為政者のありよう、政治の基本姿勢という観点からの発想であって、両者は発想の次元を異にする。つまり「自然」的封建社会観が天地をモデルとして、そこにおける上・下の関係を先天的に定められたものとして社会に投影し、それを「自然」という言葉で言ったのに対して、蕃山や小楠の説く「自然」的政治観は、「天」という超越者をモデルとして、それを内面化し、自己のありようとした生き方を「自然」と言ったのであって、同一の「自然」という言葉の含意するところとはまったく違うのである。従来見落されがちであった後者の側面の可能性を検討し掘り起こしてみることも、われわれに残された重要な思想史的作業ではあるまいか。

4 「天」の概念

われわれはここで、小楠の「天」の観念について触れる時が来たように思う。彼の使用した「天」「天理」「天命」「天徳」「天職」「天帝」「天工」「天功」「畏天」「皇天」等の言葉が示すように、小楠の「天」の観念は宋学から『書経』の世界にまたがっている。彼の「天」の観念を検討するとき、それがどのような背景の下に形成されたかということを見てみる必要がある。われわれが小楠の独創とみなしがちな「天功を亮く」「天工」という言葉もすでに会沢正志斎の『下学邇言』の中で使用されていて、小楠が時代精神と多くのものを共有していることがわかる。小楠が後期水戸学から何を学び、何を拒否したかということは小楠研究の大きな研究課題であるが、それとともに、小楠がその影響を強く受けた大塚退野以下の第一次肥後実学派の人々のことも考慮に入れておく必要があると思われる。

退野らの第一次肥後実学派の人々は、「天」を主宰者と捉える傾向を強くもっていた。たとえば退野の高弟の一人草野草雲がその息子に出した手紙の一節に次のような文言がある。「常に天命を畏れ敬み罪を天に獲ず慎独の工夫油断有間敷候。天に罪を獲不㆑申様に心得候得ば、御奉公を仕損ずるも忠孝なり。天に罪を獲る時は、譬ひ君の寵楽を得るも不忠不孝に候[32]」。この草雲の「罪を天に獲」の句が『論語』の中の孔子の言葉であって、「鬼神」を遠ざけた合理主義者としての孔子が、その反面、超越者としての天に対して敬虔な宗教的感情をいだいたことを示すことはあらためていうまでもないが、草雲はこの句に共感を示し、「天」を、地上の君主を超え君主もそれに従わねばならない絶対的超越者・主宰者として捉えた。そのことが、忠誠心の問題についても、わが国の精神的風土ではまれなほどの緊張関係と深さをもたらしている。小楠の書いたものの中に草雲の名は見えないが、彼がこのような「天」への関心の雰囲気につつまれてその思想を形成したことを見落としてはならない。たとえば小楠の研究者の誰しもが引用する「人君何天職。代㆑天治㆓百姓㆒。自㆑非㆓天徳人㆒。何以愜㆓天命㆒。所㆓以堯巽㆑舜。是真為㆓大聖㆒。迂儒暗㆓此理㆒。以㆑之聖人病。嗟乎血統論。是豈天理順」（八八〇頁）という発想は、「天祖」と「天」とを同一した後期水戸学の発想[33]とはまったく異なるものであったのである。

このほか彼の「天」の観念では、「天理」として自然法思想を受容する方向の思想として機能したことが重要であり、前述した「天地仁義の大道を貫くの条理」「天地公共の実現」（「夷虜応接大意」）「自然の天理」（「国是十二条」）などはこのカテゴリーに含めてよいと思う。幕末維新期の朱子学の一つの役割として近代自然法思想の受容ということがあるが(34)、小楠はその有力な一翼を荷ったということが言える。

第三は、「天工」（前述）「天功」（「帝生二万物霊一。使三之亮二天功一。所二以志趣大一。神飛二六合中一」、八八五頁）等に見られるように、民を生じ民の生活を助ける「天」のはたらきを示す側面である。これは幕末・維新の状況に対応した彼の経世論の基礎になった考え方である。直接には『書経』に由来する考え方であるが、会沢正志斎などの後期水戸学から示唆を受けるところもあったと思われる(35)。

第四は「天帝」として「天」を人格化して把える側面である。この天帝は天工・天功の主体者であり、人、とくに聖人や為政者をその協力者としてもつが、他方では超越的性格の宗教的人格者という性格をもっている。平石直昭氏が指摘しているように、この面の小楠の「天」の観念は「天の明命」（嘉永三年）→「天意自然之理」（安政三年）→「天意」（四年）→「上帝」（安政四年）と次第に「人格神的色彩を濃化」してゆき、そして慶応元年の「天帝」にいたる(36)。その過程においてキリスト教に対する関心が出てきたことはいうまでもない。彼は、西洋諸国においては政治がキリスト教的理想に支えられ、政教一致の立場に立って生民の幸福がはかられているとし、このさまを「ほとんど三代の治教に符号するに足る」と言っている。小楠のキリスト教観についてはまた別の機会に考えたい。

ところで小楠の「天」の観念において他にない独自なものに「人は天中の一小天にて、我以上の前人、我以後の後人と此三段の人を合せて一天の全体を成す」「前世・今生・後世の三段あれども皆一天中の子にして此三人有りて天帝の命を任課する」（「沼山閑話」九二四頁）、「前世当世更後世。貫二通三世一対二皇天一」（「偶言」八九五頁）という晩年の考えがあげられる。ここにおいて小楠の考えは非常に拡がりと深まりを見せ、遠い過去から遙かな未来に渉る自己以前の人類、自己以後の人類を視野に入れて、人類の歴史の中で人と「天」との関わりを問題にしている。これまでの儒学の歴史の中で、人を「天中の一小天」とする考えは数多くあったが、過去・現在・未来の人間を合せて「一天の全体」をなし、それらの人々が力を合わせて天帝の命を自己の使命として任じ、それを果たすことを自己の課題とするという過去・現在・未来に渉る歴史の中で、「天」と人との関わりの問題を捉える「天」の思想はなかったのではないだろうか。では個人と「天」との関わりはどうか。われわれ個人は時間的・空間的限定の下にある有限な存在として、自己の有限性を自覚しながら「天に事ふる」（九二四頁）という敬虔な気持で「天」に奉仕しながら自己の生を終える――それが主体としての自己のあり方にほかならない。小楠はそう言っている。

「天に事える」というのは行為という観点からの天人の交わり方であるが、「天を見る」という観点からの天人の交わり方はどうであろうか。この問題をめぐって小楠は二つの詩を残している。「是レ彼又非レ此。是非一方偏。姑置二是非心一。心虚即見レ天」「心虚即見レ天。天理万物和。紛紛閑是非。一笑付二逝波一」（八八五頁）。これは個人のレヴェルの問題を詠じたのであろうが、個人において心が虚であることは、国際政治のレヴェルでは「割拠見の気習」「自利するの心躰」を捨て「至誠惻怛の根元」に立つことであり、言いかえると「天を以て心」として、「至公至平の天理」に法ることであった。かくして心法のあり方を問うことは閉鎖的になるのではなく、現実政治と結びつき、「戦争の惨怛万民の疲弊、之を思ひ又思ひ、更に見聞に求むれば自然に良心を発すべし」（「中興の立志七条」一〇一頁）と、小楠は世界の平和を求めてやまないのであった。

結び

以上が晩年の小楠の思想の骨格をなす基本的概念であるが、その具体的内容は「思」「格物」「仁」「誠」「理」「天」等、すべて朱子学の範疇に属する概念である。それらの概念を読み替え、あるいは『書経』的世界から光を宛てることによって解釈し直して、小楠はこれを「三代の学問」と呼んだ。私はさきに、小楠は「政治に責任をもつ「士」の立場に立って、幕末の日本の置かれた状況の中でいかなる行動をし、いかなるありようをすべきかという課題をもって儒教に立ち向い、そして『書経』に描かれた三代の帝王のありようをモデルとして自己の思想を形成した」と言ったが、現実に彼が形成した思想は朱子学の変容であった。このことは、朱子学はそれを批判し否定するにしても、やはりそれを否定的媒介とせざるを得ないほど東アジアの生んだ最も有力な思想であったことを物語るであろう。しかし科学技術の問題を中心としてその思想を形成した佐久間象山が、朱子学の「理」の観念の範囲内で問題を解決したのに対して、政治思想を問題にした小楠は、朱子学の考案した諸概念を使いつつも、歴史の文脈の中で具体的にさまざまの限定を帯びた朱子学に即自的に止まるわけにはゆかず、三代の世界に飛翔し、そこを原点として問題の解決をはかった。

今われわれが小楠の完成期の思想を具体的に検討すると、朱子学の次元でいくらかの変容を加える程度、もしくはアクセントの置き方の相違という仕方で問題を処理している部分と、どうしても「三代」ということを持ち出さざるを得なかった部分とがある。

前者については、たとえば「思」の重要性を説く思想はすでに程伊川、朱熹に存し、また小楠が朱子以後最も尊敬した李退渓の中にも存する。[37] だが晩年の小楠はさらにその重要性を強調し、「思」を自己の思想の原動力とした。「誠」の心法は朱子学にもないではなかったが、朱子学ではやはり「敬」の心法が中心である。しかし小楠は朱子学の信奉時代にも、「敬」の心法ではなく「誠」の心法を最も重視し、その点は晩年まで変わるところはなかった。これは彼の内的要求に基づくことは言うまでもないが、大塚退野に影響させられるところも大きかったと思われる。そしてその背後には程明道や王陽明の存在も見落とせない。とはいえ、「理」の観念において「事物の理」を認めつつ、これと響き合う「心の理」を主張する点においては、彼は「心の理」のみを主張する王陽明とは異なっていた。そして「誠」の心法を取りつつも朱子の「事物の理」の説を認めた大塚退野の基本路線に彼は従っている。さらに彼の「理」の観念は朱子学に学ぶものであったが、それを「天地公共の理」とすることでは藤原惺窩の思想を受けている。「天」の思想のヴァリエーションとしての「自然」の思想において、小楠が学んだのは熊沢蕃山であったことはさきに述べた。[38]

ではこのように多くの点で広い意味での朱子学——明代の心学を通過した朱子学（李退渓、藤原惺窩、大塚退野、解釈を拡張すれば熊沢蕃山など、小楠が最も深く影響を受けた人々はみなこの系譜に属する）——の影響下にありながら、なぜ小楠は朱子学の枠の中に止まれず「三代の学」を主張したのか。その発端となるものは「明明徳・新民」——「新民」説をとった点、彼は朱子学の圏内にあった——の解釈において、「新民」の実践を通じて「明徳」が実現されるという伝統的解釈をひっくり返した「行為」の立場に立つ解釈を小楠が取ったことにあると思う。それを「思」を徹底的に重視するという考えと結びつけることによって、彼は変動してやまない現実に創造的に対応することができた。小楠の心の思想は「心の官は則ち思ふ。思へば則ちこれを得るも、思はざれば則ち得ざるなり」という、思索を心の大きなはたらきとする「心」理解から成り立っていた。それは「寂然一室中　意象極分明」という孤独な実存の思索という側面をもつとともに、「新民」という実践的行為と結びつくことを通じて新しい一歩を踏み出したのである。その結果、小楠は朱子学の思想的文脈には止まれなくなってしまった。

では彼が自分の思想を「三代の学」と言わざるを得なかった最も核心に当る部分は何であったか。私は「格物」と「天」の問題であると考える。私はさきに小楠の「実学」についての唯一の用例が「格物之実学」であったことに注目した。「信実之学」「実地之学」の範囲に止まっていた小楠の学問が、それをベースとしながらも「格物の学」として結晶した時、彼は初めて自信をもって「格物之実学」と呼んだ。そしてそれが彼の学問の飛躍であり、やがて「三代の学問」と呼ばれるに至ったのである。

しかしその「格物」が何であるかは、彼の書いたものの中になかなか顔を見せない。慶応元年の「沼山閑話」において、小楠の「格物」観は「天」の概念と結びつくことによってはじめてその姿をあらわした。元田永孚の筆記したこの論において、小楠は朱子学の「性命道理」という形而上学的・存在論的な天人相関の原理を「天人現在の形体」という新しい地平の天人関係に変えている。もともと談話筆記ということもあって、必ずしも明晰な表現ではないけれども、彼の言わんとすることを推しはかって解釈すると、小楠は、今・此処という「現在」[39]における「天」と「人」との交わりを原点として、あらゆる問題を考え、あらゆる問題に対応していこうとしていたように思える。つまり「天人現在の形体」というのは、完成期の小楠における思索と行為の基本的な形ではなかったか。言いかえると、彼のいわゆる「三代の学」の核心部分に当るもの、それが「天人現在の形体」であったと思うのである。

ここで彼のいう「天」は、朱子学の形而上学的存在としての「天理」ではなく、「天帝」という人格的存在であり、民を助けるはたらきとして「天工」(天功)という力をもつ。人はこの「天」を「現在天帝の命を受る」

ように「敬畏」しつつ「天」に事え、そして「天」のはたらきである「天工」を孜々として助け広める。これが「現在天工を亮くるの格物」であり「三代治道の格物」である。そしてこの格物にもとづく「三代の経綸」を小楠は「堯舜三代の畏天経国」と呼んでいる。この核心になるものが「現在天人一体」の合点である。これに対する朱子学の「天人一体」と「格物」を小楠はどう理解したか。彼は言う「宋の大儒天人一体の理を発明し其説論を持す。然ども専ら性命道理の上を説て天人現在の形体上に就て思惟を欠に似たり。其天と云ふも多く理を云、天を敬すると云も此心を持するを云ふ。格物は物に在るの理を知るを云て総て理の上心の上のみ専らにして堯舜三代の工夫とは意味自然に別なるに似たり」(九一二頁)。「一草一木皆有レ理須レ格レ之とは聞えたれども是も草木生殖を遂げて民生の用を達する様の格物とは思われず、何にも理をつめて見ての格物と聞えたり」(九一三頁)。

　ここには宋学の形而上学的性格を否定して、生きた人格としての天帝の天工を広めるような心持での「山川・草木・鳥獣・貨物に至るまで格物の用を尽」すという宗教性と即物性とが一体になった思惟がある。われわれはここに日本における中国儒学受容の一つの有力な型を見ることも可能であろう。そしてその基礎として朱子学の五行説を否定し、『書経』大禹謨による「六府」解釈に基づいて格物を理解する作業があったことは前に述べた通りである。小楠は「堯舜をして当世に生ぜしめば西洋の砲艦器械百工の精技術の功疾く其の功用を尽して当世を経綸し天工を広め玉ふこと西洋の及ぶ可に非ず」(八一三頁)と言っているが、これは技術者の使う論理としては通用しない。それについては佐久間象山の「理」の方がはるかに説得力があるが、小楠の主張は為政者の立場に立って焦眉の急の課題としての「生産」の問題にどのように対応するかということをめぐってなされる。朱子学の「格物」も、その窮理が価値的側面を含む以上「実践」的性格をもたないわけではないが、一草一木の理を窮めるという場合の格物は一種の認識論的性格のものであることは間違いない。小楠はそこを「理をつめて見ての格物」と批判する。「民生の用を達する」「現在天工を亮くるの格物」として生産活動につらなるのが小楠の「格物」である。

ところで小楠における「格物」は生産のはたらきとして幕末・維新期の日本の直面した問題を解決するとともに、自分の心の中の「惻怛の誠」に響いて宇宙内のあらゆる事柄に共感せしめる。私はさきにそれを小楠の思想の、「認識過程から精神活動・生命活動への深まりを示すもの」と言ったが、この開かれた精神と生命の次元において、彼は同じ「天」の子としての人類の共通の平和を願う。小楠においては民族愛は人類愛と共存するものでなければならない。民族主義と普遍主義とは、「天」の下において常に共存しなければならない。彼の場合、国際間の緊張の下にあってもこの信念は揺ぐものではなかった。小楠を他の思想家から区別させたものがこの信念であって、そしてそれを可能にするものが「天人現在の形体」という基本の原理であると思う。そしてそのように「天」を見ることを可能にするものが「心法」の工夫であって、小楠においては「格物」のはたらきと「心法」の工夫とが根源的に一致する世界が求められていたというべきであろう。

注

（1）小楠の「三代の学」というのはいわゆる唐虞三代――堯（陶唐氏）舜（有虞氏）時代と夏・殷・周の三代をいう。彼がこの語を使い始めるのは、嘉永五年からであるが（本文参照）、最初は「三代の道」という言葉が使われ、その後それと共に「三代」「三代の治」「三代の治道」「三代の治教」ということばがそれに加わり、「三代の聖徳」「三代の学校」「堯舜三代の工夫」「堯舜三代の心」「三代治道の格物」というヴァリエーションも使用される。「三代の学問」ということばが使用されるのは、慶応元年に元田永孚の筆記した「沼山閑話」が初めてである。しかし小楠が他の箇所で「学問」という言葉を多く使っていること、また彼のいう「実学」ということと対応させて、私はここでは「三代の学」という用語に彼の完成期の思想を集約してみることにした。

(2) 山鹿素行は宋明学の、ないしは江戸前期の儒学を支配した心法理論に対して「心を求て心を求むるは、いつまでも我が心にて心をたずぬるゆえに、ついに不レ可レ知。不レ可レ知を以て心に証拠を立つ、是れ空虚をゑり水に印をなすにひとし」（『謫居童問』）と批判する。荻生徂徠も同様の理由でさらに激烈に「我が心を以て我が心を治むるは、譬へば狂者みづからその狂を治むるがごとし」（『弁道』）と批判する。徂徠のこの問題に対する考え方は「先王の道は、礼を以て心を制す。礼を外にして心を治むるの道を語るは、みな私智妄作なり」（同上）というのであった。

(3) 『真新公法論』における大国隆正の言葉。隆正は平田篤胤の系譜を引く津和野国学の創始者。大隈重信にも同様の考えがある。

(4) 『二千五百年史』における竹越与三郎の用語。

(5) 私のヴェトナムの儒学に関する知識は、一九八八年の九月末に上智大学で開催された国際会議での、北海道大学の坪井善明教授の「一九世紀ベトナムの政治と儒教——嗣得帝（一八四七—一八八三）の場合」（九月二十九日）ならびにフランス国立科学研究センター研究部長のグエン・テ・アイン（NGUYÊN The ANH）氏の「儒教的政治体制と西洋の挑戦——一八七四年からのベトナムの場合」（Monarchie Confucéenne et Défi Occidental—Le Cas de Viêt-nam à patrir de 1874）（九月三十日）の二つの講演記録によるものに過ぎない。それらによればヴェトナムは十五世紀の黎朝の太宗（一四三四—一四四七）の時以来、儒教に基づく科挙体制を確立し、政府の組織も、中央・地方共に中国をモデルとする体制が確立していた。しかし儒教のヴェトナム化は困難で「儒教を純粋な中国のイデオロギーのままでおくか、単なる出世の手段にしてしまう」かのいずれかであったらしい（坪井論文）。この二つの論文は共に『思想』一九九〇年六月号に収録されている（坪井論文は「ヴェトナムにおける儒教」と改題）。

(6) 小楠が歴史に関心をもつ政治青年であったことは彼の「南朝史稿」にうかがえるが、元田永孚は彼が時習館の菁々莪に入寮した時、塾頭であった小楠の言葉として次の語を残している。「凡ソ学問ハ古今治乱興廃ヲ洞見シテ己レノ知識ヲ達スルニアリ須ラク博ク和漢ノ歴史ニ渉リ近少ニ局スヘカラス廿二史ノ書等一読スヘシ然ラサレハ経国ノ用ニ乏シク共ニ為ルニ足ラス」（「還暦之記」、『元田永孚文書』巻一、二一頁）。

(7) 藤原惺窩における理の観念の国際的平等の観念への展開については、拙著『近世初期実学思想の研究』一七二頁参照。

(8) この時柳河藩家老になった立花壱岐宛に小楠は祝いと励ましの手紙を書いたが、その中で人君を輔ける士君子のあり方を説き、「三代の道」に明らかになることの必要を強調している。ここで彼のいう「三代之道」は「君臣一徳国是一定」ということをめざして輔翼の立場にある臣が「君之誠心を開導し国是之大本を定るに心力を尽」し、その上ではじめて改正の新政にとりかかるという心術のあり方を基本とする政治のあり方のことである。その上でなされる具体的政策は「格物之実学」によって決定されるべきであろうのが小楠の考えである。

(9)「実学」という言葉の用例としては文字通り初めてであるが、「実学」というような気持をこめて使われた言葉がそれ以前にないではない。それは嘉永六年五月七日の福井藩の伴圭左衛宛への手紙の中で、崎門学の徒の笠安静への批判の中で「信実之学」になかなか入らない、山崎流の講義読で「実地之学」が起ると狼狽してしまう、というような文字が見えるが、この「信実之学」「実地之学」が当時小楠の考えていた「実学」であると考えられる。これを見ると、誠意の心法に基き、実際の実践の場でその真偽が検証される学問というのがこの当時の小楠の実学観であった。しかし小楠は同志たちのように容易に「実学」という言葉を口にしなかった。しかしこの「誠意」の心法に基く学問が「格物」と結びついたとき「実学」という言葉が彼によって初めて使用された、というのが私の解釈である。小楠の「格物」観については後述。

(10)江戸遊学から帰った小楠は蟄居が解けた後も、程明道の「道就二於用一不レ是」の意味を考えつづけて三年も考えつづけたという逸話が、徳富蘆花の『竹崎順子』の五八―九頁の中に在る。

ところでそれに対する異論が平石直昭氏にある。それはこの難問に小楠は宋学による学問のたて直しをはかったのではなく「各藩治教の歴史的・比較的研究に取り組んでいた」(「横井小楠研究ノート」)とするものである。

われわれはこの問題をどう解いたらいいか。生まれてはじめて江戸に上ぼるよろこびに浮かれ熊本から江戸までの記では、あるいは浮かれる気持もあったかも知れないが、江戸に行っては名士たちと語い、折に藤田東湖と出会って以後、水戸藩の政革改策、また東湖の邸で出会った諸藩の東湖を憧憬する若者たちとの交際、あるいは江戸から熊本への帰途の諸藩のかかえる問題についての調査をやったであろう小楠にとっては、これらの問題を考え、更に解決の方途を探ることに、「道就二於用一不レ是」の意味を考えることは、決して矛盾しないどころか、むしろ解決のための、材料にもなったのではあるまいか。

小楠の考えた程明道の言葉が、宋時代の経世済民の問題を考える儒学上の命題であるから、小楠が江戸から帰熊する間に見聞した各藩の治政の歴史的・比較的研究は、「道就二於用一不レ是」の意味の思索の材料に充分なり得たのではなかろうか。現在の私は、両説は充分両立するのではないかと考えている。

(11) 山崎正董の小楠伝に引かれた内藤泰吉の『北窓閑話』によれば、その間の事情は次のようにしるされている。「安政二年二十八歳の時先生（小楠）は海国図説（ママ）により愈〻開国を主張さる、ことになつた。俺（泰吉）を相手に毎日談が始まる、昼飯を忘れたことが百日も続いた。先生は兵法で話すされる。俺は医術を以て之に応じ大いに啓発する処があった。此の対談以来先生の学意が大いに判って来た。」（山崎正董『横井小楠　伝記篇』三三五頁）小楠と『海国図志』との関わりの大きさがよくわかるが、それに先立つ嘉永六年（一八五三）の「夷虜応接大意」における「凡我国の外夷に処するの国是たるや、有道の国は通信を許し無道の国は拒絶するの二ツ也。有道無道を分たず一切拒絶するは天地公共の実理に暗くして、遂に信義を万国に失ふに至るもの必然の理也」（山崎『遺稿篇』一一頁）という言葉を見ると、小楠自身の中で開国論への内発的契機がこの時点においてすでに非常に高揚していたことがわかる。『海国図志』による小楠の開国論への転向はこの素地の上になされた触発であったことを閑却すべきではない。（ただ小楠と『海国図志』との具体的関わりは、象山と『海国図志』との関わり（これについては拙著『佐久間象山』序章を参照）ほどは明らかになっていない。なお私は不十分ながら拙稿「横井小楠と康有為」（『平成元年度科学研究費研究報告書』）の中で、小楠が『海国図志』から何を学び何を触発されたかということについての私の考えをしるして置いた。

(12) 安政三年十二月二十一日の吉田悌蔵宛の書簡では、小楠は「三代之象」「三代之気象」ということを問題にし、それと『書経』との関係を次のように述べている。「恐多申上事に候へ共兎に角三代之象を御養ひ遊ずては後世之学に落候間、書経杯は御平常被レ遊二御精読一、自然に堯舜之気象御うつり被レ成度御事に奉二存上一候。三代以下之気象にては決て天下之治化は出来不レ申、此処に於ては尤以御大切に奉レ存候。」（二三九―二四〇頁）

(13) 島田虔次氏は、たとえば「西洋ならば宗教の名のもとに言われるであろう事柄が、中国では学問の名の下に発言される」（中国古典選『大学・中庸』、九頁）として、とくに宋・明学における「学問」の意義の重さを強調している。

(14) 大塚退野は名君と称された細川重賢当時の肥後藩士で、十八世紀の肥後実学派の思想的基礎を置いた人。初め中江藤樹の思想を介して陽明の思想に魅かれたが、朝鮮の李退渓の思想に触れて朱子学に転ずる。彼の思想は、肥後藩の藩校時習館の初代館長で、広義の徂徠学派に属し、服部南郭の友人で詩人としてもすぐれた才能を発揮した秋山玉山と対立的立場に立ち、その志を容れられなかったので野に下った。退野については楠本正継「大塚退野並びに其学派の思想」（昭和二十二年『九州儒学思想の研究』ならびに『三枝博音記念論文集』に所収、現在国士館大学付属図書館編ならびに発行の『楠本正継先生中国哲学研究』に所載）、友枝龍太郎「横井小楠と朱子学派」㈠（『韓』五十二号）㈡（『韓』

六十号）参照。

(15) 肥後文献叢書、第四巻、六一〇頁。

(16) 同上。

(17) ホワイトヘッドの inert ideas については、私は彼の“The Aim of Education”から多くのことを学んだ。

(18) 青陵の数多くの著作の中で、とくに『稽古談』が彼のこの面をよく示している。拙著『徳川合理思想の系譜』の「海保青陵と経済合理主義」の章参照。

(19) 本文にしるしたように、この「皐陶謨」は「大禹謨」の誤まりである。小楠が「六府三事」についてヒントを得た原文は次の通りである。「禹曰。於。帝念哉。徳惟善レ政。政在レ養レ民。水、火、金、木、土、穀、惟修。正徳、利用、厚生、惟和。九功惟叙。九叙惟歌。戒レ之用レ休。薫レ之用レ威。勧レ之以二九歌一。俾レ勿レ壊。帝曰。兪。地平天成。六府三事允治。萬世永頼。時乃功。」

(20) 本多利明の『経世秘策』にこの問題は展開されている。

(21) 蕃山の聖人観については、拙著『近世初期実学思想の研究』、四四四―七頁参照。

(22) 小楠における「誠」や「仁」を主題とした論攷に、宮城公子「『和魂洋才』――日本の近代化における倫理的主体の可能性と現実」（『日本歴史』七二）、沼田哲「『仁』と『三代之道』――横井小楠思想の特質についての一考察」（『日本歴史』三三二）、八木清治「横井小楠の『仁』」（『日本思想史研究』第十六号）等がある。

(23) 『近世社会経済学説大系』、『福沢諭吉・神田孝平集』所収の「農商弁」（「経世余論」の中に収録）によれば、「仁」と「利」との関係について神田は次のように述べている。「我邦漢土等は、仁政を以て租税を免すなり、西洋人は利を以て租税を取らざるなり、仁と利とは元より同日の論にあらず、然れども、農民の其の恵みを蒙るに至ては、一年と永久と、万々同じからざる者あり、我邦及漢土等にては、仁政の名ありと雖ども、深く其の本を推せば、却て西洋商法に仁政の実あるに如かず、然らざれば、西洋人如何に獗黠なりと云へども焉ぞ能く既に自国の民心を一致せしめ、余力を以て万国を経略するに至らんや、故に我断じて曰く、一年ずつの仁政は永久の仁政に若かず、和漢古聖人の法は方今西洋商人の法に若かず」（三六六頁）。小楠は、公利の追求と「仁」とは両立すると考えた。それに対して神田孝平は、私利の追求は、社会の繁栄をもたらして人民の税負担を少くするから、結果においては「永久の仁政」になる、と言う。王道政治の枠の中で「利」の追求を「公利」の範囲内において認める小楠と、そのような思考の枠組みを取り払って私利私益の追求が社会全体については利益となり、それが仁政を主張する者よりも結果的には大きな仁政となるとする考えの対立がここに見られる。明治初年の経済政策の大問題が、万延元年（一八六〇・国是三論）とその翌年の文久元年（一八六一・農商弁）の二つの相対立する立場の著作として幕末に先駆的に出ていたことは注目に価する。

(24) 林羅山の「敬」の思想については、拙著『近世初期実学思想の研究』、二四九―二五一頁参照。

(25) 小楠は程明道と言っているが、『近思録』にも『二程全書』にもそれに該当する言葉は今のところ見当らない。これに近いものとして程伊川に次の文言がある。「或問、進修之術、何先。曰、莫㆑先㆓於正心誠意㆒。誠意在㆓致知㆒。致知在㆓格物㆒。」（『二程全書』巻十九、和刻本九丁裏）

(26) 巌本善治の編んだ『海舟座談』には、横井小楠についていくつもの興味あることが書いてあるが、その一説で、海舟は「機」は感ずべきもので言うことも伝達することも出来ないものだとして、小楠はそれがわかった人だとしながら、「太鼓もちの親方のやうな人で、何を言ふやら、取とめたことが無った。維新の時に、大久保でさへ、さう言ってました。『小楠を呼んで見たが、意外だ』と。大抵の人には分らなかった。然しエラク分った人で、途方もない聡明でした。」（岩波文庫『海舟座談』、旧版一七四版、新版二一四頁）

(27) この問題については、拙著『徳川合理思想の系譜』の第一部「貝原益軒の経験的合理主義」、第三部「理の観念の転回――西周における徳川思想と明治思想の連続・非連続」の節を参照。

(28) 小楠の「朋党の禍」についての見解は「沼山対話」（九一二―三頁）参照。彼はこれに類する考え方を、国際政治のレヴェルでは「割拠見」と呼んでいる（九〇六―九〇八頁）。

(29) 小楠の「幕府中心主義」政策に対する見解が最も鮮明に示されているのは『国是三論』（万延元年）で、その中で小楠は「慶元の際既に建櫜の代となりても猶余風を存し、本多佐州を初帷幄参謀の名臣悉皆　徳川御一家の基業盛大固定に心志を尽して曾て天下生霊を以て念とする事なし」「当今忌諱を犯して論ずる時は……諸般の制度天下に布告施行する所謂覇府の権柄により徳川御一家の便利私営にして絶て天下を安んじ庶民を子とするの政教あることなし」（三八―九頁）と幕府の基本政策の理念を鋭く批判している。これは『新論』の「東照宮の興るや、その務もまた本を強くして、末を弱くするに在り」の考えを、会沢とは視点を変え「民」の立場に立って更に深かめたものといえよう。

(30) 拙著『近世初期実学思想の研究』、四八二―三頁。

(31) この問題については松浦玲氏の「日本における儒教型理想主義の終焉㈠㈡㈢」（『思想』一九七二年一号、七号、一九七三年一〇月号）参照。これを受けて島田虔次氏に「自然主義的理想主義」ということばがある。（中国古典選『大学・中庸』二〇〇頁）

(32) 平石直昭氏の「横井小楠――その「儒教」思想」（相良・松本・源共編『江戸の思想家たち』（下）二五六頁）より引用、もとは徳富敬太郎蔵『徳富一敬文書』の内「筆記第一」に記録されたものである。

(33) この問題については本山幸彦『明治思想の形成』、第一章「明治維新と尊王攘夷思想――後期水戸学を中心に」参照。

(34) この問題についての先駆的業績としては丸山真男「近代日本思想史における国家理性の問題」㈠（『展望』昭和四十九年一月号）がある。前掲平石論文はこの問題意識を継受している。

(35) 会沢正志斎は『下学邇言』において「夫聖人敬レ天之義、大端有レ三、曰畏二天命一也、曰報レ本也、曰亮二天功一也」（九頁）と言い、「亮二天功一」の問題においては「知レ人安レ民以代二天工一、其所二以亮功一者、固有其実也」（一〇頁）としている。この本は明治二五年に刊行されているから、これと小楠との考えの共通性は、共に『書経』を精読したことに由来するおのずからなる冥合であろう。

(36) 小楠における「天」の観念の展開については、平石直昭氏の前掲「横井小楠」（二五七頁）参照。

(37) 程伊川、朱熹に至って、孔子以来の「学」優先の「思と学」についての考察の歴史の中で「思」の重要性を主張する面が出てきたが、李退渓がこれを受けて懇切至らざることなきことについては、私は筑波大学で開かれた「国際李退渓学会」での広島大学の佐藤仁教授の「思と学――李退渓の学風について」という発表に実に多くのことを教えられた。小楠が「思」の重視の思想を何によって触発されたがはよく分らない（日本の儒者では貝原益軒、荻生徂徠に思の重視の思想があり、「心の官は則ち思ふ。思へば則ちこれを得るも、思はざれば則ち得ざるなり」は『孟子』に由来する）が、李退渓に触発された可能性もかなりあるのではないか、と思われる。もしそうなら李退渓の小楠への影響は予想以上に大きい。

(38) この「自然」の問題のほかに、小楠が蕃山に負う最大の事柄は、心法の工夫に基く経世論という小楠の思想の基本的性格に関わる部分である。この問題については、八木清治「幕末思想家と熊沢蕃山――幽谷・方谷・小楠の蕃山理解・受容をめぐって」（『日本思想史学』第十七号）が適切に指摘している。とくにこの論文で、小楠の心の虚の工夫と「公」観念の関係について、蕃山の影響があるとする指摘には多くを教えられた。

(39) 小楠における「現在」の意義を強調した論文に前記、平石直昭氏の「横井小楠――その「儒教」思想」がある。

横井小楠における「天」の観念とキリスト教

はじめに

横井小楠とキリスト教との関係について、私がすぐ連想するのは次の二つの文章である。

（1）此者是迄の姦計不レ遑二枚挙一候得共姑舎レ之。今般夷賊へ同心し天主教を海内に蔓延せしめんとす。邪教蔓延致し候節は皇国は外夷の有と相成候事顕然なり。併　朝廷御登庸の人を殺害に及候事深く奉二恐入一候へ共、売国之姦要路に塞り居候時は前条の次第に立至候故不レ得レ已加二天誅一者也。

天下有志

（2）西洋有二正教一。（洋人自称二正教一）其教本二上帝一。戒律以導レ人。勧レ善懲二悪戻一。上下信二奉之一。因レ教立二法制一。治教相不レ離。是以人奮励。雖三我有二三教一。人心無レ所レ繫。神仏良荒唐。儒亦落二文芸一。政道與二教法一。矒矒見二其弊一。洋夷交進港。必以二貨利一曳。人心溺二異教一。難レ禁是其勢。嗟乎唐虞道。明白如二朝霽一。捨レ之不レ知レ用。甘為二西洋隷一。世豈無二魯連一。去踏二東海一斃。

右の第一の文章は、小楠の暗殺者の一人である柳田直蔵が懐にしていた「斬奸状」の全文である（山崎正董『横井小楠　伝記篇』九八八頁）。第二の文章は小楠自身の詩（安政三年）である。第一の文章によると、小楠は身要路にありながら「夷賊に同心し天主教を海内に蔓延せしめん」とする者である、ということになっている。そしてこの斬奸状には、日本に邪教が蔓延した時には、外夷に占有されることは顕然としているとされていた。ところで小楠自身の詩によると、キリスト教は異教であり、洋夷は利を以て人民の心をひきつけ、「人心異教に溺る。禁じ難きは是其の勢」というキリスト教が受容された場合についての小楠の状況観測が示され、これについて小楠は「嗟乎唐虞の道。明白なること朝霽の如し。これを捨てて用いるを知らず。甘んじて西洋の隷となる。世豈に魯連無からん。去りて東海を踏みて斃れん」と言う。ここで儒家の徒である小楠は、儒教の在り方を問い、唐虞三代の堯舜の道は朝晴れのように明白である。しかし人がこの教を捨てて用いることを知らないならば、甘んじて西洋の奴隷となってしまうことになるだろうと嘆く。しかし、広い世の中にどうして一人の魯連のごとき気節の士もいないということがあろうか。自分は「東海に身を投げうつ」とまで覚悟をきめて、秦帝に抗することを趙・魏に勧めた魯仲連のように、わが堯舜三代の道を説きつづけるのだと自分の覚悟のほどを述べている。

これほどの覚悟を決めて儒学の徒でありつづけようとする小楠が、どうして夷賊に同心して天主教を海内に蔓延させようとする売国の姦というように思いこまれたのか。

それには、この詩がつくられたとされる安政三年から小楠が暗殺された明治二年までの一三年の間に、小楠のキリスト教観に、柳田のような人々に誤解を与えさせるような変化が起ったと考えるのが一番穏当であろう。

明治元年、小楠は新政府の召命を受けて上洛、四月二十三日「参与」を拝命、職務に励んでいたが、五月下旬頃から病状がつのり、一時は覚悟を決めて「遺表」(1)を門弟たちに口授していたほどであった。しかし八月、薩摩藩から派遣されて英国で学び、さらに世話役のオリファントの勧めるままに渡米し、スウェーデンボルク系の神秘主義者でもあり、フーリエ主義のキリスト教社会主義者であったトマス・L・ハリス(小楠はエルハリスと表記している)のもとで、労働と思想の中で神と交わる修行に励んできた鮫島尚信(当時誠蔵と称す、留学以前に薩摩藩の使者として小楠のもとを訪れたことがある)と森有礼(当時金之丞と称す)と会った時、小楠は、見違えるほど生気がみなぎり、二人に三回も会って話をしている。小楠は病気も忘れて、米・英両国の政治の仕組や、彼らが青春を賭してその許で修行したハリスのことを聞いた。この時の森の答えるハリス像が、小楠のキリスト教観を一変させたのである。

この問題を突っこんで捉えると、小楠をして森らの話を拒絶させなかったもの、それを探れば、小楠の「天」観がそれ以前の慶応元年（一八六五）の「沼山閑話」（元田永孚との対話の元田による記録）において従来の「天」即「天理」観とはまったく異なる「天帝」という人格神的天の観念にすでに一変していたことに行き着く。その一変した理由はよくは判らない。小楠の内面における変化が、「天理」の天を「天帝」の天に変えていたが故に、小楠は、森を通じて聞いたL・ハリスの話を非常な共感を以て受け容れたのである。この問題についても、後で本格的に触れよう。

更にもう一つ、検討しておかねばならないことがある。それは、小楠をしてキリスト教を否定しつつもキリスト教への関心をもちつづけさせたものは何であったかということである。私見ではそれには二つの理由がある。一つは、超越的なものへの彼の関心であり、もう一つは、小楠のいだいていた「政教一致」の政治思想である。彼は儒教の立場での「政教一致」という考えをいだいていた。もちろん彼は儒教を信奉していたから、儒教の立場で政教一致を可能にするもの（天の観念）への関心を持っていた。その故に彼には、『海国図志』を読んだ時、西欧諸国は日本を初めとするアジア諸国以上に、政教一致に成功した国と見えた。そして彼はそのことを可能にしたものは西欧人のいだいたキリスト教の「神」観念であると考え、キリスト教は排撃しなければならない宗教ではあるが、気になって仕方がない宗教として、ある時期から彼の中で重要な関心事となりつづけたのである。

更に小楠がキリスト教のことが気になった理由として、小楠には、国家ないし社会の統合力としての宗教観がある。この観点から小楠は、幕末の日本を「無宗旨の国」として捉えていた。神道は「荒唐無稽」、仏教は愚者のための教で倫理を説かない、儒教は学者の翫びもの、一国三教の形はあるけれどもその実は日本は「無宗旨の国」である、これではどうして人心を一致させることができるだろうかというのが小楠の宗教という観点からの日本観であり、そういう見方をすればこそ、キリスト教のもつ平易で、しかもすぐれた倫理をともなう教のもつ幕末の日本社会や日本人に対するインパクトが気になって仕方がなかったのである。――私はようやく問題の出発点に到着したようである。次節は小楠のキリスト教観の変遷過程を、彼が明治元年に森や鮫島に会う以前まで明らかにすることになる。

一 天保十年から元治元年までの小楠のキリスト教観の粗描

小楠のキリスト教との出会いは、天保十年（一八三九）の秋、江戸留学中のことであった。それはケンペルの『日本誌』の巻末の附録の第二論文を、志筑忠雄が翻訳した『鎖国論』を読むことによって起った。彼はこの書によって初めて吉利支丹禁制の深き所以を知ったとして、ポルトガルの宗教政策が日本占領を意図してのものであったことを看破した秀吉がキリシタン禁制の政策を取り始めたこと、その方針が徳川家康、秀忠らの徳川幕府においても受け継がれ、家光の時に全面的禁制になった過程を刻明にしるしている。（山崎正董編『横井小楠　遺稿篇』「遊学雑志」八〇九―八一二頁。以下この本に関してはページ数のみをしるす）そこから小楠が得たものは次の通りである。

（1）吉利支丹はわが国の愚民を誑し、信心を弘通させて禍乱の基になった。

（2）わが国の貨財を外国に運び出し、国を空忘の状態にする。

したがって吉利支丹は国家にとってこの上もない大害となる。

当時の小楠は開鎖の問題に大きな関心をもっていたが、上に挙げた（1）（2）の害のうち、（2）の経済の問題とキリシタンとの関係が、現在の開鎖の問題を考える重要なファクターになるとはまったく考えていない。その点は当時の一般の排耶蘇論者とは違う。したがってその後、キリスト教は（1）の問題との関連で考察されている。

小楠のキリスト教への関心が本格的に示されてくるのは、彼が安政二年（一八五五）の夏から秋にかけて、『海国図志』を読んで以後のことである。彼はこの『海国図志』を通じて、西洋諸国がキリスト教を奉ずる「政教一致」の国であり、このことによってそれらは有道の国であるとともに、政治的にも経済的にも発展した文明の国であることを知った。そしてその後、彼のキリスト教への関心が示されたものに、さきに引用した「沼山閑居雑詩十首」（安政三年・一八五六）のうちの一つである「西洋有二正教一。其教本二上帝一。戒律以導レ人。勧レ善懲二悪戻一。上下信二奉之一。因レ教立二法制一。是以人奮励。（以下略）」（八八一頁）と、安政三年十二月二十一日附の越前藩士村田氏寿宛の書簡（ほぼ同文でそれよりやや精しい小河弥右衛門宛のもの）とがある。

村田宛の書簡で小楠は言う。「惣じて西洋諸国之事情彼是に付て及二吟味一候へば、彼之天主教なるもの本より巨細之筋は知れ不レ申候へ共我天文之頃渡候吉利支丹とは雲泥之相違にて、其宗意たる天意に本き彝倫を主とし扨教法を戒律といたし候。上は国主より下庶人に至る迄真実に其戒律を持守いたし、政教一途に行候教法と相聞申候。大抵其学の法則は経義を講明するを第一とし、其国之法律を明弁し其国之古今之事歴より天下万国之事情物産を究、天文・地理・航海之術及海陸之戦法・器械之得失を講究し、天地間之知識を集合するを以て学術といたし候由」（一二四二—一二四三頁）と。

これによると小楠は、彼の言う「天主教」（内容は近代以後のキリスト教の総称）を、十六、七世紀の日本に渡来したキリシタンとは雲泥の相違のすぐれた宗教と考えている。その宗意は、愚民を誑かすキリシタンとは違って、

「天意」にもとづき、「彝倫」を主とし、教法を戒律とし、国主も庶民もその戒律を堅く守る宗教であると彼は理解している。ここでは「天意」となっていて「神意」となっていないことがまず注目すべきことであろう。『海国図志』を通じて儒教のフィルターを通してキリスト教を知ったために、現実のキリスト教とは違って、儒教化された仕方でキリスト教が捉えられている。「天意」にもとづき「彝倫」を主とするという点は儒教と別に異なるところがない。「教法を戒律としてその戒律を全国民が厳しく守る」というようなところは倫理の立場に立つ儒教とは違うが、宗教的戒律と倫理的規範との間には、次元の違いはあっても求めるところに共通性があると小楠は感じたのであろう。そして、そこでの学術が法律、歴史、世界事情、物産の方法、天文、地理、航海の術、海陸の戦法、器械の得失を講究し、天地間の知識を集合することを目的とするというところは、儒教の教義を基本として、そこに利用厚生に資するさまざまの学術上の諸科目を加えて経世に資することをめざしていた小楠にとっては、非常に親近感を覚えるものではなかったろうか。そしてキリスト教を核とする西欧文明は、儒教の「修己・治人」の理想と相通ずるものをもったものと考えたかも知れない。小楠は『海国図志』を読みながら、このようなイメージを引き出し、まったく異なるものと思われる西欧近代の学問の中に、儒教の理想、少くとも自分の理想とする学問とのある類同性を感じたのではなかろうか。そしてそのようなイメージ形成の基本となるところに、「天主教」の宗意が「天意に本き彝倫を主とし」とするところにあったと理解していたように思える。

ここまでは『海国図志』の列国史の記述の中から小楠が自由にふくらませたイメージと理解して差支えないが、以下の記述となると、『海国図志』とは異なる何らかの資料から引出した見解であろう。それが何であるかは今のところよく分らない。村田宛書簡では次のような趣旨のことが記載されている。

ロシアでは、中国その他のアジア諸国の政教の関係を知るために、まずインドに留学生を派遣し、数年間その地の学問、政事の事情を調べさせた。当時インドではモゴール帝国の政治が衰廃して一つも見るべきものはない。また仏教を研究してみると、宗意に条理がなく、その教えはまったく人道に関わっていない。これではインドには政事の道がないのは当然と考えて、次に中国に留学生を派遣する。当時中国は乾隆帝の治世の末年で政道が衰運に傾き、進士の称号が賄賂で手に入るような状態で、政事の無道なのに留学生は驚く。学者の学ぶところを見ると、経書を見、詩文を作るまでのことで、儒教の趣意が何であるかはまったくわからない。もし聖人の道がこのようなことであれば、人道に関係しないという点では仏教とまったく同じである。儒教、仏教を以て代表されるアジアの宗旨の愚昧の甚だしさを見ると、アジアの国々の政治が道を失い、内乱が止まず、他国から攻め取られるのも止むを得ない。畢竟それは人道が明らかでないせいだと心を痛めた。その後、今（安政三年）を去る三五、六年前、もう一度燕京（北京）に留学生を派遣し、今度はもっぱら聖経を研究し、『書経』、『詩経』、『論語』の三部をロシア語に翻訳し、ペテルスブルクにもち帰らせる。そして、その翻訳を大学の詮議にかけてみたところ、第一、「規模の広大なる、経綸の明斉なる、修己治人、政教一致なるところに深く驚駭し、三千年之古如レ此之道明なる堯舜之聖徳に於て誠に奇異の思いをなし、その奉ずるところの天主教の教と全く符節を合候」（同上、二四四頁）と論決したというのである。

小楠は、この「我聖人之道」と「彼が天主教」とが符節を合するというロシアでの論決に賛成したわけではない。「此には大に論ずる旨も候へ共此節はさしおき」（二四五頁）と言って、これをめぐる議論にはここでは入りこまない。小楠は、われわれの深く憂うべきところは、西洋との通信が次第に盛んになり、いろいろの西洋人たちが陸続として入ってきて、彼らの教法や政事が自然に日本人の知るところとなって「我邦人之中聡明奇傑之人物是迄聖人之大道を知り不レ申者彼我政道之得失盛衰之現実を見候ては不レ知不レ覚邪教に落入候は十年廿年之間には鏡に懸て見るが如し」(同上)という事態だと断言している。

ところで、福沢諭吉が『学問のすすめ』を書いて儒教を批判したのは明治四年(一八七一)であった。すでに大学では、儒教者と国学者の教員同士が涯しないそして稔りのない論争をつづけ、大学から儒教も国学も斥けられて洋学一辺倒となっていた。[2] 福沢の発言は当時の人心を摑み、他方儒教は新しい時代に即応する、ないしはそれを創造的な仕方で思想的に展開させることがなかなかできず、時代の片隅に追いやられ、小楠の予言通りの事態となった。

ところで小楠は、このような知的世界の方向を先駆的に歩いているのは佐久間象山であるとしている。象山自身は「東洋道徳。西洋芸術(=科学技術)」と言っており、我こそは新しい時代を生きる儒者のあり方の規範だという誇りをもっていたが、小楠はすでに象山は「邪教に落入っている」とみなし(前述村田氏寿への手紙)、この見解のコメントとして、象山は邪教を唱えているのではないが、彼が「政事戦法一切西洋之道明なりと唱、聖人之道は独り易の一部のみ道理であると云っている」(同上)と聞いている。そのことが、邪教に陥った実境であると小楠は言っている。その言説が、具体的に象山の説の何を指しているのかよく分らない。象山が「政事」を含めて西洋の道が明らかであると言ったかどうか微妙だが、象山の言う「東洋の道徳」では本来道徳と政治とは未分離である筈なのに、象山が『省諐録』で「力」と「徳」との二者の関係を問題にしつつ「力」を優先していることを指すとすれば、小楠の言っていることは的はずれではない。小楠は言う、象山のような人傑がそう言うと、三代の道に明らかでなくその治道に熟さない人は必ず西洋に流溺するのは必至である。今日の憂うるところはこの(三代の)道のことの他にはないと、西洋文明を受容する日本の主体的立場の自覚、確立を憂いてやまないのである。

そしてこの問題は、儒教や知識人の問題だけでなく、西洋文明を迎える日本全体の問題である。彼はキリスト教の卓越した面を知れば知るほど、その受容が日本社会に混乱をひき起すことを恐れる。そして彼は日本の社会の中に宗教的な統合原理がないことを嘆く。そして言う、「我　皇国是迄大道之教払レ地無レ之、一国三教之形御座候へ共聖人之道は例の学者の弄びものと相成、神道は全く荒唐無経《（ママ）》些ニ之條理無レ之、仏は愚夫愚婦を欺のみにして、其実は貴賎上下に信心之大道聊以無レ之、一国を挙全無ニ宗旨一の国躰にて候へば何を以て人心を一致せしめ治教を施し可レ申哉、方今第一義之可レ憂所は、万弊万害何も扨置此所にて可レ有レ之候」（同上、一四二頁）と痛歎するのである。三教には立入ってみればもっと深い意義があるが、政治という観点からみればその通りであろう。社会の安全、秩序維持という観点から宗教を抑えこんでしまった幕府の宗教政策の表面的成功の裏目が出たということであって[3]、のちに伊藤博文が憲法起草に当って、日本には西洋諸国のキリスト教のような国民の精神生活の「機軸」になるものがないと歎き、天皇の大権にその機軸を求める憲法を作成する（一八六九）に至った問題点[4]を、小楠は早くも一八五六年に指摘している。尤もその解決の方向が相異なるものであったことは、言うまでもない。

ここで、この時期の小楠のキリスト教観について言及しておく。小楠がこの時期「天主教」と言っているのは、その言葉から連想されるポルトガルやスペインのジェスイットたちによって伝えられたカトリックの一派を指すのではなく、「キリスト教」という意である。さきに引用した小河弥右衛門宛の書簡では、この「天主教」についてさらに詳しく「天主教之中流脈相《（ママ）》分《わかれ》「プロッテタント」教、「カトレイキ」教抔と申候て四五之脈有レ之、猶我孔夫子之道に於《おいて》朱子・陽明と分候様子にて、当時六大洲中日本・唐士の外は大抵天主教に一統いたし上下総て此教法を実地に相守り、云々」（六一五頁）となっていて、キリスト教についての外延的理解はかなり進んできている。その内容については「天（妖）術奇怪之方弁（便）等は聊も無レ之由」と誉め、その信仰内容についてまったく触れず、倫理的側面と戒律、「実地之力行」について注目し、大友氏の時代に行われていたキリシタンとは雲泥の相違であることが強調されている。

万延元年（一八六〇）に書かれた『国是三論』は「富国・強兵・士道」の三篇から成る「国是」（国のとるべき基本方針）についての議論であって、キリスト教について正面からは論じてはいない。しかし米・英・露を初めとする世界の列強は、「政教一致」の立場に立つ有道の国、文明の国であって、「政教悉く生民の為にする」国々であり、そこにおける「治教」は、ほとんど「三代の治教」に符合するとされている。

ところがその後四年たった元治元年（一八六四）になると、小楠の西洋文明の見方はリアルになり、西洋諸国を「政教一致」の国とする見方は崩れる。そして政治と宗教との関係だけでなく、宗教（キリスト教）と学問との連続性の捉え方も崩れてくる。小楠における西洋文明の「理想化」の時期は終わって、ありのままに西洋文明を捉えるというようになった。現実に日本は開国し、西洋諸国との具体的接触が始まり、日本での西洋人たちの言動、あるいは遣外使節の眼に映った彼らの現実の姿の情報は、彼が登庸された福井藩の藩主松平春嶽が幕府の要職に就いたために、小楠は熊本では聞くことのできなかった生きた情報を、福井で、そして江戸で聞くことができるようになった。

元治元年（一八六四）、熊本の郊外沼山津村に隠棲していた小楠を訪れた若き日の井上毅（当時時習館居寮生、二十三歳）の問うままによどみなく答えた小楠の言説の、井上による記録である「沼山対話」によると、キリスト教（ここでの小楠のことばは「耶蘇教」となっていてもはや「天主教」ではない）は「人に善を勧める」教であって、「利」を主として教を立てるものではない。この点では以前の考えと同じであるが、キリスト教と西洋の学問とは源を等しくするものではないという見解をとるようになっている。彼は言う、「近来に至て西洋に致し候ても其士大夫たるものは強ちに耶蘇を信仰するにては無レ之。別に一種経綸の学を発明致候て是を耶蘇の教に附益致し候。其経綸窮理の学民生日用を利すること甚だ広大にて、先は聖人の作用を得候」（九〇三頁）。キリスト教の教が倫理を説くことは間違いないが、その根底にある人間観や神の捉え方、そこで要求される信仰等についてまったく触れていないことは以前と同じである。そういう情報はまだ入らなかったのであろう。ただ学問については、彼の言う「一種経綸の学」をアダム・スミスの学問や、イギリスの「功利主義」の教説と理解すれば、大綱は誤まっていない。実際、江戸の洋学者たちはそのような系統の学問を学び始めていたのである。(5)

しかし小楠のキリスト教理解はまだ正確ではない。耶蘇（イエス・キリスト）はもと西天竺の地に生まれ、仏の後に起こってその教えを立てているところは仏教の一種に違いない、その後西洋において流盛したが、その所説をみると耶蘇の説が仏の説にくらべてはるかに深玄である、(6)と小楠は言う。

そして仏と耶蘇とはどちらの害が甚だしいか、という井上の質問に対しては、仏は倫理を廃し、耶蘇は倫理を立てるのであるから、仏の害が甚しいとする。さらに儒教と仏教・キリスト教との比較に及び、彼は儒教について次のように語っている。「我孔孟の道は堯舜三代の道等を祖述いたされ候ものにて、堯舜三代は位にいて天下を治められし故、その道正大にて天に継ぎ教を立てられたり。孔孟は又天下正大の理を以て教えを後世に伝えられ候。仏と耶蘇との如きは元来下位に在て私に愚夫愚婦を教化するの心より起りたる故に天道地獄などの説をなし、方便を設けて人々の暁り易き様にいたしたるものに候」（同上、九〇一頁）と、帝王の位にあって教えを立てる儒教の教が最も正大の道であるという立場に立って、仏教やキリスト教の教を、方便を設けて人々の理解しやすいものにした教えとして一段低く評価している。

なお小楠の井上との議論は、キリスト教を日本社会に入れるべきかどうかという問題にまで拡がり、仏教が日本に入ってその教えは深く民心に染み入っているので、キリスト教が日本にはいってくると、必ず仏教との間に争いをおこし、たちまちに乱を生じ、民衆は塗炭の苦しみにおちいるから、「何分にも耶蘇教を入れ込み候には相成るまじく被レ存候」（同上）という結論を下す。

この「沼山対話」に拠る限り、小楠のキリスト教に対する態度は、為政者の立場に立って、社会の秩序を保ち、人民の生活の安定をはかるという観点から、キリスト教を受けいれることに対して拒否的であると言わねばならない。宗旨争いを極力避けようとする小楠の態度を見ると、宗教戦争の後のヨーロッパの啓蒙主義者のようである。しかし彼は、一方では儒教の現状を憂えるとともに、他面ではキリスト教に対する態度はこれで完結したのではなく、その後も深い関心をもちつづけるのである。

二　天の観念の飛躍に至るまでの小楠の精神の軌跡

われわれはここで一挙に明治元年（一八六八）の初秋の、森有礼や鮫島尚信を介してのトマス・L・ハリス（Thomas Lake Harris）との間接的な出会い、それを通しての、小楠のキリスト教理解の深化の問題に移るべきかもしれない。しかし私としてはどうしてもその前にやらねばならないと思っていることがある。それは慶応元年（一八六五）の「沼山閑話」に示された小楠の天の観念の飛躍の問題と、そこに至るまでの小楠の精神の歩みの軌跡である。なぜならそれがあったればこそはじめて、若き日の森有礼からL・ハリスの話を聴いての小楠の魂の躍動があり得た、――私はそのように理解するからである。この節では小楠の天の観念の飛躍に至るまでの小楠の精神の軌跡をたどることにする。

私は、小楠の生涯に三つの転機があると考えている。第一は、政治青年として歴史を中心に勉強を進めていた小楠が酒失によって江戸遊学から郷里熊本に帰され、失意の中に思索と勉学を重ね、朱子学に転向した時期である。この転向は天保十一年(一八四〇)から翌十二年(一八四二)にかけて起っているが、これら一連の事の起りは時習館菁莪斎における教育改革の失敗(天保九・一八三八、天保十・一八三九)である。第二は、安政二年(一八五五)における『海国図志』の触発によって起った「攘夷論」から「開国論」への転回である。これ以後、小楠の眼は世界に向かって開かれる。なおこの転回は、同年の肥後実学派の盟友長岡監物との別離という出来事と一つになって捉えるべきであろう。それは小楠の思想的自立を意味する。

この時期の代表的著作は万延元年(一八六〇)の『国是三論』と、元治元年(一八六四)の「沼山対話」である。前者は福井藩の国是を宣言した公式文書であり、後者は井上毅との対話の記録を井上が書きとどめた私的文書という差異はあるが、小楠の経世思想の転回を伝えるという点では共通性がある。前者は、安政五年(一八五八)の福井藩における登庸、翌安政六年の福井藩での藩政改革の成功ということを背景として生まれた。『海国図志』を読むことによって形成された西欧諸国、とくに米国の理想化とそれに触発された彼の儒教思想の深まりとが一つになって、力強い経世思想が展開されている。その後福井藩主松平春嶽の幕府の政事総裁職就任と共に、小楠の活躍の舞台は江戸に移り、文久二年(一八六二)の幕政改革は小楠の献策を中心としてなされたが(同年の「国是七条」はその集約)、翌文久三年の「士道忘却事件」により、「知行召上、士席剝奪」ということになって以後明治元年まで熊本郊外の沼山津村に蟄居の身となる。しかし『国是三論』から始まった彼の経世論は、文明化政策の面では元治元年(一八六四)の「沼山対話」(井上毅)まで大筋においては変わるところはない。ただ文久年間につづいた西洋列強の中国（天津、北京、満州）への進出、ロシアの対馬占領等々を経験し、国際政治の面での西洋の理想化はもはやできなくなり、世界が列国の国家利益を求めての「割拠見」的行動に狂奔する歴史的現実の中で、日本はいかにして自己の理想を貫徹すべきか、というように彼の思想は、Ideal-real の二重性をもつようになっている。（私はこれまで「沼山対話」から小楠の思想の新しい展開がなされると考えていた。[7]「五行説」の批判などはそれに当るが、決定的な変化は「沼山閑話」の「天」観の飛躍であって、それ以前と以後とでは思想の質が変わり、この慶応元年は安政二年に比すべき小楠思想の質的転換の時期と考えている。[8] これに対して「沼山対話」は、朱子学的理の観念を核としてその経綸を表現するなど朱子学を基調としつつも、その中に五行思想の「六府」的読み替えという『書経』三代の考え方も含まれている過渡的性格をもつ著作とみなしていいであろう。）

第三は、慶応元年（一八六五）の「沼山閑話」に示された「天」の観念の変質に示される、思想の宗教的傾斜である。一般に明治元年（一八六八）における新政府への登庸ということを以て彼の生涯は分けられているが、思想史的観点から小楠の生涯を見ると、彼の元治元年（一八六四）の「沼山対話」と翌年の「沼山閑話」との間の思想の変質に注目せざるを得ない。ただ、小楠自身がこの思想上の変化の意味をどれほど自覚していたかということは疑わしい。もし充分自覚しているのであれば、彼は明治新政府からの招聘を断わって、時代の変動から一歩距離を置いて自分の思想の完成に全力を傾けるべきであったと思う。しかし常に時代の中で自己の思想の社会的実現を追求しつづけてきた小楠には、自分が新しく踏みこんだ思想の世界がどのような意味をもつものかということを直視することはできなかったのではあるまいか。

慶応元年以後、小楠は親しい二人の人――慶応元年における坂本龍馬、[9] 明治元年における立花壱岐の失望をかい、[10] これまで小楠とは一度も会ったことがなく、しかし西郷から勝海舟を通しての小楠の話を聞かされてある期待の念をもっていた大久保利通からも、明治元年の小楠への期待外れの言葉が出ている。[11] それには沼山津への隠棲が長くなって、政治活動をする人に必要な生きた情報の不足、そこから来る政治的判断と行動に必要な政治的勘の鈍化、明治元年の場合はそれに加うるに病気、そして大久保の場合は相互に理解し魅かれてゆく人間的波長の違い、等々のことが挙げられる。それはそれで一応の説明にはなっているが、私の考えではみな消極的理由であって、積極的な理由ではない。小楠の、慶応元年（一八六五）秋の元田永孚との対話（「沼山閑話」）における実に生き生きとした、内から湧いてくる思想の宗教性の力強さ、それと同質のものとしては明治元年の秋、森有礼・鮫島尚信から彼らの師、トマス・L・ハリスの許での二人の体験談を聞いて、それを在米中の二人の甥たちに伝える明治元年九月十五日附の書簡を見ると、この二つに共有される思想こそこの時期の小楠にとって最大最深の関心事であり、そこでこそ彼の生命、彼の魂は躍動し、火花を散らしていることを実感する。

然るに社会が彼に要求しているのは、経世家として華々しく活躍した時期の小楠、すなわち時代の動きの最先端に立って、時代の直面する問題に真正面から答える小楠である。慶応元年以後の小楠には要求する者とされる者との間の齟齬がある。私は、明治元年の小楠への京都政府からの招聘の折、小楠が元治元年の小楠の状態であったら、小楠にとっても日本にとってもどんなに幸せなことではなかったかと空想する。

しかしそれは、小楠が思想家として駄目になったというのではない。常に自己の生命と意識を集中し緊張しきって、日本国家の直面する問題にこたえようとしてきた小楠が、その緊張の糸を弛め、自己の内面の囁きに耳を傾けたために、これまで発火せずにいた魂の深部の霊性が発火し、魂の奥底まで普遍的思想家としての小楠が形成されて、国家や民族の当面の問題は第二義的なものになってしまったというのが、慶応元年以後の小楠ではなかろうか。そしてそれは小楠が歴史的役割を終えてしまった「過去の人」になったのではなく、明治憲法下の日本では「過去のすぐれた人」となっていた小楠が、予知できない新たな時代を迎えた時にわれわれの力となり得るために必要な「時代からの脱離《デタッチメント》・普遍世界への突入」という作業ではなかったろうか。そしてそれはまた「日本の思想家小楠」が「人類の思想家小楠」へと飛躍したことを意味するのではなかろうか。

何がその契機となったのか。まず考えられるのは、彼が士籍を剥奪され、一箇の人間横井小楠として沼山津村に隠棲してからもう三年になる。前年の秋は井上毅の鋭い問いに颯爽とよどみなく答え、同時代の空気の中で生き、そこでの問題によどみなく応じた小楠であったが、三年間の月日を迎えるともう自分の出番はなくなったのではないか、そういう思いが自分の心を掠めるようになったということは充分に考えられる。そういう時、人は自己の存在を規定している時代性を脱離し、時間を超えた根源的自己に向き合うということは充分にあり得る。慶応元年の小楠はそのような時を迎えた。このことは考え得る第一の契機である。

しかしそれだけではあるまい。彼は、安政二年の開国論への転回以後の自分を振り返って見る。この転回への根拠となったのは、西洋諸国が有道の文明国であるということであった。しかし果してそうであったか。なるほどそれらは科学技術にすぐれ富強を致した文明の国である。しかし西洋諸国がアジアにおいてやっていることはいったい何か。隣国中国では安政三年（一八五六）のアロー号事件につづいて翌年、英仏連合軍の広東占領、翌安政五年（一八五八）の英仏米露の天津占領と天津条約、さらに万延元年（一八六〇）の英仏連合軍の北京占領と北京条約、同年のロシアの沿海州占領という事件があいついで起り、そしてわが国では文久元年（一八六一）のロシアの対馬占領、英国軍艦によるその退去等のことが起って、小楠は、日本海が英露二大強国の角逐の場となったことを実感する。国際政治における彼らの行動は、国家利益の擁護と拡張以外の何ものもない。小楠の用語を使えば「割拠見」（集団的エゴイズム）が彼らの行動の原動力である。

西洋の宗教や学問はどうなっているか。彼は「沼山閑話」では「天守教《ママ》の如きは西洋も本意とする事に非ず、此の邦の仏教の如し」（九二六頁）と批判するに至る。学問はどうか。「西洋の学は事実上の学にて、心徳上の学に非ず」（同上）と断定するに至る。その一年前の「沼山対話」（元治元年・一八六四）において「近来に至て西洋に致し候ても其士大夫たるものは強ちに耶蘇を信仰するには無レ之、別に一種経綸窮理の学を発明致候て是を耶蘇の教に附益致し候。其経綸窮理の学民生日用を利すること甚だ広大にて、先は聖人の作用を得候」（九〇三頁）というのに較べてみると、キリスト教の社会的地位についての理解は同じだが、西洋の学問についての理解という点で、その楽観的色彩は「沼山閑話」においてはまったく消えている。

こうしてみると、国際社会の行動原理においても、国内の文化においても、西洋は政教一致の原理をまったく失った文明であるということになる。残された国はただ米国である。彼はずっと米国を信頼し、国際関係において頼みある国としていた。日本海をめぐる英・露の角逐がやがて日本を捲きこむ大きな戦争になるだろうと多くの人が考えて、英・露のどちらと同盟しようか迷っていた時にも、小楠は「米国ト協議シテ以テ戦争ノ害ヲ除ク可キナリ」と言い、「若シ我ヲ用イル者アラハ先ツ米国ニ至リ誠心ヲ投シテ大イニ協議シ」たいと側近の者に語っていたという（元田永孚『元田永孚文書』第一巻、六八頁）が、何から得た情報かは分らないが、元治元年の米国の現状は、小楠が理想化していた米国ではなくなっていて、早くも元治元年の「沼山対話」では、「アメリカも今日に至りては已に南北の戦争に相成候てワシントンの遺意は早失ひ申候」（九〇九頁）という悲観的な言葉を述べるに至っている。渡米した二人の甥たちからの手紙も、それに追討をかけるようなものであった[12]。

上に見られるような西洋文明に対する彼の幻滅を見ると、もし彼が長生きをして、moral sentiment にもとづいて富国論を考えたアダム・スミスの思想に触れ、オランダから帰った西周から、カントの「永久平和論」の説を聞いたらどういう反応を示しただろうか、というようなことを空想させる。それはそれとして、小楠は安政二年（一八五五）に『海国図志』を読んで開国論に転じて以来、自分の考えてきたこと、言ってきたことの前提が根本的に崩壊したことを感じたに相違ない。しかし自分の考えてきたことの基本方向は間違っていない、とも思ったに違いない。こういう精神状況の中で、小楠は自分の思想の組み立て方を再検討してみる必要があると思ったのではないかと思う。

彼は思う、西洋の学問は「事業の学」であり、彼らのつくり上げた「経綸窮理の学」は今日の人類社会の中で最もすぐれ、「民生日用」の面でも大いに社会に役立っている。そしてまたそれは造船技術の発展を促し、航海を安全にし、交易を発展させ、西洋社会の発展を可能にしている。われわれはこれを大いに学ばなければならない。しかし彼らの学問はキリスト教を離れてそこには「心徳の学」はまったくなく、教育の面では「西洋学校は稽業の一途にて徳性をみがき知識を明にする学道は絶て無レ之、本来之良知を一稽業に局し候へば、其芸業の外はさぞかし暗きことと被レ存候」（五〇八頁。慶応三年六月二十三日、在米中の二人の甥への書簡）。彼は西洋諸国に行ったことはなく、新教を奉ずる宗教と教育との分離の国でも、教会や家庭で宗教的情操がいかに養われているかを知らない。

彼のめざした学問は、儒学の「修己・治人」の理念から出発し、さらにそれを展開して哲学・倫理を基礎とし、それを現実化する政治、経済の学（それには生産を促す科学技術も含まれるであろう）の分節化を深め、さらにそれを有機的に統合し一体化することをめざすものであったように思われる。簡単に言うと、「心徳の学」と「経綸の学」を一体化したものである。そして西洋の学問が専門の研究に集中し、本来の良知を見失っている現状を見、それを受け入れる神・儒・仏の三教共に無力になっている日本の将来を考えると、「心徳の学」の内容は朱子学のように「天理」というレヴェルの天の観念のままでいいのか、という危惧の念が彼の心に去来し始めたのではないかと考えても、けっして不自然なことではないだろう。

三　小楠における天の観念——天命・天理・天帝

われわれはここで、小楠の「天」の観念について触れる時が来たように思う。彼の使用した「天」をめぐる用語には「天」「天意」「天理」「天命」「天徳」「天職」「天帝」「皇天（昊天）」「畏天」「天工（功）」「天吏」等々がある。それらの語は宋学から『書経』の世界にまたがっている。そして彼の言う「天」の中核的性格は「主宰者」ということである。そして彼の「天」の思想の中核となるのは、この主宰者としての「天」の命令を畏敬するということである。「天理」という観念はそれから逸脱し、「主宰者への畏敬」がなくても成立し得る。小楠はそのことに基づき、「天」への畏敬を明確に表現する「天帝」という言葉で自己の「天」観念を表現するようになる。

ところで「天命」を畏敬するという思想の初出は嘉永三年（一八五〇）五月十三日の三寺三作への書簡における「人事之変は何も意料外に出候へば吉凶禍福其来る処に応じ彌益人事之実を修励し敢て吉福に安じ凶禍に屈し不レ申、天之明命を敬畏いたし候事是君子心を用大苦労之処にて有レ之候」（一三五頁）というところである。但しこの文章では、まったく個人的次元の問題として「天之明命」を敬畏するということが説かれていて、彼の「修己治人」の思想の「治人」の面は示されていない。その両面が示されているのは、安政二年『海国図志』を読んだ後の安政三年頃に書いたと思われる次の詩である。「人君何天職。代レ天治二百姓一。自レ非二天徳人一。何以愜二天命一。

所ニ以堯巽レ舜。是真為ニ大聖一。迂儒暗ニ此理一。以レ之聖人病。嗟乎血統論。是豈天理順。」（「沼山閑居雑詩」八八〇頁）（人君何ぞ天職なる。天に代りて百姓を治むればなり、天徳の人に非ざるよりは、何を以てか天命に愜はん。堯の舜に巽する所以。是れ真に大聖なり。迂儒はこの理に暗く、之を以て聖人の病となす。ああ血統論、是れ豈に天理に順ふものならんや）。

この詩は、ワシントンが大統領の地位を世襲しなかったという「アメリカ篇」の記事に感動し、これに触発されてつくったものである。（「人君」という統治に責任ある人の役割を「天職」というのは、人君が「天」に代って人民を治めるからである。その「天職」を果すには、彼が「天徳」を身につけている人でなければ、どのようにして「天命」にかなうことができようか。堯が帝位をわが子でない舜に譲ったということが、まさに彼が「大聖」とされる所以である。迂儒はこの理に暗く、これが聖人の病弊であると言う。ああ（わが国を支配している）血統論が、どうして天理に順うものだろうか。）——小楠は中国の古代儒教の天命説を忠実に受けいれた。世の人君たちは自分の地位と役割を「天命」を受けたものという。しかしこれが僭称でないためには、何よりも彼が「天徳」の人であることが条件となる。では「天徳」の人であることは何によって証明されるのか。彼が国を治め、民を安んずるということが基本の条件であるが、それは彼の治世だけでなく、「次の治世を立派に担当し得る人を択ぶ」こともその中に含まれる。それらの責任を全うしているかということを自覚的に反省し、「天命」を畏れるのが統治者のあるべき姿である。——この詩はまさに、社会全体が「世襲」制度によって成り立っている中で、そのことを問題にすることなしに過してきた近世儒学のアキレス腱をついたものといえよう。

「天命」を畏れ、「天命」にこたえることは小楠の生涯の課題であった。「天理」によってさまざまの政治的課題を解くことに縦横の手腕を発揮することが目立つ時期があったが、その時でも、この「天命」を畏れ「天命」にこたえるという基本姿勢は揺がなかった。そしてその態度は第一次肥後実学派の伝統を受けつぐものであった（この点については、「横井小楠の「三代の学」における基本的概念の検討」で論じている）。小楠はこの精神的伝統の中に育ち、そしてみずからも「天命」にこたえ、そして治国安民の責任を果したいと願って生きてきたのであるから、慶応元年（一八六五）に、「天」を「天帝」として、「天帝」に事え「天工」（功）を亮けることを自己の職分とする「畏天経国」への飛躍も可能となったと思う。

しかし安政二年以降元治元年まで、小楠は「天」の問題をどう考えていたのか。この問題に対する一つの答は、「天→天意→上帝→天帝」というように、小楠の天の観念が天の人格化に向って深められていたという平石直昭氏の説である。この流れもたしかに無視はできない。私はかつてそれに従った。[13] しかしよく調べてみると、「天意」も「上帝」も、小楠がみずからの「天」についての観念としてこの「天意」や「上帝」という語を使っていたのではない。「上帝」の語が「西洋有㆓正教㆒。其教本㆓上帝㆒」（八八一頁）という「沼山閑居雑詩」の一つの中の文言であることはよく知られている。いうまでもなくキリスト教の教が「上帝」に基づくということが示されているのであって、彼の「天」の観念とは直接の関係はない。「天意」についてそれがどのような文脈で使われているかというと、「惣じて西洋諸国之事情彼是に就て及㆓吟味㆒候へば、彼之天主教（のちに小楠はこれを西教と呼びキリシタンと区別している）なるもの本より巨細之筋は不㆑知申候へ共。我天文之頃吉利支丹とは雲泥之相違にて、其宗意たる天意に本き彝倫を主とし扨教法を戒律といたし候」（安政三年十二月二十一日村田巳三郎宛、二四二頁）というものである。それはプロテスタンティズムの宗意を「天意」と言っているのであって、これも小楠が自己の「天」の観念を「天意」と表現しているのではない。したがって、「天意→上帝」は小楠のキリスト教理解の深まりを示すものであって、小楠の「天」の観念の深化を直接に示すものではない。

私は、小楠の「天」をめぐる思想は、最も基礎的部分に「天命への畏敬」ということが厳然としてあり、その上で彼の意識の上で最も生き生きと働いていたのが「天理」であり、またそれから派生した「天地の理」「天下之理」、より具体的には「天地公共の実理」「天地自然の情理」「天地間之理」「天下公共の実理」「天下正大の理」というように天地、天下の中にはたらいている理の観念であったと考えている。

この「天理」は基本的には「天の理法」という静的で普遍的なものであって、「今日に至り独立鎖国の旧見を主張するは天理に悖候ことに候」（「沼山対話」九〇七頁）などその適例であろう。しかし「天理流行道」などというように、「流行」という動的な面を併せもっているところ、そこまでであれば一般の朱子学者と変わるところはないが、「流行」の理が宇宙の運行とそれへの人間の適応というような受動性をもつのに対して、小楠の場合の動的な理は、宇宙的面と歴史的社会的面、受動性と能動性、とを併せもつ「活理」である。北野雄士氏の指摘するように、その考えは『易』（周易繋辞下伝）に由来しようが[14]、小楠の使い方は融通無礙で、「理と勢」とをコンビにしたり[15]（朱子学）、中江藤樹・熊澤蕃山に由来する「人情」の考え方を使って「大今天地人情事変之物理」（一二三五頁）と言ったり、囲碁の盤面における無限の変化と人事の変態とに譬えてそれへの人間の霊活なる対応を説いたりして多種多様であるが、それへのよろしき対応を得る道理が「真道理」とされて（「時に応じ勢に随ひ其宣敷を得候道理が真道理と奉存候」、一二一六頁）、動的理への動的対応に真理性を認める考え方が示されている。そしてその対応を可能にするものは「霊活方寸の中」の「格知の功」であるとされる（「囲碁何其変。顔面一不レ同。人事率如レ此。変態誠無レ窮。何以応レ無レ窮。霊活方寸中。是知君子学。総在二格知功一」、感懐十首中の一首。八七六頁）。そしてこの「格知の功」を晩年では更に具体化して「合点」という言葉で表現し、われわれの「認知」的な「知る」という知り方と区別している[16]。

このような静的でありつつ、しかも無限の動性をはらむ天理の真の姿はよくは見えない。それには「心」が虚であることが必要であると小楠は言う。（「心虚即見レ天。天理万物和」（寓言五首の一首。晩年の詩。八八五頁）。晩年の小楠は、天理と万物とが調和した状態がよく見えるようになったようだ。彼が晩年によく言う「自然の天理」とは、彼の晩年の澄みきった眼によく見える姿であろう。ところで「天の理法、天の流行」というのは朱熹の圏内の思想であるが、嘉永六年（一八五三）以降の小楠には、この理を「公共」（「天地公共の実理」、「夷虜応接大意」）とか「至公至平の天理」（「沼山対話」）というように公共・公平という社会的原理という観点から天理を捉える見方が出ている。[17]このことは、小楠の天理思想の最も特徴的な面を示すものというべきであろう。彼はこの原理によって国家のあるべきあり方、また国家間のエゴイズムを規制する国家を超越した公共理念をうみ出した。このような政治の側面だけでなく、国家間・地域間の交易という経済的な天理観念の形成もなしとげ、さらに、平和の実現と持続を可能にさせる思想的な基盤をもつくった。このような豊かな「天理」思想の形成ということが、彼の安政二年以降元治元年までの思想的活動の中心的テーマであった。

しかしさきにしるしたように、彼が『海国図志』によって「有道の国」として理想化した西洋諸国が、その実態は「国家利益」を求めて狂奔する国であり、彼が憧憬してやまなかった西洋諸国の教政一致・学政一致の原理は理念の世界にしか存在しないもので、西洋諸国のすぐれた科学や科学技術の発展の成果も倫理と宗教の根を失ったものであることを知った彼は、先駆的に「文明の危機」という実感をもったのではないかと思う。「天」は「天理」だけでよいのか。もっと深い宗教性の次元まで掘り下げられる必要性があるのではないか。天は畏敬すべき人格性をもつものではないか。専門化された学問にうちこんで、うちこめばうちこむほど根を失ってしまっていく人間の将来はどうなるのか。此の問題に答えるのが、自分の思想的課題ではないのか。そうした壁にうち当って彼なりの答を出したのが慶応元年の秋、元田永孚の求めるままに話した「沼山閑話」である。
慶応元年の旧暦の晩秋の二十七日、小楠の旧友元田永孚は、暁を侵して沼山津村に閑居中の横井小楠を訪ねた。この時の小楠の印象を、その容顔は青壮年時代とは変わり両鬢は白くなっていたが、その蘊蓄はますます深く、精神力は倍加していた、と永孚は記している。折節他の訪問客もなく、二人は心ゆくまで話し合った。その時の談話の要点の記録を永孚が書きのこしたのが、「沼山閑話」である。その冒頭に、こう述べられている。

宋の大儒天人一体の理を発明し其説論を持す。然ども専ら性命道理の上を説て天人現在の形体上に就て思惟を欠に似たり。其天と云ふも多く理を云、天を敬すると云も此心を持するを云ふ。格物は物に在るの理を知るを云て総て理の上心の上のみ専らにして堯舜三代の工夫とは意味自然に別なるに似たり。堯舜三代の心を用ゆるに其天を畏るゝ事現在天帝の上に在せる如く、目に視耳に聞く動揺周旋総て天帝の命を受る如く自然に敬畏なり、別に敬と云ふて此心を持するに非ず。故に其物に及ぶも現在天帝の命を受て天工を廣むるの心得にて山川・草木・鳥獣・貨物に至るまで格物の用を尽して、地を開き野を経し厚生利用至らざる事なし。水・火・木・金・土・穀各其功用を尽して天地の土漏るゝこと無し。是現在此天を敬し現在此天工を亮る経綸の大なる如レ之。（九二一頁）

長い引用になったが、ここには小楠が晩年に到達した、彼のいわゆる「三代の学」の基本思想が簡潔にしるされている。小楠は安政三年（一八五六）の春に、これまでの思考の枠組では問題が解けないことを自覚し、『書経』の世界に帰ってそれを拠りどころとして、そこに展開されている「三代の道」を通じて問題の解決をはかることを決意した（安政三年五月六日の立花壱岐宛書簡）。これ以降、彼の書いたものはこの「三代の道」以外に、「三代の治」「三代治道」「三代の治教」「三代の分取」等の言葉があいついで出るとともに、立花壱岐宛書簡の中では、「天地人情事変の物理を究」める「格物之実学」形成の必要が高らかに説かれている。

このような宣言と共に、彼は「明徳・新民」の解釈において、為政者は民を新たにする営みの中で、自己の明徳も明らかになるという「新民」説を主張し、「自己の明徳」を明らかにすることを通じておのずから民も新たとなるという朱子学の伝統的解釈に従う盟友長岡監物と絶交したり、それまで政治行動の上での指針としていた後期水戸学とも袂を別つという行動に出、朱子学の基本概念を自己の理解する「三代」的観点から読み替える作業を始めていたが[18]、しかし彼の思想の現実は、まだ朱子学に留まる面を残していた。その最大なるものは、「理」「天理」の思想であった。「理」や「天理」は元来『書経』にはない概念であり、この「理」の観念が世俗世界の現実と理念を説明する原理として飛躍的に展開したのは朱子学においてであった。そのこの「天理」という観念が、安政二年以降の小楠の基本思想として展開していたことはさきに述べた如くであった。小楠が「三代」の世界のめざしたものを現代においてめざそうとする限り、この「理」「天理」の世界から離脱しなければならなかった。

小楠がもう一つ離脱しなければならなかったのは「心」の思想である。「心法」の工夫は、小楠が青年期の挫折から立上る際に必要欠くべからざるものであった。この「心」の問題は「理」以上に難しい問題であった。「三代」の世界でも「心」ぬきには成立し得ない。しかし「心」の世界の中だけで自己閉鎖的に、ないしは自己完結的に問題を解決しようとすることには問題があると小楠は考えたのである。

物事を抽象化して「理」として捉え、「物」それ自体に迫ろうとしない朱子学、心の世界を自己閉鎖的、自己完結的に捉えて「物」との関係なしに心の世界だけで問題を解決しようとする朱子学、そこに小楠は問題を感じたのである[19]。物との新しい関係のあり方の構築、そして天を「理」とするのではなく「帝」として人格化しこれを畏敬する、それが小楠がここで問題にしようとしたことであり、そしてそれは「三代」ということを長い間主張しながら、朱子学的要素を超え得なかった自分が、学問的にやっとそれを乗越えて「三代」という名にふさわしい学問形成の段階に到達したという自覚を初めてもち得たが故に、彼はこの「沼山閑話」で初めて「三代の学問」という言葉を使用したものと私は理解する。

以下、さきに引用した文章の行文にしたがって上に述べたことを検討してみる。「宋の大儒天人一体の理を発明し其説論を持す」――小楠は朱子学の「天人一体」という考えに反対するのではない。その「天人一体」の説の内容に反対するのである。以下具体的に反対の内容を箇条書きにしてみる。

(1)朱子学では、専ら「性命道理」の上を説いて、「天人現在の形体」の上で説かない。

(2)朱子学では「天」と言っても多く「理」を言い(「天理」を言う、という意であろう)、「天を敬する」といっても「この心」を保持することだけをいう。

(3)朱子学では「格物」ということを言うが、その内容は「物に在るの理を知る」ことを言い、総じて「理の上」「心の上」だけのことを問題として、「堯舜三代の工夫」とは意味がおのずから異なる。

これに対して小楠の堯舜三代についての見解を箇条書きにすると次の如くである。

(1)その心の用い方を見ると、その「天」を畏れることは「現在天帝の上に在せる如く」である。

(2)その目に視、耳に聞くことを始めとして「動揺周旋」の態度を見ると、すべて「天帝の命を受け」るように自然の敬畏の態度である。それは「敬」と言っても、自分の心をそれとして緊張させるのではない。

そういう次第であるから、堯舜三代の心になると、物に及ぶ場合でも、「現在天帝の命を受て天工を広」める心得であって、山川・草木・鳥獣・貨物等に至るまで、すべて「格物」のはたらき(用)を尽して、具体的に地を開墾し、野を区切って田畠にし、「利用厚生」という点で至らないことはない。朱子学のように、そこにあるものを抽象化して水・火・木・金・土の五行に分けて分析的に扱うのではなく、現実の水、火、木、金、土ならびに穀物という物そのものに行くことによって、「六府」[20]はみなその功用を尽して、天地間の土地は漏れることなく民生に役立っている。これが「現在此天帝を敬し現在此天工を亮る経綸」のありのままの姿であって、その広大なることはこれまで見た通りである。

上の文章で重要な言葉は「現在天帝の上に在せる如く」「現在天の命を受る如く」という句に見える「現在」という語である。[21]この「現在」は「今・ここ」という時間・空間の二つの契機の最も微少なる複合体でありつつ、瞬間に消えゆく存在ではなく、「永遠」につらなる「現在」であり、西田幾多郎のいわゆる「永遠の今」に通ずる考えである。ここでの天人の関係は、「天帝」と「人間一般」との関係ではなく、宗教的実存の超越者と自己との、第三者の介入を許さない関係を示している。そしてその一人一人の人が漏れることなく、「現在」(今・ここ)この「天工を亮ける」というのであるから、この三代の心での経綸の広大なることはあらためて言うまでもないというのが小楠の考えである。

もちろん宋儒も治道を論じているが、その経綸は三代の経綸のような広大な力を発揮するということを聞いたことがないとする小楠がその証拠として挙げるのは、近世になって西洋では航海の道が開け、四海を数百隻もの貨物船が行きかう時になったのに、宋儒の経綸の説にはそのような文明をもたらす契機は一つもない。然るに堯舜三代のことを調べようと二典三謨(『書経』中の堯典・舜典(二典)ならびに大禹謨・皐陶謨・益稷(三謨))を読むと、そこに示されている考え方に少し現代化への工夫をするなら、そのまま生かせる契機があるとして「堯舜をして当世に生ぜしめば西洋の砲艦器械百工の精、技術の功疾く其の功用を尽して当世を経綸し天工を広め玉ふこと西洋の及ぶ可に非ず」（九二三頁）と断定する。

あまりにも楽観的な見方にとまどうが、天を抽象化して「天理」とするのではなく「天帝」つまり人格として捉え、心の世界の自己閉鎖・自己完結ということを批判し、心の立場をとりつつしかも物そのものへ至ることを勧める朱子学への基本的批判の部分は、これまでの彼の思索から飛躍した部分であって、そこには、儒学が一歩宗教の世界へと踏み出す面があり、かつ軍事技術によって物そのものに迫る態度は、他の箇所での「学」より「思」の強調と共に儒学が哲学へと変貌する契機をも内包していて清新な感じがする。

もちろん彼自身はあくまで儒教の中にとどまり、「修己治人」という基本構造を守っている。ただこれまでの朱子学の思惟では現代の課題にこたえる修己治人にならないと考え、堯舜三代の学を「畏天経国」の学とし、宋儒の学を「性命道徳」の学とする。もちろん朱熹には、「社倉法」をはじめとする経国論があるが、その程度のことでは現代の経国論と言うには価《あたい》しないとして、朱子学を「性命道徳」の学に過ぎないとする。そして両者を異ならしめているものは、「天人一体」の考え方とする。もちろん宋儒にも「天人一体」の考えがあり、小楠はとくに張横渠の『西銘』を高く評価し、彼は確かに「天人一体」を「合点」していて、たんに知的に知っている者とは違うと考えている。それは認めるが、その「天人一体の合点」は道徳を推演しての天人一体の合点であって、「現在天人一体の合点」という合点ではないという。この「合点」は一々の個別的な認知作用としての「知る」ということとは違って、一つ体得するとあらゆる状況に適切に対応できるわかり方で、個別的知を積み重ねているうちに突如としてあらわれる多分に直観的な根源知、全体知であり、純粋知から身体知的性格をもつ実践知における「体認」や宗教上の「悟り」までを含む広範で未開拓な本質知をさすものと考えてよいのであろう。このような「現在天人一体の合点」を得ると、治道の面では、封建制をしくことによって国を治めるとか、井田の法を興して改革しようとする王安石のような議論は、廃れた古法を強いて世を興そうとするものであって、人情に叶わず却って害があると小楠は言う。

小楠が主張するのは、さきにみた三代をモデルとする「現在天工を亮くるの格物」であり、別に「封建井田」を興さなくても、利用厚生の道は「六府」の功用を尽すことによって宋の時代にも可能だった筈だ。しかしそれがないところを見ると「三代治道の格物」と「宋儒の格物」とは意味が違う。宋儒の格物は「理をつめて見ての格物」である。後学の者はそのことに気づいて「理学の説法」に狂奔するのではなく、「現在天人一体の合点」がないことによって、大源頭のところに狂いが生じていることを自覚して、「事実の上において道を得る」ことに努めるべきである。

以上のように小楠は経世の面での宋学の間違いを指摘し、その間違いは「一草一木皆皆有レ理須レ格レ之」とは言いながら、それが「草木生殖を遂げて民生の用を達する」ということになっていない「宋学」の格物観の狂いに由来し、さらにその根本原因は、天を「天理」と捉えて「現在天人一体の合点」がないことに由来すると言い切る。

この問題を「知」の問題に引きつけて考えてみると、朱子学にも「理論知」と「実践知」の両側面があり、社倉の制の構想などもあって経世問題にも心を配っているのだが[22]、「理論知」と「実践知」の両面がうまくつながらず、バラバラになっている（朱子学批判者はこれを「支離」という）という思想の構造上の大問題があった。王陽明が朱子学を批判したのはその点であって、彼は知を「実践知」一本に絞り「知行合一」を称えたのである。しかしその「心即理」の考えでは経世の問題が解決できないというので、若き日の小楠は朱子学を択んだのであった。

今また小楠はその問題に帰った。彼がここで考えたのは、朱子の「格物」観と「主理」思想の否定であった。徹底的に「物」――この物は「物質」ということではなく、儒学の伝統的考えである「事物」という意の「物」である――それ自体に行く、ということであった。それは一種の事実主義と言ってもよい。しかも天を「天理」としてではなく、「天帝」と把えるその点で、小楠は徂徠に似た問題意識をもっていたと言ってもよいであろう。しかし徂徠と違って基本的に「心」の立場に立っているし、また「礼楽制度」をつくってそれによる人民の感化に期待した徂徠とは違って、あくまで為政者に「手足にたこ」が生ずるような改革の実践の重要性を主張した。[23]

その場合の「心」とは何か。そのような実践的行動を支えるものは何か。それは「現在天人一体の合点」であるが、その内容をより詳しく言えば「天を畏る、事現在天帝の上に在せる如く、目に視耳に聞く動揺周旋總て天帝の命を受け」るような天人関係であって、「天人一体」という言葉から連想されやすい「神秘的な天人一体」unio mystica とはまったく異なる存在のあり方であった。すなわち天帝と人とが神秘的な融合関係に入るのではなく、主体があくまで主体としての自覚をもちながら、現在天帝がそこにおられるように畏敬し、天帝の命を受けて天工を亮けるような気持で実践する自覚的実践者の「天人一体」なのであった。それはキリスト教の神人関係に似ているが、「格物」を必須の条件とする点でキリスト教とは違う。そしてその「格物」は、「物に及ぶ」際にも「現在天帝の命を受て天工を廣める心得」での「格物」であった。彼のめざした「経綸」は「現在此天帝を敬し現在此天工を亮」けるという基本姿勢で「水、火、木、金(属)、土、穀、其功用を尽して天地の土漏る」ことない即物的で、しかも広大なスケールの「格物」であった。

さらにこの考えに立って、「格物」の現場に就く人には、これだけではすまない実験操作も分析も必要になり、この立場での理論構成が必要になってくるであろうが、小楠のめざしているのはあくまで「為政者」の立場に立つ人の基本姿勢の取り方である。

ここで「天帝」の問題に帰ろう。小楠の「天帝」は主宰者としての天を人格化したものにほかならない。「天帝」という言葉の使用において徂徠と共通するが、徂徠の「天帝」は「伏羲・神農・黄帝・顓頊・帝嚳」の「五帝」を指す。これについて徂徠は次のように言っている。「けだし上古の伏羲・神農・黄帝・顓頊・帝嚳、その制作する所の畋漁・農桑・衣服・宮室・車馬・舟揖・書契の道は、万古に亘りて墜ちず、民日《ひび》にこれを用ひ、視て以て人道の常となし、しかしまたその由りて始る所を知らず。日月の照す所、霜露の墜つる所、蛮貊夷狄の邦も、視傚流伝し、その徳を被らざるはなし。万世の後といへども、人類いまだ滅びずんば、これを能く廃する者なし。これその天地と功徳を同じうし、広大悠久なること、孰か得てこれに比せん。故に後世の聖人は、これを祀りてこれを天に合し、名づけて帝と曰ふ」(『弁名』)。ここに見られるように、徂徠のいう「天帝」は「利用厚生」の次元の作為(制作)者であり、「礼楽」の作為者(制作者)ではない。そして礼楽制度の創始者として堯舜が、徂徠の思想で最も重要な先王であったことに言うまでもない。

小楠の「天帝」はこの五帝ではなく、主宰者としての「天」を人格化した存在であって、その点を言えば小楠の「天帝」は中江藤樹の「皇上帝」や中村敬宇の「上帝」とよく似ている。そしてさらにキリスト教の「神」とも通じ合う面をもっている。それは天帝の宗教的側面であるが、彼のいう「天帝」はその「工」「功」(はたらき)として「利用厚生」の側面をもっている。彼の「天帝」は徂徠のような「五帝」ではないが、五帝のはたらきを自己のはたらきとしてもっている。この点では藤樹とも敬宇とも違い、そしてキリスト教の神とも違う。その点、小楠の「天帝」はあくまで儒教の超越者観念であって、キリスト教の「神」観念とは異なる。しかしそれにもまして「天帝」観念と「天理」観念との間に質的な差があり、飛躍がある。

この二つの「天」の観念の間の質的な差、そこに感ぜられる心の飛躍をみると、小楠は元治元年の秋から慶応元年の秋に至るまでの間の何処かで、この「天人一体の現在」を体験したと考えざるを得ない。それは一種の「見性」であり、浄土教やキリスト教的に言えば魂の転換《コンバージョン》とでもいうべき経験をしたというべきだろう。自己を起点として求道生活を送っていた彼が、突如として天の言葉を聞いたとでも言うべき心霊上の経験が彼の中で起ったと私は理解している。主動力は天である。小楠はその天の声を聞いた。小楠が『天言』という著作を書き初めていたという横井家、ならびにその周囲に伝えられてきた伝誦は、その事実を裏づけるものではなかろうか。そうであってはじめて「天に事ふる」という言葉も彼の中から生まれたのである。

「天」の観念の根本的転回が起った彼には、当然人間観の転回が起る。彼は言う、「人は三段階有ると知る可し。總て天は往古来今不易の一天なり。人は天中の一小天にして、我より以上の前人、我以後の後人と此三段の人を合せて初めて一天の全体を成すなり。故に我より前人は我前世の天工を亮けて我に譲れり。我之を継で我後人に譲る。後人是を継で其又後人に譲れり。前生・今生・後生の三段あれども皆我一天中の子にして此三人有りて天帝の命を任課するなり」(九二四頁)。「天」は、往古来今易るところのない「一天」であるが、人は「天中の一小天」であって、前人、我、後人の三段階があり、この三段階の人を合せて初めて「一天の全体」をなす。自分に先んじて同じく道に志して精進した人々が前人であり、自分の後にその志を受けついで精進する人々が後人である。ここで小楠は道の継承、発展ということから先人、後人を捉えている。彼は「自己」のあり方を鋭く問うた思想家であったが、単独人として個人を捉えたのではなく、歴史の中の一個人として自分の問題を捉えた。そこでは前人・自己・後人との三つの段階に分けられる人のすべてを合せてはじめて人は初めて「一小天」となる。ここに見られるように、小楠はこの私だけでなく、人類の歴史の中でこの私を捉え始める。マクロコスモス・ミクロコスモスという対比において個人を捉える考え方は西洋にもあったが、過去の人々、この私、未来の人々という三世の文脈で天（神・宇宙）人の関係の「人」（＝天中の一小天すなわちミクロコスモス）を捉える人はほとんどなかったのではなかろうか。

ところで小楠はこの「三段階」（前生・今生・後生）という考えを何をヒントとして得たのか。私はそれを『中庸』から得たと考えている。それは小楠が、「仲尼祖二述堯舜一、継二前聖一開二来学二」（九二四頁）という語を示しているからである。この文章は『中庸』の「仲尼祖二述堯舜一」と朱子の「中庸章句序」の「若二吾夫子一、則雖レ不レ得二其位一、而所下以継二往聖一開中来学上、其功反有下賢二於堯舜一者上」とを断章取義的に取って合成したものであろう。

天と人との関係について右のような考えをいだくに至った小楠は次のように語っている。「前生・今生・後生の三段あれども皆我を一天中の子にして此三人有りて天帝の命を任課するなり。仲尼祖二述堯舜一継二前聖一開二来学一、是孔子のみに限らず。人と生れては人々天に事ふる職分なり。身形は我一生の仮託、身形は変々生々して此道は往古来今一致なり。故に天に事ふるよりの外何ぞ禍福栄辱死生の欲に迷ふことあらん乎」（九二四頁）。

ここに見られるように、「天に事ふる」のが人の職分であり、前人が私より前の世の天工を亮けて、私は自分の世の天工を亮けてこれを後人に譲るという使命が人にはある。すなわち過去の人間、現在の私、未来の人間、これらの過去の三つの段階の人間が力を合せて天帝の命を聞き、これに従って自己に課せられた任務を果す、これが人の職分であると彼は考えている。天という超越者に事えるという仕方で、歴史の中での自己の任務を果すということが自己の課題であるという、ソリプシズム（独我論）におちいらない深さと拡がりをもった人間のありようがここに示されている。

四　天の観念の変容の原因とその小楠への影響

前節で見たように、一八六五年の晩秋に元田永孚によって記録された「沼山閑話」における天の観念は、それまでの「天理」から「天帝」へと質的に変わった。それはどのような理由で変わったのか。またその変貌は、それに伴って彼の思想の上にどのような変貌をもたらしたのか、そしてこの変貌は彼の生き方、考え方の上にどのような影響を及ぼしたのであろうか。

まず第一の問題から考えてみよう。これについては、その間接的原因としては、すでに私の思うところをしるした。直接の原因については、いろいろのことが考えられるが、どれも決定的な答ではない。それを承知でまず一つの答を挙げると、第一は小楠の『書経』理解が非常に深くなったことである。天の「天工（功）」というはたらきについては、小楠は、確かに『書経』から学んでいる。彼には「天工を亮くるの格物」という重要な考えがあり、また「帝生㆓万物霊㆒。使㆔之亮㆓天功㆒」（八八五頁）という詩があるが、それに当るものとして、「舜典」に「惟時亮㆓天功㆒」（惟《こ》れ時《この》天功を亮けよ）、「皐陶謨」に「天工人其代㆑之」という句がある。これは用語の問題であるが、最もすぐれた為政者である聖人の経世の作用である「利世安民の事業」については「二典三謨」にしるされていることを彼みずから語っている（「沼山対話」九〇三頁）。またその「利世安民」を可能ならしめるものとして『書経』の中にある「六府」への小楠の注目も、重要な問題である（これについては前出）。

しかし「天帝」という語は『書経』の中には存在しない。ただ書経には「皇天」（大いなる天）と「上帝」という語はいたるところに存在し、「召誥」には「嗚呼、皇天ノ上帝」という詠嘆の語もあるから、これを約めて

「天帝」としたことは大いにあり得る。ただ徂徠からヒントを得なかったという確証もない。また「天を畏れる」という語は『書経』の天についての基本的考えであるから、これも『書経』から得たことはいうまでもない。これを見ると、『書経』の精読と、彼の思索の深まりとがあいまって、小楠の「天」の観念の変容が起ったということは大いにあり得る。しかし、それがすべてではない可能性も残っている。

儒教外の影響として考えられるのは、キリスト教についての情報である。これについては小楠自身がキリスト教についてどう考えたかということであるが、この大方は第一節においてすでに紹介しておいた。『海国図志』中のキリスト教についての断片的な記述はほぼこの中に含まれていると思う。その中の記事が、「天理」から「天帝」への天観念の飛躍の原因となったとは思えない。また幕末の人々がキリスト教について得た情報源であるマーティンの『天道遡源』も、彼に影響を与えた形跡はない。小楠には、「天道」という言葉で「神」を表現するということはない。

ところで小楠の家族ならびにその周辺の人々の情報であるが、これについては徳富蘆花の『竹崎順子』が唯一の情報源である。それによれば、矢嶋楫子(小楠の妻つせの妹)は後年こう語っている。「横井さんが耶蘇教について話された事を今日にして思へば、よほど如何なるものか識りたいと思ふて居られた事が記憶にあります。御維新前に今に外国の船が来るとか何とかいふて人々がせはしく騒いで居った時に、「耶蘇といふのは、神でも人でもなく、一つのものであって、死んで磔刑にあがって初めて此ヤソの事業があがった、ハリツケが其人の成功であった」などと話しを聞かせてもらった事がありました。また西洋は此ヤソが紀元になって凡ての年号が定まって居るといふ事などをきゝました。其様子其言葉に、学びたいけれど知るすべもなく遥に望んで居るという風でした。然し其当時何ら知る事は出来なかったのでした」(徳富蘆花『竹崎順子』、『蘆花全集』第十五巻、一四六頁)。

楫子の語った範囲のことは、『海国図志』の諸篇を読めば分る範囲の知識である。しかし蘆花は、小楠の妻つせの言葉として、小楠は妻に向ってしばしば「神は在るぞ」と語っていたということをしるしている（同上）。また小楠は晩年『天言』という著作を書いていたものの未完に終わり、今日何の記録も残っていない。蘆花はこの「天言」の語は『論語』の「子曰、予欲レ無レ言、子貢曰、子如不レ言、則小子何述焉。子曰、天何言哉、四時行焉、百物生焉、天何言哉」（陽貨第十七）に由来していると言う。山崎正董もこれに従っている（『伝記篇』一一二三頁）。しかしこの場合の「天言」は「天何をか言はんや」であって、われわれは「四時行はれ、百物を生ず」ることからその「天言」を察するという意であり、「天の言葉」として直接に啓示されるものではない。私はむしろ、聖書の「神の言葉」にヒントを得て、彼に聞える天帝の言を書きとめてこれを「天言」と言ったのではないかと考えている。もしその解釈が正しければ、「神はあるぞ」と「天言」の二件は『海国図志』から学んだキリスト教についての知識の範囲を越える問題であり、「天言」の方は「沼山閑話」の「天帝」観念の形成と関係ある問題であり、妻つせの聞いた小楠の言、すなわち「神はあるぞ」は、小楠が『漢訳聖書』を読んでからの言だということも考えられる。尤も蘆花は「横井は恐らく漢訳の聖書も見ませんでした」（同上、一四五頁）と語っており、それは横井家ならびにその周辺の人々の間に伝えられた伝誦であろうから、それを尊重すべきことはいうまでもないが、小楠が、上洛以前に沼山津でそのキリスト教観に影響を与えた何かの体験をするとか、何かの情報に接しての言であると考えることも簡単に否定できない解釈のように思える。

「神はあるぞ」という言葉の底にある小楠のキリスト教観は、『海国図志』や『天道遡源』に由来するものではないとすれば、一体何から育成されたか。この問題に近づくのに有力な一つの手がかりがある。それはW・E・グリフィスの『ミカド　日本の内なる力』（亀井俊介訳、岩波文庫。William Elliot Griffis, *The Mikado: Institution and Person*）にある小楠についての記述である。グリフィスはラトガース大学卒業後、明治初頭の福井藩に招かれ、藩の洋学校の教師となり、のち東京大学の教師として教鞭を執る傍ら多くの日本についての著述を著わした。『ミカド』はその代表的著作である。

「この貴公子（松平春嶽）のために、いや日本のため、世界のために幸せだったことは、彼が自分でもしばしば認めたごとく、横井平四郎（小楠）の弟子になったことである。横井は王陽明の哲学（日本の「実際主義《プラグマティズム》」）を奉じ、近代日本の形成に大いに働いた予言者、そして業なかばにして倒れた殉教者の一人であった」（八三頁）と彼はまず記す。そしてキリスト教との関係について、次のように記している。

「儒教の倫理と哲学を講じ、越前の精神的指導者であった横井小楠については、その主君に及ぼした影響力において、ちょうどジョージ・ワシントンの下にいたアレクサンダー・ハミルトンに匹敵するといえば十分であろう。一八六九年、京都で暗殺者の兇刃に倒れる前、彼はシナ語訳の福音書（傍点筆者）によって「永遠のサムライ」を発見していた。しかも幸いなことに、彼は教会の教義や伝統にとらわれないでイエスを見ることができた。彼はすぐに心をきめ、その場でイエスのひそやかな恐れを知らぬ弟子となった。そして彼は、日本の聡明な知識人たちも、イエスを正しく知るようになった時、この救世主をうけ入れるだろうと予言した。彼は二人の甥（横井左平太と太平）をアメリカに留学させ、後に続く多くの者の先導者とした。一八六六年、私はこの若い二人をニュー・ジャージー州のブランズウィック（ラトガース大学）で教えるという光栄を得た」（九二頁）。

　グリフィスは、小楠が陽明学者であったという情報をいったい誰から得たのであろうか。多分左平太、大平の横井兄弟か、福井藩の人々からであろう。しかし小楠が陽明学者であったということは、日本の研究者からは受けいれられがたい見解であろう。なぜなら小楠自身が若い時陽明学批判の言葉を投げているからだ。（「日本のプラグマティズム」と言っているのは、多分「日本の実学」という用語の英訳であろう。）

歴史の研究を基にして政治的見識を得ようと志していた小楠が、江戸留学中酒失で失脚し、経学の勉学を始めた時、まず彼を導いたのは、朝鮮の大儒李退渓（一五〇一—一五七〇）の『自省録』であり、そして中国の程明道の「道就二於用一不レ是」の言葉であった。かれらの教えによって、外面志向型の青年は内面志向型の青年となった。彼が経学研究に志した時、共同研究の会でまず手始めに読んだのは『近思録』であった。その会の中で彼らの読んだ本の詳細は分らないが、会を始めた頃の経学のリーダー長岡監物は、山崎闇斎の系譜にある朱子学者であったので、恐らく朱子学者の著作を読みつづけて行ったことと思われる。小楠が嘉永二年（一八四九）八月十日に久留米藩教授本庄一郎へ「奉問条々」と題する書簡を出した頃は、すでに完全な朱子学者となっていた。その中の一説に明・清の儒学の歴史が書いてあり、それとの関連で陽明学についても簡単に触れてある。その部分を引用すると

……明・清儒者に至り候ては一向に頭脳無レ之候より格致之訓を誤り、徒に書を読其義を講ずるを以て問学と心得候。必竟是大全之陋習にして俗儒無用之学に陥入申候。王陽明此の俗儒の弊を見候て朱子格致之訓如レ此と心得良知之説を唱へ別に寂禅異端之幟を立候より、朱・王之学と二タ通りに相成、此道之大害誠に嘆しき事に御座候。夫陽明之非は元より論ずるに不レ存候。……（一一九頁）

何処まで陽明の書を読んでの陽明批判かは判らないが、「良知之説」は「寂禅異端之幟」と解されていて、全面的に陽明学は拒否されてその後も彼が陽明学を賞讃したことはないが、嘉永六年（一八五三）五月二日の伴圭左衛門宛の手紙では「敬は此心之発る上よりの工夫、誠意は善を指せ共此心実ならざる上之工夫」（一九四頁）とされていて、「誠意」が尤大切な工夫となっている。これは、「敬」を基本とする朱子学とははっきり異なる。後

に彼は「惻怛」という道徳的感情こそ本源的なものであり、これに基づいて「誠」の源も生ずるとしている。

この間に小楠は、肥後藩の大塚退野（一六七六―一七五〇）の思想に出会った。退野は秋山玉山の批判者であるが、若い時は中江藤樹に傾倒していた。ある時自分の中に超能力が身についていたことに気づき、このような非合理の世界に生きることを不可として、李退渓の影響の下に朱子学の世界にはいった。彼は陽明学を通過した朱子学者であった[24]。その後、小楠は熊沢蕃山の『集義和書』に出会う。彼は中江藤樹の門人であったが、心法は陽明、世界の理を窮めることは朱子に拠った。

退野と蕃山に共感した小楠は、心法の面では「惻怛」という道徳的感情、「誠」という内面道徳を自己の拠って立つ基盤とし（小楠は両者を合せて「惻怛の誠」と言うこともある）、他方では朱子学の「格物致知」という知的態度を尊重した。前者だけに満足できなかったのは、「修己・治人」の両面を兼ね具えなければならないと考えていたからである。世界の理を窮めることなしに経世の内題は解決できない、というのが彼の信念であった。しかし事、心法の内題では「惻怛・誠」ということがあくまで基本であった。そして慶応二年十二月七日の在米の二人の甥への手紙では「申迄も無レ之候へ共木石をも動かし候は誠心のみなれば、窮する時も誠心を養ひうれしき時も誠心を養ひ何もかも誠心の一途に自省被レ致度候」（四九二頁）と、ただひたすらの「誠心」の強調である。もちろん彼の思想には「敬」という契機も存続するが「誠」重視という態度は一貫している。これから言えることは、「敬」を基本とする朱子学、とくに日本の山崎闇斎の朱子学とははっきり違うということである。日本では陽明学者、古学者はもちろん貝原益軒らの朱子学者も「誠」重視であるから「誠」を重視したからと言ってそれから直ちに陽明学者とは言えない。

次に陽明学者の用語である「良心」「良知」の語の用例を調べてみよう。「良心」は万延元年（一八六〇）の

「惻怛の良心」（『国是三論』三四頁）から始まり、文久元年正月四日の、福井から熊本の荻、元田への手紙における「上之仁心下に通じ下之良心上に通じ」（三四九頁）と受け継がれ、とくに慶応三年、明治元年にその用例は多くなっている。そして慶応三年六月二十六日附の在米の二甥への手紙では「（西洋では）本来の良知を一稽業に局し候へば、其芸業之外はさぞかし暗き事と被レ察候」（五〇八頁）と「本来の良知」という概念が使われている。「知識を磨く」ことが「誠心」を増大すると考える小楠を陽明学者と言うことは難しいが、「誠」（誠心・至誠惻怛の誠）とともに「良心」を磨（明治元年九月十五日）くことを説く小楠は、こと心法を磨くことに限って自由に陽明の世界に入っていたといえよう。経世の世界において「三代之道」「三代之治道」を唱えていた小楠も、心法の世界では陽明の工夫を自己の工夫としていた。まだ経世の能力をもたない青少年期にある左平太、太平の二人の甥には、むしろ「誠心」の工夫一筋を説いていた小楠を、若い二人が陽明学者(25)とみなしていたことも無理からぬことであった。

ところで重要なことは、小楠が「シナ語訳の福音書」を手に入れて読んだとグリフィスが書いていることである。このような重要な事実をグリフィスが記憶違いをすることは考えにくい。

私が魅かれるのは、フルベッキが直接の伝道はしなかったが、心ある人に求められるままに漢訳聖書と『天道遡源』を渡して、その浸透を期待していたという戸川残花（秋骨）の記述が残されていることである（「フルベッキ博士とヘボン先生」、『太陽』明治二十八年第七巻一月号）。フルベッキはキリスト教に好意的関心をもった人にも、キリスト教を論破するために漢訳聖書を読みたいと思う仏教の僧侶にも等しく頒け与えたという。そうであれば、小楠に対しても左平太・太平を通して渡されていた可能性は十分にある。当時この兄弟はフルベッキの下で英語を学び、やがてフルベッキの尽力で米国留学することになった。小楠には『天道遡源』を読んだ形跡はまったく見られないが『漢訳聖書』を読んだ可能性、そしてそれを読んでその本質的部分に共鳴した可能性、そしてその話が左平太・太平を通じてグリフィスに伝えられた可能性は残されている。もしそうだとすれば、『ミカド』におけるグリフィスの記述も、作り話ではなくなってくる。グリフィスは横井兄弟の教師であった。

以上は、小楠が「沼山閑話」で初めて展開した「現在天帝の在ますが如く」「天帝」に事え、「現在天帝の工(功)を亮ける」という新しい「天」の観念の成立をめぐって、無視できない検討事項である。もちろんそれが正しいという証拠はない。しかしそういうことは絶対あり得ないという証拠もない。これ以上この問題にかかずらうことはやめて、小楠自身の言説を通じて、この新しい天人関係の説の成立の経学的背景を探り、次にその思想的意味を検討してみよう。

これまで見てきたように、小楠の天の思想は、「沼山閑話」において「天理」から「天帝」へと飛躍した。それは小楠の「天」の思想を一貫する「天命」への畏敬の念(「天の明命への敬畏」)の具体的人格化といってよい。かつその眼に見えない「天の明命」への畏敬の念は、今や「天帝」への畏敬の念となり、そのように人格化された「天」に「事」え、その「天工(功)を亮ける」のが自己の使命であり、さらに人間の使命とされるようになった。ではこの思考の過程は、どのような経学的背景を以て成立したのか。『横井小楠　遺稿篇』を見る限り、小楠自身の書いたものからそれを知ることはできない。小楠研究者たちはそのことを諦めていたが、それを明らかにしてくれる史料があらわれた。それは松江藩の儒者、桃節山の書いた『西遊日記』である(それを校訂したのは東京大学史料編纂所の教授であった桃裕行であり、節山は裕行の祖父に当る)。

節山は藩命を帯びて熊本を中心に九州各地も訪れ、熊本では国友水竹居・木下犀潭らと交際、時習館についての情報を得ることが主要な任務であったが前後五一泊の熊本滞在の間に、横井小楠とは二度(慶応元年十月二十八日、十一月十六日）会見してその学説を確かめている。その中のある箇所は小楠の門弟の駒井権之助から聞いた部分もあり、その箇所はそれと明記してある。そうしたことがあって、第二次史料として軽視されてきたが、節山という人はこの日記から判断すると、極めて頭脳明晰で学殖があり、思慮があり、非常に慎重な性格であるから、とくに経学に関する記述は充分に信頼できる。

ここでは、「天」の観念をめぐって、節山の問いに対して小楠が答えた部分の記録を検討する。

小楠は「天を知り道を知り心を知る」については『中庸』が最高の書であると言い、『孟子』の如きは学者を誤まることが多いから、まず読まなくてもいいと言い切る。「程子之解」（朱子学）に至っては「人心道心」についての解釈はすぐれているが、「天之解」と「五行之解」については誤まっているという。彼が朱子学の「五行の気」を『書経』に帰って「六府」と解釈したことはすでに述べた。

「天」の問題については、「天といふものを只理と被レ見候事誤なり」と断定し、「天即理也と被レ言候分は天の見難きものを理といふものニあて、論せられし意なれハ害なきニ似タレトモ、其外只理を以て直《ただ》ちに被レ論候ハ誤也」[26]と言う。ここのところの説明は舌足らずであるが、後の説明を借りると、「天即理」というと、天の万物を造化する霊活なはたらきが消えてしまうという意であろう。

こうしたことで、「天」は「万物を造化する霊活之もの」であるから、「我心ニ戻て黙考する時」、「天を畏るゝ」というところが出てくる。この「畏天」というものから「敬」というものが出てきて、万事「油断すへからす、軽忽すへからす」ということになって、「各其職分を尽す心」も自然に出てくる。また『書経』には「天工人其代レ之」とあるから「宇宙間皆我分内之事たる場」も気がつくようになる筈だと小楠は言う。天と個人との関係が、自己だけに閉じこもるのではなく、宇宙間のことはみな自分の分内のこととして自分の使命感が起ってくるというのである。

以上が「天」についての経学的観点からの説明であって、「沼山閑話」に説かれている天観に至る過程が非常によくわかる。「天命」に対する畏敬から出発した彼が、「天理」を経て、そして「天」の主宰者、造化者、そのはたらきの霊活性を瞑想・黙考する時、「畏天」の感情が湧き起り、そこから「敬」の態度がおこり、自己の職分を尽す心もおのずから出る。「天」への畏れがそれらの過程の中核になるものであるが、この職分観は『書経』の「天工人其代〻之」という言葉を媒介として、宇宙間のことはみな自分の分内として自分の使命感が起ってくるというのである。非常に明晰でこれならどの立場の儒者でも、賛否はともかくに理解できると思う。しかし程なくして（晩秋の一日）小楠は、「天」を「天帝」と呼んでいる。なぜだろうか。『書経』の中に「上帝」ということがあるのだから何も問題はないという答が一応可能だろう。しかしキリスト教に関する場合は別として、これまで「上帝」という言葉も使用してこなかった彼が、なぜ急に「天帝」という言葉を使い始めたのか。そこには「天人現在の形体上」について、何かある宗教的経験があったとしか考えようがない。桃節山との対話以降、主宰者として造物者としての「天」について黙考をつづけていた小楠に、一つの精神の飛躍が起った。それが「天」から「天帝」への変化の原因である。

私はこの問題についてこう考える。それは、「天」の観念にとどまっているかぎり、それがいかに宗教的深さに到達した場合でも、「天」経験と経世する自己との内に完全な統一は起らないで、政教関係の「支離」が起るのではないか。このような疑問が小楠の中を去来したのではなかろうか。この両者の一致はどのような思考の下で可能になるのか。そういうことを考え続けているうちに「天帝」という天の観念と、天人関係を「天に事え」、「天工（功）を亮ける」と考えることとを一組のものとして捉える時、政教関係の分離は完全に克服できる。そのような着想が、彼の中に突如として閃く。そしてそのような思考をつづけているうちに、彼の中にゆるがし難い「天人現在の形体」の宗教体験が起った。このように考えたらどうか。

この過程を逆にして、まず「天人現在の形体」についての経験があり、その上で修己と治人との合一、政教の一致ということの確定が可能になった、ということも考えられる。その順序はどちらでもよい。小楠にこのような新しい思想が形成されたについては、彼が知り始めたキリスト教の触発があったということは充分にあり得る。彼がもし漢訳聖書を読んでいたとすれば、それは意識的・無意識的に彼の思考の一つの動力となったであろう。これについては、それ以上のことは言えない。しかしながら左平太や太平からの手紙では、現実のキリスト教は堕落し、利益追求に努める資本主義と妥協する教になり下がり、また知的世界はキリスト教と分離して学者たちは自分の専門のことしか追求しないとされた。

他方儒学は「修己・治人」という素晴しい考えをもちながら、修己と治人との関係はバラバラになり、修己に重きを置く人は治人の面を無視し、治人の側に立つ人は修己の面を無視して功利的立場になっている。そこではこの「修己治人」を現代的立場で捉え直し、両面を統一しようとしている人はいない。小楠は自己の孤独感を噛みしめ、たとえ自分の思想の理解者はなくても、自分はこの道を明らかにすることを自分の使命とするという自覚を強くもつようになった。それが「我輩此道を信じ候は日本・唐土之儒者之学とは雲泥之相違なれば今日日本にも我丈を尽し事業の行れざるは是天命也。唯此道を明にするは我が大任なれば終生之力を此に尽すの外念願無レ之候」(五〇八頁、慶応三年六月二十六日・在米中の二人の甥への手紙の一節)という言葉になったのであろう。

このような「天」の思想は、彼の宿願である「政教一致」を思想的に可能にするものと言ってよい。朱子学のように「窮理(格物致知)」と「居敬静坐」という、いわば認識と修養との分離(支離)におちいる畏れはなかった。しかも朱子学の「支離」を克服できただけでなく、経綸の課題に充分に答え得なかった陽明学の難点を克服することもできた。しかし「政教一致」という思想は、ともすれば「排他的」になりやすい危険性をもつ。彼の政教一致の思想はその危険を避けることができた。彼はどのように避け、またどのような思想的根拠においてそれを避けることができたか。

まず前者から検討すると、彼は最後まで儒者であってあくまで儒教を奉じていたが、キリスト教のすぐれている面に素直に共感する宗教的感受性の持主であった。日本の固有の宗教である神道に対しては、神道原理主義にはその排他性を警戒し、その教義については荒唐無稽であると批判はしていたが、神道そのものを否定しようとはしていなかった。また儒教に対しては、訓詁注釈や詩文の制作ということだけに夢中になって治国安民の経綸の教えを蔑ろにする儒者たちを批判したが、儒教それ自体は彼はそれを奉じ、三代の学を樹立しようとしていた。また仏教に対しては、愚民教化のために地獄・極楽の説を説き、自己の救済のためにだけ熱心で人倫を説かないことを批判したが、これを壓迫しようとする言動はまったくなかった。総じて言えば、神・儒・仏の三教が世界に対して国を開き、新しい時代を迎える日本人の精神生活を支えるには多くの問題をかかえていることを憂い、それを批判したが、現実の日本国民がこれらの宗教によって心の支えを得て安定した精神生活を送っている限り、彼にはこれを排除する気持はまったくなかった。

これを見ると、小楠は教政一致論者のもつ「非寛容」から自由であった。彼の政教一致の思想は、彼個人の思想的信念であった。前述のように「我輩此道を信じ候は日本・唐土の儒者之学とは雲泥之相違なれば今日日本にも我丈を尽し事業の行れざるは是天命也、唯此道を明にするは我が大任なれば終生之力を此に尽すの外念願無レ之候」（前出）と慶応三年渡米中の二人の甥にしるし、また慶応元年の「沼山閑話」では、「誠意を尽し道理を尽して言はんのみ。聞くと聞かざるとは人に在り、亦安ぞ其人の聞ざることを知らん。預め計て言ざれば其人を失ふ。言ふて聞ざるを強く誣ふるは我之を失ふ」(九二八頁)と自分の真情を吐露している。晩年の彼は、このような心の澄みきった状態に達し、「舌劍」を以て人を説き伏せるとか、討論で論敵に論じ勝つという心境とはほど遠いところにあった。慶応元年以降の小楠は、政治の世界のことを論ずることはあっても、彼の心が満たされたのは権力としての政治ではなく、天との交わりから発する霊性に満たされた政治であり、具体的には「天下の治平は天下の民と共に楽み、天下の至善は天下の人と同く為の気象を養」う(慶応三年正月十一日「国是十二条」草案、このような考えは、同年越前藩士毛受鹿之助宛の書簡にもしるされている)ような「為政者」と「被治者」との距離が縮まり、「為政者」「被治者」という言葉の輪郭が無限にぼやけて、万民等しく治平を楽しみ、万民等しく至善をなす理想社会の実現をめざす心境になっていた。

彼の思想は非常な深みに達した。だがその反面、「天理」思想に基づいて国際政治・国内政治・交易等の問題において縦横に公共思想を展開していた彼が、「天理」を言う場合でも「自然之天理に随ひ自然之人事を治め……天吏之道を尽す」(慶応二年十二月十日、毛受鹿之助宛書簡、四九五頁)という「澄心の経綸」が目指され、深くはあるが、俊敏な反応や現実への素早い適応力という政治の現場に必要な要素が弱くなっていることは否めない。

このような心境にあった小楠が、思いもかけず上洛し、草創期の新政府の、さまざまな思わくが渦巻く世界で、数々の要素にこたえねばならなくなった時、それが重要であることは重々知っていながら、満たされない気持を味わい続けたのではなかろうか。

その時期の小楠について、過去のすべての能力を身につけ、打てば響くような活潑潑地の状況で、更に新しく天帝思想を身につけ、過去・現在・未来の三小天を合せて天となると考えた小楠がそこにあると考えるのは、人間についての理解力を欠いた捉え方ではなかろうか。「天帝」思想と第二期の「天理」思想を矛盾なく同時に活動させるには両者の関係を構造的に捉え直し、有機的統一体を構成するための時間が必要である。小楠がもし天寿を全うしたら、われわれがこれまで考えていた小楠像が現実化したかもしれない。しかしそれは彼が『天言』を書く作業をまた始めて、それを完成することによってはじめて可能になるものであろう。小楠は業半ばにして死んだという感を深くする。

五　トマス・レイク・ハリスとの出会い

キリスト教との関係において上述したような精神の歴史をもつ小楠が、森金之丞（有礼）・鮫島誠蔵（尚信）の二人と京都で出会い、アメリカの議会制の話だけでなく、キリスト教者トマス・L・ハリス（Thomas Lake Harris 一八二三―一九〇六）の話を聞いて感動したのは、明治元年（一八六八）の秋のことであった。八月から九月の初めにかけて、彼らは三度も会った。彼らは若い薩摩藩士で、薩英戦争の後、藩からイギリスに留学を命ぜられ、ロンドン大学で学ぶことになったが、ロンドンで彼らの相談役になって献身的に彼らの面倒を見てくれたのはローレンス・オリファント（Laurence Oliphant 一八二八―一八八八）であった。彼はもと外交官で、エルギン卿の部下として中国や日本を訪れ、*Narratives of the Earl Elgin's Mission to China and Japan*（一八五七）の著によって文名が上がった人であるが、外交官を辞めたのは日本に滞在中、江戸の東禅寺で長州藩士に襲われて重傷を負い、その後遺症で外交官として活躍することを諦めざるを得なくなったからである。その後、彼は下院議員となる。そして日本で攘夷派の武士たちに傷けられたにもかかわらず、当時の日本の青年武士たちに大きな可能性があることを認め、彼らの純真さと献身的な愛国心に感動して、みずから彼らの面倒を見ることを引受けたのである。

ところでオリファントは才能ある人であったが、感受性が強く、悩み多き人であった。イギリスのヴィクトリア朝時代の空気になじめず、宗教に自己の精神的安定を求めていた。そして彼の前に、魂の救済者としてあらわれたのが、L・ハリスであった。

トマス・レイク・ハリスはイギリスの生まれ、父に伴われてアメリカに渡り、最初は自分の家族の属していた長老教会《プレスビテリアン》の一員としてカルヴィニズムを奉じていた。しかし彼はたびたび宗教的霊感を得て神人一体の経験を得、原罪の観念が信ぜられなくなった。他方彼は母をなくし、継母との折合が悪くて悩んでいた。その悩みから彼を救ってくれたのがユニヴァサリズムであった。その機縁もあってユニヴァサリズムに改宗し、数年後、ニューヨーク市の第四ユニヴァサリスト教会の牧師となった。

この一派は神の普遍的な愛を重んじ、とくに神の普遍的な父性(Universal Fatherhood)を強調して、人はみな同胞であること(Universal Brotherhood)、そして一人残らず救われることを信ずることが信条とされた。それはカルヴィニズムとまったく相容れない考え方として正統派である長老教会の人々から異端視された[27](徳永新太郎『横井小楠とその弟子たち』、八四―五頁に拠る)。

この一派の考え方はL・ハリスの考えている方向に合うものだったが、彼のたびたびの宗教的霊感、そこにおける「神人一致」の体験は独自の「呼吸法」によるものであった。そして彼は、呼吸によって人は「人間を知的・宇宙的・道徳的・肉体的に復活させる愛を体感する」と言っている[28]。その呼吸法がどういうものかはよくわからないが、白隠が『夜船閑話』に説くような深い腹式呼吸法に一脈相通ずるようなものであろう。

このような呼吸法による神人一致の神秘的宗教体験をもつハリスは、ユニヴァーサリズムに満足できず、スウエーデンボルク（E. Swedenborg 一六八八―一七七二）の神智学に傾き、一種の神秘主義者とされている。とはいえ、ハリスの抱いた宗教観はたんなる神秘主義に尽きるものではなく、フーリエ流のユートピア社会主義にも通ずる面をもち、「労働」を通じて地上に「党派的争い」のない楽園をつくることもめざしていた。そしてその理想を実現するために、ニューヨーク州のブロンクトン（Broncton）につくられたのが、"The Brotherhood of New Life"（新生兄弟団）と名づけられたコロニーであった。

財産がある人は、自分の私有財産をこのコロニーに寄附してコロニーの生活を送る。夫婦といえども、修業に邪魔になる場合は別居を命ぜられる。そして執念を去り、神と交わるためにそれぞれの健康状態に応じて労働をなすことが義務づけられる。読書も相互の議論も制限され、労働のほかには瞑想と定められた呼吸法を行って神と交わり、神における社会的結合体を志向する。コロニーでは、あたかも禅堂における雲水たちの修業生活に近いような生活形態がとられた。

薩摩の留学生の中ではまず鮫島と吉田清成らが入り、その様子を見てやや遅れて森も入りハリスに教えられる通りに勤労と瞑想に専念した。そして、彼らの優秀さと真摯さはコロニーの人々を驚嘆させた。ハリスも亦、彼らを真に信頼できる者とみなして特別に眼をかけていたようである。日本で大政奉還の事があったことを知った時、ハリスは、森と鮫島に急拠帰国し新政府に仕えて、薩摩侯を助けることを命じた。

二人が上洛して小楠を訪ねた時、小楠は長い病床生活から起き上ったばかりのところであった。体力はまだ回復していなかったが、彼らとの対話はよほど面白かったのであろう。戦前の遺稿集を編集し、当時としてはすぐれた伝記を書いた山崎正董はこの会談の模様を次のようにしるしている。「小楠は四位の参與であるので森と鮫島（当時は徴士外交官権判事）の両人は同席を憚り次の間に控へて敷居越に話をしてゐたが、談話が次第に佳境に入るに随ひ聞くものも語るものの知らず識らず席を進めて遂には膝と膝が触れ合うばかりになり、夜の白むまでも語り明かしたといふことである」（山崎正董著『横井小楠　伝記篇』九九七頁）。二人から伝えられたアメリカの議会制について小楠がただならぬ興味をもったことを聞いた福沢諭吉は、明治政府の某高官が新帰朝者の森からアメリカの議会制の話をきいて、それこそまさに尭舜の治だと言った、と揶揄的に語っている。もちろんこの某高官が横井小楠であることは言うまでもないが、福沢は小楠の「尭舜の治」が何を意味するかをまったく知らなかったので、そのような批評はやむを得なかったが、福沢は多分彼らの対話の最も重要な部分を知らない。恐らく森は警戒して、福沢にはその部分は語らなかったように思われる。二人が小楠と語り合ったこと、またそれへの小楠の反応は、小楠が明治元年九月十五日に在米中の二人の甥に書いた手紙の中に次のようにしるされている。

薩州生鮫島誠蔵（尚信）・森金之丞（有礼）外国にては野田仲平・深井鉄太と改名、四年前イギリスに参り居候内同国人ヲリハントより咄聞候には世界人情唯々利害之欲心に落入り一切天然の良心を消亡いたし有名の国程此大弊甚しく有レ之候。必竟は耶蘇の教其道を失い利害上にて喩し候故に人道滅却嘆げかわしき事なり。我等も全く耶蘇に落入居候処アメリカ国エルハリスと云人より初て人道を承り悔悟いたし候。此のエルハリスも元は耶蘇教之教師にて有レ之、二十四五歳にて天然の良心を合点いたし人倫の根本此に有レ之事を真知し是より自家修養良心培養に必死にさしはまり誠に非常之人物当時世界に比類無之大賢人なり。此人世界人道の滅却を嘆き専ら当時の耶蘇の邪教を開き候志なり。ヲリハント再び云我は役事相断（下院の長勤たりし由）。エルハリスに随従し修行せんと欲すとの咄し有レ之。薩の両人も甚驚き遂にヲリハントと共にアメリカに渡りエルハリスに従学せり。エルハリスは遁隠村居門人三十人余有レ之相共に耕して講学せり。其教たるや書を読むを主とせず講論を貴ばず専ら良心を磨き私心を去る実行を主とし日夜修行間断無レ之譬ば靄然たる春風の室に入りたるの心地せり。然しながら私心を挟む人は一日も堪へがたく偶慕ひ来りし人も日あらず帰り去る者のみにて遂に其堂を窺ふこと不レ能、薩の両人も初は中々堪がたかりしが僅に接続の力を得て本来心術の学問に入りたり。此人云世界総て邪教に落入り利害の私心に渾化せん実に人道の滅却なり。未だ邪教の入らざる処は日本とアフリカ内何とか云国のみなり。日本は頼み有る国なれば此の尽力は十分に致したきこと、薩人近頃帰り両三度参り、此道の咄合面白く大に根本上に心懸け非常の力行驚き入たり。此のエルハリスの見識耶蘇の本意は良心を磨き人倫を明にするに在り、然るに後世此教を誤り如レ此の利害教と成り行き耶蘇の本意とは雲泥天地の相違と云ふ事なり。(五六〇―六一頁)

小楠は二人の甥への手紙を右のようにしるして、次のようなコメントを加わえている。「扨々感心之人物不レ及ながら拙者存念と符節を合せたり。然し道の入処等は大に相違すれども良心を磨き人倫を明にする本意に至りては何の異論か有らん。実に此の利欲世界に頼む可きは此人物一人と存ずるなり。都合に因りては必ず尋ね訪ひ可レ被レ申、重々存候事」(五六一頁)。

横井左平太・太平の兄弟が叔父の命を受けて、L・ハリスを訪ねたという記録は何も残っていない。そしてこの手紙が兄弟の手許にまだ着く前に、明治二年一月四日に横井小楠はキリスト教徒という廉で暗殺されてしまった。この過程を見ると、L・ハリスは日本に横井小楠という自己への共鳴者がいたことは知らなかったであろう。しかし小楠について言えば、太平洋を挟んではるか彼方の見も知らぬL・ハリスとの間に一つの出会いがあったと言ってよい。東アジアの、みずからは儒者でありつつ儒教の内部からの儒教批判者であった小楠は、アメリカの、みずからはキリスト者でありつつ、キリスト教を批判したL・ハリスと出会ったのである。

しかし小楠はどうして森・鮫島の二人の青年から話を聞いてあのような深い感動を示したのか。「沼山対話」

までの小楠のキリスト教への態度を見ると、一方ではキリスト教への関心を示しつつ、他方では為政者的立場からの批判、ないしはキリスト教を受け入れることの拒否の態度があった（「沼山対話」）。それを見ると、彼の新しい態度は余りにも唐突な感じさえ与える。ここに一つの飛躍があったことは間違いない。飛躍の原因は、小楠側と西洋における状況の変化である。小楠においては彼の中に経世家の立場を越える宗教性が出てきて、それとL・ハリスの宗教性とが呼応したことによる。西洋側の状況の変化は、資本主義の浸透によって「利益」の追求が個人も組織もそれを目的とせざる得ないものとなって、宗教団体もそれに合せて道を説かざるを得ないことになって「利害教」となってしまったことである。そしてそのうちL・ハリスの行動がたぐいまれなラディカルな反時代的行動であることが小楠にもよくわかって尊敬の念が起ってきたのであろう。「根本上に心懸け非常の力行驚き入たり」（五六一頁）というのはそのような感情の率直な表明である。

小楠とL・ハリスとの呼応に対しては、「耶蘇教の本意は良心を磨き人倫を明にするに在り」という小楠の言葉の指し示すのが倫理の次元のことで、宗教上のことではないではないか、という反論も当然出てくるに違いない。確かにその文言が、倫理的次元の言説であることは間違いない。しかしそれは宗教性に裏づけられた倫理性だと私は考える。問題は、「沼山閑話」の「現在天人一体」に照応する、L・ハリスの修業を積み重ねた時に可能になる「神人合一の教」が小楠の書簡ではしるされていないことである。これは両人が言ったのに、小楠が書くのを省略したのか、それとも森や鮫島の宗教的面での経験の深まりが乏しく、ハリスのその面を理解していなかったのか、その点はよくわからない。

もう一つの疑問は、小楠の二甥への手紙では「沼山閑話」における小楠の「格物」の教説、為政者的側面に当るL・ハリスのユートピア社会主義思想にもとづくコロニーの経済的自立をめざしての葡萄栽培や葡萄酒醸造とその販売の問題について何一つ語られていないことである。それについては「エルハリスは退隠村居門人三十人余有レ之相共に耕して講学せり」とあるだけで、それがどのような思想的背景によって営まれているものであるかについては、何一つしるされていない。これも小楠が省略したのか、両人がそこまで理解が届いていなかったのか、よくわからない。

もしそれらが両人によって話されながら、書簡の長さもあって省略されたのであれば、ハリスとその弟子たちの The Brotherhood of the New Life の運動のもつスピリチュアルな面と、小楠の「沼山閑話」における「現在天帝の上に在せる如く」という天人の合一との対応関係、L・ハリスの「新生兄弟団」の自立のためのコロニー経営と、小楠の「天帝の命を受」けての「天工を広」めるという経世的抱負、ないし「三代の如く現在天工を亮くるの格物」という天への奉仕的活動という対比、――この二項に亘る対比と対応の関係が自覚されて、両者の出会いは非常に深いものとなっていたと理解される。

そこのところは、小楠側には何の記録もなく、『森有礼全集』を見ても何も残っていないので、多分森や鮫島側にも恐らく何も残っていないであろう。何分キリスト教が禁教であった時代であり、対話者たちが記録を残さなかったのは止むを得ない。しかし、そこにはさまざまの想像の余地が残されている。三日間に亘る対話というから、質量共に相当のヴォリュームのあるものであったことは想像できるが、かりに森や鮫島のL・ハリス理解が不充分であったとしても、彼らが誠実な修業者であったことは間違いない。「専ら良心を磨き私心を去る実行を主とし日夜修行間断無レ之譬ば靄然たる春風の室に入りたるの心地せり」（五六〇頁）というのは両人の真摯な言葉であって、それだけでも小楠は言外のさまざまのことを思いめぐらし、「此の利欲世界に頼む可きは此人物一人と存ずるなり」とまで断言したものと思われる。

なお小楠の手紙に、「日本は頼み有る国なれば此の尽力は十分に致したきこと」という一節がある。L・ハリスが日本を「頼み有る国」と思ったのは、オリファントの手引で彼の許を訪れた薩摩の留学生たちの真摯さにうたれたからである。そしてL・ハリスはイギリスに宣教に行った時、留学生の一団を引率した旧世代の薩摩武士とも会い、彼らと若い武士たちとの間に鮮明な差があり、日本の将来はこの若い武士たちの肩にかかっていることを実感した。彼は、薩摩の旧い世代の武士たちに、キリスト教世界の旧世代の指導者たちと同質の、現状維持の澱んだ精神を認めたようである。そして、この若い武士たちによって日本が再生するのを助けたいという気持を、オリファントと同じようにもったようである。さらに彼らからいろいろの情報を聞いて、日本の再生は開明的有力「大名」の力を借りる以外にはない、そして心ある大名は日本の国内のもろもろの葛藤の中で中立的立場をとり、調停者の役割をとると宣言し、「軍の大学」――この軍事大学では知ることが望ましいことは何でも教える、と言っているところを見ると、軍事的課目だけでなく、一般教養的要素も多分にもった軍事大学をL・ハリスは考えていたようである――をつくり、それに基いて「神聖な軍隊」をつくることに全歳入を使い、この力をバックにして「日本人を個人的に、日本を集団的に再生させる」ことに献身する。具体的には「新生兄弟団」と呼ばれる集団を日本につくり、日本人を「胸をひろげて呼吸する人民」とすることに協力する。その時大きな役割を果す人々を、米国の「新生兄弟団」で育成することに自分は協力する、これがハリスの「日本についての予言」の大略である[29]。そして森も鮫島も薩摩藩主――ハリスは森や鮫島の話を聞いて、薩摩侯は日本の数ある大名の中でも最も頼もしい大名であると考えていたようである――を扶けて日本の改革・新生に貢献して欲しいという希望をもっていたようである。ところで不思議なことに、有力大名への期待という点でも、L・ハリスと小楠との間に一脈相通ずるところがあった[30]。

もちろんL・ハリスは、これをキリスト教の立場で考えているが、小楠は、儒教の立場から道の日本における実現を考えていた。しかしその実現が困難であることもよく知っていた。「当世に処しては成も不レ成も唯々正道を立て世の形勢に倚るべからず。道さへ立て置けば後世子孫可レ残なり。其外他言なし」(「沼山閑話」八二七頁)と、深い諦念の中にあって、それにもかかわらず堅い決意を語っていた小楠は、森らからL・ハリスの話を聞きながら、アメリカ文明の若々しさを感じていたかもしれない。そして慶応三年六月二十六日に、在米中の二人の甥たちに書いた「我輩此道を信じ候は日本・唐土之儒者之学とは雲泥之相違なれば今日日本にて我丈を尽し事業の行れざるは是天命也。唯此道を明にするは我が大任なれば終生之力を此に尽すの外念願無レ之候」(五〇八頁)という言葉を思い出し、元気になったら、「此道を明にする」仕事だけはやって置かねばならないと思ったことであろう。

小楠の晩年の甥たちへの手紙を見ると、グリフィスが言うように小楠がキリスト教をひそかに信じたとは思えない。しかし儒教かキリスト教か入所は違うけれども、それぞれの道を窮めていくと、お互いに通底するところがあるという確信を強くもったものと私は考えている。それほど彼のめざした儒教は自由な、新しい形の展開を許すものであったに違いない。『天言』が消えた現在、残されたものを通してそれをいろいろと想い描く以外に仕方はない。

結び

小楠の暗殺によって、L・ハリスとの間接の出会いの、小楠の思想における具体的な展開は見られなかった。

しかし、明治になってからの熊本洋学校の創設ならびに花岡山バンドの形成は、熊本実学派の弟子や孫弟子たちの世代による小楠思想の一つの展開とみなしてよいであろう。

しかしまたわれわれは、明治十八年森有礼が文部大臣に就任したときの、かつての小楠の親友元田永孚による森の教育政策についての執拗な批判を知っている（「森文相に対する教育意見書」）。しかも元田はこの時、右の意見書の中で「足下の僕を見るや、漢学者流を以て之を目す。僕もとより然り。然ども故長岡監物、横井平四郎の徒、従来漢学者の腐儒たることを悪む」と言っている。ここまでの箇所で元田の言っていることには間違いない。しかし横井と元田の、森ならびにキリスト教に対する態度は明らかに違う。この相違は何に基づくのか。思想史的に言えば両者の相違は、「天」をやがて地上の君主を超える「天帝」と考えるか、「天」と「天祖」を同一化するか、両者の「天」の観念の相違に帰することに元田は思い至らなかったのであろうか。これらの問題の解明、また小楠の「天」の観念については、彼の「天皇観」という問題も残されているが、これらについては別の機会に譲りたい。

注

（1）小楠が病中死を覚悟して、門弟に「遺表」を口述筆記させていたことは知られていたが、その存在を認証することはできなかった。最近、小楠研究家徳永洋氏の努力により、われわれは初めてこれを眼にすることができるようになった。詳しくは、徳永洋『横井小楠――郷土の偉人に魅せられて』、平成十一年、自費出版を参照されたい。

（2）大久保利謙『日本の大学』一九六―二四一頁、創元社、現在『大久保利謙著作集』第四巻、二六〇―三二五頁、吉川弘文館。

（3）この問題については源了圓「日本思想における国家と宗教」を参照されたい（源了圓・玉懸博之編『国家と宗教――日本思想史論集』思文閣出版、平成四年、所収）。

（4）伊藤博文は『起案の大綱』において云う「機軸ナクシテ政治ヲ人民ノ妄議ニ任ス時ハ、政其統紀ヲ失ヒ、国家亦随テ廃亡ス、抑々欧洲ニ於テハ憲法政治ノ萌セル事千余年、独リ人民ノ此制度ニ習熟セルノミナラズ、又宗教ナルモノアリテ之カ機軸ヲナシ、深ク人民ニ浸潤シテ人心之ニ帰一セリ。然ルニ、我国ニ在テハ宗教ナル者、其力微弱ニシテ、一モ国家ノ機軸タルベキモノナシ、仏教ハ一タビ隆盛ノ勢ヲ張り、上下ノ人心ヲ繋ギタルモ、今日ニ至テハ已ニ衰替ニ傾キタリ。神道ハ祖宗ノ遺訓ニ基キ之ヲ祖述スト雖宗教トシテ人心ヲ帰向セシムルノ力ニ乏シ。我国ニ在テ機軸トスベキハ、独リ皇室アルノミ。是ヲ以テ此憲法草案ニ在テハ専ラ意ヲ此点ニ用ヒ、君権ヲ尊重シテ成ルベク之ヲ束縛セザラン事ヲ勉メタリ」と。

（5）その最も早い例としては文久二年（一八六二）に書かれた神田孝平の『農商弁』がある。彼は「商を以て国を立つれば、其の国常に富み、農を以て立つれば其の国常に貧し」という前提の下に商業立国の必要を説き、日本や漢土は「仁政を以て租税を免す」、それに対して「西洋人は利を以て租税を取ら」ない。仁之利とはもとより同日の論ではないが、農民がその恵みを蒙る点からいうと、一年と永久との差異があり、日本や中国の「仁政」は「西洋商法」の仁政の実に如かないとし「一年づつの仁政は永久の仁政に若かず。和漢古聖人の法は方今西洋商人の法に若かず」と断言し、商業立国が「富国」の本であるとしている。恐らくアダム・スミスの『国富論』はまだ読んでないであろうが、その系統のポピュラーな本に触れて、その刺戟の下にこの「農商弁」は書かれたものであろう。

（6）横井小楠の仏教観は政治的・倫理的・社会的観点からするもので、仏教教義の内実には至っていない。その点は同じ経世思想家ではあるが、彼よりやや時間的に先んずる帆足万里（一七七八―一八五二）の仏教の捉え方がはるかに深味がある。拙論「儒教的信念体系と窮理――帆足万里」（『徳川合理思想の系譜』中央公論社、三〇一―三〇五頁）を参照されたい。

（7）松浦玲氏の『横井小楠』（増補版）三六一頁の、私の「沼山対話」から小楠の「三代の学」が始まるとする旧説への批判は正しい。「天理」から「天帝」への転換は朱子学の「理」思想の根本的否定を意味する。私は「沼山対話」における「五行説」から「六府説」への転換を重視しすぎていた。しかし氏の「朱子学」で小楠思想を最後まで解釈する考え方には賛成できない。

（8）私と同じように、慶応元年を小楠の思想の大きな展開と考えているのは藤間生大氏の「小楠思想第二の転機再考」（『近代熊本』No.27、一九九九年）である。最初雑誌でこの表題を見た時、私と同じことを考えている人がいるなぁと思った。しかし論拠は私と違って『桃節山西遊日記』に展開されている小楠の天皇観を背景にした「国家」構想の展開である。『西遊日記』の高い評価については私も同意見であるが、私の場合は「沼山閑話」の「天」観の展開、またそこに示されている朱子学からの完全な離脱を以て転換点とする。両者の違いは小楠を見る視座の相違であろう。

（9）慶応元年五月十九日、薩長同盟の意向を以て薩摩を訪ねての帰途、沼山津村に隠棲中の横井小楠を訪ねた坂本龍馬は、「第二次長州征伐」の件について二人がまったく見解を異にし、一昼夜議論し合っても遂に意見の合致を見なかった時、「世人皆子ヲ称シテ海内ノ大家トス。我モ亦常ニ渇仰景慕セリ、然ルニ今日ノ論説ノ如キ庸人ニタモ（ママ）望マサル所ナリ」と言い放って訣別したという。このことを私は堤克彦氏「横井小楠と坂本龍馬」（『霊山歴史館紀要』第六号、平成五年四月一日）によって初めて知った。堤氏によればこれを初めて紹介したのは、木村幸比古氏の「坂本龍馬の事歴」（同上、第五号、平成四年四月一日）であった。なおこの原史料は（財）岩倉公旧蹟保存会・対岳文庫所蔵の龍馬の事歴（未発表）であるという。小楠は隠棲して当時の政治社会のひそやかでしかもドラスティックな動きを知らず、第二次「長州征伐」を支持し、薩長を協力させて討幕に踏切らせようとしていた坂本龍馬の動きを察知することができなかったのである。

（10）柳川藩の小楠の門弟のうち、小楠に最も嘱望された立花壱岐（家老）は、明治元年に徴士として刑法局判事に任命されるが、彼は健康上の理由で辞退するため九月に上洛、京都で小楠に会う。しかし小楠も健康をそこない、安政三年頃壱岐を心服させたあの冴えは見られず、壱岐はまったく失望して柳川に帰る。とはいえ、小楠の遺志を継ぐべき人は壱岐であった。岩倉は壱岐を呼びよせその意見を徴するが、あまりの鋭さに圧倒されて、その志を充分に生かしきれずに終る。（河村哲夫「小楠と立花壱岐」『横井小楠のすべて』による。）

（11）勝海舟は横井小楠について次のように言っている。「小楠は、太鼓もちの親方のような人で、何を言うやら、取りとめたことがなかった。維新の時に、大久保（利通）でさえ、そう言ってました。「小楠を呼んで見たが、意外だ」と。たいていの人には分からなかった」（『海舟座談』二一四頁）。この言葉は座談の一節であって「機」ということについて海舟が自分の意見を述べているところである。それによると「機は感ずべきもので、伝達することの出来んものです」であって、大久保のようなすぐれた人も小楠の聡明さが見抜けなかったというのがこの対話で海舟の言いたいところであろう。

この節を引用することは、私の論証しようとするところからずれて不適当かもしれない。小楠のよさは状況が混沌として右すべきか左すべきかという判断と決断を常人が出来ない時にはじめて発揮される。一つの大きな局面が終わって、しばらくある一定の方向に向って世の中が進んでいく時、有能な行政官的頭脳と知識が必要とされる時期にはいって、小楠はタイミング悪く登庸されたということもできる。

しかしまた小楠の思想が、当時の社会的必要に応ずるというより、近代日本の百年先までのことを考えるという課題に直面したために、時代は彼を十分生かしきれなかったという面もある。彼自身も西欧近代文明についての知識が十分でなく、思想的課題のスケールの大きさに較べて、不充分な知識で考えて考えてゆかねばならないというハンディキャップがあったという面も多分にあると思う。

ところで小楠は、海舟が「機は感ずべきもので、伝達することの出来んものです」と言ったその「機」を珍しく感ずることができる人であった。自分の見解は「ある機」にのみ通用する意見であって、状況が変われればまったく意味が変わってくる。その機でないと判断した時には、小楠は途端に思考を停止してまともに対応しようとしない。大久保は組織的頭脳の持主で決断力にすぐれるが、何を「機」とするかということで小楠とは違うので、大久保のようにすぐれた人物でも小楠の聡明さが見抜けなかった、というのがこの対話で海舟の言いたいところであろう。

(追記) この注を書き終った後に、藤間生大氏の「小楠思想第二の転機再考」を読んでいたら、氏は大久保の異和感は「明治政府に対する批判が小楠にあるとみた為ではなかろうか」(『近代熊本』No.27) という見解を示されている。どの局面で大久保がこのような感想をもったかわからないが、もし「地方政治」のあり方についてのことであれば、熊本実学派の連中を主体として進められていた熊本地方の民主的行政が、大久保の派遣した知事によって粉砕されたことを想起すれば十分に肯ける。

(12) 堤克彦氏の『横井小楠』に、米国留学中の横井左平太が小楠に書き送った手紙の一節が載せられている。曰く、

米国ノ国習、流石華盛頓以来の協和(ママ)政治ニテ、門閥・貴賎ノ別ハ更ニ無ク、大統領ヨリ以下未ダ一人モ壱僕ヲ連ル人ヲ見ズ。大統領ヲ初メ諸役人ニ到ル迄、一国中ノ人材ニ依テ採用シ、各其長ズル所ニ随ヒテ、其ノ職掌ヲ委任ス。此等ノ事公平正大ナル事感ズベシ。然レドモ我レ方今ノ政治ヲ推考スルニ、華盛頓代ノ共和政治トハ大ニ其意ヲ失シ、只今日ノ政事ハ立法ニ在テ人ニ在ラズ。政事一ノ課業ニ帰シ、何年トカ此ノ法律ノ書ヲ学ビナハ、二歳ノ童子モ合衆国ノ政事ヲナスニ足レリ。方今ハ只門閥ナキヲ主張シ、上下ノ別ナク、下民共其大統領ヲ重ンゼズ。父母ニ事ルノ体モ、我国習ヒニ比スレバ甚ダ軽薄ナリ。

我レ思フニ、此ノ風習ハ耶蘇教法ノ然ラシムル所カ。何トナレハ彼ノ教法ニ云フ。父母・兄弟ニ従ハンヨリモ、寧ロ此ノ神道ヲ愛セヨ。教法ノ盛ンニ行ハル、事、実ニ驚駭スヘシ。日曜日ハ万職ヲ休メ、各其ノ門戸ヲ鎖シ、富貴貧賤・老若男女ノ差別ナク、必ズ寺行ス。若シ此ノ寺行セサル人ハ、耶蘇ノ罪人ト称スル勢ヒニシテ、我等モ不得已屢出席、耶蘇ノ道ヲ聞ケトモ、一トシテ信ジ難キ事而已。此ノ如ク一統情実ニシテ、親友ノ交リモナク、師弟ノ別モナク、又有志ノ士モ助ケズ。只我ガ利益ノ交リヲスルノミ。我レ（左平太）此ノ地（アメリカ）ニ在ル事、殆ンド周歳余リ、然シ未タ一ノ親友ヲ得ズ。

洋人ハ外見ノ美ヲ飾リ、心中表裡甚ダ多シ。一統ノ風俗ヲ見ルニ、教師ハ頑固ノ教法ヲ守リ、此ノ道ヲ布ン事ヲ希望シ、商人ハ又東西ニ奔走シテ、我ガ一家ヲ営ン事ヲ欲スル外侘コル（誇る）ナシ。此ノ政事ニ於テ、我レ一事トシテ信スルナシ。方今西洋此ノ如ク開ケ、学校ノ数日々正大ヲ極ルト雖モ、只窮理ノ一事ニテ、徳性ヲ研キ、智識ヲ明カニスルノ学ハ絶テコレ無ク、心利上ノ一途ニ馳セ、一切義理ヲ重ンゼズ、却テ義ヲ以テ愚ト云フ。故ニ今日洋人ト称スル人ハ、只博学才智アル人ニテ、如何ニ徳義ノ人アリト雖モ、博学才智ナラザレバ、之レヲ用ヒズ。

此ノ如ク西洋風俗ニシテ、此ノ以来英雄豪傑ノ輩ハ起ルト云ヘドモ、徳義ノ士ノ起ル事ハ決シテコレ有ルベカラズ。是迄乗出シ、西洋無道、無人ナル事分明ナリ。方今勢ヒ四辺万国平和セザルモ、亦宜シキナル哉。然シ西洋器械ノ術ヲ尽クシ、富国強兵ノ一途ニ至リテハ、我レ間然スルナシ。聖人復タ必ズ起リテ此ノ事ヲ修メン。

（同上、一七六—一七八頁）（国学院大学図書館蔵『梧蔭文庫』）

堤克彦氏によれば、この手紙は留学中の左平太が（慶応三年）年末か翌年早々に、アメリカの現実をまったく知らない小楠に書き送った書簡であるという。

(13) 源了圓「横井小楠の「三代の学」における基本的概念の検討」（前出）。

(14) 北野雄士「横井小楠と福沢諭吉における文明観と政策論」、『大阪産業大学論集　人文科学編』九九号、一九九九年、一〇、一三頁参照。

(15) 「力と利」という問題については、小楠は「海軍問答書」（元治元年・一八六四）では「方今の勢道理明なりと雖も兵力強からざれば不逞を制すること能はず、兵力強しと雖も道理明かならざれば人心を服すること能はず。道理明に兵力備りて正に初て不逞を制し人心を服さしむ可し」（一三頁）と記している。そして翌年の「沼山対話」では、これを「理と勢」という観点から説き、「西洋にも航海交易を起し候（中略）以前は、万国皆天理に悖り候か」という井上の問いに対して、「古今勢異候。勢に随ひ理亦不レ同候。理と勢とはいつも相因て離れざる者に候」（慶応元年、九〇七頁）と答えている。彼の歴史を観る眼は確かである。

(16) 小楠の言う「知る」とは、われわれの歴史的時・空に限定された、表面的で形に滞った、そして活用の利かない知り方をさし、「合点」するとはわれわれの一回的な経験を徹底的に極めて、そこにあり、それを成り立たせている「理」を自分のものにして、他の状況にも活用ないし対応できる自由で柔軟な知り方をさす。小楠が心の立場に立ちながら、よく新しい事態に即応できた根本の理由は、彼が「合点」的理解に達せねば真の知り方ではないという考えに立って物に触れ事に処していたからであろう。

(17) 小楠の「公共思想」については、拙稿「横井小楠における「公共」の思想とその公共哲学への寄与」佐々木毅・金泰昌編『公共哲学3』東京大学出版会、二〇〇二年、「横井小楠の「公」をめぐる思想とその「開国」観」『アジア文化研究』第二七号、国際基督教大学アジア文化研究所、二〇〇一年を参照されたい。

(18) 小楠の書いたものの中に「三代」の語が初出するのは、嘉永五年三月に書かれた「学校問答書」であり、そこには「修己治人の一致に行れ候所は唯是学問にて有レ之候。其故に三代の際道行候時は君よりは臣を戒め、臣よりは君を儆め、君臣互いに其非心を正し、其より万事の政に推し及、朝廷の間欽哉戒哉懋哉都兪吁咨の声のみ有レ之候」（四頁）と、君臣間の在るべき姿のモデルが『書経』「堯典」にとられている。その年の七月十一日の吉田悌蔵宛にも「三代」の語が出るが、頻出するのは安政三年（一八五六）五月十五日の立花壱岐書面に、方今天下知名の士のありようを批判して「是其立志三代之道に無レ之候故所謂古今天地人情事変之物理を究ず格物之実学を失ひ其胸中経綸全く無レ之」（二三五頁）と出て以来、小楠の言説には「三代の治」「三代の治道」「三代の治教」「三代の分取」「三代の学問」等の語が簇出し、堯舜三代が彼の政教の理想のモデルとなった。拙稿「横井小楠における「三代の学」における基本的概念の検討」（前出）を参照されたい。

(19) 注（8）、（26）を参照。慶応元年の秋に熊本を訪れ、小楠とも面談の機会をもった松江藩の儒者桃節山の『西遊日記』に次のような一節がある。「又横井之論ニ、漢唐訓詁之学弊を知て程朱諸先生践履之実学を講究せられたり。爾し其弊ニ至而ハ心ノ論ハいかニも的当なれとも、心の論ニ泥ミて、心より物ニ及し候事業ニ疎き所あり。其末ハ細密之理をのみ講究して注ニ注を加ふル事ニなり、只其講究詩文を科挙之為ニする事ニなりて、全ク科挙学也。これ漢唐訓詁の学ニも劣るなり。されハ真之学問といふハ、帰する所二典三謨を躰認して、学政一致なる事を会得し、論語を躰認して

孔子之御人物を学ふへし」(『西遊日記』六八五頁、『日本庶民生活史料集成』第二十巻所収)

(20) 『書経』では六府は、水・火・木・金・土・穀の民生日用の財をいう。この「六府」と、正徳・利用・厚生の「三事」が統治の基本とされる。(『書経』「大禹謨」に出る。「沼山対話」に「皐陶謨」に出るとあるのは間違い。)徳永新太郎『横井小楠とその弟子たち』評論社、昭和五十四年八四―八五頁参照。

(21) 「現在天帝の上に在せる如く」「現在天の命を受る如く」の現在の重要性に初めて注目したのは平石直昭氏の烱眼である(「横井小楠――その「儒教」思想」、相良・松本・源編『江戸の思想家たち　下』参照)。

(22) 楠本正継氏は、小楠晩年の思想は宋儒を批判し、西洋を論じ、これ等を超えるものとして、堯舜三代の治を考えていたかのように思われるとし、小楠の「沼山閑話」中のいくつかの文を引いて、「されば小楠実学は遂に退野を越え、程朱などの宋儒をも超え、天命を畏れて天工を広むる堯舜三代の立場から、西洋の技術功用も尽して之を包み、その転換を図る広大の見地に到ったといはねばならぬ。然しこれももともと小楠が退野実学の範囲に立って、宋学を受取ってゐたからであり、小楠は朱子の全体大用の学が或は礼制の研究を興し、又は天を敬し同胞を愛する横渠西銘の思想を本として、社倉法施設へと展開する面を有してゐることを見る知識を欠いてゐたのであらう。若し此知識があれば、退野実学から小楠実学への推移はなほ朱子学の範囲で考へ得られたかも知れない」(楠本正継「大塚退野ならびにその学派の思想――熊本実学思想の研究」六六八頁)と言っておられる。しかし小楠がここで問題としているのは、朱子学に経世の思想がないということではなく、その経世思想のあり方を問うているのである。

(23) 山崎正董編『横井小楠　遺稿篇』「文武一途の説」(嘉永六年正月)八頁に「禹の洪水を治め玉ふに手足たこを生ずる程に自ら働き」とある。小楠の聖人観は、聖人は天人とを媒介して「天地ノ太徳ヲアラハス者」(「孝経小解」)とする熊沢蕃山の聖人観を受け継ぎ、堯・舜・禹らの政治家としての生き方・あり方がそのモデルである。しかし生産・勤労の強調の点で蕃山にないものがある。

(24) これについて前掲、楠本正継「大塚退野ならびにその学派の思想――熊本実学思想の研究」を参照されたい。

(25) 山崎正董編『横井小楠　遺稿篇』には甥の左平太・太平宛に出した小楠の書簡が十通(うち五通は神戸、長崎で勝塾、海軍伝習所で修行中、五通は在米)載せられている。彼の大人宛の書簡は現実の用件をしるしたものが多いが、二人の甥への手紙は多感な青年宛のものであって、小楠の兄の遺児たち――しかも将来の日本を背負うべき二人への期待と訓戒もこめられ、他の書簡にない真情溢れる魅力がある。そして彼らへの手紙を見ると、彼の思想の底にある心情的な面がよく示されている。たとえば幕吏の聚斂を怒り修行が手につかない二人へ対して「他に拘らず可レ成心力を尽し修行可レ被レ致候、他の非をのみ唱へ我が修行おこたり候は士君子の可レ恥事也。志さへ厚く候へば木石をも動かし申候」（慶応元年六月十五日）、「万里之山海隔り候へば山川草木何もかも異類のみ多かるべし、乍レ去人は同気之性情を備へぬれば必ず兄弟之志を感じ知己相共にする人出来するは自然之道理にて、却て日本人よりも外国人親切なる事に被レ存候。申迄も無レ之候へ共木石をも動かし候は誠心のみなれば、窮する時も誠心を養ひうれしき時も誠心を養ひ何もかも誠心の一途に自省被レ致度候。是唯今日遊学中之心得と申にて無レ之。如レ此修励被レ致候へば終身之学中今日に有レ之、航海之芸業世界第一の名人と成り候よりも芽出度かるべし」（慶応二年十二月七日）、「西洋学校は稽業の一途にて、徳性をみがき知識を明にする学道は絶て無レ之、本来之良知を一稽業に局し候へば其芸業之外はさぞかし暗き事と被レ察候」（慶応三年六月二十六日）、「此のエルハリスも元は耶蘇教之教師にて有レ之、二十四五歳にて天然之良心を合点いたし人倫の根本此に有レ之事を真知し是より自家修養良心培養に必要にさしはまり」「其教たるや書を読むを主とせず議論を貴ばず専ら良心を磨き私心を去る実行を主とし日夜修行間断無レ之譬ば靄然たる春風の室に入りたるの心地せり。然しながら私心を挟む人は一日も堪へがたく偶慕ひ来りし人も日あらず帰り去る者のみにて遂に其堂を窺ふこと不レ能、薩の両人も初は中々堪がたかりしが僅に接続の力を得て本来心術の学問に入りたり」（明治元年九月十五日）。――これらの書簡に接した左平太、太平が叔父は陽明学の徒であると思いこむのは無理もない。小楠はここに見られるような「心術の工夫」をしながら、それだけでなく彼の時代の課題を解く力のある経世論をつくりたいと願い、それら二つの面を合せて「三代の学」というものを構想していたが、小楠の最晩年はどちらかというと天帝の問題、心術の工夫の方に力点が置かれて、経世の問題はこれまでの考えや知識の範囲で眼の前にふりかかる問題に対応していたように思われる。

(26) 桃節山『西遊日記』、六八五頁、『日本庶民生活史料集成』第二十巻。
(27) 徳永新太郎『横井小楠とその弟子たち』八四―五頁に拠る。
(28) 門田明・テリー・ジョーンズ『カリフォルニアの士魂――薩摩留学生長沢鼎小伝』本邦書籍、八九頁、一九八三年。
(29) Thomas L. Harris, "The Prophecy of Japan" の要約。なおこの文章はごく短かい僅か三葉のもので、ハリスの口述を日本人の誰かが書きとめたもののように思われるもので、文章も整っていない。そして書きとめた日が「July second, 1857」となっている。森の滞米期間が一八六七、一八六八年であったことを思うと、口述の年は一八六七年である可能性が高い。

(30) ハリスが、日本の改革の推進者の中心を有力大名（ハリスの念頭にあったのは薩摩侯島津斉彬）に求めたことは、小楠の場合（松平春嶽）と一脈相通じている。ハリスの考え方は森や鮫島との対話によって出来たものであろうし、それを見ると、当時の改革派の武士たちは雄藩のすぐれた大名を中心して結集するという考えをもっていたことが逆に示されているように思える。

(附記)

一々注記はしなかったが、第五節は林竹二氏のトマス・L・ハリスや森有礼、新井奥遂についてのかずかずの研究、門田明氏の長沢鼎についての小伝、ならびに Ivan Parken Hall, *Mori Arinori*, 1973, Joseph W. Slade, *Historical Sketch of Thomas Lake Harris, Lawrence Oliphant and the Brotherhood of the New Life*, 1974 に負っている。資料の蒐集については曽根原理・若尾政希・西忠温の諸氏に大変お世話になったが、時間不足で充分活用することができず申訳なく思う。他日を期したい。

近世日本における「為己の学」の系譜

一　近世日本における「為己の学」の基本性格

私はこれから、以下の五人について「為己の学」という観点からその思想を概観してみたい。その五人とは、

藤原惺窩（一五六一―一六一九）
熊沢蕃山（一六一九―一六九一）
大塚退野（一六七六―一七五〇）
平野深淵（一七〇六―一七五七）
横井小楠（一八〇九―一八六九）

である。

私の言う「為己の学」とは、自己の内的要求を実現し、自己の内面を純化し、自分が自分に愧じない、あるいは天に愧じない「実心」の境地を求め、そのためには独りを慎むことにつとめ（慎独）、「敬」を重視しないではないが、「誠」ないし「至誠」を人倫の根本とすることにつとめると共に、「格物致知」という、外部の物を知りその道理を究めるはたらきを、内部の自己を純化していくはたらきとは別のこととはしないで、両者が一つの根源から出ていて、その根源は究極的には自己であるとすることを課題とする儒学のことである。そしてそれは具体的には陽明学の問題意識を自己の中にとりこんだ朱子学であることが多く、熊沢蕃山のように陽明学を朱子学と同じような比重でとりこんだ人もある。また藤原惺窩の場合のように、朱子学それも朱子だけでなく、周濂溪、二程子とくに明道、張横渠、朝鮮の李退溪、更には陸象山、王陽明のような陸王学の代表者、更には明の三教一

致論者林兆恩などの儒者、老荘、さらには詩人の陶淵明などに共感し、その影響を受けている人もあって、その点は多彩である。また熊沢蕃山のように儒者でありながら、神道にも関心をもっている人もある。それらの違いはあっても、「為己の学」としての本道に忠実であれば問題はない。

このような「為己の学」すなわち「修己治人の学」を荷う人はみな個性が強く、みな「和して同じない」人々であった。彼らはみな「同ずる」ことの多い日本人からすれば異類の人々であり、とくに惺窩は、朝鮮の姜沆《きょうこう》（カンハン）から「剛峭」の人（強くきびしく、いかなる権力者とも妥協しない人）として尊敬された。また熊沢蕃山は「天地の内に己の一人生《いき》てありと思ふべし。天を師とし、神明を友として見る時、外、人によるの心なし。かくの如くなれば、内、固《かた》くして奪ふべからず。外、和してとがむべからず」と言っている。こうして彼の確固不抜なる自立心が生まれたのである。このような彼らの強い個性は天賦のものであるとともに、「独知」の世界での「慎独」の心法の工夫によって生まれたのである。

ところで「為己の学」は「修己治人」の経世済民の実学でもあるが、彼らの「経世学」は彼らの帰属する藩政府、ないし藩主の財政を改善したり豊かにするためでなく、「民」を重視し、民を豊かにすることによって、藩も日本国も豊かにすることをめざす政策であった。

ある時期までは藩の農民を豊かにすることがめざされたが、幕末の横井小楠になると、藩を豊かにするだけでなく、日本国を豊かにして日本国の独立を保つという考えで経済政策が考えられた。また農民だけでなく、商人たちも含めて経済政策が考えられた。

また徳川時代の初頭の藤原惺窩（「舟中規約」ほか）、幕末の横井小楠となると、国と国との間で、信義を重んじ、一方だけが得をするだけでなく、相互に利を共有し、相互に繁栄する政策が考えられ、小楠の場合にはそこで生ずる緊密な絆によって世界の平和を実現させるような政策も考えられ、その発想においては世界に抜きん出る考えであった。それを支えるのは、一方では朱子学の「理」の観念の道徳的価値的側面の普遍性であり、また小楠の場合には恐らく朱子の中にある「公共」という概念にヒントを得て、それを基にして一種の公共哲学の思想を形成したのである。

二 近世前期——藤原惺窩と熊沢蕃山

1 藤原惺窩

惺窩は戦国末期に生まれ、彼の生まれた翌年に織田信長が殺されて、秀吉が覇権を得、そして関が原の戦いで覇権は徳川に移り（一六〇〇年）、徳川政権の支配する時代になったが、徳川の統括が具体的にはどういう形になるのか、それはどういう文化を形成するのか、まだはっきりしない情勢の中、家康の死後三年たった時に生を終えた。彼自身十八歳の年に、父と長兄が地方豪族に殺されるという悲惨な体験をしている。藤原定家の子孫という家柄に生まれ、父の死後禅僧となったが、自己のアイデンティティーを求めるために苦悩、儒学とは何かを知るために鹿児島から明に渡航して、本格的に儒学を学ぼうとしたが嵐に遭って難破、やむを得ず故郷に戻って、慶長三年（一五九八）、伏見で俘虜として捉えられた朝鮮の姜沆と出会い、二人は親友となる。惺窩は姜沆から朱子学を学び、還俗、結婚し、釈奠《せきてん》の礼を習い、二条城で深衣道服（儒服）を着て家康と会い、禅僧でなく「儒者」という身分が公的に認められた。ここでは惺窩が亡くなる年、浅野幸長の継嗣浅野長重に頼まれて書いた「政事要略」の問題に触れよう。

それ以前の慶長十一年（一六〇六）、長重の父で和歌山藩主浅野幸長に頼まれて、為政者たる者の心得について講義をし、それを論策としたのが『寸鉄録』である。『書経』、『礼記』、それに四書のそれぞれの名句を選び、それに惺窩の評を書いたもので、幸長は「為政の存心、資治の守約」と言ってよろこんだという。思想の傾向は朱子学的である。それから十四年たった元和元年（一六一五）に書かれた『大学要略』は、思想的には明の三教一致論者の林兆恩の『四書標標正義』に依るところが多い著作である。その中で注目すべきことは、大学の三綱領「明徳」「親民」「至善」のうち「至善」を最高の究極の道徳としている。これは珍しい説で、彼はこの考えを林兆恩によっている。ここでは「至善」は体、「明徳親民」は用である。そして「明徳の人倫」の始まりは「親民」であり、その「親民」は陽明と同じ表記だが、その「親民」の意味は「民を養ふ」としている。これは惺窩の新註で、惺窩は将来自分を罪するとする者があれば、この新註だろうとしている。生きのびることさえ困難な時代を生きてきた惺窩にして初めてできた註であろう。

また「利」を全面的に否定するのではなく、利は用いようによって認められる。それは「国ヲ利スル」とか「天下ヲ利スル」場合だとしているが、「公」という考えがここに出ていることも注目すべきことであろう（用例としては「舟中規約」の方が先）。かつての理想主義一偏の経世論が、現実主義的性格を帯びた経世論と変わり、経世論として一段成熟したものに変っていることは注目すべきことであろう。

ここで重要な問題は、何処から実践のために手をつけるかと言って、それは「親民」であるとしながら、ここに手をつける人は「聖人」であって、「学者」の手をつけるべきところは「格物」であるとしているところである。そして惺窩が「格物」の解釈として選ぶのは、七二もあるとされる「格物」註の中の林兆恩の註である。それは「物ヲ格《サ》ル」の意であり、この「物」の内容は「心上ノ塵」のことである。すなわち「心上ノ塵ヲ格《サ》ル」が

「格物」の内容であった。彼は「一ツ一ツノ物ニ格《イタ》ル」という朱子の「格物」説にはどうしてもなじめず、最後になって林兆恩の説を肯定したのである。これを目して彼は中世的世界に帰ったという考えもあるが、私はそうは考えない。惺窩は「自然」を「生意アルモノ」としているが、人間の生の「本質」を無常なるものとした中世の精神世界とはまったく異なる人生観に生きていたからである。

2 熊沢蕃山

藤原惺窩が亡くなった年に蕃山が生まれた。惺窩は教養高い貴族の生まれたが、蕃山は浪人の子どもとして生まれた。武士社会は一応安定したが、浪人の中でも才能のある者、野心ある者、誇り高い者には惨めであった。蕃山は悲惨な日々に堪え、澄心の工夫をして自分の人生を切り開いた。文字を読むこと、儒学、兵学への入門の手ほどきは父から授かったが、後は自学自習、二十三歳の折、七ヶ月の間中江藤樹の許で勉強した。当時藤樹は『翁問答』を書き、心法の工夫とそれに基づく経世のあり方を工夫していて、晩年の普遍的な宗教的世界での安住とは異っていた。蕃山はこの『翁問答』時代の師の考え方をしっかり受け止め、その基本姿勢を忘れることなく、広く社会を見わたし、しかも奥行のある学問を形成した。実務能力もあるので岡山藩主池田光政に登傭され、藩の物頭《ものがしら》となり、さまざまの経世策は成功し、参勤交代のお伴で江戸に行った時は多くの大名たちと知り合い、その見識を賞賛された。三十五歳の年、足を傷めて武士の勤めはできなくなったということで、家督を養子（光政の子ども）に譲って京都に住み、貴族文化を身につけ、笙、篳篥《ひちりき》等の楽器の名手となった。彼の魅力にひかれて多くの貴族たちが彼の許に集まるので、幕府からマークされ、それから大名たちに招聘され、最後は幕府に勤めていた弟子の田中孫十郎に依頼されて『大学或問』という経世策を書いたが、幕府の忌諱に触れて閉門蟄居の身となった。彼はかねがね、強大になった清朝がやがて日本を襲ってくるのではないか、切支丹の社会への浸透はますます深くなっていくのではないかと考えていた。その根本原因は「人心のまよひと庶人の困窮」であるが、それは貨財の権を富商に握られ、諸侯は参勤の費用で疲れきっていることによるとして、「世のほろびなん」とする危機感に襲われ、その対策として参勤交代の制をやめ、武士の帰農と庶民のくつろぎをはかり、糶使いの政策に帰り、天下文明の教を起し、富有大業の仁政を興すべしという内容が『大学或問』には主張されている。

翌元禄元年に妻は死去、その後の彼は専心著作に従事して、元禄四年（一六九一）、古河で静かに亡くなった（『大学或問』については、後藤陽一教授の「熊沢蕃山の生涯と思想の形成」（岩波日本思想大系三〇）に拠る）。

彼の多くの著作の内容はあまりに多岐にわたるので、ここでは彼の「実学」概念について紹介することにする。彼は江戸時代の儒者の中で「実学」について多くを語った稀な人であった。

（1）「徳を好まざれば実学ともいひがたし」（『集義和書』）、「徳性を尊ぶを以て実学とするなり」（『論語小解』）。このほかこれらのタイプの多くの例がある。これらは「道徳的実践の実学」と名づくべきものであろう。

（2）「古の、文を学びし人は、詩を始とす。詩は志をいへるものなり。善悪・邪正共にみな人情の実事なり。故にこれを学ぶ者実学なり」（『集義和書』）。これは人情を知ることも「実学」であると彼が考えていたことを示す。これは「人間的真実追求の実学」と言ってよいだろう。

（3）「学者、聖経賢伝の、吾心の註釈なる道理を失ひ、心を外にして経伝を見時《みるとき》は、経伝本となり、吾心正と成ぬ。故に経伝の文の高く深きをもて遊び、其理を口にのぶるばかりにて、心を失へり。文の奥儀も斉家・治国の用をもなさざる事久し。此正心・修身の実学にあらざればなり」（『集義論聞書』（二））。これは広く言えば「道徳的実践の実学」の範疇に入れて差支えないが、彼の意向を尊重して「正心・修身」の実学と呼ぼう。

この考えを、『書経』の中から自分の実学思想の源泉を引き出している横井小楠がもし読んでいたら快哉を呼んだことであろう。またこの引用は、経世的関心において蕃山と徂徠とは多くのものを共有しながら、道徳と政治とを連続的に捉えるかどうかという点で、両者は異なることを示すものと言えよう。また蕃山が「正心」ということを強調していることは、彼が俗流朱子学者とは相容れないことを示す。この「正心・修身」とつながるものに、「凡夫より聖人に至るの真志、実学はただ慎独の工夫にあり」（『集義外書』）という言葉がある。

（4）「行ハ心ノ跡也。固有ノ徳身ニアフレ、四体不信シテサトレリ。又身ニ善ヲ行ヘバ積テ心ノ徳トナリ、心ニ得レバ身ニアラハル。内外始終ヲ相成スヲ実学ト云也」（『繫辞伝』）。この文章は彼の実学観を総体的に示すものと言えよう。私はこれを「内外・始終兼該の実学」と呼ぶことにする。「内外・始終兼該の実学」は「為己の学」即「修己治人」の学の姿を非常に具体的でよく見えるものとした。

（5）「心友問、異端には空と云、無と云。聖学はただ実のみか。

答。空則実なり。形色あるものは常なし。常なき物は真の実にあらず。形色なきものは常なり。常なるものを実といふ。異学はいまだ無をきはめえず。聖学は尽したるものなり」（『集義和書』）。これを見ると、蕃山の実学は空的要素を尊び、仏教や老荘と共通する一面をもっていることがわかる。蕃山は仏教や老荘に並々ならぬ関心をもっていた。彼は感覚によって捉えられる「形色あるもの」は実在ではないというのである。この点で彼は、人間の感覚に訴えるものだけを実在とする完成期の伊藤仁斎と最も対蹠的な立場にある。

ところで「空則実」という考えは仏教の考えとよく似ている。仏教で言う「異学」と蕃山の「異学」とはどう違うのか。彼は「義理のみにして欲なき者は生れぬ先も同じ」（同上）という。仏教を念頭においての言であろう。彼の言わんとする意は、欲望を否定し、生を否定する仏教の無は真の無ではないということであろう。そして聖学の無は「欲の義にしたがってうごくを道と云」ということであろう。しかしそれだけであれば山鹿素行や伊藤仁斎の考えとどう違うのか。蕃山は儒教の立場に立つ真の無は、「無」は言わず「無形無臭」と言うべきで、それは「有無あい離れざる無」であると考えている。

次に「虚無」の問題についての蕃山の老仏批判を見る。

「心友問。貴老、老仏は虚無をきはめ得ずとのたまへり。彼虚無を其道としてくはし。聖学は虚無を学とせず。何を以てしかの給ふや。云。我心則太虚也。我心則声臭形色なし。万物無より生ず。聖学は無心にして虚無存せり。虚無の至なり。老仏は虚無に心あり。故に真の虚無にあらず。心を用て虚無を云。故に其学くはし。しかれ共為にする所あり。陽明子云。……仙家の虚は養生の上より来れり。……仏家の無は生死の苦海を出離するの上より来れり。告子が不動心も又似たり。心を不動上より功夫を用る也。心の本体は原不動なり。なす所義にかなはざる事あれば動もの也」（同上）。

この一節では、前節でまだ十分に明らかであったとはいいがたい真の無、真の虚無とは何かということについての蕃山の見解が補足的に言われている。前節では老仏と儒教の無の捉え方が存在論的に説明されていたとすれば、ここでは両者の虚無の相違が、虚無との心理的関りの相違として説明されている。そしてここに蕃山の心学の特色がよく出ている。老荘や仏教は「虚無に心あり」「心を用て虚無を云」「為にする所あり」等の理由で、真の虚になりきっていない。それらはなる程、虚無をいう。しかし仙家の場合は養生という目的のための虚無であり、仏教の場合は生死の苦海からの出離という目的のための虚無であって、それらはいずれも無そのものではない。真の虚無は聖教の無心の虚無であり、それは太虚なる心をいう。その本体は不動であるが、告子のようにいかなる事態にも心を動かすまいとするのではなく、義にかなわないことがあれば、それはおのずから動く。蕃山のいう無は動を含んだ無である。現実世界を逃れた無ではなく、現実世界の中で絶えず事に触れておのずから動に転換し、またおのずから無に帰ることができる「無」、これが聖学の「空則実」である。引用した文章の意味はおおむね右のごとくであろう。

蕃山の思想の骨格はどんなものなのか。それは「心法と経世論」（心法と政治）とでも言っていいと思うが、その際「天人関係」「天道と人道」の相関関係が両者をつなぐものとして大きな意味をもっていること、さらに「心」の捉え方としては、「霊覚」「神霊明覚」の心の作用が強調されていることは、その特色であろう。この心の捉え方は惺窩の「虚霊」とも通じ、横井小楠の「神知霊覚」という考え方にも通ずる。これは心の究極の姿が霊性を帯びているということであろう。

彼における「心法と政治」との関係についての考えを具体的に示すのは、「大道は心法政事残す事なき也。則天地の道也。天道残すことなし。或は心法を立て、斉家治国平天下にうとく、或は政事のみ云て、心法にうときは小道也」（『大学小解』）。そしてこの「大道の政治」を「誠」という観点から説明しようとしたのが、次の用例であろう。

「国君人民の父たり。仁心の誠だにあれば、国を治ることやすし。……仁政を行ふべき誠ただ一つ不足して古今治国少し」（同上）（藤原惺窩、熊沢蕃山の項については、源了圓『近世初期実学思想の研究』（創文社）を参照のこと）。

三　近世中・後期——大塚退野・平野深淵と横井小楠

3　大塚退野

大塚退野（一六七六—一七五〇）は、その著作を通じて横井小楠に初めて「為己の学」の何たるかを教え、また「実心」ということを教えてくれた人である。平野深淵（一七〇六—一七五七）は退野の弟子であるが、小楠が退野を学んだ後に深淵の作品を読み、それを通して「尭舜三代の治」ということを教えて貰った人である。

二人ともすぐれた経世論者であったが、その考えを現実に生かす機会がなく、小楠によって初めて自己の考えを幕末日本の中で現実に生かすことができた。もちろんそのままの形で生かすことができたのではなく、小楠の経験、学習、そして小楠の思慮の中で新しい形で生かされたのである。

退野も深淵も共にあまり知られた人ではない。研究としては楠本正継「大塚退野ならびにその学派の思想」（『楠本正継先生中国哲学研究』国士舘大学附属図書館編）と後述の北野雄士氏の論考があるだけで、その中に彼らの著作名が記されているが、その中で活字になっているのは、退野の『孚斎先生存稿』三巻三冊（『肥後文献叢書』巻四）のみで、後は写本だけである。そうしたことで彼らはよく知られていないし、彼らの学問は惺窩や蕃山に較べると遙かにスケールは小さいけれども、その内容は非常に確かなものがあり、小楠が彼らの思想を糧としてその思想や学問を形成したのも尤である。

まず退野から始めよう。彼の名は久成、丹左衛門と称し、号は初めは蹇斎（蹇とは「蹇々匪躬」（主君のための労苦を重ねわが身を省みない）の意をこめたものであろう）、後に孚斎（孚はここではまこと（孚信）の意であろう。「はぐくむ」の意もこめられているかも知れない）致仕してからは「退野」と称した。大塚家は細川公の重代の家臣、世禄二〇〇石、初め兵学を励んだが、青年期にはいって中江藤樹を通して陽明学に転じ、静坐と思索に耽った。二十六歳の頃、「良知」の字が目に浮かび、そして生温い闇夜に生垣の結び目が透視できるようになって、この侭では狂気になるという恐怖を感じて陽明学から離脱した。しかしすぐ朱子学に移ったのではなく、検討を重ね、二十八歳の時、本格的に朱子学を学ぶ決心をした。まず『大学』から研究し始め、「格物致知」の問題を中心に思索を重ね、四十歳の折に「豁然貫通」した。この過程を彼は「体験説」という文章にまとめた。これは貴重なヒューマン・ドキュメントで、小楠もこれを読んで道に入ったようであるから、まずこれを現代語訳によって紹介しておく。

彼は自分の求道の過程を問答本でしるす。

（問）『大学』「格物」の説は朱子と王氏とは異っていますが、どちらに従ったらいいのでしょうか。

（答）陽明学は格物の読み方が違うだけでなく、学問の構成自体が理学にそむく。それに対して朱子学は程子の流れを引いてその教説の「全体大用」が聖門の教に叶っている。「格物」の註がそうだし、教説の重要な内容となる「博文約礼」「明善」「誠於身」「博学審問慎思明弁篤行」「学而時習」の聖語にその道はぴったり合うので、朱子学の正しいことは疑いようがない。だからわれわれは朱子学の教説を篤く信じて行うべきである。

（問）もしそうなら朱子「格物」の説は事々物々についてその理を究めよということで、自分とは関係のない他のことをつとめますから、学問する人は自分の日常生活における大切な問題に心を用いる意がなく、ただ博学――くだいて言ったら「物知り」――の方に向って行ってしまう。だから朱子学を一生懸命に勉強している人を見ると「為己の学」と違っています。どう考えたらいいでしょうか。

（答）よい疑問だ。そもそも学問は「明徳」を明らかにする工夫である。そして工夫の始めは「致知格物」であるが、今の学問をする人には「為己」の志がなく、その「格物」の方法を誤っているから「明々徳」の工夫とはなっていなくて、どれほど博学で六経や史書、諸子を読み尽しても心の暗《くら》みは寸分も明るくならない。書に向って道理を説くのはよく聞くことだが、自分の日用の問題を解く工夫は学ばない。このように無益な学問をするなら、聖経の一語二語を会得して、一生それを守る方が却って道に近いだろう。

ここで問答は一段落する。右の問答に分るように、これは陽明学的問題意識をもって朱子学を学び始めた人の問いに対する答である。最初から朱子学を学んだ人には、このような発想はなかなか出来ないように思われる。右のような答に接すると、博く書を読むことも「格物」の功ではないのかという問いが当然出てくる。朱子学でも汎然と事物の理を究めるよりも、よく聖教を究める方が「格物」の要《かなめ》だと説かれているから、博く書を読むのが間違いとは言えないものの、しかしその読み方が「格物」の方法を間違えて読んでいる限り、それは「明徳」の工夫とはならないということになる。畢竟「明明徳の大頭脳の志」（「明明徳」という、道の中核となることを実践し実現しようとする志）がないから、このような疑問が起ると言わざるを得ない。

ここで「格物」は事々物々の理を究めるということであるが、書物でさえ博く読もうとしたら時間が足らない。まして天下の理を究めようと思うと命が足りない。どうするかという問題が出てくるが、この問題については後で触れる。

朱子学批判者の追求はつづく。彼は言う。「明徳は虚霊不昧」と『大学』（朱子の註）には説かれている。これを見ると「明徳」は「心」とは別物ではない筈だ。だとすれば「心」を明らかにすれば「明徳」が明らかになる答。ところで心を明らかにするには、心の発する処である「意」の上に工夫を加えることが第一の課題となる。「致知格物は誠意の工夫で、意を良知にただす」という陽明の発明もこのことではないのか。もしそうであるなら、程子の格物の説は、別に「深意最上のこと」として称賛することができないのではないか。

以下述べることは、かつて陽明学にコミットしていた退野の朱子学が、どのようなものであるかを知るのに非常に重要な箇所であるから、丁寧に現代語にしてみることにする。

（答）今おっしゃったような疑問は、「為己の志」ある人で、為己の志の実現の手段について会得しておられない方が、程朱学における格物の説の意味より、陽明説の捷径《はやみち》の方がよいとする考え、つまり陽明説を信用するところから起っているものです。

その説の問題点は、それが知的工夫を欠いているところにあります。それは「博学」「審問」「慎思」「明弁」というはたらきなしに「篤行」一つを守るようなものです。聖門の教に適合しないということは、このことからご賢察下さい。

言い古された言葉ですが、程朱の「格物」説の意味をかいつまんで申し上げましょう。そもそも「明徳」の体には衆理が悉く具っていますが、人が物事に触れて感動すると具体的な日常生活の中で対処します。この対応の前に事物が存在することはいうまでもありません。この「理」というものは古往今来万物の上にあって「私でない」普遍的な条理ですが、それを統べるはたらきはこの自己にあって（総会は我に在て）、その運用は心の「知覚」に顕在化します。したがって「知覚」は「理」を照すのがその本分です。聖人という存在はその気質に常人がもっているそれぞれに偏した「人欲」がなく、「理」のままの存在ですから、この知覚は日々に明らかで一点の曇りもないので、日用に行うことがすべて道に叶っています。衆人にはその気質が一個人に偏した「人欲」がありますから、理を照す「知覚」の作用が円《まどか》ではありません。これは則ち「明徳」の暗《くら》みです。この暗い知覚では、日常生活で行うことが道に叶うということはありません。

こうしたことで『大学』の始めの教は、物々にある理を推究究尽すると、自分の「知覚」も明らかとなるということであります。これは則ち、彼に明らかであれば此れに喩《さと》るということであります。この工夫を間断なく続け、日々に積み、月々に重ねていくと、自然と脱然貫通する妙処があります。

この境地に致った時、これまで暗かった「明徳」も「本然の明」に帰ります。この工夫は、事物の上で理を究めていくと、心が外に向っていくので自分に益がないように疑っておりましたが、いわゆる「究理」（原文は「理」だけになっているが、「究理」の誤植だと思われる）は、「内外彼是のへだてがない源（根源）」をまず信じないということから起ったのです。

このような過程をへて、退野は「脱然貫通」することができた。ここで明らかになったことは、彼の朱子学が陽明学を通過し、陽明学的問題意識をもって形成された朱子学であるということである。「日用」、すなわちわれわれの現実の生活で直面する問題を解決するかどうか、ということで朱子学の学問としての正・不正を判断するというアプローチ自体がすでに陽明学的であるが、彼が「格物致知」との関連で問題とした「知覚」という概念が、普通の朱子学者の「格物致知」では見当らない概念である。私も小楠の研究を始めた頃、この「知覚」という概念の意味がよく分らなかった。それが英語でいう Perception とは異なるということまではよく判るけれども、もう一つはっきりしない。たまたま楠本正継博士の「陽明学の精神」を読もうとしたら、その冒頭に次の言葉に出会った。

王陽明によれば、心は知覚を特色とする。陽明の場合、知覚とは手足の痛痒を知る如く道徳的価値の鋭敏な感知を意味する。これは孟子の所謂良知の考を陸象山を介して継承するものであるといへる。陽明において特に知覚の説が説かれたわけは、それが活きて動く人間の心と道徳法則、所謂理との合一態として考へられた所にあった。その判断はたゞ冷かな形式的判断ではなく、人心の已まんとしてやみ難い力を帯びたものである。(『楠本正継先生中国哲学研究』五六五頁)

これを眼にした時、私の長い間の疑問は氷解した。そしてこのような表現を自分の書く文章の中でしていることは、退野の学問が「陽明学」をその中に吸収した朱子学であることが判る。

ところで退野は二十八歳で朱子学に志してから四十歳で脱然貫通するまで十二年の歳月を要している。彼は李退溪の『自省録』を通して『朱子書節要』の存在を知り、その書を通して朱子学のエッセンスを学んだ。退野は、『朱子書節要』を読まなかったら、自分の朱子学理解は平板なものになったかもしれないと言ったとされる。退野は、徂徠学派ではあるが、人物として尊敬していた藪《やぶ》震庵にもこの書を読むことを勧め、朱子学についての正確な知識をもつこの若い友人に、その書を読むことを通じて「為己の学」に変わることを切に勧めている。

退野が「為己の学」として自己の学問を形成しつつあった時、彼が仕えていた熊本藩の状況はどうであったか。その頃藩財政の行詰まりで苦しんでいた第六代細川重賢は、藩政府の財政状態を改革する方針を立て、改革全般を徂徠の方針に従う決断を下し、政治・経済の改革の責任者に堀平太左衛門を登傭、見事短期間のうちに改革に成功した。その成果の見事さに人々は驚き、人々は名君と称した(亀井南冥『肥後物語』参照)。

その過程で退野への諮問があったが、彼の答申書は「藩財政」を豊かにするのではなく、経済の担い手である農民を豊かにすることを通じて、藩の税収入も多くして、その結果として財政も豊かにするというものであった(その内容は「上高治様次第《あげだかおさめようしだい》」「上某執政」「与牧某」参照。『孚斎先生存稿』第二、六三五頁)。しかし、藩の方針に逆らうものとして退野は逼塞を命ぜられた。

　ところで重賢の改革はそれに止まらず教育改革にも及び、藩校時習館を立て、学頭として服部南郭の友人である秋山玉山が選ばれた。このとき退野は吾が事畢《おわ》んぬ、として家督を長男に譲り、藩の北辺玉名郡玉名村に辞し、研究と教育に従事した。

　最後に、退野の「実心」という用語の用例について述べておきたい。

　退野によれば、聖人の教は、もともと人に具わっていない道理を強制的に実行させようというのではない。天から人々に授けられ、一身に具足しているものを取り出して教を立てられたものとして信用するのが「学」というものである。この信心が学問の命脈で、その味わいで、ひとたびこの信心が立つと、世間の毀誉得喪、貨色生死もその障礙をなすことがない精神的境位である。この信心が人身の主宰で、これに過ぎたものはない。自分は晩学で、聖人の教は博いために、今からでは理解しきれるものではないと言う者に、退野は「是未《いまだ》信心の開けぬ故にて候。聖経を信ずると申は、心の全体にひっすへて信ずる実心にて御座候。此実ありて後聖人の書に記し置れ候一言半句も其信心にうけがひ候（受け入れる意）。一言半句も其信心にうけがひ候が早《はや》学問の実地備りたるにて御座候」と喝破している。心の片隅において信ずるのではなく、心の全体を占めるようにどっしりと据えて信ずるのが「信ずる実心」――この実心は真実の心であり、確かなものとしてそこに真に実在する心であろう。

4　平野深淵

　平野深淵も熊本藩士、字は仲龍、権九郎といい、深淵また孤雲と号した。世禄一五〇石、穿鑿頭《せんさくがしら》という役をつとめた。それまで藩は囚人の罪刑を糺問する役として身分の卑しい者をその役に当てていたが、藩主細川重賢はこの役は大事な役である、もし間違って無実の者を殺せばもう再生はできない、天道に叛く恐れがある、せめては所領をもった侍を選んでその長とせよと命じ、その時選ばれたのが平野権九郎であった。その間実に思慮深く難事件に当り、囚人本人が白状し、どのような厳刑に処せられても恨ありませんと言うので斬首が決まったのを、思う仔細があるので刑の執行の決定を延ばしたら、三年ほどして真犯人が判って、はじめの囚人は助ったというようなこともあり、その職を見事に果したという。

彼は若い時から退野に師事、次第にその理解を深めていったが、他の弟子のように師の教を忠実に守り、それを小形にしたような弟子になることに満足せず、『程子易伝』に心酔した。朱子の『易経本義』が卜筮を認めたのに、程伊川は「凡そ易理を知れば占其中にあり、他に待つことなし、予や昔より卜筮を主とせず、易理を知るを天と知ると云なり」(『肥後先哲偉蹟』)と言っていたという(程伊川の『程子易伝』については、本田済教授の『易経講座』(上・下)を参照のこと。発行は斯文会、発売元は明徳出版社)。

深淵の思想の基本的前提は、北野雄士氏の指摘するように、人が天から「乾の仁」を受けているということである。この前提は、天の働きについての以下のような確信から導かれている。「天道の万物を生々として息まざる処は乾の仁にて候。故に万物生々の気暫《しばらく》もやまず候。もし少しく息むときは忘失し候。人も亦乾の仁を稟て生るが故に生々として不善あることなし。其不善をなすは本心よりしからしむるによらず候。気の清濁と今日の習とにより暫く不善をなし候」(『程易夜話』、この条、北野雄士「大塚退野、平野深淵、横井小楠――近世熊本における実学の一系譜」(『大阪産業大学論集　人文学論集』一〇七号、二〇〇二年)に拠る)。この『程易夜話』から、深淵の思想を探ってみる。(深淵には、もう一つ『程易雑話』という著作があるが、今回は利用できなかった。)

人君の役割は天に代って天の民を愛し、天下の民はその処を得せしめるべき存在である。その際一番大切なのは、民を愛する人君の心が真実であることである。しかし人君が直接知っている人はごく僅かな人々であり、また民に直接会って民から知られているわけではない。しかし民には不思議な神のような「感」(直観力)があって、人君の心が直に民を愛しているかどうかが分かる。人君のありよう一つで国が平和になったり、乱になったりする。そうだとすると、人君は何を「法」として仰ぐべきだろうか。深淵はここで次のように言っている。

人君は尭舜を以て「法則」とし給ふべし。尭舜の天下に君たるは民を愛し給ふ外別事なし。尭舜は天道の乾に同じ。天道万物を生育して一息も息《やむ》る所なし。尭舜は民を愛して頃刻も息る時なし。

尭舜を手本とせよということは分ったが、人君たる者の一番難しいことは「人君の一心」のありようだ、と問題提起する。深淵自身の答は次の如くである。

人君の一心即治体にて候。天下の治乱興廃皆一心にかからざる所なし。人君の御心に民を愛し、正しきを愛し給へば、四海のひろき九州(中国全土のこと)の遠しと雖も、天下正しからざるはなし。愛してかつ正しければ天下の人心和楽を生じ候。生ずるものは不㆑息候。是れ礼楽の起るはじめ、仁政の行《おこなわ》る基本にて候。

ここで注目すべきことは、人君のありように人民を真実に愛すると共に、「正しい」という要件が加わっていること、生ずるものは「不息」として、これが礼楽の初め、仁政の行われる基本としていることである。民への愛が基本だが、現実社会では「正義」を通すという面も必要であるということを指摘していることを見落してはならない。また「不息」というのは、せっかくの善政を中断するのはすべてを駄目にするとして、それを避けるための工夫として礼楽を興すことの必要性を提起しているということだろう。これは、徂徠学の提起した問題を朱子学の文脈で受けとめたということである。かくして深淵の人君のあり方についての提起は、非常に現実性を帯びてきたように思う。

では、このような人君のあり方の理想を現実化するにはどうすればよいか。深淵は主君に『書経』の二帝（堯・舜）三王（禹・湯王・文王）がよく天下を治めたところを熟読させ、儒官たちに古今治乱興廃の迹を主君に話して聞かせるとか、仮名書きで書いてある書物を主君自らも読むことを勧める。とはいえ、根本は人君の一心である。ここで問題になるのは、堯・舜・禹と相伝える次のことばである。

人心惟レ危ク、道心惟レ微カナリ。惟レ精惟レ一、允ニ執二其ノ中ヲ一（人心ハ惟レ危ク、道心ハ惟レ微カナリ、惟レ精惟レ一、允ニ其ノ中ヲ執レ）

この句は前半は民の心の現実で、後半はそれを超克するための実践である。深淵は天道は「天道の乾」という基本的立場に立っているから、人心は悪だという考えには立たない。基本的には民は道心をもち、その性は善であるとするのが彼の基本的考えである。しかし彼らは形気の欲にとらわれがちであり、そのせっかくもっている道心も堯舜とは違って微妙なものと言わざるを得ない。したがって放置しておけば民は患難に苦しむ。人君たる者は堯舜に代って民の苦を除いて恤《あわれ》む。それは惻隠の心であり、道心であり、仁心である。また民の不義をなすのを見て、それをば羞ぢ悪む心―すなわち羞悪の心を抱く。それは道心であり、義心である。また民が相譲る心もなく、相争うのを見て辞譲の心を起す。そうすれば礼という形をとる。右のようにすることによって民の心を純一にする工夫が「惟精惟一の工夫」である。ここで注目すべきことは、人君は厳しい道徳を押しつけるのではなく、それには人心が生ずる要素もまざっているけれども、民が楽しむところを自分も真に楽しみ、天下の民と一緒に楽しむ時に、その人心は天理となる。そのほか人君が自分の欲念から発する処も人心であるが、人君が自分個人だけの欲を捨てて、民と共に欲する時は、それは「天理の公」であって、そこでは道心が主となって、人心に道心の命（令）を聴かせるのである。

5 横井小楠

横井小楠は長岡監物、下津休也、荻昌国、元田永孚ら四人の仲間と一緒に、大塚退野の著作を読んだ。一つ一つの論文やエッセイ、書翰、詩、和歌、教訓書などの基礎的整理はすでに、門弟の森省斎によって成し遂げられていた。その中の主なものは上掲の五人の筆によって『孚斎存稿』全三巻としてまとめられ、彼らの研究会のテキストとして使われた。ただしこれらはテキストとしては必ずしも充分ではなく、今日の研究においては、無窮会本その他のテキストと照合されなければならない。このことは彼らがいわゆる徂徠以降の「儒学者」のように考証能力をもった人たちとは違って、その本質において経世家であったことを示す。退野、深淵はもちろん、学者肌であった退野も、経世家として自分を捉えていた。

この二人から、小楠は何を教わったか。

第一は、『大学』から経学と経世論にいくコースを選ぶ道である。

第二は、まず自己のあり方に注目して内を見つめる在り方である。これは最初政治青年であって、歴史に関心をもち、中国の廿二史を読み、菁莪斎の居寮長として、当時の学生荻昌国や元田永孚にその道の勉学を求めた小楠、そして挫折の後、程明道の「物就ニ於用一不レ是」の句の意味を二年間も考えつづけた小楠にとっては、コペルニクス的転回ともいうべき出来事であった。

第三は、外への関心から内向へと向き変わる時、必要なのは、内へ向きつつ、しかし外へ向く視点を得ることであるが、それを可能にするのは「格物」という考えであった。小楠もそれに共感し、自己の実学を「格物の実学」と呼んでいる。なお私は、退野ならびにその弟子たちを第一次肥後実学派と仮称しているが、退野らは自己の学問を「実学」という呼び方はしていない。退野ならびにその弟子たちは、藩主細川重賢や重賢に重用視された人々に対立する見解を示したが、彼らは藩主や藩政府と政治的に対立して反抗しようという気持はなかった。妥協はしないが、淡々と自己の境地を深め、その境地を楽しんだ。まだ藩内部における政治闘争の時代には入っていなかった。

第四は、「格物」ということが問題となると、それとの関係で、退野は、不可視的存在である「理」を照し、それを眼に見えるものとする陽明学的「知覚」の概念をわが国で初めて使ったと思われるが、小楠は退野に倣って、この「知覚」という語を定義することなく、しかも正しく使っている（陽明学的「知覚」の意味については上述の楠本正継氏の一文参照）。小楠という人はその点、なかなか勘のいい人だったように思える。

小楠は、中年までは自分は朱子学者であると公言しているが、退野は陽明学的概念をとりこんだ朱子学者であって、小楠も亦、非自覚的に陽明学を通過し、陽明学を内に取りこんだ朱子学者というべきであろう。なお晩年の小楠は、朱子学にも陽明学にも捉われないで、両方の良さを生かす自由な立場に立っている。

第五は、退野は『孚斎存稿』に入らない『語録』の中で「虚心にして相互に講習討論するは此《これ》朋友中のみなり」「先生云吾老ては講学講論を楽むのみ」という瑞々《みずみず》しい考えを述べている。この『語録』は小楠の愛読書だったように思える。この「講習討論」「講学講論」という語は、彼が『語録』を読んで以来、彼の書いたものの中に頻出している。彼はこの語をふくらませて、とくに幕末日本における「公論」の形成の中心用語として使い、遂には彼の手を離れて「五箇条の御誓文」の第一箇条「広ク会議ヲ興シ万機公論ニ決スベシ」という句として結晶し、近代日本における「議会制」成立の動力となった。

そのほか「為己の学」という退野の使った重要な語があるが、小楠も一回だけ嘉永二年の久留米藩儒本庄一郎への書簡の中で形を変えて「唯嘆ずべきは学者為㆑己之志無㆑之より力を此に用る事あたはず」（山崎正董編『横井小楠　遺稿篇』一二七頁）と使っている。「為己之学」の用例は、今のところ見当らないが、彼の思想が「為己の学」に根ざしていることは間違いない。

以上は、小楠が大塚退野から学んだことの主要な点である。

藤原惺窩に対する高い評価も両者同じである。小楠は退野からヒントを得たと思われる。小楠の退野紹介をここに紹介し、両者の関係を閉めくくろう。末尾の一文に注目されたい。

　拙藩先儒大塚退野、名丹左衛門、初陽明を学び、専心気を修養いたし、良知を見るが如《ごとき》に是《これ》あり候。然れ共聖経に引合て平易ならず。疑ひ思ひ候うちに、李退溪の自省録を見候て程朱之学の意味を暁り、年二十八にして脱然と陽明之学を絶ち、程朱之学に入り申候。其の暁り候処は格致之訓にて有㆑之候。退野天資の高《たかき》のみならず、修養の力格別に有㆑之、知識甚明に御座候間、治国之道尤以会得いたし候。代々世禄の人にて候へ共時之否塞に逢ひ、終《つい》に用られ不㆑申。乍㆑然老年に至り候ても国を憂へ君を愛するの誠弥《いよいよ》以深切に有㆑之。真儒とも可㆑申人物にて御座候。……拙子本意専此人を慕ひ学び候事に御座候。（前掲山崎編、一三〇頁）

次に、平野深淵を小楠がどう捉えたについて一言しておく。小楠の深淵についての注目点は、深淵の「堯舜ないし三王」の捉え方である。深淵は、堯舜を神話的存在としては捉えなかった。あくまで堯舜は実在した聖なる帝王である。だがそれだけでなく、世の君たるべき人々にとっても、彼らの模範として生き続けるべき存在であった。彼らが堯舜を模範として生きることを志し、それを実践する時、彼ら自身もその時代の「堯舜」となる。かくして「堯舜」ないし「堯舜・三王」は現代にも存在し得る、否、存在することを可能にするために努力しなければならない目標である。小楠は深淵のこの考えに共感した。

ところで堯舜を政治的な視座から聖人として尊敬する点は、徂徠も同じ類型に属する。しかしその具体的内容では大きな違いがある。徂徠の場合は、堯舜は人間を文明的次元の存在に高める礼楽制度をつくったということから、聖人として尊敬した。しかしそこでは人間としての聖人の在り方、さらには政治家としての聖人の具体的な生き方は問わない。

小楠の場合は、聖人は生きた政治家として孜々《しし》として働らく存在である。「禹の洪水を治め玉ふに手足たこを生ずる程に自ら働き」云々（「文武一途の説」嘉永六年・一八五三年正月）。また元治元年（一八六四）の若き井上毅との対話（「沼山対話」）では「全体聖人の作用利世安民の事業二典三謨にて粗《ほぼ》見得可レ致候」と言って、聖人は穀物の生産や物産の制作活動を指導し（「六府」の解釈）、これを聖人の天に代わる大作用（「聖人代天の大作用」）と記している。自ら民の先頭に立って働らき、生産活動を指導する聖人の姿は、徂徠はもちろん、これまでの聖人像にはなかったことである。小楠は、「其経綸窮理の学、民生日用を利すること甚だ広大にて、先は聖人の作用を得候」と当時の西洋を評価しているので、小楠の六府解釈には当時の西洋理解が反映している。

また政治家としての聖人として、最も聡明で仁徳ある人が帝王となり、みずからの子どもに地位を譲らない彼の聖人像は、ワシントンを知って大いに共鳴した。『海国図志』のアメリカ篇に載せられたワシントンの記述を読んで、この人こそ堯舜の再現だという気持を強く持った。このような気持を持っていたので、明治元年、米国から帰国した森有礼に会って米国の大統領制や議会制の話を聞いた時、それこそ「堯舜の治」だと言ったのも、小楠の立場としては非常に自然なことであろう。

このほか安政二、三年頃から「三代の治」という言葉を使い始めたことも、深淵の影響というべきだろう。

小楠がその思想形成にあたって、必要な知識を得るための読書以外に徹底して読んだ本はこの二人の著作で、それ以外には安政二年に読んだ魏源の『海国図志』くらいかもしれない。米国恵頓《エートン》が書いた『万国公法』の日本版（補訂版、慶応二年）を読んでいるが、もうすでに彼の思想体系は充分出来上っていたので、小楠の思想形成にはあまり役立っていないと思う。その他は彼が経験した事件、観察、見聞した出来事、交際した人々との対話、とくに勝海舟のように訪米した人々から聞いた話は彼に多くの物を考える機会を与えたであろう。

最後に、横井小楠の「誠」と「至誠惻怛《そくだつ》」について触れたい。

「誠」についての彼の考えが初めて資料の上に出てくるのは、嘉永六年（一八五三）である。福井藩士でかつ儒者の伴圭左衛門への手紙の中で、朱子の『大学或問』では「敬」が格致の基本であるとして全巻をその説明に当てていることを述べて、「敬」の大切さを前提にしつつ、「敬」と「誠意」を比較して、「敬」は「本心発見《はつげん》之上より持守いたす所の工夫」、「誠意」は「善を為せ共此心実ならざる上之工夫」であって、「尤（最も）大切なる工夫誠意と奉ㇾ存候」と答えている。その理由として彼は「言行共に善を為し候とも、此心真実ならず、やはり内より引もの有ㇾ之候故第一誠意之工夫にあらざれば其事物に親切ならず候。既是親切ならずして如何にして物理を究候事を得可ㇾ申哉」と答えている。ここに退野から学んだ基本姿勢が立派に生きており、小楠が「実なる心」即ち「実心」を求めていたことが判った。

ところで小楠は程明道の「先立二誠意一後致ㇾ知」という言葉を引用し、『近思録』を引いて「為ㇾ学之所、皆此学問之大本領之工夫なり」と言っている。この問題は、ひとり朱子学の問題に止まらず、現代の学問方法論としても、「認識と価値」という問題をめぐって根本的問題提起をなしていると私は考える。このような系譜の「誠」は、「古の学問は第一己に思ひ思ふてえざる時に是を古人に照し其理を求むるとみえ候。故に其格物の業皆己が誠の思より出候て得る理皆其実得と相成申候」（「沼山対話」）にも示されている。

「誠」の問題は「誠心」として人生観的次元においても示されている。これは米国に留学中の二人の甥宛に出された書簡の一節である。

万里の山海隔り候へば、山川草木何もかも異類のみ多かるべし。乍レ法人は同気之性情を備へぬれば、必ず兄弟之志を感じ知己相共にする人出来するは自然之道理にて、却て日本人よりも外国人親切なる事に被レ存候。申迄も無レ之候へ共、木石も動かし候は誠心のみなれば、窮する時も誠心を養ひ、うれしき時も誠心を養ひ、何もかも誠心の一途に自省被レ致度候。是唯今日遊学中之心得と申にて無レ之、如レ此修励被レ致候へば、終身之学中今日に有レ之、航海之芸業世界第一の名人と成り候よりも芽出度なるべし。

「至誠惻怛」という問題に移ろう。この語は晩年の元治元年（一八六四）の「沼山対話」まで使われていない。なぜ「誠」の語を使わないで「至誠惻怛」を使ったのか。

それを解くには、彼がこの時の世界の状況をどのように捉えていたかを見なければならない。この言葉が使われたのは元治元年（一八六四）である。この年小楠は、南北戦争が起きて以後の米国は、もはやかつての国際関係において理想を追求した米国ではなく、普通の国になってしまったと考えていた。世界中の国々が「各国に於て各の割拠見の気習を抱き、自利するの心体」となってしまい、そこでは「至誠惻怛の根元」がなく、「天を以て心として至公至平の天理に法《のっと》」ることはできない。この「割拠見」というものは、人間が集団をつくれば必ずそこに出る集団的エゴイズムをさすが、ここでは国際社会における国家的エゴイズムをさす。

この状況の中で世界列強はこの状況に応ずるなんらかの「道理」をつくって、これに対応している。これは便法的なものにすぎないが、わが国もこれに応ずるほかはない。これに外《はず》れるとボイコットを食う。世界諸国が二重三重に城府を構えても、わが国はそれに応ずる対応をしながら、根本的には「至誠惻怛」を以て交わるしか道は残されていない。彼はこの状況は半永久的に続くだろうと考えていた。この中でも理想を追求し続けるには、「誠」という語より遥かに強い「至誠惻怛」という言葉で、われわれの静かではあるが強い決意を示すしかない、と小楠は決めたのではなかろうか。この「至誠惻怛」の言葉にこめられた強い決意は、その三年後の慶応三年（一八六七）六月に在米の甥に宛てた手紙中の「西洋列国利の一途に馳せ、一切義理無レ之、……ワシントンの外は徳義ある人物は一切無レ之、此以来もワシントン段の人物も決して生ずる道理無レ之」という厳しい西洋認識、「道に於ては堯舜孔子之外世界に無レ之、……我輩此道を信じ候は日本・唐士之儒者之学とは雲泥之相違なれば、……此道を明にするは我が大任」という強い決意に裏打ちされている。この二年後に小楠は京都で暗殺される。惜みて余りある彼の死である。しかし、明治二年一月、六十二歳での彼の死を惜しむ者は、小楠の到達した学のこの自覚をしっかり捉え、歴史の中に位置づける必要がある。

藤原惺窩に始まって横井小楠に終る私の話を、余り知られていない藤原惺窩が安南（ベトナム）国王に送った書簡の次の言葉で終らせていただきたい。

夫れ信は、吾が人性中の固有にして、天地に感じ、金石を貫き、以て通ぜざる無し。豈に啻《ただ》に交隣通交のみならんや。是れ千里其の風を同じくせずと雖も、五方皆殊ならざる所以は此の性なる者か。是に由り之を見れば、則ち其れ同じからざる者は、特に衣服言葉の末のみ。然らば則ち千里万里遠しと雖も、衣服言語殊なりと雖も、其の遠からず、殊ならざる者有りて存す。是れ以て所謂一信なり。（『藤原惺窩集』上、一二五頁）

第三部

明治の横井小楠

「参与」としての横井小楠の九カ月——「政体書」と天皇観をめぐって

はじめに

明治元年（一八六八）四月から、暗殺された翌明治二年（一八六九）一月五日まで、約九カ月にわたる小楠の参与時代の思想と行動を明らかにすることは、けっして楽ではない。たった九カ月の思想と行動自体を解明するには、いろいろの工夫が必要だろうと思う。何が参与時代の小楠研究を困難にしているのか。

山崎正董《やまざきまさただ》が編集した『横井小楠　遺稿篇』（明治書院、一九三八年。以下、『遺稿篇』と記す）に収められている参与時代の朝廷への建白の類は、わずか七頁である。一見すると、これを通して解明は非常に容易に見えるが、その実、却って困難になっている。その原因を探って見ると、山崎氏の史料の配置の仕方に大きな問題があることに気がつく。今、その配列の順序を見よう。

一、中興の立志七条（執筆年月日不詳）

二、会津・仙台の処置に関しての御諮詢に答ふ（明治元年十一月八日）

三、時務私案（いずれも明治元年）

（附）時務私案

（イ）議事の制に就きての案

（ロ）処務案

（ハ）服制案（明治元年六月）

この配列の順序を、私の判断するところの時系列に従って変えてみる。

一、時務私案

（イ）議事の制に就きての案（明治元年四月―五月下旬）

（ロ）処務案（同四月―五月）

（ハ）服制案（同六月）

二、中興の立志七条（同九月下旬）

三、会津・仙台藩の処置に関しての御諮詢に答ふ（同十一月八日）

「一、時務私案」のうち、私が「議事の制に就きての案」を四月―五月下旬とし、「処務案」を四月―五月という順序に想定した理由は、彼が「参与」として閏四月に上洛して初めて「議定《ぎじょう》・参与」の会に出席し、先ず依頼されたのは、福岡孝悌《たかちか》・副島種臣の起草による「政体書」の検討であったことによる。この「政体書」をめぐる小楠の意見については、本稿第Ⅰ部で紹介する。

また「二、中興の立志七条」について、山崎氏は「年月日不詳」としているが、これは小楠が岩倉具視に頼まれて自分の天皇観の基本的考えを書いたものであり、輔相岩倉が明治天皇のお伴をし、東京に向けて京都を発ったのが明治元年九月二十日であるから、この文の書かれたのは同年九月の下旬ないし十月の初旬と推定するのが一番理に適っている。これについては本稿第Ⅱ部で詳述する。

Ⅰ　「政体書」をめぐって

一　福岡孝悌・副島種臣の改革案

1　「参与」拝命時の明治新政府の状況

慶応三年（一八六七）の暮の十八日、成立したばかりの新政府の烏丸侍従から京都の肥後藩邸に、長岡護美と横井平四郎（小楠）を御召になるという達書が届いた。長岡護美は藩知事（肥後藩主）細川護久の実弟（二人の父は斉護、後の肥後藩主韶邦は実兄）で、喜連川《きつれがわ》家に一時養子に行っていたが、その生活には満たされないものがあって帰熊しており、英明の誉れが高かった。護美はすぐに上洛したが、小楠については本人は病気であるという理由で藩当局が固辞した。

小楠は明くる明治元年四月に上洛の途につき、その途上、四月二十三日に大阪で参与職を命ぜられた。小楠の採用には岩倉具視が最も積極的だったようで、初めは「顧問」として迎えたいと思っていた。しかし、小楠と最も縁の深い「議定」の松平春嶽に相談すると「密事漏洩」と「酒癖」がよくないという返事であったので、その沙汰は止めにして「参与」として迎えるということになり、「従四位下」に任ぜられたということである。

「政体書」以前の官制（三職制）

慶応３年 12月９日	明治元年 １月17日	明治元年 ２月３日
総裁 議定 参与	総裁 議定 参与	総裁 議定 参与
	神祇事務科 内国事務科 外国事務科 海陸軍事務科 会計事務科 刑法事務科 制度寮	総裁局 神祇事務局 内国事務局 外国事務局 軍防事務局 会計事務局 刑法事務局 制度事務局

こうして参与を拝命した小楠は、翌明治二年一月五日に京都で暗殺されるまでの九カ月間、病気のための長期の欠勤を挟みつつも、参与を務めることになる。

当時の明治政府では、三月十四日に「五箇条の御誓文」が発布され、政治の基本方針はそれに立脚すると決まっていたが、それをどのように制度化し、組織化して現実の政治の中で実現するか、という点では未だしの状態であった。能力と見識に欠ける人々が特に華族公卿出身の「議定」に多く、冗員を淘汰しないと、議事の進行は滞るし、予算の成立も困難になって、明治政府はパニック状態に瀕していた。

そこで土佐藩出身の福岡孝悌《たかちか》（一八三五―一九一九）、佐賀藩出身の副島種臣（一八二八―一九〇五）の二人の有能な参与が事態の解決役として選ばれた。彼らは儒学の基礎がしっかりしており、とくに副島はフルベッキ（一八三〇―九八。オランダ生まれの法学者・神学者、宣教師）から英語を学び、西洋の事情にも通じていた。彼らの努力によって、人員と財政上の整理はかなり進み、経済上の問題は解決した。彼らによって起草された「政体書」が、閏四月二十一日に発布され、明治国家の統治機構が定められたのである。

その過程を知るには、吉野作造編『明治文化全集』第九巻（日本評論社、第一版一九二八年）「正史篇」上巻に収められている「政体書」によって、政府（太政官）を取り巻く状況による変化をよく見る必要がある。

2 「政体書」の規定する新しい政治体制

明治元年の閏四月二十一日に発布されたいわゆる「政体書」では、「政体」として「大（イ）ニ斯《コノ》国是ヲ定メ制度規律ヲ建ルハ御誓文ヲ以テ目的トス」とし「五箇条の御誓文」の文言を掲げ「右御誓文ノ條件相行ハレ悖《もと》ラサルヲ以テ旨趣」とすることが宣言され、そして以下のことが述べられている。

一、天下ノ権力総テ之ヲ太政官ニ帰ス　則政令二途ニ出ルノ患ナカラシム　太政官ノ権力ヲ分チ立法行政司法ノ三権トス　則偏重ノ患ナカラシムルナリ。

一、立法官ハ行法官ヲ兼ヌルヲ得ス、行法官ハ立法官ヲ兼ヌルヲ得ス、但シ臨時都府巡察ト外国応接トノ如キ仍《な》ホ立法官之ヲ管スルヲ得。

一、親王公卿諸侯ニ非ルヨリハ其一等官ニ昇ルヲ得サル者ハ親㆑親敬㆓大臣㆒ノ所以ナリ　藩士庶人ト雖モ徴士ノ法ヲ設ケ猶其二等官ニ至ルヲ得ル者ハ貴顕ノ所以ナリ

一、各府各藩各県皆貢士ヲ出シ議員トス　議事ノ制ヲ立ツルハ輿論公議ヲ執ル所以ナリ

以下大半を省略するが、「在官人私ニ自家ニ於テ他人ト政事ヲ議スル勿レ　若シ抱議面謁ヲ乞者アラハ之ヲ官中ニ出シ公論ヲ経ヘシ」「各府各藩各県其政令ヲ施ス亦御誓文ヲ体スヘシ　唯其一方ノ制法ヲ以テ他方ヲ概スル勿レ　私ニ爵位ヲ与フ勿レ　私ニ通貨ヲ鋳ル勿レ　私ニ外国人ヲ雇フ勿レ　隣藩或ハ外国ト盟約ヲ立ツル勿レ　是小権ヲ以テ大権ヲ犯シ政体ヲ紊ルヘカラサル所以ナリ」等は、一国中に他の独立した権力体の存在を絶対に認めないという決意が示された箇条で、新時代が到来したことを思わせる。

次に「官職」についての規定がある。「太政官分レテ七官ト為ル」は、中央政府が七官に分れていることを示

す。

太政官のうち、「議政官」は上局・下局に分れている。

○議政官

上局

議定（「親王・諸王・公卿・諸侯ヲ以テ之ヲ充テ、内、二人ノ輔相ヲ兼ヌ」とある。）

上局は、他に「参与」「史官」「筆生」で構成される。

この「議定」は親王・諸王・公卿・諸侯を出自とするもので、三等官以上。その職務は政体を創立し、及び賞罰を明らかにし、条約を定め、和戦を宣言することに当る。

「政体書」における中央政府の官制（太政官制）

太政官		
〈立法権〉	〈行政権〉	〈司法権〉
議政官	行政官(1)	刑法官
・上局	輔相(2)	
議定(2)	弁事	
参与	神祇官	
史官	会計官	
筆生	軍務官	
・下局	外国官	
議長		
貢士		

(1)　行政官は他の4官を監督する。
(2)　輔相は議定を兼ねる。

「参与」についても「公卿・諸侯・大夫・士・庶人ヲ以テ之ニ充ツ。掌《つかさどる》トコロハ議定ト同ジ」という規定になっている。

「史官」は四人、「大夫・士・庶人ヲ以テ之ニ充ツ」という規定になっている。「文案ヲ勘《かんが》へ、事ヲ受クルヤ上抄、及ビ日誌ヲ造ルコトヲ掌ル」とその役割を規定されている。

下局

議長二人、辯事之ヲ兼ヌ

議員（貢士）　上局ノ命ヲ承ケテ以下ノコトヲ議スルトコロハ左ノ如シ。租税ノ章程　駅逓ノ章程　貨幣ヲ造ル　権量ヲ定ム　外国ト新約ヲ結ブ。内外ノ通商ノ章程。疆ヲ拓ク。宣戦講和。水陸ノ捕掌。兵ヲ招キ糧ヲ聚ム。兵賦ヲ定ム。城砦或ハ武庫ヲ藩地ニ築ク。彼藩此藩トノ争訟。

右一官、立法ノ権ヲ執ル。

○行政官

輔相　二人（議定之ヲ兼ヌ）

天皇ヲ補佐シ、議事ヲ奏宣シ、国内事務ヲ督シ、宮中庶務ヲ総制スルコトヲ掌ル。

辯事　十八

内外ノ庶事ヲ受付ケ宮中庶務ヲ糺判スルヲ掌ル。（以下省略）

そのほか神祇官、会計官、軍務官、外国官、刑法官——以上が太政官（中央政府）——、および府、藩、県等の中央・地方の官僚組織、そして第一等官から第九等官に至る官僚の等級、等、太政官の組織が、いろいろな角度から網羅的に捉えられている（以上「明治政史」『明治文化全集』第九巻に拠る）。その点、明治元年に発布された「政体書」は、明治の国家組織の基礎を作ったものと言えよう。

3　「議定」改革の必要性

「政体書」立案過程にあっては、とかく机上プラン的であるという評価も無いではない。明治国家が作動し始めるといろいろな点を改革せねばならないことが判ってきた。まずその第一着を試みたのが「福岡孝悌—副島種臣」のチームだった。

彼らはまず「親王・諸王・公卿・諸侯（旧領主）」等から成る「議定」の改革を試みた。

第一に、王や公卿の大半は、能力の上から言ってその地位にふさわしいものとは言えなかった。

第二に、彼らは大半「一等官」であり、その貰う給与は明治政府を財政的に破綻させかかっていた。

第三に、立法と行政を担当する人は厳密に区別されなければならなかったが、公卿階級の出である岩倉具視は出自から言えば「議定」でありつつ、他方では現実の立案能力という点では「参与」というランクの人々と行動を共にせねばならず、「議定」でありつつ「参与」でもあらねばならなかった。

第四に、各藩から選出された「貢士」は、将来下院（衆議院）議員として、藩改革のために活動することを期待されていたが、明治元年では中央政府が中央だけの仕事に忙殺されて、彼らは「貢士」としてその能力を発揮することができなかった。

「福岡・副島」チームがこの第四の問題の改革を提案した時、横井小楠は「参与」として国政に参与することになって、明治政府の一員として、「福岡・副島」の改革案への批判を求められたのである。

二　小楠による「政体書」の検討

1　「福岡・副島」案への批判と改定

福岡孝悌と副島種臣という二人の先任参与の作った制度改革案に対する、小楠の答申案は（イ）「議事の制に就きての案」（明治元年）と書かれた部分（『遺稿篇』一〇二頁）である。

小楠は、福岡・副島の改革案が「議政」（立法）と「行政」とをはっきり区別する考えを示したことは非常にすぐれた見解であると言う。しかしながら二人の案では、「議政官」である「参与」に人材が集中し、しかも行政の責任者たる輔相が議政官の上位でもあるという組織のあり方からして、「行政」は「議政」に密着せざるを得ないことになる。それでは、現在「貢士」として採用されている人々が将来「下院（衆議院）」の一員としてその能力を発揮する余地はまったくなくなってしまい、徒らに「横議」をなすだけで彼らは「立法」の府としての実を挙げることができなくなる、と小楠は言う。

小楠の評言は必ずしも明瞭ではないが、彼の考えでは「輔相」は「至尊」を補佐する行政官であり、それに対して「議定」も「参与」も共に立法官である（当時の組織では「輔相」は「議定」の一員であって、立法にあずかりつつ、天皇を補佐する行政官であるという非常に責任の重い役割を占めていた）。

にもかかわらず岩倉具視に限って、「議定」「輔相」でありつつ同時に「参与」の地位を占めているが、それは彼がたんに高位によって何もしないのではなく、実務的能力に富み行政官として天皇も補佐するという一身にして二つの役割を占めた太政官であったという、余人に代えがたい彼の才能からくるものであろう。そして彼が「参与」の地位を占めていたことは、現実政治において立案能力に富む実力者であったことによるものでもあったと思われる。しかしともかく、輔相として大権の最高責任者である天皇を補佐する重要な役割を果さねばならない岩倉は、その役に専念せねばならない、というのが小楠の見解である。

福岡・副島の改革案は、従来の案では役員の数があまりに多く、そのために会議がそれとして成立せず、またそのような会議を構成している人々の多くが公卿出身で、彼らはやる気はあっても見識がなく、しかもあまりにも多数で日本国の財政を破綻させようとしている事実を直視して、その解決を目指している。そのことを小楠は指摘し、彼らの改革案を賞讃している。他方で、輔相岩倉が、輔相でありつつ、「議定・参与」両職を兼ねることは、立法と行政とを峻別する「政体書」の精神に反すると小楠は指摘する。

この小楠の指摘は、議定・参与の会で賛同され、岩倉はその後、輔相として若き明治天皇を輔佐することに専念することができるようになった。そして、参与として小楠が岩倉の代りの仕事をするということになって懸案は全部解決した。

2 「処務制」と「議事の制」

残された問題は、「処務制」の改革と「議事の制」のどちらを優先するかという問題であったが、小楠は、現行通り「議事の制」を優先すべきであるとする。その理由は「議事の制」はいわば内閣組織の変化をめざすものであり、「処務制」は会議の運用の解決をめざすものであるから、優先順位としては内閣組織の変更を優先すべきであるとした。この小楠の指摘には、議定・参与たちの何人をも説得する力がある。

これまで小楠は「政治思想家」として自他共に認められていたが、小楠の実務家的能力に議定・参与たちはみな驚いたことであろう。そして誰よりも驚いたのは、この基礎案を作った福岡・副島の二人であろう。

後に残ったのは「服制案」であるが、この案は六月に試案として出されるが、常識の範囲で解決できる問題である。小楠も一つの解決案を出しているが、別に特記すべきことはない。

岩倉は、この年の前半に解決すべきことは予定通り解決したと言っているが、それは、ここまで私が述べた、小楠が「政体書」について「議事の制」「処務の制」の問題点を指摘しながらも解決したことを指す。

3 「太政官大史」への注目

ところで「政体書」に述べられている「史官」について、小楠は重要な問題を指摘している。「史官」の職務について、小楠は「処務案」で次のようにしるす。

太政官大史

右は編年体を以て前の三牒（「牒」は官庁用語で「まわし文」の意）を照して是を編輯す。乃大成の記録也。

（『遺稿篇』一〇四頁）

これは常人では見落としてしまう点で、小楠が「史家」として独自の能力をもっていたから発せられたものである。彼は、「史官」には普通の事務的史官と、もう一つ「太政官大史」と呼ばれる異質の史官とがあって、この史官は、学殖が豊かで歴史の問題について一つの見識をもった史官でなければならないとしているのだ。

この文章を読んだ太政官の列座の人々は、感動したに違いない。「編年体」の歴史叙述というのは、具体的には「孝明天皇紀」とか「明治天皇紀」と称される歴史叙述の仕方である。この編年体の歴史叙述の史官をつくることに、岩倉輔相をはじめ議定・参与らもすぐ賛成し、小楠の生前には間に合わなかったが、やがてこれが法制化されて実現したのである。近くはドナルド・キーン教授がこの「明治天皇紀」を用いて『明治天皇』（上下二巻、新潮社、二〇〇一年）を書かれたことを記憶している方も少なくないであろう。なおこれを日本史につないで考えると、九六七年ぶりの六国史を継ぐ正史の復活とも言って差支えないであろう（六国史については、坂本太郎『日本の修史と史学』至文堂、一九六六年、ならびに笠井昌昭『日本史学史講義』私家版、二〇〇四年、を参考されたい）。

II 天皇観と広義の天皇教育

一 岩倉具視の横井小楠への期待

1 岩倉の王政復古計画

こうして明治元年の前半に政治上になすべきことの大半は済んだので、岩倉としてはかねがね気になっていた、明治天皇の明治国家における位置づけという大問題に手を染めねばならないと考え始めた。それは後に元田永孚《もとだながさね》（一八一八―九一）が担当したような天皇教育ということではなく、明治国家の中枢としての天皇にふさわしいあり方を考えることであり、元田の担当した明治天皇の教育よりも、はるかに根源的な課題であった。岩倉はこの根源的問題を自分と一緒に考えてくれる「参与」はいないかと探していたが、なかなか見当らない。どうしたものかと考えあぐんでいた時に、「参与」に加わったのが小楠であった。そこで小楠の言行を注意深く観察してきたが、この明治国家における根源的問題を考える思想的深さをもつ「参与」は小楠を措いて他にいないという結論に到達した。

慶応三年以後、幕府を打倒し、新政府を樹立する際に岩倉が心から信頼し、また信頼するに価した政治家は大久保利通だけであったが、その時期にいわば私設秘書として岩倉を助けたのは玉松操《たままつみさお》(一八一〇―七二、文化七年―明治五年)であった。

玉松操は岩倉の知らない祭祀問題に通じており、王政復古の際、政治家たちの気づかなかった点、たとえば王政復古の大号令の立案の基を作った(もちろん玉松案に岩倉が手を加えて文案が完成したことは言うまでもない。われわれが知っている王政復古は「幕府の否定」だけではなく「摂関制の否定」でもあったことは案外見落されている重要な政治的問題である)。また、鳥羽・伏見の戦いで幕府軍を慴伏させて官軍に勝利をもたらすことに効果のあった「錦の御旗」を考案し作製したのも玉松操であった。

王政復古の業が成った時、岩倉は玉松には新政府の然るべきポストを与えて優遇したが、維新の大業においては、リアリスト岩倉には、もはや玉松に相談することは何もなかった。玉松は、「われ奸雄にはかられたり」と嘆いて、岩倉の前から姿を消したと言われている。

岩倉は、日増しに成長し、「立志」の時期を迎えていた明治天皇の様子を見ると、天皇自身の基本的考えが固まらないうちに、何とかして明治国家における天皇の位置づけの根本方針を立てねばならないと、人知れず焦っていた。その時に、横井小楠が「参与」として彼の前にあらわれたのである。

2 岩倉の決断、小楠の決意――両者の信頼と呼応

小楠は師として多くの武士や豪農たちを教えたが、藩主となるべき人を教育したことはない。また小楠の健康状態を見ると、到底、直接天皇教育に当たって貰うことはできそうもない。現在の小楠にできることは、明治国家における天皇にふさわしいあり方について考えて貰うことである。岩倉はそのように判断し、小楠に相談する

以外にはないと心を定めて、小楠に伝えたのは、明治元年の九月下旬、岩倉が天皇に随従して東京に出発する直前のことであった。

岩倉が小楠に白羽の矢を立てたのは、以下のような予感に基づいていたからではないか。明治政府が国家としてどのように発展していくべきかについて、小楠が自分自身の見通しを持ち、その中で天皇にふさわしいあり方について方針を立てるであろう、そしてそれは自分の考える方向と一致するであろう。これが岩倉の予感であったと私は考えている。

広義の天皇教育の問題については、いろいろ生起する問題に創造的に対応する見識と共に、日本の長い歴史の中で培われた天皇に対する国民感情に対する洞察力をもった人でなくては、相談の相手となって貰うわけにはゆかない。多くの「議定」や「参与」たちのもちえない見識をもった人物がそこにいる、藩のしがらみもなく、他の参与たちとは発想の次元がまったく違う。小楠の健康の状況を見ると、無理な要求かもしれないが、今この時期のために、そして将来の日本のために、最も大切なことをやって貰わねばならない。つまり天皇教育の指針を考えて貰わねばならない。岩倉はそのように自分に言い聞かせて、小楠を自分の私宅に招き、胸襟を開いて小楠に頼んだ。

他方小楠は、上洛以来体調が悪くて困りきっていた。四、五年前から腎臓と膀胱の結核に冒されていたが、沼山津の自分の家では我儘な暮らしができたので、大したこともなく過していた。上洛以来そういう我儘は許されず、無理が祟って血便が出る状態になり、彼はこの状態が長く続くと参与としての責任を果せないから、熊本の田舎に帰るべきではないかと考えていた。この時、思いもかけない秘密の委嘱が彼を待っていた。この広義の天皇教育という重大な問題は、岩倉の考えでは会議にかけて大勢で討議すべき問題ではなく、岩倉の心に収めて独りで斟酌すべき問題であった。

小楠は岩倉の委嘱に接したが、余りにも思いがけない重要な話だったのでびっくりしたのではなかろうか。しかし考えてみると、これはまたとない有難い話である。明治天皇はまれに見るすぐれた資質に恵まれた人物であるし、また岩倉輔相は他の政治家が眼の前のことしか考えていない時に、事態の本質を見抜くことのできる政治家である。この「天子」と「輔相」との協力によって明治国家の基礎が確立していく可能性がある。それを助けるのが「参与」としての自分の使命ではなかろうか。彼はそう考えると共に、このような密事を自分に相談してくれる岩倉に対する感謝の気持が起り、この使命感を心に収めると、何とかして立派に答申しなければと覚悟したものと思われる。いつもは政治上のことも、事が決まってから故郷にいる家族や信頼している友人に知らせる傾向がある小楠も、今回は誰かに知らせた形跡が全くない。

もちろん「五箇条の御誓文」に従うならば、廃藩置県をし、社会の中に武士や庶民の区別をなくする国家を建設し、国民の平等を実現することができれば大変素晴しいことであることは言うまでもない。だが、自分の健康状態を考えると、自分にはもはやそれを成し遂げる力はない。それは自分より若い大久保参与のような若い世代の人々の課題として残し、自分は岩倉輔相の頼みに応じて、全力を傾けることが、参与としての自分の役割であり、また使命である――小楠はそう決心したに違いない。

補注

岩倉が明治国家における天皇のふさわしいあり方を考えることを喫緊の課題と考えたのは決してたんなる夢想ではない。今は亡きマリウス・ジャンセン教授は、『坂本龍馬と明治維新』(*Sakamoto Ryoma and the Meiji Restoration*、平尾道雄・浜田亀吉訳、時事通信社、一九六五年)の中で次のように指摘する。――維新直前に『藩論』という薄い本が書かれていて、誰が書いたかはっきり分らないが、当時海援隊の一員であった陸奥宗光が、坂本龍馬と同志たちとの話の内容を書きとめて著した可能性が高いものとされている。そしてそこに載せられている龍馬たちの考えを、土佐藩の要人で龍馬と親しい後藤象二郎（のち参与）が懸念し、アーネスト・サトウ（英国の外交官。日本語を自由に話す）に、「急進分子がゆきすぎて、天皇を廃止はしないかと心配する」と話した――と。だとすると岩倉が後藤からその説を聞いた可能性は高い。岩倉が小楠に天皇のふさわしいあり方を考えて欲しいと頼んだのは、政治家として事前に対応しておくべき喫緊の課題であったことになろう。

二　小楠の天皇観の変遷――「参与」以前と就任後

1　参与以前の天皇観

この章では、まず参与になるまでの小楠の天皇観の変遷を明らかにし、次に「参与」になって彼が現実の天皇を識って以後の明治天皇像を示したいと思う。

小楠は当時の愛国心の強い青年武士として「尊皇」という心に篤く、楠木正成（大楠公）にならって「小楠」という号をつけたほどであった。そしてまた自分の国の独立を守るという気概に富み、熱烈な「攘夷」論者でもあった。しかし安政二年（一八五五）の夏に『海国図志』（魏源《ぎげん》著、一八四三年刊）に接することによって世界の大勢を知り、欧米諸国が文明の国であることに気づいて開国論者に転向した。そしてとくに米国には学ぶべきものが多いことを知った。曰く、

方今万国の形勢歪変して各大に治教を開き、墨利堅《メリケン》に於ては華盛頓《ワシントン》以来三大規模を立て、一は天地内の惨毒殺戮に超たるはなき故天意に則て宇内の戦争を息るを以て務とし、一は智識を世界万国に取て治教を裨益するを以て務とし、一は全国の大統領の権柄賢に譲て子に伝へず、君臣の義を廃して一向公共和平を以て務

とし政法治術其他百般の技芸器械等に至るまで凡そ地球上善美と称する者は悉く取りて吾有となし大に好生の仁風を揚げ……（『遺稿篇』三九―四〇頁、『国是三論』「富国論」）

とある。これら『海国図志』の米国に関する三つの箇条の中、ここに関係があるのは「全国の大統領の権柄賢に譲て子に伝へず、君臣の義を廃して……」というこの箇所であろう。小楠はこの箇条を読んで簡単に開国論になったのではない。しかし自分の所属する藩のこと、とくに当時政治上の実権をもっていた将軍専制の問題は小楠としても最も気になったことであろう。一方、当時政治上の実権をもっていなかった天皇家のことはまだ現実性はなかったが、論理的には小楠にとっても気になる問題であったに違いない。その後彼が詠んだと思われる詩がある。

人君何天職　　人君何ぞ天職なる
代天治百姓　　天に代りて百姓を治むればなり
自非天徳人　　天徳の人に非ざるよりは
何以愜天命　　何を以てか天命に愜《かな》わん
所以尭巽舜　　尭の舜に巽《そん》する所以（巽は譲位の意）
是真為大聖　　是れ真に大聖となり
迂儒暗此理　　迂儒は此の理に暗く
以之聖人病　　之を以て聖人の病《へい》と為《な》す
嗟乎血統論　　ああ血統論
是豈天理順　　是れ豈に天理に順ふものならんや

この詩は恐らく将軍家定の継嗣問題で世の中が囂《かまびす》しかった頃に小楠がつくったものと思われる。併し「人君」という語から「藩主」と考える人もあれば、幕府の「将軍」と考える人もあろうし、「天皇」を考える人も論理的にはあり得る。そして当の小楠の考えにも揺れがあったであろう。

ところで当時の人々は小楠の真意をどう考えていたのか。当時の人々は、この問題を考える材料を持たなかった。そのことが小楠への不信者を「小楠暗殺」の方に追いこんだであろうし、また小楠に好意を持って彼を弁護しようとする人々を困惑させた原因でもあった。

しかし、慶応元年（一八六五）には小楠の心の中で、世襲否定論は天皇には及ばないという考えが定まっていたのであろう。

戦後初めてこの問題を解決する史料が出てきた。それは『日本庶民生活史料集成』全二〇巻（三一書房、一九六六―八四年）の刊行であった。この史料の筆者は松江藩の儒者桃節山《ももせつざん》であり、節山の遺した史料を復元して解説したのは、節山の弟の孫に当たる桃裕行《ひろゆき》であった（東京大学史料編纂所の教授であり、奈良時代の教育史の研究者）。

熊本藩の藩校教育を調べるようにという松江藩の命令を受け、また熊本藩から承諾を得て熊本を訪れた桃節山は熊本で木下宇太郎（犀潭・韡村と号す。井上毅の師）の指導を受けることになっていた。彼は熊本に滞在中、沼津に隠棲する横井小楠を、慶応元年の十月と十一月の二回ほど訪問している。小楠は彼が信頼できる人物であることを確かめ、小楠の末期の弟子駒井権之助（生没年未詳。長岡監物の家来）を通じて、従来とは全く異なる国体観を伝える。

日本は日本之国躰あり。西洋ハ西洋之国躰あり。その第一ハ君臣義也。其餘之事ハ互ニ少々之事あれとも大事ニあらす。先ツ日本ハ門閥を尊ふの風あり。其門閥之大なる者ハ天子也。此天子ハ日本一国を御取立被レ遊候本源ニ而、此レ万世之御主人なり。されハ御徳御不徳御才御不才之論なくいつがいつ迄も御主人と奉レ仰候事是日本之国躰也。故ニ君臣之分厳然と相定り動く事無レ之。西洋国躰ハ左ニあらす。君臣ハ其人ニある事ニ而、其位ニ相当したる人ニあらされハ君ニあらすとて、亜墨利加ハ人才を撰て、四年交替ニする程之事ニなりしなり。されは君と云ハ全ク其事を主宰する役人也。此レ全ク日本と西洋之国躰異なるの大なるもの也。爾し西洋のみならす、唐土も同様也。依而堯舜之禅譲、湯武之放伐といふ事も出来る也。然る処如何ニ西洋之法宜敷にしても日本ニ而は不レ被レ行事自然の姿あり。(『日本庶民生活史料集成』第二〇巻、三一書房、一九七二年、六八三頁)

ところで右のような議論の立て方を確立したことによって、小楠のその後の天皇についての考え方は充分に定まった。自分で文章化こそしてはいないものの、それまでの天皇観を一新する考えであった。『海国図志』を読んで新しい「人君」観の詩を作ってはみたものの、それが日本の国体、天皇の在り方の説明としてそれでいいのか、という迷いがあった。その問題に対して、彼のような合理的に物を考え抜く思考力のもち主にとっても、これでやっと落着くことができたのであろう。

日本人にとって国体が右の如くであったら、西洋人にとって国体の問題はどういうものであろうか。小楠は、「西洋国体ハ左ニあらす」として、「君(大統領のこと)と云ハ全ク其事を主宰する役人也。此レ全ク日本と西洋之国躰異なるの大なるもの也」と述べている。西洋でも「王」のいる国はたくさんあるので、日本と国体を異にする代表的な西洋の国として、彼がそれまで最も影響を受けていた米国を挙げたのである。

しかしこのような国体のあり方は西洋だけではない。小楠が最も影響を受けた国としての古代中国も米国に似た国として小楠は挙げる。彼は言う。「唐土も(米国と)同様也。依而堯舜之禅譲、湯武之放伐という事も出来る也」。

このように議論の筋道をたどると、小楠は明治政府から招請があった時に、その一員になることに何の抵抗感もなかったであろう。しかし小楠を見る一般の人々は、小楠が慶応三年（一八六七）の十一月十一日に、桃節山にここで紹介したような画期的な天皇観・国体観を示したことは知る由もない。小楠の弟子の場合でも沼山津と離れて活躍した連中は、そのことをまったく知らない。友人のなかでも、元田永孚は今度の中央政局での活躍は早過ぎると危ぶんだ。京都で小楠を迎えた人々は、小楠の文久三年の幕政改革の見事さを良く知っていて、颯爽とした小楠の改革を期待した。また或る人々は、米国の共和制や堯舜の禅譲礼讃の考えをよく知っていて、小楠の「参与」就任を危ぶんだであろう。

ところで安政三年（一八五六）十二月一日付の福井藩士村田氏寿（巳三郎）への書簡の中で、小楠は次のようなことを記している。それは一国のリーダーたる「君・相」（人君とそれを助ける輔相）のあり方の問題である。小楠は、「三代の道に達し明《あきらか》に今日の事情に通じ、綱領條目巨細分明之大経綸有レ之大有識之君相にてましませずして、いかで此落日を挽回し玉ふべきや。」（『遺稿篇』二四二頁）と語り、そして今日の日本で切に求められている君相（人君とその輔相）は「中興の君相」でなければならない。ところで小楠は中興の「君」として現実に明治天皇に謁見することができ、初めて天皇の在り方について確固とした考えをもったのである。

思いもかけず明治政府から招かれることになって、小楠は大いなる期待をもって、若き天皇への謁見の日を待ったのではあるまいか。

2　参与就任と、天皇への理解の深化

明治元年五月二十四日、京都から小楠が故郷沼山津村の家族に宛てた手紙では、

> 禁中日々多事繁用誠に困り入申候。然し前にも申上候通り、主上日々御出座、議定・参与被ニ召出一万事被ニ聞召一候。私共罷出候所よりは　玉座は一間半位、八畳之御間に中央に高き御畳二枚敷き御敷物何か薄き一ト通りのものなり。外に御たばこ盆丁度私之物位なり。のみにて御近習衆も一ト間隔て二三人も扣え被レ居候。私共は御居間之下タ御敷居之下トに罷出申候。……千餘年来絶て無レ之御美事に御座候。
>
> （明治元年五月二十四日、『遺稿篇』五三四―五三五頁）

と、若き明治天皇との会議の部屋での位置関係を知らせ、次に天皇については次の通りにしるしている。

> 御容貌は長が御かほ御色はあさ黒く被レ為レ在御声はおふきく御せもすらりと被レ為レ在候。御気量（竜顔を云ふ）を申上候へば十人並にも可レ被レ為レ在哉、唯々並々ならぬ御英相にて誠に非常之御方恐悦無限之至に奉レ存候　（『遺稿篇』五三五頁）

また明治元年八月十四日の家人への手紙では「第一　天上御聡明に被レ為レ在諸公非常に御精励にて御新政筋漸々御都合宜敷御失政と申も無ニ御座一事」（『遺稿篇』五五三頁）とその後の新政の模様を伝えている。その中で天皇については「御聡明」と形容している。さきの「御英相」（『遺稿篇』五三五頁）と比べると表現が具体化されている。

以上の沼山津の家族への手紙を通じて窺えるのは、天皇との会議の場を重ねることにより、天皇の人物への形容について「並々ならぬ御英相」が「御聡明」というように非常に具体的になっていったことである。天皇の議題の内容への理解力や、質問の内容を聞くことによって、若き天皇の判断力の確かさを知り、「御聡明」という

言葉も生まれたのであろう。

そして彼は自己の視た数カ月の天皇から、この天皇の治政に必ずや素晴らしい御代となるに違いないという予感をもって、自分もそれに協力したいという気持を強くしたに違いない。

三　天皇の職務と「良心」

1　「中興の立志」とは何か

岩倉具視の依頼を受けて、恐らく明治元年の九月下旬頃に書きとめたと思われるのが「中興の立志七条」である。小楠は間もなく「立志」の年を迎える明治天皇を頭の中に置いて、メモ風に次のように「中興の立志七条」を書いている。

一、中興の立志今日に在り。今日立ことあたはず、立んことを他日に求む。豈此理あらんや。
一、皇天を敬し祖先に事ふ、本に報ずるの大孝なり。
一、万乗の尊を屈し匹夫の卑に降る。人情を察し知識を明にす。
一、習気を去らざれば良心亡ぶ。虚礼虚文、此心の仇敵にあらざらんや。
一、矯怠の心あれば事業を勉ることあたはず。事業を勉めずして何をか我霊台を磨かんや。
一、忠言必ず逆ひ、巧言必ず順ふ。此間痛く猛省し私心を去らずんばあるべからず。
一、戦争の惨憺万民の疲弊、之を思ひ又思ひ、更に見聞に求れば自然に良心を発すべし。（『遺稿篇』一〇一頁。傍点筆者）

右の立志七条は、抽象的言説として書かれたものではなく、若き明治天皇を眼の前に描きながら、天皇の「立志」は今に在ること、雲の上に身を置くべきものではなく、「匹夫の野」に降って、民の人情を察し、知識を明らかにするというように実に具体的に書いている。

また天皇としての在り方の根本は「良心」にめざめることに在ることを説いて「虚礼虚文」が「この心の仇敵」であることを説いている。

また天皇の職務は民の生活を豊かにする「事業」に在るのであって、単に抽象的に「心を磨く」ことだけではないと説いている。更に天皇として臣下の「忠言」に耳を傾けるべきは言うまでもないことであるが、現実は臣下の「忠言」は耳に逆らい、「巧言」は耳に順いがちなものであるから、この間、痛烈に反省し私心を去るべきことを説く。

最後に外国との関係において、戦争は可能な限り避けるべきものである。それは万民の疲弊の元である。歴史の中に、戦争が万民を疲弊に追いこむものであるという事実を学び、更に見聞に求めると、自然に内なる「良心」が湧き起るということを説いている。

ところで、いったい小楠はこの「良心」という考えを何処から得たのか。もちろん「良心」という語は『孟子』告子篇に既にあるものであり、小楠も当然『孟子』を読んでいる。しかし、この参与時代に、小楠は「良心」をめぐるいくつかの重要な発言を残している。次に、小楠の「良心」をめぐる発言をたどってみたい。

2　「遺表」における「良心」

「中興の立志七条」に先立つ明治元年夏、病床にあった小楠が、明治天皇宛の遺言として弟子たちに口述したとされる「遺表」というものが存在する。そして「良心」についての思想が、「遺表」の中で、実に重要な役割を占めているのである。

まず、この「遺表」を、徳永洋氏の『発見！感動!!横井小楠――郷土の偉人に魅せられて』(自費出版、二〇〇〇年)から紹介させて戴くことにする。

第一條

人の良心は道の本なり。この良心時として無レ不レ発。人能依而行、是則道なり。誠なり。誠ならざれば人を動かし物を動かすこと能はざるなり。人主民を愛して政を施し順を賞し逆を罰す、皆この心に基づく。天下服する所以なり。天命を奉じて天下を治むる、他になし、この良心に従ってこれを行ふのみ。然らずして、ただ富強の事に従ふは覇者の術なり。西洋各国を視るに、その崇ぶところ耶蘇を以て宗とし、道は人の良心に基づくことを知らず、その政令の出づるところ、人事の行はるゝところ、ただ利害の一途に出で倫理綱常を廃棄し、刻剝(薄)を極はめて、我の欲を成すに到る、実に宇内の大患なり。独り本朝は未だこの害を蒙らず、たまたま仏教行はるといえども皆愚婦愚夫上の事にして、士大夫以上これを信ずる者すくなし。この時に当って、皇上能くこの心を推して政を施したまはば、人心自然に王路に帰し、大道始めて分明なるべし。実に本朝の幸のみならず、宇内の大幸に御座候。

第二條

天下の治乱、万民の苦楽は人主の一身に基づく。その好悪いささか偏なれば、その聡明たちまち塞る。聡明暗ければ人欲日に蔓る。奸臣その欲を迎へて進むを求む。君子道全く而して思ひ退くときは、天下乱れずして何をか待たん。古(いにしえ)自から人主の通弊、尊大を宗とし、様々の虚礼虚文を設けて自ら倣る。

九重の内、その接するところは、わづかに二、三の臣と宮嬪とのみ。世々の君上その風習を脱することを得ず。如何ぞ聡明を開いて天下の情を尽すことを得んや。

殊に推古以来の因循にて、女官左右に近侍し、あまつさえ事に預ること最も失体の甚きことに候。方今維新の御時、断然と此の風習を破られ、簡名着実、神武の古に復し、公平正明の御心を培養せられ、汎く衆庶に親臨したまはば聡明日に開け、人材自づから進んで、王化四隅に達し申すべく候。

第三條

今度（このたび）関東御巡幸の御盛挙にて衆庶の方向相定まり候は必然に御座候。然るに治道は一時に大成するの道なし。歳月を積て倦まず怠らず、その精神貫徹してついに蒼生至治の澤を蒙り候。古の明天子東西に跋渉し南北に駆馳し、暫くも安居せずして万民の情願を得せしめたまえり。仰願皇上是に従い以て往き簡易神速の御挙動を以て、関東に限らず皇国七道、あるいは陸路、あるいは海路、その時宜に応じ、四方に御巡幸遊ばされ、知府県令、藩主ならびにその重臣に至るまで御親しみ遊ばされ、自ら風土の得失、政令の布置等御訪問あらせられなば君臣の情義益々厚く、治化大いに達し申すべく候。

第四條

外国交際、是まで国是定まらずして、眼下の利害を較べ一日の急を防ぐ。彼その情を察し種々の術策を施し、その術行れざれば威力あるいは虚喝を以て、その志を成すなり。

夫《そ》（れ）宇宙の間誣べからざるの条理あり。この条理を以て処置し、たとえ戦争におよぶとも天地に愧じるところなし。かつ我条理を立て断じてたゆまざれば、彼いずくんぞ暴を以て侵すことを得んや。我の利害を以て彼の術策に応ぜず、争でか我意旨を達することを得ん。利害に動かず自然の条理に従ふ、是れ交接の第一義と存じ奉り候。

（前掲書、八六―八九頁。表記の仕方において一部変更したことをお断りしておきます。）

以上が徳永洋氏の発見された「遺表」の全文である。この第一条はこの「遺表」の中枢になる部分であって、明治天皇の人間としてのありようを記している。天皇を神格化し、神聖視する当時の一般の天皇観と違って、あくまで天皇を「人間」として捉え、人間天皇として如何に存在すべきかということが率直に記されている。それは人間は生まれつき与えられている「良心」に基づいて生きることであり、天皇の場合は「良心」に基づいて国民の幸せを願い、その状態が実現することを図るのがその役割である。このような人間としての在り方を実践するのが天皇の「道」であり、「誠」である。その点「誠」は「良心」を実践的角度から捉えたものと言ってもよい。天皇はこのような心のあり方に基づいて「民」を愛し、政を施し、「順」を賞し、「逆」を罰するものであり、それは「天命」を奉じて天下を治めることであり、換言すると「良心」に基づいてこれを実践しなければならない。それを怠って、ただ「富国の事」に従うのは「覇者の術」に他ならない。

西洋諸国を視ると、「耶蘇教」を信じ、道は人の「良心」に基づくことを知らないで、その政令の出るところ、人事の行われるところ、ただ利害の一途に出、倫理綱常を廃棄し、刻剝を極め、支配者と「我の欲」の実現をはかっている――それは「宇内の大患」である、と小楠は言う。どうして小楠はこのようなキリスト教観をもつようになったのか。

彼は、もともとキリスト教についてはこれと全く反対の見方をしていた。それを元治元年（一八六四）、若き日の井上毅との対談の記録である「沼山対話」の中で、井上の「耶蘇教の義は倫理を主として人に善を勧むる者に候哉、又は専ら利を主として教を立候ものに候哉」という質問に対して、小楠は「耶蘇教も亦人に善を勧め候を主といたし候」と素直に答えている（『遺稿篇』九〇〇頁）。更にまた「其処説を見候に耶蘇の説仏に比ぶれば一入深玄に候」と答えている（同書、九〇〇頁）。そしてそれから少し後の部分で、井上が「其害を申候えば仏と耶蘇とは何れが甚しく候哉」とただした時、小楠は「仏は倫理を廃し、耶蘇は倫理を立候えば、仏の害甚しく候」と答えている（同書、九〇一頁）。仏教とキリスト教との比較についてはそう簡単には断定できない問題があるが、「倫理」という観点の問題については小楠の言っていることは正直な答だろうと思う。

3　小楠のキリスト教理解

では、小楠はなにゆえ明治元年夏の「遺表」において、キリスト教を否定するような言説を弄したのか。そのためには、さきに取り上げた井上毅の「沼山対話」の末尾の部分に注目する必要がある。それは、西洋文明の根底にあると小楠が考えた「割拠見」の問題である。それは、「国家エゴイズム」と言い換えてもいい問題である。「（西洋諸国においては）各国に於てそれぞれの割拠見の気習を抱き、自利するの心躰にて至誠惻怛《しせいそくだつ》の根元無レ之候故何分天を以て心として至公至平の天理に法《のっと》り候こと不レ能ものに候。此は是非もなきものに候」（『遺稿篇』九〇六頁）と小楠は言う。

小楠が「遺表」の第一条において「西洋諸国を視るに、その尊ぶところ耶蘇を以て宗とし、道は人の良心に基くことを知らず、その政令の出るところ、人事の行はるゝところ、ただ利害の一途に出で倫理綱常を廃棄し、刻剝を極はめて我の欲を成すに到る」という箇所は、キリスト教がもともと駄目だから西洋諸国は駄目だという意ではなく、割拠見に捉えられた西洋のキリスト教諸国はエゴイズムに捉われ度し難いという意味で理解されるべきものである。

以上紹介したのは、輔相岩倉具視が明治天皇のお伴をして帰洛してからすぐ、不充分ながら提出した「遺表」の写しである。この四カ条から成る「遺表」に対して岩倉がどう反応したかについての記録は残っていない。しかし考え方の要点はすでに小楠が直接岩倉に伝えたところである。自分の推蔵に不充分な点があることは小楠自身がよく知っていたことである。健康がすぐれない中をよく頑張ったと、岩倉はその労をねぎらったことであろう。

小楠が岩倉に提出した「遺表」の第一条は、公卿出身の議定には不満だったろうし、武士出身の「参与」たちの間では大方賛否両論であったろうが、第二条の宮中改革案、第三条の宮中改革案については、人々は皆心から賛成したようである。前記した第二条の宮中改革案は、明治四年、大久保、西郷らによって実行されたようである。徳永洋氏の『発見!感動!!横井小楠――郷土の偉人に魅せられて』によれば、吉井友實（宮内大丞）は日記に「これまで女房の奉書などと諸大名へ出せし数百年来の女権、ただ一日に打消し、愉快極りなし、いよいよ皇運興隆の時節到来かと密に恐悦に堪へざるなり」と記し、西郷隆盛は椎原與三次あて書簡（明治四年十二月十一日付）中に、「変革中の一大好事はこの身辺の御事に御座候、全く尊大の風習は更に散じ君臣水魚の交りに立至り申すべきことと存じ奉り候」と書いているとのことである。

小楠の「遺表」については、徳永洋氏の御尽力によって、本稿で紹介したものとは別に、小楠自身によって書かれたものも発見された。これは、本稿で説明した分が岩倉に提出された後、小楠の健康状態が回復したので、小楠自身が自らの心覚えとして書いたものである。岩倉に提出したものとは異なるという点で、歴史的意義は本稿で紹介したものより少いが、小楠の思想により忠実である意味では重要である。

なお、その「遺表」は小楠の娘婿であった海老名弾正（一八五六―一九三七）が大切にもっていたもので、海老名は、第一条冒頭の「良心は道の本也」という一語を以て、「小楠学の極意なり」と山崎正董に語っていたと、山崎自身が『横井小楠　伝記篇』に書いている。

補注

二〇〇九年十一月二十日、別冊『環』⑰（横井小楠生誕二百年記念号）を編集した折、徳永洋氏に御執筆いただいた原稿「小楠の「遺表」」に、海老名弾正所蔵の「遺表」の原文をご紹介いただいた。氏のご好意に心から感謝する次第である。「遺表」の原文は同稿を参照されたい。

4　レイク・ハリスの思想

このような小楠のキリスト教理解は、参与時代を通じて不変だったわけではない。実は、参与としての生活のうちにキリスト教への認識を再確認させる重要な契機があった。それは明治元年の九月十日前後に、米国帰りの森金之丞（のちの森有礼、当時は深井鉄太と改名してイギリスと米国において学ぶ）と鮫島誠蔵（のちの鮫島尚信、当時は野田仲平と改名してイギリスおよび米国に学ぶ）の薩摩藩士二人が前後三日ほど小楠を訪問して小楠との間になされた会談である。恐らく鮫島は外国へ遊学する以前に熊本在住時の小楠を訪問したことがあり、鮫島の方が小楠とは旧知であったが、性格的には森の方が強く、会談は主として小楠と森との内でなされたようである。

森も鮫島も改名してまず英国に留学した。維新前、生麦事件の後、英国艦隊が薩摩を襲撃したが、薩摩軍も徹底的に抗戦し、主要軍艦に大きな損害を与えた。その抗戦の仕方は美事で、下関で英、米、仏、蘭、等の艦隊に抗戦して敗れた長州に比べて、薩摩の抗戦の方が素晴らしかった。そして薩摩もイギリス艦隊に具えつけられた巨砲の威力を体験し、日本は西洋文明を受け入れることによって国家としての独立を保つ以外にないことを自覚した。英国も、この後の日本を背負うものは幕府でも長州でもなく、薩摩以外にないことを知った。そこで優秀な薩摩の青年を英国に留学させ、彼らに西洋文明を学ぶ機会を与え、彼らの自覚と力によって日本を開国させようという方針に変えた。

ここで、森と鮫島が留学の地英国を離れ、米国へ渡り、修行することになるトマス・レイク・ハリス（Thomas Lake Harris、一八二三―一九〇六。アメリカの神秘主義的宗教者、詩人）について述べておこう。

レイク・ハリスはもと英国人で渡米し、牧師をしていたが、一方ではスウェーデンボルク（Emanuel Swedenborg、一六八八―一七七二。スウェーデン生。科学者、政治家、神秘主義思想家。その神秘主義には若い時の鈴木大拙も英国で影響をうけた）の神秘主義に共感し、他方では「農業共同体」をめざす空想的社会主義者シャルル・フーリエ（一七七二―一八三七。フーリエについては石井洋二郎氏の『科学から空想へ――よみがえるフーリエ』（藤原書店、二〇〇九年）を参照）に心酔し、牧師を辞め、独自の修行生活に専心していた。薩摩の留学生は、英国に留まる者と、レイク・ハリス（小楠は「エルハリス」と表現している）の許で修行しようという者の、二つの集団に分かれた。そして森と鮫島は後者の集団に属していた。

彼らの渡米後のレイク・ハリスの許での生活については、小楠の明治元年の九月十五日付の在米中の二人の甥への手紙では、以下のように記されている（既に「横井小楠における「天」の観念とキリスト教」で引いた史料ではあるが、重要なものなので再び引く）。

薩州生鮫島誠蔵（後の尚信）・森金之丞（後の有礼）外国にては野田仲平・深井鉄太と改名、四年前イギリスに参り居候内同国人ヲリハントと云者に出会、ヲリハントより咄聞候には世界人情唯々利害之欲心に落入り一切天然の良心を消亡いたし有名の国程此大弊甚しく有レ之候。必竟は耶蘇の教其道を失ひ利害上にて喩し候故に人道滅却嘆げかわしき事なり。我等も全く耶蘇に落入居候処アメリカ国エルハリスと云人より初て人道を承り悔悟いたし候。此のエルハリスも元は耶蘇教之教師にて有レ之、二十四五歳にて天然之良心を合点いたし人倫の根本此に有レ之事を真知し是より自家修養良心培養に必死にさしはまり誠に非常之人物当時世界に比類無レ之大賢人なり。此人世界人道の滅却を嘆き専ら当時の耶蘇の邪教を開き候志なり。ヲリハント再び云我は役事相断（下院の長勤たりし由。）エルハリスに随従し修行せんと欲すとの咄し有レ之、薩の両人も甚驚き遂にヲリハントと共にアメリカに渡りエルハリスに従学せり。エルハリスは退隠村居門人三十人餘有レ之相共に耕して講学せり。其教たるや書を読むを主とせず講論を尊ばず専ら良心を磨き私心を去る実行を主とし日夜修行間断無レ之譬ば靄然たる春風の室に入りたるの心地せり。然しながら私心を挟む人は一日も堪へ難く偶慕ひ来りし人も日あらず帰り去る者のみにて遂に其堂を窺ふこと不レ能、薩の両人も初は中々堪がたかりしが僅に接続の力を得て本来心術の学問に入りたり。此人云世界総て邪教に落入り利害の私心に渾化せん実に人道の滅却なり。未だ耶蘇の入らざる処は日本とアフリカ内何とか云国のみなり。日本は頼み有る国なれば此の尽力は十分に致したきこと、薩人近頃帰り両三度参り、此道の咄し合面白く大に根本上に心懸け非常の力行驚き入たり。此のエルハリスの見識耶蘇の本意は良心を磨き人倫を明にするに在り、然るに後世此教を誤り如レ此の利害教と成り行き耶蘇の本意とは雲泥天地の相違と云ふ事なり。

（『遺稿篇』五六〇―五六一頁。傍線原文）

小楠は以上のように「エルハリス」について二人の甥にしるし、「此段大略申遺候。扨々感心之人物不レ及ながら拙者存念と符節を合せたり。然し道の入処等は大に相違すれども良心を磨き人倫を明にする本意に至りて何の異論か有らん。実に此の利欲世界に頼む可きは此人物一人と存ずるなり。都合に因りては必ず尋ね訪ひ可レ被レ申、重々存候事。」(『遺稿篇』五六一頁)と記してこの手紙を終わる。

右の手紙によると、小楠は三回も森や鮫島に会って、彼らの口から聞いたハリスの思想として「天然の良心」「良心培養」「良心を磨き」と、「良心」という言葉を三度も使っている。ハリスは何という英語を使っていたのだろうか。恐らく森・鮫島の二人は『孟子』の「良心」という言葉を念頭に置きながら、ハリスの使う英語のconscienceを「良心」というふうに使ったのであろう。『孟子』によれば「良心」は、人間誰しもに本来備わっているので「天然の良心」というのもうなずける。

小楠はここでハリスの言う「良心」という語の意味を受けて、人物や道徳の本源を「良心」と規定する。そしてこの考えは、一般の日本人、そして天皇も同じく、「良心」をもった存在として捉えられ、日本における天皇理解の上で最初のユニークな捉え方となる。森・鮫島との会見で「良心」の重要性への意を強めた小楠は、この会見の後に記された「中興の立志七条」において、それを受けて「良心」の語を用いたと私は考えたい(この考えがこの時受け入れられていたら、昭和天皇の「人間宣言」は必要なかったのである)。

5　立花壱岐との邂逅

小楠が「参与」として京都にいた時、公務以外で会った重要な人物に、先に述べた森有礼と鮫島誠蔵の他に、立花壱岐《たちばないき》(一八三一—八一)がいる。彼は柳川藩の家老であったが、端倪すべからざる政治家であるとともにすぐれた政治思想家であった。熊本在住の小楠の弟子には、これほどの人物はいない。

柳川藩には、池辺藤左衛門を中心として小楠を崇拝していたかなりの藩士たちがいて、柳川藩で「肥後学」と言えば小楠学のことであった。その盟主池辺の勧めによって、小楠は、嘉永四年(一八五一)の春に立花壱岐と初めて会った。小楠は、この年から安政四年の三月まで、前後六回ほど長文の手紙を往復している。

この時期に、長い間親交を重ねていた藤田東湖（一八〇六―五五）が亡くなり、その主君の徳川斉昭が多くの人々の期待を裏切って簡単に開国を唱えるようになるということがあった。そして小楠も完全に水戸学と袂を別ち、他方では『海国図志』を読むことによって、攘夷論から開国へと転向した時期で、小楠の生活の上で思想的に最も重要かつ稔りのある三年であった。小楠は壱岐への手紙で「第一等」といって思想の形成において徹底性がいかに重要であるかを強調している。この誇り高い青年家老は、小楠という存在にめぐり会うことによって初めて「師」というものはどのような存在であるかを知った。壱岐の仕える柳川藩と福井藩とが姻戚関係があることから、橋本左内（一八三四―五九）を通じて小楠を福井藩に紹介したということである。ちなみに壱岐と左内とは親友の関係であった。

明治になり、小楠は参与として明治政府の一員となった。壱岐も徴士として「刑法局判事」となることを求められた。ところで壱岐には「慢性的な疾患」があった。壱岐はあまりにも神経が過敏で、しかも若い時から神経性の病気があったという。私の想像では若くして家老の要職に就いて、考えねばならぬことが山ほどあり、そのために神経性疾患に陥っていたのではないかと思われる。

明治元年、彼は長崎に行ってマンスフェルト（一八三二―一九一二）、ならびに長與専斎（一八三八―一九〇二）の診察を受け、診断書を書いて貰って上洛した。そして一時休養して、小楠を訪問した。小楠は病気で大分弱っていたようだが、対談の過程の中で、同僚の議定や参与たちに「治道の本源」がないという言葉をこぼした。壱岐は小楠が病気であることを忘れて、その「治道の本源」というものをどう考えているのかとたずねた。その時小楠は「恐れ多くも陛下におかれては諸藩にご巡幸あって、諸侯を召され、勅命によりお指図あれば一挙に治道の基礎はできようかと存ずる」と答えた（河村哲夫「立花壱岐と小楠」、源了圓編『横井小楠 1809-1869——「公共」の先駆者』、別冊『環』⑰、藤原書店、二〇〇九年）。

この時なぜ小楠は、自分の本懐とするところは「廃藩置県」にあるが、自分の健康がすぐれないので、そのことは後進に任せ、明治国家の中心になる若き天皇のふさわしいあり方を岩倉輔相に頼まれて考えている、明治国家の基礎は英明なる若き明治天皇とそれを輔ける岩倉輔相の協力によって確立するであろうと説かなかったのであろうか。さらに、自分の考えでは、天皇が「良心」ということに基づいて修養されると必ず素晴らしい国となるであろう、自分の一生は長くはないが、それができれば本懐を遂げたことになる、ということを主張しなかったのだろうか。もしそれを述べていたら、壱岐はよろこんで自分の本懐とする自からの経世論の体系をまとめた『井蛙天話』（恐らくこの年の初め頃に書いたものであろう）の構想を披瀝したであろう。そのことによって二人の会談は思いもかけずはずみ、深い内容の会談となって、森有礼や鮫島誠蔵との会談に劣らない稔り豊かな対談となったことであろう。

小楠にそれができなかったために、二人の対話は、壱岐の心に傷を残して彼らは二度と会うことはなかった。小楠は生前、壱岐に岩倉具視と会うことを勧めた。そして、病中であるにも拘らず、壱岐から貰った『山吹』と『井蛙天話』（本章補論参照）の二冊を読んだということである。これら二冊の論稿から大いに感銘を受け、壱岐にその感想を述べたいと思っていたということである。しかし壱岐はなぜか小楠とは二度と会おうとはしなかった。

立花壱岐は後になって、自分の至らなさ、人間としての傲慢さを心から恥じ、申訳なく思っていたということである。

四　横井小楠と元田永孚

1 「天皇の位置づけ」という根源的課題

慶応三年（一八六七）、朝廷にすぐ仕えるようにという通知が横井小楠の許に来た時、小楠に親しい人、好意を持っている人々は、皆喜んで祝意を表するためにすぐに沼山津村を訪れた。ただ一人、一番先に馳せ参ずると期待されていた、小楠の弟子でもあり、盟友でもあった、元田永孚の姿は見えなかった。もちろん元田の勤務先は高瀬（熊本県の北西部、福岡県に隣接する）で、奉行の役をやっていて、公務をかかえていたので、沼山津にすぐ行くわけにはいかなかった。しかし元田の遅れた理由はそれだけではなかった。元田は小楠がすぐ京都に出かけて新政府に仕えることは、時期尚早だという思いがあって、そのことが彼の尻を重くしていたのである。彼はその当時の日本社会には、小楠に好意をもつ人よりも、悪意をもつ人の方が多いことをよく知っていた。その元田の言を聞いて、小楠は不機嫌になって、それ以後の関係はそれまでのようにはいかなくなった。

二人の感情のゆき違いの原因は、小楠の天皇観の問題だった。小楠に親しい人々は、小楠に「人君何ぞ天職なる／天に代りて百姓を治む／云々」という詩があることを知っていた。

楠木正成にちなむ「小楠」という号が示すように、彼は天皇を崇拝する気持を強くもっていた。しかし『海国図志』の「アメリカ篇」を読んで、政治制度としての共和制の卓越性を知って、将軍制であれ、天皇制であれ、支配者の資質がどうであっても、国家の独立が保たれるような政治体制を樹立する必要性を、文久二年（一八六二）に、あるいはまた慶応元年の秋に小楠は自覚していた。

他方現実の日本社会では慶応三年頃から福沢の活躍が始まって（『西洋事情』）、また明治三年頃になると、大隈重信などのように、儒教に関心のない新しいタイプの政治家や政治思想家の活躍も始まっていた。仮に小楠が、元田永孚の言うように、明治二、三年以降になって明治政府の参与になったとすれば、小楠の明治政府での存在理由はなかったであろう。

明治政府に仕えて以来、小楠は病気がちで自分の能力を充分に発揮できなかった。それにも拘らず、小楠は参与として、輔相の岩倉具視から大切にされ、「天皇」という存在を、明治国家の中でどのように位置づけるのかという問題に向き合うことで、明治政府での自分の存在理由を充分に発揮することができた。

明治天皇の教育となると、元田永孚のことがすぐ念頭に浮かぶ。狭義の教育についてはその通りだが、明治国家における天皇の位置づけをどうするかという、より根源的な課題は小楠と岩倉具視との協力によってはじめて達成されたことである。

この問題については、これまで沼田哲氏を除いてあまり本格的な研究はやられていない（『元田永孚と明治国家』吉川弘文館、二〇〇五年）。小楠の明治政府において果すべき役割について、大久保利通や立花壱岐は、廃藩置県運動の推進者たることを期待し、それをしない小楠に対して不満をいだいていた。このような角度から、明治政府に仕えてからの小楠の政治的課題を捉えた研究者は松浦玲氏であり、多くの小楠研究者は松浦氏に賛成しておられるであろう。

本稿ではそれに対して、「横井小楠‐岩倉具視」の線からアプローチして、「参与」としての小楠、「輔相」としての岩倉の協力という角度から、明治政府における九カ月の小楠を捉えることを試みたわけである。

2　小楠の国体観の変化

これまで見てきたように、「人君何ぞ天職なる、云々」の詩をつくった当時であれば、小楠は、岩倉の頼みに応じて天皇の明治国家の位置づけについて「遺表」を書くために、いのちを削るような苦心をすることは到底なかったであろう。ところが慶応元年の秋に、そのような境地をはるかに突破する天皇観を形成するに至っている。慶応元年の十月十一日、小楠はその晩年の門弟駒井権之助を通じて、松江藩の儒者、桃節山に対して「国躰」について、自からの新しい見解を示している（この問題については既に論じた）。

そこで述べられている「日本之国躰」についての小楠の考え方は、『海国図志』の「アメリカ篇」を読むことによって知った米国の共和政治についての礼讃も、彼が『書経』を通じて知った「堯舜三代之治」の礼讃も共に否定した、小楠の新しい考え方である。

彼はここで自分の新しい考え方を、何代も続いた剣術道場で、代々の師範たるにふさわしい人が尊敬されていることを例として語っている。何代めかの師範よりもっとうまい弟子がいるかもしれないが、師範の地位は代々の師範を相続した者が受けつぐ方がうまくいく（業のうまい弟子は「師範代」となる）。ただしこの場合、師範もある程度、業の達者であることは必要であろう。師範に要求されるのは「徳」である。さきには「徳」も不必要としていたが、途中で小楠は自分の考え方は間違っていたということに気づいたのであろう——節山による記述では「是レ日本自然之人心国躰ニ而、中々以《もって》動かす事能ハす（ずの意）。此の如く君臣之義確立する所ハ日本之自慢すべき所ニ而、西洋ハ事を以て道を立、日本ハ徳を以て道を立つるといふも此学之処より出るなり」（『日本庶民生活史料集成』第二〇巻、六八三頁）ということでこの件の叙述は閉じられている。

これらの記述は、桃節山が直接に小楠自身から聞いたものではなく、駒井権之助から小楠の言として聞いたものである。駒井は、小楠のいわゆる「四天王」（嘉悦氏房・安場保和・山田武甫・宮川房之）には全くこれを語ってはいないと思われる。いわゆる四天王は、小楠の沼山津隠棲中には国事に忙しく従事し、晩年の小楠の思想の変化にあまり触れていないと思われるが（山田武甫は別）、駒井は晩年の小楠に心酔し、桃節山を通して重要な記録を残してくれた。彼のおかげで、小楠は天皇観・国体観という根本問題について何のためらいもなく、自信をもって新政府に仕えることができたことを確認できる。但し、坂本龍馬の薩長協力の動きに見られる政治上の変動については、その渦中になかった小楠は正確な認識をもたないまま王政復古を迎えざるを得なかった。

そういうわけで小楠の国体観の変化は、元田自身も知らない。知らないから、小楠が中央政府から呼び出しがあった時に、元田は小楠の上洛に反対したのである。

3　明治天皇に受け継がれた小楠の普遍的精神

話はもとに戻る。元田永孚自身は、自分は小楠の思想を受け継いでいると考えていた。だが、天皇観について、小楠は「良心」ということを人間の根本の普遍的な教えとして、天皇もそれから洩れる方ではないと考え、それを基礎にして天皇の生き方があるとしている。小楠は、宮廷改革、日本全国を天皇の御巡幸の場所とすること、そして外国との交際のあり方を考えており、それらの点では両者は一致しているが、永孚には小楠のような普遍的精神はなかった。むしろ天皇を「天皇」という別格の存在と考え、そのような存在としての天皇の修養の道を教えていたように思える。

視点を明治天皇に移して見る。天皇の意識の上では、恐らく元田永孚の教育的感化は大きかったであろう。しかし次の歌を見ると、天皇の意識下には横井小楠の普遍的精神が脈々と生きているのではなかろうか。

よもの海みなはらからと思ふ世になど浪風の立ち騒ぐらむ

梓弓やしまのほかも浪風のしづかなる世をわが祈るかな

（『類纂　新輯明治天皇御集』一一二一頁）

しかし私がこれまで言ってきた彼の「天皇観」の変化、またそれに基づく広義の天皇教育の核心に潜む真心は世の中の人々には通じなかった。岩倉が小楠に「遺表」を依頼したことは、同僚の「議定」や「参与」たちには伝わっていなかった。それはあくまで輔相岩倉の小楠に対する個人的依頼であって、小楠のまわりの弟子たちも、彼の口述する内容が誰に頼まれて書こうとしているかも知らなかったであろう。

利用した主な文献、ならびに資料

山崎正董編『横井小楠　遺稿篇』明治書院、一九三八年
大久保利謙『岩倉具視』中公新書、一九六九年
『岩倉具視関係文書』全八巻、東京大学出版会、一九六八―六九年
『元田永孚文書』全三冊、元田文書研究会（代表・海後宗臣）、一九六九―七〇年
海後宗臣『元田永孚』文教書院、一九四二年
沼田哲『元田永孚と明治国家――明治保守主義と儒教的理想主義』吉川弘文館、二〇〇五年
源了圓編『別冊　環⑰　横井小楠 1809-1869――「公共」の先駆者』藤原書店、二〇〇九年。特に徳永洋「小楠の「遺表」」
徳永洋『発見！感動!!横井小楠――郷土の偉人に魅せられて』私家版、二〇〇〇年

『日本庶民生活史料集成』第二〇巻、三一書房、一九六六―八四年
河村哲夫氏所蔵『井蛙天話』
河村哲夫『志は、天下』全五巻、海鳥社、一九九五年
『林竹二著作集』全一〇巻、筑摩書房、一九八三―八七年（とくに「エル・ハリスと森有礼」関係、その他）
『類纂　新輯明治天皇御集』明治神宮編纂、一九九〇年

補論　立花壱岐の『井蛙天話《せいあてんわ》』

立花壱岐《たちばないき》（一八三一―八一）は柳川藩の家老であると共に、横井小楠の数ある弟子の中でも最も鋭い頭脳の持主で、経世の面でも最もすぐれた能力の持主である。しかし彼の実質的な偉大さはあまり世に知られていない。

そこで、まず『井蛙天話』の目録を紹介する。

井蛙天話目録

一　国体区別
一　国体区別之根源
一　根源ノ壅弊
一　壅弊ヲ掃攘ス
一　壅弊之由来
一　闔国幕習

一　運用之活法
一　朝廷ノ政体ヲ改ム
一　皇国之政体ヲ定ム
一　地球ノ善政ヲ取

「井蛙天話」というタイトルが尋常ではない。井戸の中の「蛙」である自分（立花壱岐）が天を読んで書いた文章というタイトルは一応へりくだっているように見えるが、その実、常識性というものを完全に否定し、自分にしか見えない日本という国の疲弊を明らかにするという意を含んでいるように思える。ここで使われている「国体」は第二次大戦中使われた「国体の本義」という時の「国体」ではない。それは「守るべき国体」の意ではない。それは「保元・平治」の乱以後、王権が弱まり、武家が日本を支配するようになった「国体」を否定し、新しく樹立する「王権」下の「国体」である。立花壱岐によれば、会津や仙台のいわゆる賊軍も、それを討とうとしている薩長を主体とする官軍も共に賊軍であり、武士という支配階級がなくなる「一君万民」の社会こそ、今、日本人がめざさなければならないものである。たんなる「版籍奉還」であればそれは「闔国幕習《こうこく》」（国を統一するが幕藩体制の諸制をのこす）と同じレベルであり、戦う官軍も亦幕軍の範疇に属している。それを脱するには「廃藩置県」をして武家が国民を支配する身分制社会から脱却する必要があるが、現状はその段階に至っていない。明治元年現在、立花壱岐は「闔国幕習」の状況にあると判断している。

我が国内の諸侯に対して立つる処の政体は、則ち諸侯の長たる徳川氏之政法にして、王者の政体に非ず。

（『井蛙天話』）

とはいえ彼は、「版籍奉還」することによって日本の国家の在り方が理想的状態に達するとは考えない（日本の廃藩置県に伴う身分解放などの実質的改革は、岩倉使節団が欧米巡航に出た明治四年十一月以降に、留守政府によって着手された）。彼は「議定・参与制」政府はよくやっていると一応認めつつ、明治政府を「山城の国の政府」とし、それは一地方の政府であって新しい皇国の政府ではないと考えていた。明治元年当初の立花壱岐の考えは、その点、大久保利通などの廃藩置県論者とは全く違っていた。彼は門閥や身分制度を前提とした上からの廃藩置県政策をとるのではなく、各藩の人材を積極的に登用し、地域のまとまりを失わない仕方で日本の近代化政策をとるのが、内乱防止のためにも最も理想的な政策であると考えたようである。（『井蛙天話』の閲覧については、河村哲夫氏のご厚意によっている。）

横井小楠の暗殺事件と「天道覚明論」をめぐる問題

序　事件の背景

ここで横井小楠の天皇観を問題とするのは、彼の国家観の一側面を明らかにするためである。小楠の理想とする国家は、『書経』の中に展開された「三代の道」をこの世において実現する国家である。それは、人間の心の中の「惻怛《そくだつ》」という道徳的感情を基本とし、これを「誠」という徳に昇華し、それを「惻怛の誠」として統合して、さらにそれを「仁政」によって民の中に浸透させる王道政治の理想をもった為政者によって統治される国家のことである。そしてそのような道徳の面ですぐれるだけでなく、「智」の面でもまたそのようにすぐれた人――ないしはそのような存在になろうと努力精進してやまない人物を「聖人」という。そのような「三代の道」[1]「三代の治道」の理解は、小楠が長岡監物、下津休也、荻昌国、元田永孚らと結んだ肥後実学派の共有するところであったが、小楠はその中でも、最も尖鋭にその理想を追求した。他方、学校派、実学派、尊攘派として対立する政治集団が熊本にはあった。この熊本尊攘派のリーダーを、林櫻園[2]という。熊本藩士ではあるが、賀茂真淵、本居宣長の国学思想を実践化した神道思想家であり、それだけでなく「一切経」を二度も読了、儒教・老荘・兵学にも通暁するだけでなく、蘭学にも通じていたという、たぐい稀な人物であった。小楠は神道思想には関心を持たなかったが、その頃恐らくこの櫻園という人物の人間的魅力とその独自の経世論に魅かれて、このグループに入ったのであろう。そこには後に吉田松陰の親友になり、寺田屋事件で落命した宮部鼎蔵も、神風連の乱を起した太田黒伴雄、加屋霽堅も、そして「天道覚明論」事件に深い関わりのある阿蘇神社の大宮司阿蘇惟治もその有力なメンバーの一人であった。

嘉永六年（一八五三）、米国のペリー提督やロシアのプチャーチン提督が開国を求めて来日した時、小楠はこの問題を真剣に受けとめ、彼らが「有道の国」の代表として開国を求めて来日したのであれば開国を認めてもよい、という考えに至った。しかし現実的には彼らの国は「無道の国」であったり、開国の求め方はわが国の法に反する「無道」のやり方であるから、彼らの要求に応ずるわけにはいかない、と小楠は考えた。（『夷虜応接大意』）。

ところで小楠は安政二年（一八五五）の夏に『海国図志』を入手し、それを徹底的に読み、その上で同居していた弟子で医者でもあった内藤泰吉と百日間も立場を変えてディスカッションをして、米国ならびに欧州諸国は「有道の国」だから積極的に開国すべきだという結論に達した。(3) この時、「有道の国」という場合の「道」の捉え方が、嘉永六年の「夷虜応接大意」当時における欧米諸国の対外関係、特にアジア諸国への態度への注目から、それらの国の自国の人民への統治の姿勢への注目へと、小楠の視座が変わっていることは注目すべきことであろう。とくに小楠が感銘したのは、米国の初代大統領ジョージ・ワシントンが大統領の地位を世襲でなく、誰が最もその地位にふさわしいかと考えた末、アダムスに譲位したことである。そして米国の政治・社会のしくみが中央も地方もすべて公共の精神に貫かれ、会議による討議とその上での投票によって事が決まるというやり方、そして開かれた心で万国の長を学び、そのことによって産業の後進性を脱して民の繁栄、福祉の向上、それに基づく国力の増進が実現し、しかも平和を追求して止まない態度を知って、小楠には、それは堯舜の治の理想が現実化されたものと思われたのである。中でも世襲主義の否定は、堯舜の禅譲を現代において現実化したものとして、彼に深い感銘を与えた。それが詩として結晶したのが「人君何天職。代天治百姓。自非天徳人。何以愜天命。所以堯巽舜。是真為大聖。迂儒暗此理。以之聖人病。嗟乎血統論。是豈天理順。」（「沼山閑居雑詩」。山崎正董『横井小楠　遺稿篇』八八〇頁。以下この本については遺稿篇〇〇頁と表記することにする）という詩である。これを書き下し文にすると、「人君何ぞ天職なる。天に代わりて百姓《せい》（人民）を治むればなり。天徳の人に非ざるよりは、何を以てか天命に愜《かな》はん。堯の舜に巽する（帝位を譲る）所以。是れ真に大聖なり。迂儒は此の理に暗く、之を以て聖人の病となす。ああ血統論。是れ豈に天理に順ふものならんや。」

ここに言う「人君」は、藩主にも将軍にも天皇にも当嵌まるものであろう。当時の武士社会のすべての人を敵にまわすような内容の詩である。当時の天皇は権力をもたなかったから天皇は含まないという言訳もあろうが、堯と舜、ワシントンとアダムス等の関係が小楠では問題になっているのであるから当然天皇も含まれる。そしてそれは小楠の仲間であった熊本尊攘派の人々の間には、君に対する忠誠心に反し、仲間への信義を裏切るものとして鼎が沸くような憤激を与えた。当然そこでは、小楠の新しい考えは、天皇そのものの存立に関わる問題として批判される。ただこのことをめぐって、安政三、四年の間に櫻園門下の人々が書いた小楠批判の史料は今日まで見当らない。ただ安政三年に帰国した河上彦斎は、同志たちの小楠批判が只ならぬものであるのに気づき、安政四年に小楠宛に次の書簡を送っている。

河上彦斎謹呈レ書(4)

横井先生　先生之声轟レ耳也久　雖レ欲三歓レ風慕レ実求二一見一　俗事不レ得二寸暇一　遂回循六七年　於レ此也一端役二東都一　丙辰年帰　先生則離レ都移二沼山津一　此隔レ境二十里余所　非レ得二一日暇一不レ能二詢門一　遂亦過二一年一也　而近日聞　先生声寂然亦大異二於前日一也　嗟呼可レ恠哉　彦斎竊意　先生篤学潔行一藩之望也　何得レ有下自惑二外物一而是等之実上　是必伝者大愆也　雖レ然物先腐而後蟲生　人自毀而後論起　先生今日大声想必有二原聞一　知者千慮有二一失一　愚者千慮有二一得一　彦斎愚陋固無レ論　雖レ然常竊自許非レ無二報国之志一者也　是以猥自不レ顧二其分一　為二国家一欲下求二一見一吐中至陋之所懐上　先生幸恕レ之　謹可レ叩二静門一　彦斎恐懼

再拝

右奉呈

横井老先生机下

以下述べるところは当時（安政三、四年）の記録ではないから、その点、史料としての価値は劣るけれども、「人君何ぞ天職なる」のこの人君は藩主だけを指すのか、将軍はどうか、と拡がり、そして天皇にまで及ぶのかという話になって、阿蘇大宮司惟治が天皇にまで及ぶのかと息巻いて問い詰めたとされる。その時の小楠の答えについて、大宮司は、明治三年二月十三日に神祇官に提出した文書の中に「先年横井平四郎儀　本朝之　百王一系統と申候者元来　天照太《(ママ)》神之御私ニ被㆑為㆑出候との論を唱候ニ付私儀議論合不㆑申絶交仕候儀最初弾正台御聞込之通少も相違之筋無㆓御座㆒候事」（『肥後藩国事史料』巻一〇、三八六頁。以下、国事史料と表記）とあるように、二人の対話の中でさきに引用した「人君」の話に誘発されて、大宮司がその「人君」の内容が「天皇」に及ぶのかということを尋ねた時に、小楠が言った答えが、「天壌無窮」の神勅が天照大神の「御私」に出たということであったので、それ以後、櫻園門下では小楠の新しい思想をめぐっていろいろの解釈が誘発されたものであろう。大宮司に対するこの小楠の答が一回の対談で出てきたのか、何回かの対談の結論として出てきたものであるのかはよく判らないが、それを聞いた大宮司のショックは想像に余りある。櫻園門下の人々の大方は神道家たちであったから、大宮司の受けた衝撃はまた彼らの衝撃であった。大宮司は、冷静にこの考えが「廃帝論」を導き出さないかを怖れただけであるが、このような論を唱える小楠は「廃帝論者」であるという臆見が拡がって、それが関西の尊攘論者たちの間に拡がっていったということは当然あり得る。後者の件は後で検討することにして熊本の問題に帰ると、大宮司の話では、長岡監物は小楠と訣別した理由の一つに小楠の神勅についての新しい解釈があると語っていたということであるが、そうならこれまで「明徳」派対「新民」派の対立とのみ理解していた問題はもう一度考え直さねばならない。そしてこの問題は、たんに神道主義者たちだけの問題ではない。たとい水戸学を信奉しているのではなくても、神勅を基礎として天皇を国家の中の最高の権威として位置づけ、その伝統によるものとして幕府を権威づけようという発想に立っていて、後に元治・慶応年間の討幕派になった多くの尊攘の志士たち——明治政府を担う大部分の高官たち——にとっても同等の重大な問題であった。

I　横井小楠の暗殺事件

一　小楠の暗殺と政府の対応方針

明治二年の一月五日（太陰暦）、長く病床にあった小楠は久振りに宮中での太政官の会に出席、その帰途に浪士たちに襲われて、病後であったにも拘らず短刀を抜いて抵抗したが、多勢の力に抗しきれず死をとげる。

横井小楠の暗殺という難事件の解決に最も力を尽したのは、大久保利通と佐々木高行の二人である。対弾正台との関係で現場で最も苦労したのは、佐々木高行であるが、政府の最高責任者として、大所高所から高行を扶け、終始解決に苦心したのは大久保利通である。もし二人がこの事件の解決に失敗したら、小楠を「参与」として採用した岩倉輔相以下の輔相も責任を負うことになって、明治国家は瓦解する危険性をはらんでいたので、二人とも瞬時も心を弛め、平常心を失うことは許されなかった。

まず『大久保利通日記』によって、大久保利通がこの小楠の暗殺事件にどのように対応したかを見てみよう。『大久保利通日記』の中に小楠暗殺の記事が取上げられているのは、第六巻一〇頁から第七巻一三三頁まで、年号で言うと明治二年正月五日から明治三年十月二十六日までであり、終始簡潔に、要を得た仕方で大久保利通がこの事件に対応したかということが、主観的な感情を交えず淡々と記されている。

以下、彼の日記の中から小楠関係の記事を記す。

一　今日（明治二年正月五日）横井平四郎（時存）二字（時）比（頃）退　朝之節逢暗殺候次第相分段々評議有之

一　同人旅宿　勅使被下候

一　家来手負之者に治療手当として四百両被下候　家来四人之由

一　肥後重役御呼出ニて取紀御達し刑法軍務京都府に御達相成候九字（時）退　朝

一　大和郡山生柳田房吉倅柳田直蔵廿五才計夷川中町角中村屋梅と申者裏口に斃レ居重傷を受候を京都府に捕へ候由此申口ニ外ニ肥後藩鹿島又之允与申者同列之段申出他は言舌分リ兼候由柳田懐中ニ

横井平四郎

此者是迄之姦計不遑枚挙候得共姑舎　今般夷賊に同心し天主教を海内に蔓延せしめんとす邪教蔓延候節は　皇国ハ外夷之有と相成候事顕然たり併　朝廷御登庸之人を殺害ニ及候事深く奉恐入候得共売国之姦要路に塞居候時は前条之次第ニ立至候故不得止及天誅者也

天下有志

一　六日今朝大山格之助（綱良）小原（鉄心）等入来十一字（時）比より岩（倉）輔相に参殿種々御伺申上候一字（時）比《ごろ》参　朝横井一条未委事不相分候別段評議も無之三字（時）頃退　朝……

一　七日今朝黒田了介入来……十一時参　朝横井一条十津川郷士数名相関り候ニ付同郷取締所を相立御人撰も以早々相御召相成制度規則被相立取締行届候様無之候ては往々如今般暴動難図旨を以建議いたし候……

一　（明治二年十一月）十四日十字参　朝　御前評議有之横井暗殺之者断刑之事御評議有……

一　十七日今朝宮島入来十字（時）参　朝弾正より横井暴挙之者御処置ニ付建論有之其旨趣横井云々罪状有るにより罪一等を減する之趣也然りトイへ共未決

一　廿日今朝田中篠原入来弾正一条云々返詞承候十字（時）参　朝横井一条御評議有之兼テ言上之通小子上京断然御決定之処御内定ニ候

一　廿一日今朝休日トイへ共九字参　朝弾正に横井殺害之者御処置御評議有之不相決候……

一　廿三日十字（時）参　朝佐々木（高行）参　朝横井之一条御評議有之……

一　廿九日今朝川村入来十字（時）参　朝横井一条ニ付弾正に御尋有之……

一　（明治三年十月）廿六日、広島旅宿に斎藤（佐々木と同じく土佐藩士で、理職を離れた佐々木に代って横井内是を処理する役割を担った法律学者）佐々木同意出会旨趣厚示談ニ及候処一同異議無乍去何分御根本確定之旨趣不相立候テハ御貫きイカヾ可有之や条公岩公御腹さえ御居り有之候得ハ所存無之段承明日ニテも条公岩公御揃ニて御評議可奉伺とて引取……

一　廿七日今七字（時）岩公亭に出頭候様条公より御書面にて参ル条公も御出ニて扨此内より足下ヨリ段々見込申立ニ付尚昨日外同僚に談も有之候由ニテ納言一同及出会内評ニ及候……

以上、横井小楠に関する一件はすべて落着した。

明治二年の終りから三年の半ば頃にかけて、大久保に会って来た者として「弾正」や「副島」（大隈重信や副島種臣）の名前が出るのは、小楠を罪すべしとする彼の示威運動であろう。大久保利通は彼らに会うことは拒まず、しかし彼らの意見はとらず、彼らに会うことによって自己の見解を曲げたり妥協することはなかった。大久保のこの態度は、厳正に法に従おうとする佐々木をどれだけ力づけたことか、そしてまた自分が政治権力者として法の執行者を妨害することがないよう心くばりをしたように見える。明治初頭の日本を支えたのは、大久保という政治家であったという思いを新たにする。

そして佐々木がその地位を固め、弾正台によって妨害される危険性がなくなると見るや、みずからこの件で動くことがなくなったと判断したことなどを見ると、彼の政治家としての器量がいかに大きかったかということを改めて感得させられる。

暗殺者たちは皆逃れてしまったが、一番最初に捕らえられたのは十津川郷士の一人柳田直蔵であった。彼が懐にしていた「斬奸状」は次のごとくである。

此者是迄の姦計不レ遑ニ枚挙一候共姑舎レ之。今般夷賊に同心し天主教を海内に蔓延せしめんとす。邪教蔓延致し候節は皇国は外夷の有と相成候事顕然なり。併　朝廷御登庸の人を殺害に及候事深く奉ニ恐入一候へ共、売国之姦要路に塞り居候時は前条の次第に立至候故不レ得レ已加二天誅一者也。

後で捕えられた上田立夫、土屋延雄（土屋は森鷗外の小説『津下四郎左衛門』の主人公津下の別名）、前岡力雄らの「口供書」もほぼ同じ内容のものであり、この事件は「キリスト教」をめぐる問題として理解されている。然るに暗殺者の一人、鹿島又之丞の「口供書」の一節「徴士横井平四郎殿先年来洋説を信じ、恐多くも□□（廃帝）之儀抔唱、其外奸曲之聞へ不レ少候処郡相成候。」とある部分は見過ごされがちである。鹿島の口供書の大半は、小楠が「耶蘇教を海外とも弘《ママ》張せしめん」としていることへの批判と怒りで占められていたからであろうか。ところで鹿島によって書かれたこの目立たない二、三行の文で書かれた問題こそ、小楠を討つべしと思っている人々にとっては、表面はキリスト教問題のように見えながら、実に最大最深の関心事であった。事実、事件の展開は小楠がこの「廃帝論者」であるかどうかという問題をめぐってなされていくのである。

政府の中枢部では、政府要人の暗殺者の処分については、早くから方針が決まっていた。(5) 少しでも甘い姿勢を見せると、次から次に要人は政府の改革に不満をもった者に暗殺される。当時の政局の状況から、政府の断固たる方針は尤もであった。事実、小楠の暗殺以後大村益次郎が暗殺され、さらに廣沢参議も暗殺された。政府の要人たちは、次は自分の番と戦々恐々としながら、一致団結してこのような姿勢を保っていたのである。

ところで小楠が暗殺された当時の刑法官の知事は、小楠への熱烈な批判者の大原重徳であるが、版籍奉還以前の時代であったから、政府の管轄地域は狭く、最初の内はまだ充分の作動はおこしていない。明治二年五月十三日の政体書発布、六月十七日から二十五日に渉る版籍奉還という制度上の大変革が行われて、刑法官の知事が正親町三条実愛、副知事が佐々木高行となってはじめてその裁判が本格化し始めた。というのは知事の正親町三条実愛は体調悪く、実質上の責任者佐々木は公正でしっかりした人物であったからである。彼は、明治政府の高官は天皇によって選ばれた中興の士であるから、迅速にしかも厳刑を以て裁判を終えるべきだと考えていた。当時はまだ政府の力は弱く、徒に判決を延ばすと政局の危機を招きかねないと判断していたからである。政府の中枢的位置を占めていた岩倉も大久保も、同様の考えをもっていた。しかしそれが終結するには、一年十ヶ月の歳月を要した。その理由は、横井小楠は西欧文明の受容に熱心であり、しかも国禁であるキリスト教に共感をもち、もしかしたら信者であり、日本をキリスト教化しようという考えをもち、さらに彼は『海国図志』を読んで米国の共和制に心酔し、日本を共和国にしようと思っている廃帝論者であると疑う人もあったということと、この大宝律令、養老律令をモデルとして作られた当時の官制では、民事事件は民部省の管轄下にあったということのほかに、刑事事件を取り扱う機関が刑法官と弾正台という二つの組織に分れ、しかも両者の関係は相互に牽制し合って事が容易に決まらないという組織の面の不備とが重なった。

これらの制度的な問題があるにも拘らず、いろいろの難局を乗り越えてこれを解決に導いたのは佐々木高行の尽力によるところが大きい。終始一貫基本方針を貫いた佐々木であったが、しかし彼とても耳を傾けざるを得なかったのは、大原や弾正台側の、小楠は国賊であり、逆罪を犯したという声であった。そのように主張するのであれば、小楠が国賊であるという証拠を出せということになって、弾正台では百日間の猶予を貰って、熊本に古賀大巡察、備前には小野小巡察を派遣することになった。

二　古賀大巡察の熊本派遣と彼のもたらした「天道覚明論」

古賀は九州巡視の名目で、実際は熊本で小楠の罪迹を探ろうという意向をもっていた。熊本に着くや、公的な命令書では最終目的地となっている鹿児島には病気と称して代理の者を派遣し、熊本ではまず最初に会うべき藩の応接係小橋恒蔵（勤王派）との面会を延ばし、その間、櫻園門下の人々と応接を重ねたという（堤氏論文による）。対応して、恐らく櫻園門下の方では阿蘇大宮司と打ち合わせする作業をしていたことであろう。古賀十郎は柳河藩士であるが、柳河では、家老立花壱岐が元気だった間は勢力のあった肥後学（横井小楠の実学を信奉とする一派）への反対者で、肥後では佐久間象山の暗殺者であった河上彦斎とも親しく、敬神党の太田黒伴雄、加屋霽堅とも親しかった人物とされている。

熊本での所用を済ませた古賀は、十月六日に同地を去って阿蘇に向かい、十月七日に阿蘇神社に参拝すると、大宮司阿蘇惟治から、前夜拝殿に投げ込まれていた「天道覚明論」という文書を渡された。そこには、

「上封　阿蘇大宮司殿　　長谷信義
別紙入御直披」と封して、

当神前に一封之書翰奉レ供致置候間明払暁正に御落掌可レ被レ成候也

長谷信義

十月

大宮司殿

として、

別紙一冊今度大巡察司当地へ巡察に相成候に付吾党十三人直に巡察司目通に呈し度存候処多人数相憚り幸に
貴殿勤王之有志なるを聞き依㆑之巡察に御取次呈進被㆑下度奉㆑願入候也

集議局十三人之内
長谷信義（花押）

十月

と書かれていた。そこには次の別紙が入っていた。これを仮りに「東皐野人文書」と呼び、以下この文書と「天道覚明論」との二者を次にしるしておくことにする。

吾師横井平四郎所著一咋夏吾師に随ふこと二月一夕閑時模写して以て平常暗誦して吾固陋を活達するの補けとし殊に秘蔵せし候処当正月横井於㆓京都㆒斬戮に遇ふ事を聞又甚疑ふ吾師の如き大徳発明の人匹夫匹婦の為に害に遇ふ理なしと研窮日久しく一朝漸く横井の所見大に違ふことを悟り後悔又久し豈に図むや今般大巡察司来るを聞き昔日の過を改め横井の識見実に世に大害を為す大に可㆑禁事を示し給はむ事を所㆑希也大宮司に依りて以て一冊を奉呈候恐々敬白

十月

東皐野人

天道覚明論

夫宇宙の間山川草木人類鳥獣の属ある猶人身体の四支百骸あるが如し故に宇宙の理を不レ知者は身に首足の具あるを不レ知に異なることなし然れは宇宙ある所の諸万国皆是一身体而無二人我一無二親疎一の理を明にし内外同一なることを審にすべし

古より英明の主威徳宇宙に博く万国帰嚮するに至るものは其胸襟潤達物として容れさるはなく其の慈仁化育心天と異なることなき也如レ此にして世界の主蒼生の君と可レ云也其見小にして一体一物の理を知らさるは猶全身痿れて疾痛痾痒を覚らさると同し百世の身を終るまて解悟なすこと能はす亦可レ憐乎

抑我日本之如き頑頓固陋世々　帝王血脈相伝え賢愚の差別なく其位を犯し其国を私して如レ無二忌憚一嗚呼是私心浅見の甚しき可レ勝二慨嘆一乎然るに或云堂々神州参千年　皇統一系万国に卓絶する国也と其心実に愚昧猥りに億兆蒼生の上に居る而已ならす僅に三千年なるものを以て無窮とし後世又如レ此と思ふ夫人世三千年の如きは天道一瞬目の如し焉ぞ三千年を以て大数とし又後世無窮と云ふことを得んや其興廃存亡人意を以て可二計知一乎今日の如きは実に天地開闢以来興張の気運なるか故海外の諸国に於て天理の自然に本つき解悟発明文化の域に至らむとする国不レ少唯日本一国蕞爾たる孤島に據りて　帝王不レ代汚隆なきの国と思ひ暴悪愚昧の君と雖とも堯舜湯武の禅譲放伐を行ふ能はされは其亡滅を取る必せり速に固陋積弊の大害を攘除して天道無窮の大意に本つき孤見を看破し宇宙第一の国とならむことを欲せすむはあるへからす如レ此理を推究して遂に大活眼の域に至らしむへし

丁卯三月南窓下偶著　　小楠

右書類は十月七日阿蘇宮神前に差置有レ之候間同夕社家より差出候に付前夜差置候儀と相見候事

明治二年

（ここに連記された文書は『国事史料』巻一〇、二〇七―九頁に拠る。なお原文には段落がないが、説明を容易にするために三節に分けることにした。）

「東皐野人」の言によれば「天道覚明論」は小楠の書いたものであり、東皐は小楠の弟子でこの言を信じていたが、師の暗殺の報に接してなぜ師のような徳ありかつ聡明な人が「匹夫匹婦」に害されたのかと考え、ついに師の言は間違っている、それは世の大害をなす説であるということが判った。そこで横井の説を信奉した自分の過去を悔い、横井の説が世の大害をなすことを世にしらせたく思い、横井の「天道覚明論」を大宮司殿を介して大巡察殿に届けるものだというのである。

「天道覚明論」を入手した古賀は熊本に帰り、藩の応接係小橋に挨拶した上で帰洛した。しかし京都の方では、これでは廃帝論の証拠にはならないということになり、横井平四郎の著という「天道覚明論」の来歴を熟知している者を至急携帯して上京させるよう大宮司阿蘇惟治の方に通達した。

なお古賀大巡察を迎えた熊本藩では、同藩の「御奉行所根取京都詰」の松本彦作が、事件当時弾正台に勤めていたが愛想をつかして兵部省に移っていた熊本藩士兵部権少丞藤村某（紫朗のこと、幕末には熊本尊攘派に属し、兄は文久三年に江戸で横井らを襲撃した黒瀬市郎助である）に詰所に来てもらって、弾正台ではどういう事情で古賀を派遣したのか、古賀という男はどういう人物なのか、この事件を藤村はどう捉えるか、ということについて聞いてその答を書き留め、藩の方に送っている。藤村は「全体弾正台当時在勤之役々は古勤　王偏固之輩而已ニ而或つまらぬ草莽之徒にも交候位之事ニ而弾正之儀ハ別而之重任正義廉直之輩屹と御精選無レ之候而ハ難ニ相成一候処右之通之次第ニ而既ニ先頃藤村在勤中見込建言筋モ有レ之候得共致二徹底一兼致二辞職一候位之事ニ而弾正台中之人物巡察罷越彼是鼓動いたし候共決而御動無レ之様有二御座一度」と現在の弾正台の構成やそのあり方に対して非常に批判的である。そして大巡察古賀に対しても「此節大巡察古閑《(ママ)》何某と歟申ものハ藤村も於二弾正台一能素性を存居候もの丶よしニ而大ニ致二冷笑一前段之次第も噺仕候」（『国事史料』巻一〇、一二五八—九頁）とまったく信頼していない。藤村が思想的には小楠の批判者であっただけに、彼のその頃の弾正台や古賀大巡察についての批判は客観性をもったものとみなせよう。

なおこの事件について藤村は、「平四郎儀以前如何様之邪説唱候儀有レ之候とも今日之御一新至候而ハ耳目替リ正義ニ相成居候哉も難レ測処万一旧説を取今日を邪ニ陥候様之儀有レ之候而は難二相済一其上平四郎も　朝廷より被レ為レ召位階を賜朝臣ニ被二抑付一候ものを浪士之身分ニ而及二殺害一候ハ　朝廷を不レ憚不レ届之次第ニ而よしや奸物と見込候は丶当節言路も御洞開之砌国害之筋建言之道も有レ之候」なのにそういう道を取らず殺害に及んだのは重畳けしからぬ罪状であるという見解を示している。政府の役人として大変公平な見解で、彼がのちに神田孝平らとともにすぐれた地方官として讃えられたのは尤もだと思う。それはともかく、このような情報に接して、熊本藩ではこの事件に対しては至極冷静な態度をとったようである。

三　小野小巡察のもたらしたものとそれをめぐる政府内の葛藤

1　小野小巡察のもたらした「横井小楠罪悪証迹」

弾正台では、熊本の古賀大巡察のほかに備前の方に小野小巡察を派遣した。備前というのは藤本鉄石が備前の人で、彼の許に小楠が廃帝論者であることを証拠立てる文書があるということが尊攘浪士の間で信ぜられていて、その寡婦が備前にいるのでそこに行けばきっとそれがあるだろうという見当であった。熊本の古賀につづいて小野は備前に出かけたが、鉄石の寡婦の家にはそれらしきものは何もなかった。

その帰途小野は京都で巣内信善に出会った。(6) 巣内は四国大洲の出身者で、彼もまた小楠をつけねらっていた勤王の浪士であった。自分の家に小楠の暗殺者の一人前岡をかくまっていたことが、後日判明している。この巣内が「横井平四郎罪悪証迹」という罪状書をもっていた。それは次のごとき内容のものであった。

藤本津之助(号鉄石)曰ク横井平四郎ハ天地ニ容ラレサル大罪人也其故ハ詭弁ヲ以湯武革命ノ理ヲ主張シ我国ハ　天照太神の私言ヨリ帝王血筋相伝トナリ武烈陽成彼傑紂ニ同シキ暴君ト云トモ敢テ之ヲ放伐スル者ナシ故ニ門閥ヲ尊ヒ俊傑アリト云トモ沈淪シテ其才能天下ニ顕ハレス幕府モ京師ニ掣肘セラレ莫大ノ功ヲ成スコト能ハス是彼血筋相伝之非説ヲ墨守スルノ固陋ヨリ蕞爾タル孤島ヲ神明之国ナト、妄ニ自ラ尊大ニシテ未タ一人之万国洞観ノ大活眼ヲ開ク者ナシト云其所著天壌非説大意如此即廃帝論之由テ起ル所ナリ嗚呼是邪説忌憚ナキ者ニアラスヤ若シ彼ヲシテ廟堂之上ニ在ラシメハ馬子直駒ノ大逆ハカルヘカラス　可レ憎可レ畏

此書ハ津之介ヨリ其画友村山荷汀越後人ニ与ヘシ也荷汀之所持ノ由(『国事史料』巻一〇、一二四〇頁)

なお管轄外なのに民部省正木昇之助の家来益田金蔵が大坂の古本店探訪によって得た書類には、横井小楠の著作として「廃帝論」「天壌非説」「天照大神私言」「武家非録」「公武譲言」の名前がしるされている。なお探す本は一冊も出てこなかった。(この件については後述。)

小野・巣内も後を追うように大坂に探しに行ったが、何の収穫もない。小野はそれ以前に関西に来ていたと思われる藤村紫朗(前述)の小楠批判の言を聞いたが、その折、藤村に上野堅吾(後に神風連の乱で仆れる)から聞

いた話として次のことを聞かされた。それは十年ほど前に小楠は「有徳者天下ヲ有ツヘシ　皇統一系尤モ不可ナリ　合衆国ノ例ニ倣ヒ四年期限入札ヲ以テ大統領ヲ立《たて》君臣義ヲ廃シ五倫ヲ四倫トシテ可也」と語ったという（『国事史料』巻一〇、二四一頁）。それは小楠が『海国図志』を読んで精神が昂揚し、自分の新説を周囲の人に説き、とくに敬神党を核とする熊本尊攘派との間で烈しい論戦を闘わしてした時のことであろう。その時の論拠になっていたことが万延元年（一八六〇）に書かれた『国是三論』の中にも展開されているが、その時は小楠は自分の考えの主張としてそれを記しているのではなく、米国での客観的事実として述べている。私はこの奇妙な変化は、小楠の熱がさめて冷静になり、この米国の制度はそれはそれとしてよいが、そのまま日本に適用していいものかどうかということへの判断中止の状態にはいったことの徴候だろうと思っている。それはそれとして上野堅吾が言っていることは、『国是三論』に書かれている小楠の米国賞讃の一部分であり、議論の過程でその部分だけを小楠が強調したのか、上野がその部分だけを印象強く自分の記憶の中に刻印したものか、はっきりしたことは判らない。この議論は廃帝論へ傾く傾向を示すが、まだそこには至っていないものである（『国事史料』巻一〇、二四一頁）。

ただ検討事項としては、小楠自身の中で米国の大統領制賛美の説が「廃帝論」にまで膨らまなかったかどうかということがある。そこがはっきりしなければ、「廃帝論」を小楠の論と信ずる人々を説得することは難しい。もし小楠が「廃帝論」を主張するなら、幕末の時局も次第に進んで、孝明天皇の攘夷論が開国の歩みを妨げている時こそ「廃帝論」が主張されてもおかしくはないだろう。しかしその時の小楠には「幕府之私・誠意の不足」を責め批判する気持はあるが、朝廷に対してはそのような言はまったくない。現実の統治の権限を幕府に托してある以上、その責任はまったく幕府にあり、天皇が攘夷の気持ちをもっておられたら、誠意をもってそのお考えが不適切である旨説得するのは幕府の課題であると小楠は考えていたように思われる。そしてもし天皇が開国を承知されない場合は「幕府は断然政権を返上する事に覚悟を定め」(『続再夢紀事』第一、一二一頁)るべきだと徳川慶喜に進言している。これらに見られるように小楠が廃帝論者でなかったことは、この文久二年十月七日の慶喜への進言においてはっきりと示されている。(なおこのことは、徳永新太郎『横井小楠とその弟子たち』評論社、一五二頁に指摘されている。)

彼が福井藩に乞われて藩や松平春嶽の政治の顧問として江戸にあった当時、その見識を知って幕府に仕えることを頼まれた。小楠はその申出を辞し、それでも強要されたら職務を辞して帰郷すると言った。これは、幕府の政策立案については協力するけれども幕臣にはならないということであって、尊皇論者として出発し、尊攘論から離脱し、血統論は否定しても皇室を尊崇する気持をもちつづけた小楠の、自分に課している節度の一線であったように思える。

その後巣内信善(前述)は、知合の岡藩の矢野東が同藩の毛利莫とたまたま大坂の肥後藩邸で会った時、毛利の父が横井の「廃帝論」、「天壌非説」を所持していたという話を毛利がしたのを聞いて、知合の境県知事の小河弥右衛門——小楠とは彼が開国論に転向する頃まで文通を交わしていた関係(『遺稿篇』六一四—八頁)であった。もちろんその後は関係が切れていた——が鶴崎に帰るのを知っていたので、鶴崎にいる毛利の親類に竹田の毛利宅に送って貰う手紙を書いて貰って、それを小河に托した。手紙は無事着いたが、毛利の自宅からはその本は見当たらないという返信が届いた。それを聞いた巣内は、小野にすぐその旨を伝える。その結果、小野は大坂方面の探索を断念し、巣内から貰った藤本鉄石のもっていた「横井平四郎罪悪証迹」の写しを関係書類を添えて弾正台に提出した。

2 「横井平四郎罪悪証迹」をめぐる政府高官と弾正台・民間浪士との葛藤

小野小巡察のもたらした「横井平四郎罪悪証迹」をつけた報告書は、さきの古賀大巡察のもたらした「天道覚明論」以下の報告書と共にどういう評価を受けたのであろうか。

刑部省では古賀のもたらした「天道覚明論」については、小楠を国賊と断定するに足る材料とはみなさず、小楠が書いたものとさえ断定できない文書とした。弾正台では不満であったが、古賀のもたらした「天道覚明論」を「廃帝論」の証拠として主張し通すことが無理であるという認識はもっていたらしい。だが小野のもたらした「横井平四郎罪悪証迹」は全文ではなく、一枚の要約にすぎないから証拠としては不充分であるが、内容としては相当の迫力があったようだ。当時刑部大輔だった佐々木高行は、明治二年十一月二日の日記に「横井一件の書類、副島（種臣）参議へ差出候事」として「此件ハ、副島ハ弾正台ノ過激論者ノ肩ヲ持ツノ風アリ、可㆑笑」としるしている。

ところで同十一月十日の日記には「今日、横井斬殺人罪行漸ク御決議相成候事。尤モ御決議ニナリタルモ、又々異論起リ困リタリ」としてその異論とそれへの高行の反論について「但シ横井ノ下手人ノ義ニ付テハ、大義論有㆑之、屢御評議相成候。其訳ハ、耶蘇教相唱ヘ候ニ付、国賊也、殺害セルハ尤ト申ス事ニテ、弾正台連中ハ孰モ其論盛也。高行等ハ刑法官ニテ典刑ヲ枉ゲ候事ハ不㆓相成㆒。耶蘇教相唱否ハ不㆑知候得共、朝廷ノ大官ヲ殺害致候上ハ致方ナシ。法律ニ拠リ梟首ニ致スベシト頻ニ申立候。漸ク申出候通リ相決シ候事」としるしている。

ところが翌十五日の早朝、三人の者が佐々木邸に押しかけて、横井の殺害人死刑に御決議ということだがどうだと言う。佐々木答えて云う。「当職ニテハ御咄シ出来不㆑申」。三人は又云う。「果シテ死罪ニ決シ候ハヾ、天下ノ有志挙ツテ相迫リ救ヒ可申」と。佐々木は答えて云う。わが国には「典刑アリ。自分ハ其法ニ依ツテ処置ス。迫リ候共致方ナシ。弥差迫リ法律ヲ侵シ候ハヾ、是亦其処分ノ外ナシ。余ニ答フベキ言ナシ」と。その毅然たる態度に、彼らは大不平の様子で帰ったとしるされている。

その後に、政府の高官たちの会議の内容が一夜のうちに漏洩するのは安心できないことだ、出所も大体分かっているが、いろいろの事情があり彼らの前で取乱す態度を示すこともできず、こんな風では政府の権威も立たない、ただ歎息あるのみ、ということを一月十五日の日記はしるしている。いろいろの勢力の寄せ集めから成る新政府の明治三年当時の実態がよく示されている。佐々木高行は、幕末の土佐藩の目付役をやっていろいろの勢力の入乱れる藩の中で揉まれた人だが、あまりに慎重で重厚なために、放胆な容堂公には気に入られなかった。しかし判断が公正で、群をなさず自分の所信を貫く生き方は、刑部大輔という役の中で十分に生かされた。

しかし刑部省の長の役はやりにくかった。一つには、最初の頃は刑部省の中に大原重徳が佐々木の上役としていてやりにくかったこともあった。その問題は、大原が集議院長官に移って解決したけれども、刑部省と弾正台の権限がはっきりせず、就任以来、高行は何度も相談し合ったが、相方はとうとう歩み寄らなかった。しかも弾正台に集まった連中には過激の士が多く、自分の権力をふるいたがっていて、ささいなことでも糾弾する傾向が強く、とくに少忠、大巡察、小巡察のクラスにその傾向が多いと佐々木高行は書いている（明治二年十一月十九日）。小楠問題の解決が遅れたのには、そういう面も関係していたかもしれない。

事の徒らに延引するのを憂慮していた大久保は、東京から岩倉に書を送って、弾正台のいう刺客の罪一等軽減の意見は不可であると自分の考えを伝え、みずから京都に行って弾正台に自分の意を伝える許可を得（十一月十八日）、十二月二十一日、休日を返上して朝九時に参朝、評議をしたが決まらない。二十三日午前七時佐々木高行が参朝、大久保と評議、暮の二十九日の十時半、横井の件で佐々木との対談を踏まえた上で弾正台の連中と話合ったが、けっきょく解決の萌しは見えないまま年が暮れた（『大久保利通日記』第六巻、明治二年十一月十四日、十七日、十二月二十一日、二十八日の要約）。

弾正台には応援があった。明治二年の十月五日に、驚くなかれ、筑前藩が横井平四郎下手人助命嘆願書を刑部省へ出して、突き返されている。

他方、民間の方からも刺客助命運動が繰返され、前記内式部（信善）が代表者となって、吉見禎介、和田肇、三輪田綱一郎、伊藤良馬、丸山作楽、中川潜叟、疋田源二郎らの連名による建言書が提出された。その趣旨は、暗殺者達の非を認め、全員捕縛された後に一同の「割腹」を命ずるのが至当であるとしつつ、横井の徴用中にその姦を弁ずる眼力をもたなかった当局の非を鳴らし、維新以来逆人と云うとも死する者がない現状では、これら忠愛の赤子は死一等を減じて、無期の永蟄に処するのが至当である、というものである[7]。この建言書は、暗殺者に好意を持つ政府内のグループに勇気を与えるものであったろう。明治二年の十二月十九日に集議院判官照幡列之助から「過日建言伺出之所、歎願の情委細に廟堂に上達貫徹致候由」の報があり、その内「朝廷思召被レ為レ在候に付、死罪之儀御延引被二仰出一候旨御達有レ之候」の通達が出た。

しかしながら弾正台の成員たちは大宮司がなかなか召に応ぜず、しかも自分たちを無視して神祇官[8]と交渉したこと（後述）に心安からぬものがあった。彼らは惟治自体を疑い始めていたように思われる。「大宮司平素履践私怨を以て譏謗スル」所はないかという言葉はそのことを物語る。さきに示したように彼らは岡藩の矢野束の話を聞いて手を尽くすが無駄であった。弾正台として打つべき手はすべて打ってお手上げという状態になった。この問題を続けることはしばらく中断して、五冊の秘密文書とその行方の問題に移る。

3　大坂の古本屋の秘密地下出版と五冊の秘密文書の執筆者の問題

ここで先ほどの大坂の古本屋について言及したことを想起していただきたい。今度初めて知ったことは、大坂の「天壌非説」の出版元河内屋和助（心斎橋通り）の書いたところに拠ると、出版といっても大規模のものではなく、誰かに刊行を頼まれ、その原稿を三十部だけを写字生に写させてそれを本の体裁にし、出来上がったものを京都の信頼できる本屋に売っている（この折りに烏丸六角の服紗屋官兵衛には断られている）から、当局の許可を得ない秘密の地下出版であったということである。恐らく原稿を渡した人は利益を得ることをめざしたのではなく、何がしかの金をみずから出して刊行を頼んだのであろう。その金が個人から出したものか、有志の協力に拠るものであるかよく判らない。刊行の時期を考えると、[9]小楠が出版社と契約して正式に出版してのではないことははっきりしているが、第一誰が書いたのかもよくは分からない。恐らく福井藩を背景とした小楠の活動を阻止しようとする人々が政治運動の一環として考えついたものであろう。そして同志たちはこれをまわし読みし、更に書写して小楠憎しの感情がその人々の内に浸透し増幅したものであろう。誰が執筆したかはよく判らないが、執筆者は最初の上方に伝えられた天壌非説という考えがどういう風に展開するか自分で小楠の立場になって考え、「廃帝論」「武家非論」「公武言譲」へと展開したものであろう。（「天照大神私言」はタイトルから推察すると「天壌非説」の内容に含まれる。ただ原部数が少ないとはいえ、一部もないのは不自然である。）

4　五冊の本の著者の問題

最後に、ここで問題となっている「廃帝論」「天照大神私言」「天壌非説」「武家非論」「公武譲言」という五冊の著書は実際に存在した本なのか、架空の本なのか。実際に実在した本とすれば、それは小楠の著作なのか、それとも誰か第三者が書いて小楠の作としたのか。もし第三者が書いたとすれば、それは誰なのか。もし第三者が書いたとすれば出版に必要な費用は誰が出したのか。これら五冊の本の謎を解くには、これだけのことを検討しなければならない。

果たして架空の本なのか。これだけ探したのに風評だけで結局一冊も出なかったのは、架空の本だという考えも一応成り立つ。しかしさきに見たように大坂や京都の古本屋の主人の語るところによると、そうは思えない。（あるいは一冊々々書写したものだから、遺族たちはいわゆる本のイメージに基づいてそれらは本ではないと判断したのかもしれない。）恐らく小部数ながら実際に存在したものであろう。

ではそれは果たして小楠の著作であろうか。私はそうではないと考える。第一にこれらの本が発行された頃は福井にいて挙藩上洛のことで必死になっている頃であるから、こんな本を書く余裕はない。それにこんな本を出版することは、自分の政治生命を失わせるだけのことだから、こんな時期に小楠がそんなことをするとは考えられない。

それはともかく、この五冊の本が誰によって書かれ、どのような性格の本であろうかを確証するには、これら五冊の刊本が出て、その内容や文体等を検討して見る以外に確かな方法はない。しかし小楠は「天照大神私言―天壌非説」の基になる考えはつくり、それを彼は公言しているけれども、それから先のそれを本にする作業には何の関与もしておらず、残る本の内容について何一つ口にさえしていないし、彼の書いたものにおいてそのような考えの痕跡をまったく示していない。

「廃帝論」以下の本はどういう本なのが判らないが、安政五年以後福井藩の顧問となってからは、彼は自分の思想を実現する機会をもったのであるし、万延元年の『国是三論』には「天壌非説」「天照大神私言」の基になるような考えを示しているが、文久元年には松平春嶽が幕府の政治総裁職になったために、小楠はその顧問として藩政に関与することになり、「天照大神私言」や「天壌非説」の問題とは異なる現実政治の直面する問題を必死になって考えねばならない状況になってきていた。思想のラディカルさは減るものの、現実を動かしそれを変革する力がはるかに強力になったと言える。

以上は小楠の置かれた社会的状況の面からの考察であるが、自分にはよく判っていて他者からは分かりにくい自己規制力が、こと皇室の問題についてははたらいたと思う。そのことは彼を革命的思想家としては不徹底ならしめたが、その代り彼をすぐれた現実改革者としたと私は考えている。

このような小楠に代わってそれを廃帝論にまでもっていったのが、誰として特定することはできないが、秘書「廃帝論」の執筆者であろうと思われる。その人はまた「天照大神私言」「天壌非説」の執筆者である。(10) その二著まで考えを煮つめる力があれば、それから「廃帝論」にまで思想を展開することは、その気さえあれば別に難事ではない。「武家非論」「公武譲言」がどんな内容のものかよく分からないが、革命論を社会的次元にまで展開したものであろう。ここまで展開してみて、その執筆者は小楠の思想の持つ潜在的破壊力に驚き、あらためて「廃帝論者」として小楠を告発する気になったのではあるまいか、

私は、初めその執筆者は大宮司阿蘇惟治ではないかと考えていた。彼はそれを考える力があり、また本の刊行費を出す財力もある。しかしこの論文を書いているうちに大宮司ではあるまいと思い直した。史料を繰り返し読むうちに、大宮司が小楠に対してアンビヴァレントな気持ちをもっていることに気づき、けっして憎悪の感情のみを抱いているのではないことに気づいたからである。(11) 彼は神道の将来の在り方の社会的次元の展開については、

師の櫻園の考え方より、むしろ小楠の考え方の示唆を受けていた。しかし天照大神を絶対視しない小楠の考えは恕せなかった。(12)（後述「心組」件々のところを参照されたい。）まさに「アンビヴァレント」な関係である。それ故に「天道覚明論」の執筆者の責任を死せる小楠に押しつけることをしなかった。それは彼が「天道覚明論」の執筆者であることを看破される危険性の高い行為だが、それにもかかわらず、小楠に対してそういう卑劣なことをすることを自分に許そうとはしない根源的な感情が彼の内にあったと私は考えるのである。

そうした理由で関西の尊皇浪士に誰かいるのではないかと考えると、藤本鉄石以外の人物は思いつかない。初め出版費用の問題もあってそのような考えはまったくなかったが、部数がきわめて僅かというのだから、同志たちのカンパで出来ないことはない。この小部数の秘密の出版のことを考えると、この方がむしろ本の性格からいって似つかわしいように思える。（しかし大宮司がカンパに応ずるとか、これらの本を購入している可能性は充分にある。）

二者以外には考えられないが、いずれにしても確たる証拠はないけれども、私としては藤本鉄石執筆の方に傾いている。

ここで第2項末で中断した問題に戻る。さきに弾正台の方では打つべき手はすべて打って手詰まりの状態になったと言ったが、太政官の方でも事情は同じだった。小野が報告書と共にもち帰った「横井平四郎罪悪証迹」という一枚の紙のもつインパクトによって、太政官の人々は金縛りになったというべきだろう。副島以外の人々は口には出さないが、小楠はもしかしたら「廃帝論者」だったのかもしれない、それを証拠立てる新しい材料が出てくれば、支持基盤が確固としていない脆弱な新政府は一挙に覆されるかもしれないと心配する人もあったであろう。またある人々は、反横井の考えに同調して、暗殺者の罪は罪として認めざるを得ないが情状酌量すべきではないかと考える者もかなりいたに違いない。太政官の中の比較的良識ある人々は、小楠の若い時の言説はともかく、新政府に仕えてからの言動を見ると廃帝論者ではあり得ない、それを証明してやりたいが、そうでないと証明するのは至難の技だ、しばらく様子を見よう、そう考えた人もいたに違いない。そうした状況が、十二月十九日の巣内らの助命運動に対する集議院判官照幡列之助の死刑延期の通達（前述）となったのであろう。

しかし時がたてばたつほど反横井の声は高くなり、問題の解決が難しくなることは眼に見えてくる。どうしたものかと太政官の心ある人々が考えあぐんでいた時に、刑部省から一通の意見書が届けられた。この意見書の所在を発見したのは田中時彦氏である（田中時彦「横井小楠暗殺事件」七七―八〇頁、我妻・林・辻・団藤編『日本政治裁判史録・明治前』所収）。田中氏によれば『公文録「己巳、横井刺客処刑始末」』に収録されているようである。それによれば以下のようなことが記されている。

横井某但タ国体ニ反違スル邪説ヲ立ルニ止レハ、即明律ニ所謂妖書妖言ヲ造ルノ条ヲ以論スル至当ニ候ヘトモ、廃帝云々ノ事果シテ確拠アレハ、固ヨリ妖書妖言ノ比擬スヘキ所ニ非ラス、乃チ明律所謂ル社稷ヲ危クスルヲ謀ルノ大罪、但タ共ニ謀ルモノ盲従ヲ分タス凌遅シテ死ニ処ス、能ク捕獲スル者ハ、民ニハ授クルニ民職ヲ以ス、軍ニハ授クルニ軍職ヲ以ス、尚ホ犯人ノ財産ヲ将テ全給シテ賞充足ス、其情ヲ知テ放縦陰蔵スル者ハ斬即決

謹テ案スルニ

皇政維新ノ際ニ当リ、顕職ニ登庸シ枢機ニ参与スル者ハ、所謂ル中興ノ大臣ナリ、今草莽人之ヲ擅殺スル宣ク典刑ヲ正シ処スルニ厳科ヲ以テスヘシ、而シテ大臣既ニ殺死シ口共モ明ニスヘキ無キヲ以テ、一紙ノ伝聞書ニ依リ罪告ヲ定擬スル、恐クハ執法ノ道ニアラス、若シ確証的拠アラハ、死者其罪ヲ得ルト雖モ冤ヲ訴ル

所ナシ（年月日不詳）

引用文の前半には、「廃帝」の論をする者は明律の「妖書妖言ヲ造ル」の条に該当し、「廃帝」を企てる者は明律の「社稷ヲ危クスルヲ謀ルノ大罪」に該当する大罪であることが記されている。そして両者の法律上の罪責は比較にならないほど後者の方が厳しいとされている。このようなことを刑部省の上申書が書いたのは、恐らく小楠の罪が廃帝の論をしたのか、廃帝を企てたのか、ほとんど区別しないで、あたかも廃帝を企てた者であるような大雑把な議論をしていることを正したいという気持ちが刑部省側にあったのであろう。

では廃帝を企てる者への処罰はどうなっているか。上申書では「社稷ヲ危クスルヲ謀ルノ大罪」で本人はもちろん、共謀者も死刑に処せられる。また共謀者たちで犯人の事情を知りながらかくまっている者はその場で斬に処せられる。犯人の全財産はとりあげられて、訴えた人間に悉く給せられる。仮にこの考えを小楠の場合に当嵌めると、政府から受けた官位は悉く剝奪され、厳刑は死後の小楠だけでなくその連累者にも及ぶであろう（以上田中氏の推察）。彼を明治政府に推薦した人はもちろん、受け容れることを認めた人も断罪されることになる（以上、源の追加分。このような考えは巣内らの請願書にも書いてある）。法という立場からは、廃帝を企てた者として小楠を判定するということは、上述のようなことを意味するということが説かれている。(13)

後段では刑部省の立場からこの事件でどう裁くかということが説かれ、小楠は皇政維新の際に顕職に登庸され、枢機に参与した中興の大臣である。それなのに草莽人がこれを擅殺したことであるから法典に決められた通り厳刑を以て処罰すべきだ。横井については、大臣はすでに殺され、自分で弁明するチャンスを奪われているのであるから「一紙ノ伝聞書」によってその罪咎を決めてしまうのは「恐クハ執法ノ道」ではあるまい。彼には自分の冤を訴える場所がないのだ、と言っている。

刑部省から提出された進言書の内容は、小楠への裁判がたんなる「一紙ノ伝聞書」――この伝聞書という表現は、彼らの衝撃を受けた「横井平四郎罪悪証迹」が法の前ではたんなる「伝聞書」に過ぎなかったのだ、と自覚させる効果をもっていた――によって、小楠を廃帝論者、さらには廃帝を企てた者とみなす考えがいかに危い判断であるかということを悟らせるに充分の力をもっていた。

ところで、前述の刑部省の年月日不明の太政官への上申書は何時出されたのか。それには二つの可能性がある。

第一は、明治二年の秋、十一月の上旬の終りから中旬の始め頃。これは関西では「廃帝論」、「天壌非説」等が見つからないというので失望していた折、巣内が岡藩の毛利家にあったという話を聞いて、その探訪の「否」の結果が巣内→小野→弾正台に報告され、それが刑部省に報告された時をさす。刑部省は裁判の少しでも早い解決を望んでいたので、すぐに行動を起して、神祇官ならびに弾正台からの大宮司家への十一月中旬の通達となった、と考えるもの。これは非常に判りやすい説得力を持つ考えであるが、残された道は大宮司家への働きかけしかないから、刑法省がわざわざ太政官へ上申書を出す必要はないという考えも成立する。

第二は、明治元年十二月十九日にさきの巣内らの刺客の助命への建議（注7参照）に対して集議院判官照幡列之助から刺客の死刑執行を延期する旨の通達があって以後、太政官の願いを知った刑部省の方で、このまま放置すれば大変なことになると、矢も楯もたまらず上申書を書くというもの。この考えは心理的には実によく判る。しかしそれから二月十三日の神祇官・弾正台の大宮司宛の通達ではあまり時間が空きすぎる憾みがある。

このように論理的には二つの可能性があるが、私は刑部省の構成員の置かれた状況やそこにおける彼らの心の動きに身をおいて追思考すると、第二の立場を選ばざるを得ない。佐々木をはじめ、刑部省の構成員たちの切迫した思いがこの進言書の文章を書かせたと思うのである。とは云え、彼らが感情的な表現をするならば、みずからが当事者の一員になってしまって他者を説得することができない。彼らを説得する力をもつ表現にするには、内部での度重なるディスカッションが必要であったに違いない。

もし私の見解が正しいならば、明治三年二月五日に斎藤利行（後述）が刑部太輔となり、同日に佐々木は参議に任命されているから、上申書は斎藤の筆になった可能性もある。もちろん、退任前にこの仕事に決着をつけるために佐々木が書いた可能性もないではない。二人は土佐以来、法曹関係の仕事にたずさわってきた仲であるから、いずれにしても呼吸が合って何の問題もない。

上述の進言は「廃帝論」という言葉に金縛りになって、暗殺者への同情に流されやすい状態に陥っていた太政官の人々に考え直すチャンスを与えたように思える。このことがあって以後、太政官の人々も心定まり、残る問題は大宮司阿蘇惟治の供述如何ということになった。

四　大宮司阿蘇惟治の召喚

1　大宮司の対応と「天道覚明論」の執筆者問題に対する彼の態度

それより早く十一月十五日に、阿蘇大宮司宛に「横井平四郎の著といふ天道覚明論の来歴熟知の者をして至急携帯上京せしむべき旨」の通達が神祇官からあり、それより一日早く弾正台からも同じく大宮司宛に同様の通達があった。（当時は神祇官は東京に、刑部省も弾正台も東京と京都に設置されて、東京の方が本省であったが、小楠の件は京都がその担当機関であった。神祇官は太政官と並んでいて、弾正台より格がはるかに高かった。）右のような同性格の通達が大宮司宛に届けられたことは、それへの大宮司の対応という点で後で問題になる。

前記の通達は大宮司にとって、いい加減に対応していい問題ではなかった。それは一方では小楠が「天道覚明論」の筆者であるか否かを証言する機会であるとともに、大宮司がこの文書の筆者であったかどうかという疑惑にどう答えるべきか、ということを験めされる機会でもあったからである。政府の中には後者の立場でこの問題を捉えていた人達も皆無とは言えないだろう。

大宮司にとっては実に難しい局面である。熟慮の時間をもつために、彼は沈黙を守った。その後翌十二月十三日に神祇官から至急上京すべき通達があったが、此のときも応答しなかった。そして翌三年二月三日の召喚になってはじめて二月十三日に自分は病気で上京できないからと断わって、その子惟郭（従五位）を上京させ、神祇官に出頭させた。この時惟治が惟郭に持参せしめたのは、惟治が神祇官当てに書いた二月三日附の「答申書」と「心組件々」と題する文書である。

「答申書」の方は、まず旧冬十二月十五日の御達しを戴きながら、先月（三年一月）上旬から健康状態が悪くなって、薬を飲んでいるがすぐに上京できる状況ではなく、嫡子惟郭を代理として遣わしますのでお宥しを願う旨の前書があって、御用の儀はどういうことかよく分かりませんが、昨年十月古賀大巡察に披露した「天道覚明論」の件だと拝察しますので、その件について言上いたします、として次のように記されている。

一、先年横井平四郎儀　本朝之　百王一系統と申候者元来　天照太神《ママ》之御私ニ被㆓為出㆒候との説を唱候ニ付私儀議論合不㆑申絶交仕候儀最初弾正台御聞込之通少も相違之筋無㆓御座㆒候事

二、先達而古賀大巡察へ及㆓披露㆒候覚明論之儀ハ委細大巡察も承知之通当所着之一両日前夜中当宮社頭ニ落し有㆑之たる迄ニて長谷信義と申候名前に而は御座候得共、委曲先達而も相違候通右人柄相分不㆑申、右覚

明論弥以横井平四郎著述ニ御座候哉否之処取りしらべ方余力を遺不レ申候得共、証左ニ相成候程之儀承知不レ申、甚奉二恐入一候儀にて御座候得共、此上探索之道も無二御座一候。只々恐縮ニ罷在申候。尤従五位よりも有筋言上仕候様申含候間委細言上可レ仕此段語請申上候以上

二月十三日

阿蘇大宮司
惟治　判

神祇官　御中

以上が「天道覚明論」についての大宮司阿蘇惟治の答えた全文である。

2　小楠の暗殺をめぐる事件の本質についての大宮司の洞察

惟治によれば、小楠の暗殺は世間の言うように小楠がキリスト教徒であるとか、キリスト教に同情をもって信徒への便宜をはかる等のことではなく、小楠が「廃帝論者」であるか否か、という問題である。

惟治はこの観点に立って、暗殺者のうち、ただ一人「廃帝」の問題に言及した鹿島又之丞に注目する。今日本の現状を云えば、君臣の大義はまだ明白ではない。「誠心ニ　王室ヲ尊ミ万世無窮　百王一系統ヲ守護シ奉ル者」でこのことを寒心しないものはない。このように人心粉々として帰向するところを知らない状況のとき、鹿島は横井が廃帝論などの邪説を唱えると信じたから、忠憤に堪えず、自分の二つとない身命を抛って国賊と思う者に天誅を加えたのだ。この件は尋常の律で論ずべきではない。横井の説が「廃帝論」でないならば、横井は冤罪で、鹿島は大誤を犯した者である。もし横井が廃帝論を唱えているのであれば、彼は大罪であって、鹿島の方は忠義と云うべきだ。これまで御判断を先延べられたのは、廃帝論の虚実がはっきりしないからであろう。この「廃帝

論」の有無がはっきりすることが決め手で、これがはっきりするまでは鹿島だけは判決を延期すべきだと言い、この「天道覚明論」こそは「廃帝論」に至ったものだとする。

そして自分は昔、小楠が「天照大神御私言」の説を唱えたことを知って絶交した。このことは熊本の誰もが知っているが、彼が廃帝論者になって「天道覚明論」を書いたということは知らないというのである。大宮司は、本質的な問題に眼をつぶって、法律の規定に従って事を処理しようとする明治政府の事の進め方に異を称えたのである。このことが、彼の一連のこの問題の関わりの中で、最も言いたかったことであろう。極論すれば、このことを言うために、彼はこの事件に関わったと言うべきだろう。

ここで見落としてはならない重要なことは、「天照大神私言論」(それは論理的には「天壌非説」も含めることになる)までは、廃帝論にはならないということを大宮司が間接に示していることである。この問題を具体的に示すと、いわゆる「天壌無窮の神勅」は、『古事記』には載っていないし、『日本書記』の中でも多くの説の中の一説であって、言わば天孫民族の勝利宣言文のようなものとみなし得る。この神勅が大きく唯一のものとして扱われるのは、平安朝の『古語拾遺』からであるとされている。古代日本に来た多くの民族や部族間の葛藤がやっと解消したのは平安初期ということになるであろう。このことを併せ考えるならば、惟治の見解はこのような学問上の解釈にも沿ったすぐれたものと言える。

しかし阿蘇惟治の言辞によって問題を処理しようと思ったり、あるいは小楠を廃帝論者と決めつけようと思っていた神祇官や弾正台の人々からすれば、大宮司の答弁は甚だ不満であり、小楠が執筆者であるかないか、もし小楠でないとすれば「天道覚明論」の執筆者は誰であるかをはっきりさせねばならなかった。もし小楠が執筆者でないとすれば、「天道覚明論」の執筆者は大宮司ではないか、という疑いも当然出てくる。そして小楠が廃帝論者であったかなかったかの判定がつくまで鹿島の処置を延ばせと大宮司が言っていることはいかにも尤もであるが、事件の処理の担当者としては甚だ困った見解であった。

3　大宮司の提出した「心組」件々の内容

ところで惟治は本論の後で、田舎にいては政治の世界の実情は分からないが、今考えねばならない重大問題について自分の考えをしるしたい、として（1）大嘗祭等の重要な祭儀を新しい国家の枠組みの中でどのように営むべきか、（2）朝廷の兵馬の権をどうするか、ということが日本国家にとって最大の課題であるとして、その上でこれらの問題についての自分の考えを以下のように示している。

大宮司が提起した二つの問題は、日本が近代国家となっていく時に、国家統合の二つの核である宗教と軍事の問題について、神道家としてみずからの考えを示したものである。それによれば、「敬神」のことは朝廷の御家法ともいうべき問題であるが、天皇が実質的に東京に遷都された状況において、大嘗祭等の重要な祭儀は必ず西都（京都）で古法の通りに実行されるべきこと、ということが彼の第一の問題についての答えである。

第二の問題に対する彼の考えは、洋風の立場から開国を唱え、百王一系統を疑う者がいるが、これはよくない。しかしまた鎖国を論ずる者も、それが「唯一己の潔さ」を主として社稷の安危を省みないのはよくない、閉鎖はおのおのその時の宜しきに従えばよい。一番重要なことは天下兵馬の権を朝廷に帰すること、その中の中心的政策は、「朝廷の海軍」をつくること、具体的には大将軍には宮、親王、もしくは堂上貴族を任ずるが、補佐の臣には尊皇の志に厚く、時務の才ある者を採用して海軍の法に練熟した者が大将軍を補佐すること、そうすると過激攘夷の者たちもおのずから安心して、三千万の人民が心を一つにし、富強の実を挙げるようになる、というものである。

措辞の点では旧めかしいけれども、考えの内容では朝廷の祭儀は古法を堅く守って保守主義の立場を堅持すること、そして軍事において西洋のすぐれた面を採用して海軍を主体とした軍制を施くことであり、この面についての彼の考えは前進的であって、西洋文明を一切排撃したいわゆる古神道家たちとはまったく異なる。この二つの焦点をもった近代日本をつくるべきだというのが彼の神道的経世論である。これを見ると、阿蘇惟治は一般神道家とはまったく異なる非常に均衡のとれた考えの持ち主で、第二の側面では『国是三論』や「海軍問答書」における小楠の軍事政策の構想を多分に採り入れている(14)。恐らく彼は若い時、ある時期の小楠に林櫻園の他の門弟たちにないものを発見して、神道思想家として基本的には櫻園に信服しながら、神道の社会的展開の点では小楠にも秘かに尊敬の念をもっていたのであろう。彼の小楠に対する感情には、こうしてアンビヴァレントなものがあったように思える。

右の阿蘇惟治の「心組」についての政府側の所見は、今のところ見当たらない。しかし心ある政治家は、目の前の問題への対応におわれてまだ充分に煮つめていなかった国家としての根本問題に対する重要なヒントを与えられたのではないかと思う。私の推察では、彼らは、この「天道覚明論」事件が阿蘇惟治が自作自演した大芝居であったことに気づいたのではなかろうか。これを追及すれば騒擾罪になるだろうが、彼らは其の問題には触れず、これ以上大宮司を追及することを放棄したように思える。

4　裁判の終決

二月十三日附の、息子の惟郭に託した大宮司惟治の「天道覚明論」についての釈明や付論として提出した「心組」の神祇官への提出、ならびにそれについての惟郭の説明は成功であった。しかしここに難題が一つ残っている。それは、小楠の暗殺事件を取り扱うことになっている、つむじを曲げた京都の出張弾正台にどう対処するかという問題である。

二月二十日に大宮司惟治は弾正台に、自分は病気なので参府できないから嫡子を十四日に阿蘇を発たせて上京させているので、追って上洛すると思いますから「天道覚明論」のことで不審があれば嫡子従五位にお尋ね下さいという趣旨の手紙を、藩の少参事澤村修蔵に托して提出した。ところが惟郭はみずから出頭せず、従者の佐伯関之助を京都に派遣し、京都弾正台の大忠でその代表者の役をしている照幡列之助に会わせた（照幡は、旧姓轟（木）武兵衛、肥後出身で林櫻園の塾の出身者であり、父だけでなく惟郭とも旧知の間柄であった。公私混同と誹謗される怖れがあるから、あえて自分では出向かなかったのである）。照幡は、「天道覚明論」を発見した時の状況や小楠と「天道覚明論」との関係、また小楠と大宮司との関係など、佐伯に問い訊したが、佐伯の言うところは、大宮司が提出した書類の内容と相違がない。そこで「大宮司之所レ言至極公正一点之私飾無候」と出張弾正台（照幡）と東京の「弾正本台」に自分の所見を報告している。そしてその上で「彼（大宮司）も有名之士ニ候得ハ間違之儀は申上間敷併御重大之事件ニ付此上尚大宮司平素履践私怨ヲ以テ人ヲ讒陥スル底之所業者無レ之歟篤斗遂二探索一其次第ニ寄対話上之論判ト雖トも証ニ立御採用ニ相成度其上前議之如ク至当之御判断偏ニ所レ希候仍此段申上候也」（『国事史料』巻一〇、四二五―六頁）と出張弾正台から三月二日附の報告書を東京の「弾正本台」に提出している。阿蘇惟治と佐伯関之助とは主従の関係であり、かつ関之助は多くの家中の中から選ばれた聡明の士であろうから、両者の言うところが全面的に一致するのは当然であり、照幡の判断は甘いと言わざるを得ないが、照幡は最初から大宮司をこれ以上追求する気がなかったのであろう。

前述の京都弾正台の三月二日の報告を受けて東京弾正台は阿蘇大宮司への召喚を命じ、阿蘇大宮司代理の阿蘇惟郭は三月十七日弾正台の召に応じて上京した、そのことに関する記録は、

三月十三日東京着　阿蘇従五位

上下九人

右の通禄上仕候他は重便ニ譲如此御座候以上

三月廿三日　東京

西京様

坂梨様

熊本様

となっていて至極簡単なものであった（『国事史料』巻一〇、四四〇頁）。

一連の裁判はこれで終結したと理解していいだろう。

その後暗殺者たちはどうなったか。上田、土屋、前岡、そして大宮司が大いに弁護した鹿島も含めて首謀者たちはすべて梟首、一番早く亡くなって鹽漬けになっていた柳田直蔵の屍体も同日投棄された。他の協力者たちはその関与の程度に従ってそれに相当する実刑を宣告された。

結び

二つの補論を書いたことは、阿蘇惟治のすぐれた着想だった。それらに展開された見解は、政府当局にとっては、神道の近代日本におけるあり方を考える上での非常にすぐれたヒントを与えるものとなったと思われる。明治維新成立の動力の一つとして敬神精神があったことは否定できない。それを無視しようとすれば横井小楠のように神道主義者の反撃を買う。かといって頑迷な神道主義に従えば、世界の大勢はついて行けなくなる。どうしたものかと苦慮していた政府の要人たちの代表的人物は、岩倉具視であろう。彼は幕末には神道家玉松操の教えを受けて王政復古の構想をつくり、薩長の志士たちと会っては幕府打倒の秘策を練っていた。しかし倒幕の構想が現実化して新政府が成立、自らが政府の中心として新政府を引っ張らねばならない地位になると、新政府の中心政策として開明政策を執らざるを得なくなった。その時、彼が全幅の信頼を置いて何かと相談していたのは大久保利通だけであった。しかし天皇が明治元年の九月二十日に京都を発って十月十三日に東京着、即日江戸城を皇居として東京城と改称、十二月二十八日に一時京都に帰られるまで大久保は天皇とともにずっと東京に行っていて相談相手がいない。その間、岩倉の頼りとしたのは病床にあった小楠だった。彼は開明政策だけでなく、大久保の担当していた行政上の諸政策も小楠に頼るしかなかった。文久二、三年頃の小楠とは違って、長年田舎に引き篭っていた小楠は、当面の施策についてセンスが鈍くなっていたし、岩倉、大久保の取った路線の上で対応しなければならなかったので、彼としてはつらい仕事だったのではないかと思われる。他方、明治元年の夏に米国から帰ったばかりの森有礼や鮫島尚信らと会って米国の大統領制や彼らが米国で師事したトマス・レイク・ハリスの宗教運動の話[15]に共感する等のことも重なった。これらの噂は何処からともなく尊攘浪士や彼らに共感する人々に伝わって、政府のとっている洋化政策はみな小楠に由来し、またキリスト教をわが国に伝える道を開いて国を誤まる元凶は小楠であるという固定概念が彼らの間に拡がった。しかもある人々の間には、小楠は廃帝論者であるという先入観がある。そして彼らは、岩倉もかつての薩長の志士たちも、長州・薩摩での外国の艦隊との戦争以来、攘夷を名目にして「倒幕開国」への道を歩き始めていたことを知らない。新政府のすべての「悪」は小楠に由来すると思いこんだ伝統主義者たちの憎悪が小楠の一身に集まっていたのであろう。

小楠の暗殺後、岩倉は、神道をすくいあげた国家のあり方をどう考えるか、考慮し直さなければならないということを考え始めたのではないだろうか。彼をとりまく大原重徳、その勢力下の神祇官や弾正台が表面的には勢力をもっていったように見える政局の下で、小楠のような神道無視者では国の安定は保たれない。だからといって今を時めいている神道主義者でも困る、という気持ちが次第に彼の心の中で芽生え、固まり始めていたのではあるまいか。その時間接ながら阿蘇惟治の開かれた神道的国家構想を知り、何かのヒントを得たに違いない。これはひとり岩倉だけではなく、政府の要人たちも強弱の差はあれ、それぞれに何かの示唆を受けたのではないだろうか。それだからこそ、大宮司になんらの処罰なしに済まされたのだと私は思う。恐らく彼らは、この「天道覚明論」事件が大宮司の自作自演だということを見通していたのであろう。しかしそれを追及して処罰するには惜しい人間だという思いが政府の高官たちの間にあったに違いない。

明治三年二月二十三日に林櫻園が有栖川宮邸に招かれ、人払でその考えを徴され、その翌日また岩倉邸に至って同様に傍人を払って意見を徴され、新生日本における神道の果たすべき役割についてその意見を問われたことがあるが、私はそれは、大宮司の神道上の師が林櫻園であったことが判ったからだろうと推察している。[16] もちろん確かな証拠はない。櫻園がどのようなことを語ったかということは判らないが、西洋の諸制度を受容しても、国の基本として皇室は神まつりを大事にされるようと説き、どんな事態になろうとも国の本はいささかも狂いが無いよう、「神事は本、人事は末」の自説を強調したことは間違いないであろう。そしてその見解は基本的に弟子の大宮司の考えと同じであろう。しかし神道の社会的展開、ないし日本のこの後の進路等のことを問われた場合にどのように答えたのか、その点について大宮司とは異なった見解が出たであろうが、それがどのようなものであったのか、岩倉にどう受けとめられたかはよく判らない。

とはいえ、櫻園一派の神道は、平田派の一部のような厳しい祭政一致を説くものではなかった。本さえ間違いないならば、現実の政治の形はその時代にとって尤もふさわしいものが選ばれるべきという考えであった。明治政府が平田派の一部のラディカルな神道原理主義者たちを斥け、同じ平田派の他の一派である津和野の大国隆正の弟子福羽美静を採用したのは、櫻園の思想の影響と考えられるかどうか、この点は今後の検討課題であろう。

次に残された問題はやはり小楠の問題である。この事件を思想史研究としてはどう捉えたらいいか、その先鞭をつけたのは森鷗外であり、かれは『津下四郎左衛門』という作品で、横井小楠と津下四郎左衛門（土屋）とを、「智」と「無智」との対決という関係で捉えた。高坂正顕は『明治思想史』の中でそれを詳しく「智恵と無智との衝突、智者横井の知恵と、若く且つ貧しく、かくて世界の情勢に対して暗愚であり、しかも気節を重んずる憂国的な津下の愚昧との矛盾」が惹起した悲劇として、更にこれを明治初頭から明治二十年代初頭まで続く暗殺問題へと展開するというアプローチを示唆した（高坂正顕『明治思想史』燈影社「京都哲学撰書」一、六八—七二頁）。

ここでは、歴史としては何もその形を示していない小野小巡察のもたらした「横井平四郎罪悪証迹」、ならびにそれに関連する政府の中枢にもたらした「心証」というものについて言及したい。その「心証」を口にしたのは副島種臣だけであることは先に述べた。しかし事があまりに重大なので、その他の誰もやはりそうだったのか、という思いをもったのではなかろうか。その書類を読んだ彼らは、小楠は少くとも或る時期、廃帝論者的考えをもっていたという心理的確証をもったように思われる。そしてその心証は彼らが亡くなった後も、賞勲局かどこかに伝えられていったのではいかと私は想像する。

大久保利通が勝海舟に「小楠を呼んで見たが、意外だ」と言ったそうである（『海舟座談』岩波文庫、一二四頁）。私はこの「意外だ」の内容がよく分からなかった。そこで二人の人間的波長の違いに由来するものかと思ってそう書いたことがある（「横井小楠における「天」の観念とキリスト教」）。しかし今は、大久保も副島と同じような心証を小楠に対してもつようになったのではないかと考えるようになった。そして小楠の弟子による二度の爵位申請に対して何の応答もなかったこと、小楠と同じ時に参与であった七人のうち、爵位を貰わなかったのは小楠一人であったという謎もそのように考えてみるとよく解ける。そしてその心理的確証が解けない以上、徳富蘇峰がいかに小楠は尊王論者であったと力説しても何の効果もなかったのである。

II 「天道覚明論」をめぐる問題

一 「天道覚明論」の内容の検討

小楠暗殺をめぐる一連の問題についてはほぼその検討が済んだので、次に「天道覚明論」の内容、タイトルについて検討し、次に明治以来延々と続いている「天道覚明論」の筆者の問題、そして明治以来不問に附せられ、堤克彦氏によって始めて提起された「東皇野人」の筆者について、私の考えるところをしるすことにする。

1 「天道覚明論」の作者は小楠ではないことの推論

私の理解では「天道覚明論」の文書は第Ⅰ部で示したように三つの部分に分れる。第一部は「夫宇宙の間」から始まって「内外同一なることを審にすへし」というところまで、第二部は「古より英明の主」から始まって「解悟なすこと能はす亦可憐乎」まで、第三部は「抑我日本之如き」から始まって「大活眼の域に至らしむへし」という文末までになる。

そして第一部の内容は、宇宙の内に草木・人類・鳥獣という「属」（これは西洋から教えられた生物学・植物学の分類の用語）があるのは、身体に四支（肢─手足）や百骸（身体の構造を保っているもろもろの骨骼）があるようなものだ。だから宇宙の理を知らない者は、身体に首や足の器官が具わっていることを知らないことになる。宇宙に存在するところのもろもろの国というものは、皆是れ一つの身体であって、その国々の間に本来人我・親疎の理は存在しないということを明らかにし、自己と他者、自国と他国との間に差別はなく、皆同一であり、平等であるということ、すなわち天道の覚明である理を審かにすべきである。──この部は「天道覚明論」の基本原理が説かれている箇所である。

第二部は、第一部に説く宇宙の理を一身に体現する「英明の主」をめぐる問題へと発展する箇所である。この英明の主の威徳は博く宇宙に及び、地球上に存在する万国はこの英明の主に帰嚮するに至るものであろうが、それはこの英明の主の胸襟の広大闊達で、物──この「物」には人も事もいわゆる物を含められ、その中には国家も当然はいっている──として容れられないものはなく、その慈仁・化育の心は天と異なることはないのである。このような次第で英明の主は天下蒼生の君と云うべきである。それなのに自己の見識が狭小で、「一体一物の理」──宇宙については宇宙全体を統合する一理があり、地球上の国々についてはあらゆる国々が帰嚮する一人の英明の主が存在するという道理がある──を知らないのは、ちょうど全身が痿《しび》れて自分の痛さ、かゆさに気づかないのと同じである。このような人はたとい百世も生きたとしても、天道という宇宙の理、個人に即しては「一体一物の理」を知ることができない。なんと憐れむべきことではないか。

第三部はこの論の最も主張したい結論というべき部分である。「天道覚明論」の著者は言う。そもそもわが日本のごときは頑頓固陋の国で世々帝王は血筋を伝え、賢であろうと愚であろうと帝位に即き、その国を私して忌み憚るところがない。ああこの私心浅見の甚しいこと、どんなに慨歎しても慨嘆しすぎることはない。然るに或る者は云う、堂々たる神州、三千年の間、皇統は一系、万国に卓絶する国である、と。その心は実に愚昧である。帝王は猥りに億兆蒼生の上にいるだけでなく、僅かに三千年というものを「無窮」とし、後世も亦このようにつづくと考えている。それ人の世の三千年の如きは、天道という究極者の観点から見ればほんの一瞬、まばたきをするようなものだ。どうして三千年を以て大数とし、また後世も無窮ということができようか。国家の盛衰興亡は人意をもって計り知ることはできない。今日のごときは実に天地開闢以来の世界が興長の機運であるから、海外の諸国において天理の自然に基づき、これまでの非を解悟し聡明を開いて文化の域に至ろうとする国が少なくない。ただ日本だけが蕞爾たる島国に據って、どの時代においても帝位が汚されることはなかったと思っているが、ここにしるしたような理を推究して、遂に大活眼の域に到達しなければならない。

文末に「丁卯三月」という執筆年月日を記しているが、この「丁卯」は慶応三年に当る。

以上は「天道覚明論」の概要であるが、その中心をなす第三部は安政二、三年頃の小楠の思想と酷似するが、小楠の作ではないと考える。第一にこの文は慶応三年に成ったとされるが、その頃の小楠の思想とは違うからである。今日のわれわれは、慶応元年に小楠の天皇観ははっきり変わって、日本では中国の堯舜の禅譲に見られるように、あるいはアメリカの大統領制のように、最も聡明で最も徳ある者が支配者の地位を継ぐという考えは成立しないという考えが明らかに成立している事実を知っている（桃節山『西遊日記』）。しかしこの事実は近年判明したことであるから、当時の人々の意識に即して考えると、そのことを抜きにして考えねばならない。

第二は、小楠の西洋観は文久年間の対馬をめぐる英露の角逐の頃から始まって、元治元年の井上毅との対談などを見ると、米国を含めて西洋列強は「割拠見」（国家的エゴイズム）に捉えられており、日本の模範とすべきものではないという見解に至っている。ワシントン個人のみは別であるが、米国でさえも南北戦争後ワシントンの遺意は完全になくなってしまったと言う。西欧諸国の国家観の根底にあるのは「自利」の追求であって「至誠惻怛の根元」がなく、「天を以て心として至公至平の天理」に法るものではない（以上「沼山対話」）。そして翌慶応元年になると、彼の「堯舜三代の治道」を原点として人間の在り方を考えていく傾向はますます強くなり、西洋の学はただ「事業の学」であって「心徳の学」ではない。「君子となく小人となく上下となく唯事業の学」であるから事業はますます開けるが、「心徳の学」がないために「人情に亘る」ことを知らず、直ちに戦争になるという西洋文化の批判にまで進んでいる。

このような慶応三年以前の小楠を見ると、西洋文明を理想としてその上に立って普遍思想を展開している「天道覚明論」のような発想の論を、慶応三年三月の小楠が書くことはありえない。

なお小楠が安政二、三年頃話していた内容として藤村紫朗が小野小巡察に告げた上野堅吾の言、すなわち「有徳者天下ヲ有ツヘシ　皇統一系尤モ不可ナリ　合衆国ノ令ニ倣ヒ四年期限入札ヲ以テ大統領ヲ立君臣ノ義ヲ廃シ五倫ヲ四倫トシテ可也」（前出）の言は、当時の小楠の神道者たちとの議論の中では大いにあり得たであろう。しかしその言は『国是三論』（元治元年）においては米国においてはそうなっているとの客観的叙述であり、米国でのケースが日本の場合にすぐ当嵌まるような議論としては展開していない。この問題について彼はこの段階で判断中止の状態にはいり、日本の場合どのような政体を選ぶべきかという問題については、積極的に判断を下して自分の意見を他者に伝える態度を、慶応元年の秋に桃節山に話すまで自分達のサークル（小楠の門弟のどの範囲まで伝えたか未詳）以外の人に対して示していない。その内に安政二、三年頃の彼の尊攘論者、なかんずく神道主義者に対する彼の発言が、彼らや尊攘論者の間で増幅されて「廃帝論」として展開したと考えるのが一番事実に副った解釈のように思える。

それからあらゆる国々を統一する宇宙の理というものが存在し、それを体現する一人の「英明の主」が存在するのが宇宙ないし世界の原理であるという考えが展開されているが、そのような思想が、慶応三年の小楠の中に存在したであろうか。

小楠は、各国家を超えた普遍的な原理の存在は認めてはいるけれども、第二部で示されているような、全世界が一人の英明の主によって統一されるという考えは慶応三年の小楠にはまったくない。世界には強国、弱小国が並存し、開明の国、未開の国という差異をもつ国々の存在を認めながら各国を平等に扱う普遍的原理、天地公共の理の実現をめざし、しかもそれらの国々の間の富強の関係は固定的なものではないという考えをもっていて、国家と世界との関係を動的に捉えている。そして国家は国民の生命、財産を守らねばならないという性格をもっている以上、国家的エゴイズム（国家の私）を免れ得ないけれども、それを超える面を志向すべき存在であった。「何ゾ富国ニ止マラン、何ゾ強兵ニ止マラン。大義ヲ四海ニ布カンノミ」という句も、宣教師を世界に派遣して日本教を宣布するというようなものではなく、富国・強兵という国家存立のためのイデオロギーの制約を蒙りながら、しかしそれを超える「天地公共の理」をいかに実現していくかを説き、あるいは討論することであって、それは堯舜孔子の道、小楠の思想の展開という観点からすれば「修己治人」の道の否定的発展として成立した「三代の道」である。慶応元年の「沼山閑話」の小楠からすれば、人類の共存的繁栄の道を醇醇と説き、あるいは自分の存在を通して相手に感知させるという生き方こそ似付かわしい(17)。

英主が出てその人によって人類が方向づけられるというのは、ワシントンという偉人がいて、米国の社会・国家がすべて公共の原理によって整序されていると信じた安政二、三年頃の小楠には似つかわしい発想であるが、米国以外の西洋諸国が国家利益の追求を国是とし（文久年間から元治元年頃までの小楠の世界像）、さらには米国すらも南北戦争以後そのようになってしまったという世界像をいだくようになった（「沼山閑話」、慶応元年以降の）小楠には、一人の英主によって人類が救われ方向づけられるという発想は誇大妄想にすぎないであろう。われわれはこの「天道覚明論」が慶応三年の春に書かれたという設定になっていることを忘れてはならない。前記のような小楠の世界認識の変化は元治元年の「沼山対話」から始まっていて、さらに翌年の「沼山閑話」の発想はそれ以前とまったく変わっていることに注目すべきであろう。しかし彼の「堯舜三代の治」「三代の道」の正しさに対する確信は全く変わっていない。しかしそれまで相手を説得することを手軽に考えていた自信たっぷりの小楠が（たとえば「縦い彼は二重三重に城府を搆へ参り候共我は至誠惻怛を以て交るべきことに候えば世界に透らぬ処はなかるべく、所謂煙管一本にて事足ると申処に候」、「沼山対話」）、翌年の「沼山閑話」では「当世に処しては成も不成も唯々正道を立て世の形勢に倚る可らず。道さへ立て置けば後世子孫可ㇾ残なり。其外他言なし」と言うに至っている。「人は天中の一小天にて、我より以上の前人、我以後の後人と此の三段の人を合せて初て一天の全体を成すなり」という人間観・歴史観と同じ発想である。小楠の思想は非常に謙遜に、しかも強靭なものになっている。「天道覚明論」の筆者は、慶応三年三月の小楠がかつての小楠とは違った小楠に変わっていたということをまったく知らず、その「英主論」を展開していると考えられる。このようなことを見れば、「天道覚明論」が小楠の作ではなく、安政二、三年に発し、それよりやや長い時期の小楠から、直線的に発展した晩年の小楠像をつくり上げ、そのような文脈の中で小楠の普遍思想を捉えていたと言わねばならない。

これまで述べたことが明らかになれば、以下のことは不必要に思われるが、二つの理由からやはり書かねばならないと私は考えている。その一つは、これを書くことによって「天道覚明論」の筆者は誰であったかを推理するてがかりができるかもしれないということと、「沼山対話」や「沼山閑話」を読んでいない当時の大部分の人々の立場で考えてみる必要があると考えるからである。その立場に立って「天道覚明論」が小楠の作ではないという理由の第一は文体の問題である。第一部、第二部の文体はあまりに平明で軽い説明的文体で、嘉永六年小楠自身が書いたことが確かな「夷虜応接大意」の力強く、読者に思考を迫る緊迫した文体とは違いすぎる。万延元年の『国是三論』は小楠の考えを中根雪江が書いたもので、小楠自身の文体とは異なるが、それでもこの第一部の文章よりずっと力強く、読者に迫るものがある。

措辞からいうと、第一部に展開されている「属」という植物学・生物学の分類原理を使って議論を展開するような箇所は、小楠の作品に見当たらない。また第一部に「宇宙の理」という用語が使われているが、小楠であればこれを「天地の理」と言うだろう。小楠の「天地の理」は今日の「宇宙の理」「全地球の道理」の用語に当る。（小楠の「天地の理」という語に当るものとして、松平春嶽は「全世界之道理」（山崎正董『横井小楠　伝記篇』四二四頁）と表記している。これは小楠の思想の春嶽流の受け止め方であろう。）なお「天地の（道）理」を形而上学的な意味で使う時は「天理」「天の理」という風に小楠は区別して使っている。

われわれの眼にする「天道覚明論」は一つの構成をもった文章である。小楠であればこのような文章は書かないだろう。ある主題に端的にぶっつかりながら、しかも抑制ある仕方で問題を展開しつつユニークな迫力を持って主題を深めていくやり方が小楠の真骨頂で、ここに見られるような、いかにも学者風に一つの構成体として文章を書く趣味は小楠にはないと思う。今私は執筆者の趣味の問題として問題を論じたが、第三部だけで文章をおさめないで、第一部、第二部を加えたのは、第三部だけであればこの筆者が誰であるかを容易に推察される怖れがあるので、それを防ぐために第一部、第二部の文章を附け加えたのかもしれないが、いずれにしても小楠は、この「天道覚明論」のような学者風に一つの静的な構成体として文章を書くことはないように思われる。

そうしたことから、「天道覚明論」は、安政二、三年頃飛躍的に変わった小楠の思想をよく知る人が、その思想を展開させるとこういう形になると予想して、これを小楠の作として表現し、その際若い世代の人の協力を得て成文化したものではないかと私は考える。

そしてこの協力者は「天道覚明論」の構想者が心から信頼している人で、しかも（1）朱子学に通暁している人、（2）当時の博物学者、ないし博物学に関心を持った蘭学者の書いたものをかなり読んでいる、と私は推察している。

この推察の根拠は、第一部では「宇宙の理」を言い、第二部では「一体一物の理」と言う。共に厳密には朱子学の措辞ではないが、考え方は朱子学の考え方をきちんと踏まえている。もしかしたら朱子学を知らない若い人に、このように置き換えて分かりやすく説明しているのかもしれない。これが朱子学に通暁している人と推察した理由である。

また博物学に関心を持った蘭学者の書いたものをよく読んでいる人と言ったのは、「属」という用語を自由に使いこなす文体と措辞に注目するからである。これは幕末に入った植物学ないし生物学の用語で、リンネの弟子のトゥンベルク[18]がオランダ商館長付き医師として幕末の日本に来て、リンネの分類学を習い、日本の蘭学者たちは「属」の訳語を工夫してそれを使うようになった。「属」は朱子学の用語ではないが蘭学者たちは西洋の自然科学を受容する際に朱子学の「気」などの概念を媒体としてこれを理解したので、朱子学者も若い世代は蘭学者の業績を読み始めたのであろう。

2 「天道覚明論」というタイトルの検討

最後に残された問題は、「天道覚明論」というタイトルが果たして右に述べた本文の内容にふさわしいものであるのか、そのタイトルは儒教の立場で書かれているのか、それとも何か他の立場で書かれているのか、ということの検討である。

それでまず儒教の方からタイトルの意味を考えると「天の道理は明察力がある」というようなことになると考えてよいであろう。それで通らないことはない。しかし何となく落着きが悪い。

そこで仏教では考えられないかとも思ってみた。仏教では一般に、欲界、色界、無色界の三者を総称して「天道」というが、この天道はまだ未悟の世界であるから、ここのテーマにふさわしくない。

そこで「天道覚明」という語を探したが辞典にはない。次に「覺明《かくみょう》」の方を中村元『仏教語大辞典』で当ると「賢いこと」とある。そこで窮して「天道はみなお見通しだ」とも解釈してみたがそれは私のこじつけであった。それで落着ける筈はない。私は自分の仕事を中断していた。そしてその頃、藤間生大氏の論文「小楠思想第二の転機再考」(『近代熊本』第二七号、熊本近代史研究会、一九九九年二月)に接した。そこには「阿蘇神社は台教の宗法をそなえている(『肥後国誌』下「阿蘇郡内政手永」)阿蘇神宮寺の系譜を引いている」という一文があり、これを読んだ時、「なるほどそうか」とこれまで残っていた朦朧とした部分がすっきり取れたような実感を覚えた。阿蘇惟治が、天台の教義の心得のない者がなんと理解したらいいのか分からず、右往左往するさまを想像して面白がって、「天道革命論」と解釈する馬鹿もきっといるに違いないと独り悦に入っているさまを想像したりした。戦略家惟治とは異なる彼のいたずらっぽい姿を見て面白い人だと思ったのである。しかし「天道覚明」という用語がはたして天台の教義にあるのだろうか、日本天台の独特の用語なのか、そしてその意味は、日本人の思想の歴史の中に独自に発達した「天道」という用語と、仏教語の「覚明」とが合成されたのか、それも判らない。

そこで私も亦『肥後国誌』下に当ってみた。そこには確かに「肥州阿蘇山者台密之宗風」の語がある。藤間氏はさらに、「阿蘇神社は台密の宗法をそなえている阿蘇神宮寺の系譜を引き継いでいる」と要約している。これは確かに原文の意の正確な要約であるが、もう少し原文に即して言うところを詳解しよう。

「阿蘇宮由来記」によれば、近衛天皇の天養元年（一一四四）八月三日に、叡山の慈恵大師（慈覚大師の法系）の徒の最栄が阿蘇大宮司の神立友孝に請うて阿蘇山に住して、自ら十一面観音を彫ってそこに安置し、もっぱら法華経を読誦した。その後寺院を造建して三十七坊となった。これが古代の阿蘇神宮が「神宮寺」をもつにいたった初まりと言ってよいだろう。

その後長くこの状態が続いたが、戦国時代になって九州の大友、島津の両大名が対立して阿蘇宮は衰微し、社家・寺僧共に諸方に散在することになった。戦乱が止み、新たに肥後の北半の領主となった加藤清正は阿蘇の社家・寺僧がまた故地に帰れるように計らい、阿蘇の一族たちは黒川村坊中に帰る。その時の大宮司は乱を逃れて宇土城にいた阿蘇惟善であり、その後阿蘇家は連々とつづいて幕末の惟治に至った。

しかしながら阿蘇家にはまた新しい難題が起った。それはこれまで慈覚大師系の神宮寺であったのに、細川家は上野の寛永寺の支配下になるように命じ、寛永寺では舜敬という僧を学頭として派遣した。これは細川家が藩の安全をはかるために自らそうしたのか、天海が寛永寺の勢力を伸ばすために幕府内における自己の権力・権威をバックにして細川藩が自ら申し出るように仕向けたのかその点はよく分からない。

阿蘇の方では、組織の方では細川藩の言う通り寛永寺の輩下に属したが、「法義ハ猶古例ノ如ク山内ニテ伝法」しつづけた。これが新しい形の阿蘇神社になっても、遠く近衛天皇当時の慈覚大師の一派の宗法が、阿蘇の神宮寺から阿蘇神社に変っても、さらに所属が叡山から上野寛永寺に変わっても、惟治の時まで受け継がれた歴史である。

従ってたんに「台教の宗法」と言われていたものが、内容としては慈覚大師系の天台の宗密が阿蘇の神宮寺に伝えられてきたものであることが判った。そうするとわれわれは、この慈覚系の台密の教義がどのようなものであったのか、どのような形で神仏習合していたのか、ということを調べなければならないことになる。「天道覚明」という用語の問題には、まだ解明されずに残されたところがある。

二　「天道覚明論」と「東皐野人文書」の筆者の問題

1　「天道覚明論」の筆者

「天道覚明論」の筆者が誰であるかということについては長い研究の歴史があるが[19]、私の見解では、「天道覚明論」の影の筆者は大宮司阿蘇惟治である。そして「天道覚明論」の筆者だからと言って、これが彼自身の文章ではなく、小楠の『国是三論』が中根雪江の手によって書かれたように、大宮司の考えを文章にした人がいたと考えている。大宮司の立場は現代風に言えば編者兼筆者のようなものかもしれないが、若い人々が自分の創意で書いたものを、年長のものが編者としてまとめたのでなく、大宮司の創意によってこの文は成り、あくまで大宮司の意を体して若い人ないし人々が、文章化するのを手伝ったのである。それほどこの文は大宮司にとって重要なものであった。自分個人だけの問題ではなく、皇室に次ぐ旧い歴史をもつ阿蘇家、ならびにその一族、関係者の運命に関わることであるから、いい加減な対応はできない。そのことを考えると、かれの助手をした人の数は多分一人であろう。外部への漏洩を避けるためには一人の助手の方が最もよいからだ。

なぜ影の筆者を阿蘇惟治とするのか。古賀大巡察は、小楠の廃帝論の証拠品を求めて熊本に来たのであるが、その要求にこたえるものとして大宮司は阿蘇神社の社殿においてこの「天道覚明論」なる文書を発見してこれを提出したものであり、しかもこれまでの考察によって筆者が小楠でないことは明らかであり、さらにまたこの書類を提出したとする長谷信義が架空の人物であったことを大宮司自身が言明しているのであるから、残るところは筆者は阿蘇惟治しかあり得ないのではないか。

今私は消去法で阿蘇惟治以外にないと言ったが、もちろん積極的に主張する理由もある。それは「天道覚明論」の核心をなす第三部の、小楠の安政二、三年頃の天壌無窮をめぐる見解と思われる議論に就いての理解とそれへの批判は実に確かである。『海国図志』の米国篇の大統領制や共和的社会に大きな衝撃を受け、自己のいだく「三代の道・三代の治道」の正しさをますます確信して、その精神を現実に生かし、そのことによって国家の独立を全うしようとする方向をひた走りに走る小楠とは違って、一人の神道家として安政二、三年に小楠の提起した問題をじっと見据え、その問題にどう対応するのかを考えつづけてきた人でなければ書けないものがそこにある。私はこの「天道覚明論」と惟治が神祇官に提出した「心組」の二者は、阿蘇惟治が長い間考えつづけてきたこととの総決算であったと考えている。林櫻園の神道が賀茂真淵、なかんずく本居宣長の国学を神道的立場で受けとめ、それを実践化していった純粋神道主義とすれば、同じ神道家、しかも弟子ではあるが、阿蘇惟治は阿蘇神宮を担う者の立場で受けとめ、それを新しい時代に展開できるものにしたいと考えつづけてきたと私は考えるのである。

2　小楠と楠本碩水

ここで最も留意すべきは、小楠を「天道覚明論」の筆者とする堤克彦氏の論攷にどう答えるべきかということである。氏は「天道覚明論」の筆者を「小楠」、「東皐野人文書」の筆者を「元田永孚」という新説を発表された[20]。前者は以前からかなりの人によって唱えられてきた説ではあるが、堤氏のように楠本碩水の『過庭余聞』に拠って「天道覚明論」を小楠の著著としている研究はこれが初めてである。

碩水[21]は、今日の長崎県佐世保市針生島（当時は平戸藩の所領）に生まれ、兄の端山と並んで日本の二程子と併称されている崎門学派の朱子学者である。かれの『碩水先生餘稿』には「先生（碩水）在二肥後一。屢訪二横井小楠一。以為三有用之学。有為之才。豪傑之士。而非二俗儒一也。後小楠擢二参与一在二京師一。先生不三復相見一。一則不レ近二権要一也。一則以三甚変二洋学一也」とあるように、同学でもないのにこれをかなり大きく取上げている。公的には却って緑の深かった木下韡村[22]については「我往年遊二広瀬淡窓、草場佩川、木下韡村門一。皆無レ所レ得而去。由レ不レ択レ師也」と書いているのを見ると小楠の方が人間的に波長が合ったのであろう。彼が儒学の師と仰いだのは熊本の月田蒙斎[23]であった。

『碩水先生日記』を見ると、小楠と初めて会ったのは嘉永六年八月二日、碩水二十二歳、対する小楠は四十三歳であった。碩水はこの年の六月四日から木下韡村の許に入門していたが、ここで小楠の噂を聞いて小楠を訊ねたものと見える。ちなみに韡村と小楠は絶交の関係にあった。碩水の八月二日の日記には「二日訪二横井小楠一。小楠名時存。称二平四郎一」とあり、次に会ったのは嘉永六年八月十七日、次は安政元年正月二十三日の「訪二横井小楠一」とある。訪問の記録としてはこの三回だけである。そして安政二年の二月から十一月までの熊本滞在中に会っているかもしれないが、その記録はない。その後小楠の名前は日記には見えず、明治二年正月元日の日記に「是日横井平四郎見ㇾ殺」とある。彼は明治元年の一月二十四日から藩の公用で上洛していたのだが、権力のある地位にある人には私用で自ら訪ねるということはしないという処世方法と、小楠が洋学に変わっている（碩水がここで使う「洋学」の意は厳密な意味での洋学ではなく、西洋文明にコミットしている程度のことであろう）からである。

私が碩水と小楠が会った記録にこだわったのは、二人が会った回数とその年月を確認して、そのことを通じて堤氏の断定の根拠が、果たしてそれを基礎にして小楠が「天道覚明論」の著者として断定するに耐えるものであるかを確認するためである。ところで、さきの『碩水先生餘稿』における小楠とたびたび会っているという記事の事実は、嘉永六年八月二日、八月十七日の二回と安政元年正月二十三日の三回だけである。

そうすると碩水が小楠と会ったのは、小楠が西欧諸国に関心をもって彼らが「有道の国」であれば交易してもいいが、現実は「無道の国」であるとして攘夷の姿勢を保っていた時であり、まだ『海国図志』はもちろん、それよりも早く輸入されてその一部は翻刻されている『聖武記』さえも読んではいない。[24] また崋山や高野長英の経世書も読んでいる形跡はない。西洋事情に関する限り、彼は当時の日本の知識人の中では知的後進者であった。儒学に関しては李退渓を介して朱子や朱子学系のもの、日本の儒者では山崎闇斎や、李退渓の信奉者である熊本藩の大塚退野や平野深淵らを読んでいる朱子学者であって、碩水とは共通の面が多い。しかし小楠が経学の問題への必死の学習の時期はもはや過ぎて、経典をいかに現在の日本の直面している問題にこたえるものとして読み解くかという関心に移ってしまって、「有用の学」に志している儒学的経世家としての小楠しか知らないという面ももつ。それだけのことを念頭に置いて、碩水の『過庭余聞』に書かれている小楠についての碩水の見解をすべて列挙してみる。

① 横井小楠ハ才モ高ク知モ明カゾ。長岡監物ヤ。荻角兵衛ト朋友デアツタ。朋友ト云フウチニ小楠ガ頭取リゾ。大塚退野、平野深淵ノ学ヲ継クト云フ志デアツタコトゾ。一時盛ナコトデ。実学連ト云ウタコトゾ。熊本ノ俗儒儒輩ハコレヲ嫌ウタゾ。

② 予モ小楠ノ会序ノ席ニイタコトガアルゾ。論語デアツタガ、其ノ内ニテ一人本文ト集註トヲ素読スルノミデ跡ハ討論ゾ。輪読デハナカツタゾ。

③ 小楠後ニハ洋学ニナツタゾ。長岡トモ疎遠ニナツタトミエル。

④ 小楠ハエライ人ゾ。天道覚明論ヲ著シタゾ嗟呼血統論豈是天理順ト云フ詩モアルゾ。アンナコトハ日本人デ云フ筈ノコトデハナイゾ。

⑤ 小楠ハ洋学ニハナツタガ。一典ニ謨デナケレバナラヌト始終云フタソウナ。コレハ大見識ゾ。

⑥ 潜庵（春日潜庵）ガ云ツタコトガアルガ。平四郎ハキカヌ気ノ男デアツタ。三日モキテ大学ヲ論ジタゾ。[25]

この六つの箇条のうち、①②は純粋に彼が観察して得た知見、もしくは判断。③は彼が熊本に来て多くの人々から得た情報。⑥は彼が春日潜庵と話して得た情報であって、ほぼ彼が経験によって得た知識である。⑤は彼が小楠をよく知っている人から得た情報ということも考えられるが、それはあまり現実性がなく、明治二十二年に出た横井時雄編の『小楠遺稿』から知った情報ということも考えられる。碩水は大正五年に亡くなっているが、『過庭余聞』は明治八年（一八七五）碩水四十二歳の時に生れた正脩が父から聞いたものを記録したものであり、仮に満三十歳の時の仕事とすると明治三十八年（一九〇六）の仕事であり、彼が正脩に家事のすべてを付託したのがその前年であるから、ほぼその頃に父親から聞き出し記録したものであろう。そうすると「小楠遺稿」はすでに出ている（明治二十二年）からその「沼山閑話」から得た知識であることは十分にあり得る（この項は『楠本端山・碩水全集』巻末の碩水年譜による)。

最後に残された問題は④の「小楠ハエライ人ゾ。天道覚明論ヲ著シタゾ嗟呼血統論豈是天理順ト云フ詩モアルゾ。アンナコトハ日本人デ云フ筈ノコトデハナイゾ」という箇所である。堤氏はこの箇所について、「慶応元年(一八六五)三月に著された「天道覚明論」」と断定し、さらにそれにつづいて「小楠ハエライ人ゾ。天道覚明論ヲ著シタゾ」と言い切っておられるが、丁卯二年(慶応三年)三月と書いているのは「天道覚明論」の筆者であって、小楠自身がそう書いているのではない。碩水の『過庭余聞』にも、小楠が慶応元年三月に「天道覚明論」を著したという記事はない。

それからこの文をめぐる第二の問題点は、「天道覚明論ヲ著シタゾ嗟呼血統論豈是天理順ト云フ詩モアルゾ」という原文の表現を、堤氏が「天道覚明論ヲ著シタゾ。嗟呼血統論豈是天理順ト云フ詩モアルゾ」というように「ゾ」と「嗟呼」の間に句点を挿入して前文と後文とを切断するように解読して理解したことにある。

この文の場合、原文の通りに読むと「天道覚明論ヲ著シタ」という前文の無条件な断定力は弱くなって、後文の「嗟呼血統論豈是天理順」という詩を小楠が書いたという事実によって補強されてはじめて前文の主張が成り立つという含蓄が出てくる。このような含蓄ある文の場合、その文章を証拠として小楠が「天道覚明論」を著したという全面的に断定的な主張をすることは公正な議論にはならない。

碩水がこの文の中で言おうとしたことは、横井小楠は「嗟呼血統論豈是天理順」という詩をつくった人だから「天道覚明論」を著した可能性は大いにあり得るよ」という程度のことではなかろうか。道徳的・知的にも最善・最高の人を択んで帝位を譲るという儒教の基本の教説をあくまで貫徹するという非妥協性の強烈さという点で、いい加減なところで妥協する日本の儒者にはあり得ない偉大さが小楠にはあるという畏敬の感情が文末の「アンナコトハ日本人デ云フ筈ノコトデハナイゾ」と言わしめたのである。

　碩水の上述のような、自分とは見解や立場を異にすると知りつつ小楠を評価する態度は、形を異にしつつ小楠と人間として相通ずる面が碩水にあったからだと思う。碩水は大政奉還の折に、禄を下賜しようとする平戸藩の意に反して禄を受け取ることを拒んだ——彼自身の言葉で言えば「禄を棄てた」。藩の要職にあった兄端山はそれを止めようとした。弟の態度があまりに社会的に幼稚だと思ったのであろう。碩水は言う。「予ハ禄ヲ棄テタノゾ。世ノ奉還シタトハ違フモノゾ。其ノ時ハ大分異義ガアツタサウナ。許シガナイノデヒマヲ取ツタコトゾ。予ハ決然省ミナンダ。……コノ棄ノ字ガ大事ゾ」と。

　どうして碩水は禄を捨てたのか。彼はその理由を次のように語っている。「世ノ藩臣タルモノ共。其ノ家禄ヲ天朝ヨリノ禄ト思ツテイタゾ。実ハ武家ヨリノ禄ゾ」——碩水自身もそのような藩臣の一人だったのであろう。彼はつづけて言う。大名は「賊臣」である。朝廷の復古も大名の力を藉りてできたものだから如何ともしがたい。今大名たちは華族に列せられて得意がっているがおかしいことだ。旧藩主が旧主なら、徳川慶喜は諸大名の旧主人に相違ない。ところで幕府の世に、諸大名で徳川家を主人でないと言ったものがあったかどうか。もしそういうものがあったら領分は取り上げられ、首もなかったに相違ない。そしてその結論として「日本ハ国郡ノ制デアッタ。封建デハナカツタゾ。徳川ガ土地人民ヲ自由ニシタカラ。大名ニモ自由ニサセタノヂヤ。同罪ゾ」。かくて大名も大名に仕えていた藩臣もその一人であった自分も同罪である。だから自分は自分をつぐなうために禄を捨てたのだと碩水は言う。思想の形はまるで違うが、自分の思想的信念に忠実であるという点で、彼は血統論を否定した小楠に人間的共感をもっていたのであろう。

3 「東皐野人文書」の筆者

残された問題は「東皐野人」とは誰かということである。堤克彦氏はこれを元田永孚に宛てておられるが、それは疑わしい。「沼山閑話」の冒頭に「一日秋晴に暁を冒して閑居を訪しに、容顔は昔に変り在れども蘊蓄は益深く、両鬢には霜を戴きたれども誠心は加倍せり。折節訪人も来らざれば終日の閑談に、積年の情懐も尽くしたり」(傍点は源)とあるが、この傍点の部分を見るかぎり、これはこの年の三月に小楠を訪問した人の言ではない。『還暦之記』を見ても元田は文久三年(一八六三年)小楠が失意の状態で帰熊した時、不破家で会い、さらにその後沼山津の村居を訊ねて以来、慶応三年の秋まで会った形跡はない。加うるに元田は見識においては小楠にはるかに劣るが、小楠のような自信家が見落とす人心の変化の機微がよく見えるという面もある(たとえば文久三年の福井藩の大挙上洛の件。当時たまたま京都にいた元田の、京都の様子を伺いに来た村田氏寿への勧告が、小楠が中心となって企てていた福井藩の挙兵上洛を駄目にしたこと、など)。当時の元田は自己の判断力をもち、小楠の言の何を聞き、何を受け納られないかという判断をし、小楠の意に反して敢て実行する能力をすでに身につけていた。「東皐野人」のように、小楠が死ぬまで小楠にべったりとその判断を仰ぐというような人ではなく、小楠を尊敬しつつも、自分の考えをはっきりもっている自立した存在であった。「東皐野人」の「東皐」が、元田が大江に移ってからの号であることは間違いない。だからといって、「東皐野人」即元田永孚と速断するのではなく、ここで使われている「東皐野人」とは居を移す毎に号を変えるという元田の行動パターンをよく知り、そして元田が大江に移った以後、号を「東皐」と変えた情報をいち早く知っていた人間の、一種の攪乱戦術とみなした方が適切ではなかろうか。

更にもう一つ元田が「東皐野人」でない理由は、「東皐野人文書」の中で、小楠が「匹夫匹婦」によって殺されたとしていることである。このことはすでに藤間生大氏が指摘されているので敢えて挙げる必要はないとは思うが、事柄をはっきりさせるために、一、二附け加えておく。「この匹夫匹婦」によって殺されたというのは、多分小楠の死後、暗殺者弁護のために多くの尊攘の浪士たちが立ち上がっただけでなく、秋蘭という号で知られた若江薫子《におこ》という女流漢学者――彼女は大原重徳を尊敬していた――が華々しく小楠を批判し暗殺者を弁護したことが、阿蘇までつたえられるうちに事実関係の認識像が歪められてしまったものであろう。元田の息子亀之助は京都に行っていて、元田の許には正確な小楠をめぐる京都の情報が、一般の京都の情勢の情報と共に逐次送られてきていた。それを知っている元田がこのような間違ったことを書く筈がない。

さて「東皐野人文書」の筆者が元田でないとすれば誰か。私は阿蘇大宮司に仕えて、その息子の教育だけでなく、阿蘇家の藩屛ともいうべき宮川、市原、蔵原の三家の子弟の教育にも当った儒者本島四郎の存在が大変気になっている。私は『熊本バンド研究』を読んで阿蘇出身の宮川経輝、市原盛宏、蔵原惟郭の三人がそれぞれ明確な個性をもち、いずれも能力があり、人間としても魅力ある人物であることを知って、熊本洋学校に入る前に彼らを教育した本島がどういう人物であるか、どういう経歴の人なのか興味をもち始めた。そして彼が阿蘇神社大宮司の阿蘇惟治の子供の師であることを知って、「東皐野人」なる者の書いたとされる文章の真の筆者は、この本島四郎ではないかと考えるようになった。

この考えを補強する資料がある。それは既に引いた、大宮司が明治三年二月十三日に神祇官に提出した文書の次の一節である。

先達而古賀大巡察へ及二披露一候覚明論之儀ハ委細大巡察も承知之通当所着之一両日前夜中当宮社頭ニ落し有レ之たる迄ニて長谷信義と申候名前ニ而は御座候得共委曲先達而も相達候通右人柄相分不レ申……

（『国事史料』巻一〇、三八六頁）

このように「長谷信義」という人物は架空の人物であり、それこそ大宮司の陽動作戦であって、「天道覚明論」事件が大宮司とその近臣との共同謀議であることを看破されないために仕組まれたものであると推理してもおかしくはないであろう。そして本島は、大宮司の「天道覚明論」執筆に際しての有力な、私の気持ちからすると唯一の協力者であったのではないかと考えている。

本島が小楠の門を叩いたかどうかという問題が残っている。これまでのところ小楠の門下生や周辺の人々の書いたものにはまったく姿をみせないから、多分門下生となったことはないと思う。それよりも可能性がありそうなのは、本島が大宮司の指示でこのような作業をやっていくうちに、横井小楠という人物と思想に興味をもち、阿蘇家の藩屛をなす家々の若者たちに、小楠の甥や弟子たち、共鳴者たちの尽力によって創設された熊本洋学校への入学を勧めたのではないか、ということが明らかにならないかということである。

ところで本島という人はどういう人物でどういう儒者なのであろうか。それを知る手懸りはないかと、角田政治著の『肥後人名辞書』（青潮社）の阿蘇郡の部を見たが載っていない。半ば諦めかけていたが、その後、同書の熊本市の部を見ると、「本島四郎　名は崇廣。儒学に志し山崎闇斎の説を主張す。後阿蘇氏の聘に応じて其学を督す。又和歌を好み音楽を能くす。闔境其人となりを慕へり。明治二十年十一月歿す。年六十七。」とある。そういうことであれば、これまで黒子役に徹したこの人――聡明ではあるが、謙虚で和歌を好み音楽を愛するつつましやかなこの人も何時か私たちの前にその姿を見せてくれそうな気がする。

小結

この論文は、横井小楠の国家観の一部をなす天皇観から派生した諸問題――「天道覚明論」の筆者、その内容、それを生み、そして大きな「事件」とした思想的・社会的背景を明らかにすることをめざし、そのために、第Ⅰ部「横井小楠の暗殺事件」、第Ⅱ部「「天道覚明論」をめぐる問題」という構成をとった。両部ともこれまで試みたことのないアプローチであるために難渋したが、特にこのうち第一部は私は明治初期の法制史的知識が足りないためにもどかしい気持ちを押さえられなかった。しかし、最後の段階で三谷太一郎教授から教えていただいた菊山正明『明治国家の形成と司法制度』、またこの本を読むことによって知った『日本政治裁判史録　明治前』所収の田中時彦「横井小楠暗殺事件」の両者を読むことによって、薄紙が剝げるようにぼんやりしたものがかなり判っきりとなり、多くの思い違いを直すことができたように思う。

しかし問題がこれで解けたのではない。小楠の日本国家における天皇のあり方についての考えの大きな変化を記録している松江藩の藩儒桃節山の残した重要な文献『西遊日記』『肥後見聞録』の検討、そして明治元年、一時病態が悪い時、死を覚悟した小楠が門弟たちに筆記させた「幻の筆記」、小楠の「遺志」を紹介する仕事が残されている。この「遺志」は戦前から噂されていたものであるが、その行方が判らなかったものが、小楠研究家徳永洋氏によって発見されたものである（徳永洋『発見！感動!!横井小楠――郷土の偉人に魅せられて』平成十二年、自費出版）。これらの作品を含め、小楠の青春期の天皇観の変遷を、幕末の天皇観の歴史の文献の中で明らかにする作業が残されている。

注

（1）横井小楠の「三代の道」について、拙稿「横井小楠の「三代の学」における基本的概念の検討」『アジア文化研究』別冊2、「伝統と近代――長（武田）清子教授古希記念論文集」（アジア文化研究所、一九九〇年）、ならびに未定稿ではあるが「近世日本における「実学」の諸形態と「誠心的経世済民の実学」――横井小楠を中心として」（第六回「東アジア実学国際シンポジウム」論文集、二〇〇〇年十一月、日本東アジア実学研究会）を参照されたい。

（2）林櫻園（寛政九年―明治三年　一七九七―一八七〇）は熊本以外ではあまり知られていないが、幕末の最も傑出したユニークな神道思想家のように思える。櫻園は号で、本名は林藤次。熊本藩士。家は代々有職の専門家。藩校時習館の秀才であったが、十五歳で教官に愛想をつかしてみずから退学。その後宣長系の国学者長瀬眞幸について賀茂真淵、本居宣長の学の蘊奥をきわめる。しかし彼の知的関心は広くかつ深い。儒教はもちろん、仏教についても一切経を二回も通読、老荘、兵学・兵法に通じ、オランダ語も独学でマスターして蘭書も自由に読めたようである。また漢訳聖書も読んでいたようである。そのうち中心をなすものは神道・国学であるが、兵学・兵法（蘭書系の兵学書も含む）がそれに次ぐものであった。

神道・国学ではとくに宣長を好み、テキストを精読しつつそれを実践化するという志をもち、その側面を強く受けとめたのが神風連の乱を起した人々である。しかし櫻園自身は他の宗教や思想の良さも充分に認めてそれを国学・神道の今後あるべき姿に吸収し役立てようという気持ちをもっていて、そのすべてが神風連の運動にはいった人々の中に吸収されたとは言い難い。

他方兵学・兵法は状況々々において神道家がどのように自己のあり方、行動を判断し決断するかという時に資するものと考えていたが、ペリーが日本の法を冒して江戸湾にはいった時、ペリーの非を批判し、先方の出方によっては戦火を交えることを辞さないという決断をするべきだと考えていたようである。もちろん幕府軍が敗けることを洞察した上の話である。敗けても徹底的に抗戦する。そうすると本国を離れた土地での戦いであるから相手は疲労し厭戦の気を起す。他方長い抗戦の間に幕府は破れ混乱の中からすぐれた若者が生れて新日本の指導者が生まれ、天皇の下に日本が新生し、先方は侵略を諦める、というベトナム戦争におけるホー・チミンのような戦略を先駆的に考えていた。

このようにまれに見るスケールの大きな人であったから、彼の許には多くの人々が入門し、その弟子としては太田黒伴雄、（旧名大野鉄兵衛）、加屋霽堅、上野堅吾のような敬神党系の人々だけでなく、尊攘派の人々としては宮部鼎蔵、永鳥三平、轟（木）武兵衛（のち列之助と改名）、小橋恒蔵等の人もあり、学校派で明治以降実学派と協力した道家之山も入門している。また実学派の長岡監物とは心を交わした仲だが、竹崎律次郎などは小楠に入門する以前には櫻園に入門している。そして横井小楠も、一時は数ある弟子の中で筆頭の弟子とされていた。また他藩からは吉田松陰、大村益次郎（村田康安）、真木和泉守父子、佐賀藩の島義勇なども刺を通じている。そして驚くなかれ、大宮司阿蘇惟治はもちろんその嗣子惟郭も櫻園の弟子であった。（小楠が一時櫻園の筆頭の弟子であったことはもちろん、弟子であったことも、神風連の正式の文書にはしるされていない。それは当然であろう。しかし尊攘の志士であった当時、筆頭の弟子とみなされていたとする堤説は正しいと思う。）

小楠は櫻園の神道思想には共感できなかったが、桜園の人物のスケール、またその兵学・兵法に基づく現実判断、一種の経世思想に非常に魅かれたように思う。小楠の嘉永五、六年、安政元（嘉永七）、二、三年前半頃までの思想に櫻園の思想への共感の跡を探し出すのは困難ではない。しかし小楠には、櫻園にはない徹底した合理的思考の追究意欲があり、『古事記』『日本書紀』に書かれたものをそのまま認めることができなかった。他方櫻園は幕府の開国政策が引き帰すことが出来ないところまで行ったので、今は現実的問題で齷齪すべき時ではないという判断があり、「神事」への没頭が始まり王政復古の見込みがつくまでその期間がつづくようになって、小楠は独自の道を歩き始める。それが、安政二年の夏の百日に及ぶ『海国図志』の徹底した読書とそれをめぐる門弟内藤泰吉との対話、討論を契機とする西洋認識の変更、開国論への転換に基づくことは改めて言うまでもない。

（3）「有道」「無道」を判定する基準が「夷虜応接大意」を書いた嘉永六年（一八五三）と『海国図志』を読んで開国論に転じた安政二年（一八五五）とではははっきり異なることに注目する必要がある。前者ではわが国やアジア諸国に開国を求める諸国の対外関係の態度、姿勢という観点から問題を捉えるのに対して、後者の場合は、欧米諸国の自国の人民に対する統治の姿勢という観点から問題を捉えている。

（4）便宜のために、書き下し文（堤克彦「「天道覚明論」の成立背景に関する歴史的考察」『熊本史学』、第六六、六七合併号）を、私の責任でいくらか直して示すことにする。

河上彦斎謹んで書を呈す

横井先生、先生の声耳に轟くや久し。風を歓び実を慕ひ一見を求めんと欲すと雖ども俗事、寸暇を得ず。遂に回循すること六、七年。此に於てや一端東都に役し、丙辰の年（安政三年……引用者注）帰る。先生則ち都（熊本をさす）を離れて沼山津に移る。此れ境を隔つ二十里余の所、一日の暇を得るに非ざれば詢問すること能はず。遂に亦一年を過す也。而て近日聞く、先生の声寂然として亦大いに前日と異なるを。嗟呼悕むべきかな、彦斎竊に意へらく、先生の篤学潔行は一藩の望み也。何ぞ自ら外物に惑ひて是等の実あり得んや。是れ必ず伝者の大愆ならんと也。然りと雖ども物先ず腐って後蟲生じ、人自ら毀って後論起る。先生の今日の大声想へば必ず原聞あるらん。知者も千慮に一失有り。愚者も千慮に一得有りと。彦斎愚陋なること固より論無し。然りと雖も常に竊に自ら許すに報国の志無きに非ざる者也。是を以て猥りに自ら其分を顧ず、国家のために一見を求め至陋の所懐を吐かんと欲す。先生幸いに之を恕せよ。謹んで静門を叩くべし。

彦斎恐懼再拝

右奉呈

横井先生机下

なお彦斎がこの時小楠に会ったという記録は残っていない。

（5）横井の暗殺以後宮中では直ちに前右大臣中御門経之《つねゆき》、議定鍋島直正、刑法官知事大原重徳を集めて早速緊急会議が開かれ、新政府行政官は即日大原に「横井平四郎ヲ殺害スル賊早速召捕糾弾之儀申付」と指令を発するとともに、三日後の正月八日に次のような布告を出した。

徴士横井平四郎ヲ殺害ニ及ヒ候儀、朝憲ヲ不レ憚以ノ外ノ事ニ候、元来暗殺等ノ所業全以府藩県正籍ニ列シ候者ニハ不レ可レ有事ニ候、万一壅閉ノ筋ヲ以右等儀ニ及候哉、御一新後言路洞開府藩県不レ可レ達ノ地ハ無レ之筈ニ候、若脱籍ノ徒暗々天下ノ是非ヲ制シ朝廷ノ典刑ヲ乱リ候様ニテハ、何ヲ以綱紀ヲ張リ皇国ヲ維持スルヲ得ンヤト深ク宸怒被レ為レ在候、京地ハ勿論、府藩県ニ於テ厳重探索ヲ遂ケ、且平常無二油断一取締方屹度可二相立一旨被二仰出一候事

（「太政官日誌」、田中時彦「横井小楠暗殺事件」に拠る。）

そして正式に会議を開いて決議したのではないが、記録に残っているものを見ると、岩倉、大久保、広沢らはこの布告と同じ見解を示している。

（6）巣内信善《すのうちのぶよし》は四国大洲の人。商家の出で当時久兵衛と称したが、後信善と称す。商務に熱意なく、神官常盤井仲衛について国学を学ぶ。矢野玄道、三輪田綱一郎は生涯を通じて同門の友。桜田門外の変の報を聞いて意を決して上洛、初め

高松保実卿の雑掌となり、名を式部と改め、後に四鬼武とも鴫生《しぎょ》とも称す。その後姉小路公知の辱知を得、親炙したが、公知は刺客に襲われて死んだ。その時伴をしていた金輪勇が抵抗することなく主人の刀を持って逃げたのを知って怒り、彼を烈しく面罵したのを怨まれ、彼がのちに投獄され、その期間が意外に長くなったのは金輪の策謀によったといわれている。

その後会津と薩摩とが手を結び、長州と相争うこととなったが、彼は長州方に直接加わることはなかったが、暗々裡に長州方に協力していたようである。その事実を新撰組に気づかれて投獄され、三年間辛酸をなめた。慶応三年元旦に出獄。高松家から会津藩へのはたらきかけによるという。出獄後、直ちに(一月六日)侍従滋野井公寿の挙兵に参加、近江で戦った。

その年六月二十二日に兵部卿純仁親王(仁和寺純仁親王、のちの小松ノ宮彰仁親王)総督配下の一員となり一三一名の親兵の長として北陸方面の戦闘に参加、この折「軍曹」の位を授けられた。弘仁年間(八一〇―八二三)鎮守府の職制が改められ「将軍一人、軍監一人、軍曹二人、医師、弩師一人」という軍制をつくり、将軍は五位、軍監は六位、軍曹は八位という風に位置づけられていたのを援用したもので、御親兵の一隊一三一名の部下をもっていたというから、近代陸軍の大尉か中尉程度の位官に相当するものと思われる。

その戦争から帰還後、明治天皇の江戸遷都の時、彼も東行の軍に加わり、その任を全うしたと云う。帰洛後横井小楠の暗殺事件が起って以後の巣内の行動についてはおおかた述べた。彼がこの事件に関心をもった最大の動機は、若き日の小楠が「五倫ではなく四倫に変えなくてはいけない」と語ったということを、当時の小楠の考えであると思い込んだことに由るようである。

小楠の暗殺後、約七ヶ月たって大村益次郎が殺された。その下手人の中、伊藤源助、金輪五郎、五十嵐伊織らは維新の志士であると共に彼の部下もしくは友人であった。巣内は彼らが梟首され、その後風雨に曝され鳥の餌食となっているのを憐れみ、処刑の後の死屍には罪はないだろうと判断し、彼らを供養してやろうと思い、兵部省に対して彼らの首級の埋葬方を出願した。

長州方はもちろん怒り、不届者として捉え免職とする。軍職を解かれ禁固の身となった彼は故郷の禅寺興覚寺の一寓に寵居していたが、翌年十月(陽暦十一月)机に倚ったままその生を終えた。大正年間その遺稿は『巣内信善遺稿』として編され、日本史籍協会叢書の一冊として収められている。その大部分は彼が折に触れて詠んだ慷慨の歌であり、当時の草莽の志士の心境を知る好箇の資料である。この稿はそこに附せられたいくつかの伝記によっている。

（7）この「建言」は、小楠の暗殺者たちの助命運動に奔走していた人々の心情をよく示すものと思われるので引用しておく。（『国事史料』巻一〇、三〇五―六頁）

建言

謹按スルニ刑罰ハ　列聖之同シク軫念シ玉ヒシ所青史ニ昭々タリ今復何ゾ贅センヤ今ヤ御復古ノ始政ニ當リ天下人心ノ服否最モ茲ニアリ今年正月五日京師寺町ノ事ハ維新以来ノ事旬日ヲ不出シテ四方ニ喧傳セリ彼刺客六名ノ内三名ノ罪科（一人ハ斃レ二人ハ脱網三人ハ就縛）今日ニ至リ群議異同未巳ト窃ニ惟ルニ此御處分ノ當否ハ實ニ　聖徳ニ関係ス然ルヲ某等緘黙セハ平生忠愛ノ誠ニ負ク故ニ冒万死論別如左中略

彼刺客等素ヨリ不學無知ノ者ナレハ　朝憲ヲ犯スノ罪タルヲ忘レ報国ノ事ハ此姦ヲ除キ　朝廷ヲ蠱惑セサラシムルノ外ナシト一途ニ心得シヨリ右ノ挙動ニ及ヒシト見ヘタリ其志ハ憐ムヘシト雖モ豈罪ナシトセンヤ某等虚心以テ之ヲ断センニ六名中五名ノ者ハ決行ノ儘直ニ刑官ニ就キ其處分ヲ待ツノ心ナク潜匿シテ　朝家ノ紛擾ヲ致シ剰ヘ許多ノ連座ヲ生セシハ卑怯ナリ且殺身報国ノ士道ニ背ク又外三名ノ者ノ如キハ数日ニシテ靦然就縛是レ罪ノ大ナルモノナリ然ルニ下獄ノ後一名ノモノ自ラ首謀ノ實ヲ吐キ厳刑ニ就カント請ヒシヨシ是レ尚士氣ノ在ルアリヤ、稱スルニ足ル故ニ餘二名ノ捕獲ヲ待チ一同割腹ヲ命セラル、コト至當ナラン雖然横井徴庸中在廷ノ人其姦ヲ不辨蘇洵ノ眼力ニ乏シカリシハ朝家ノ御為メ不幸無此上濫挙ノ責恐ラクハ歸スル所アラン且維新以来殊ニ寛大至仁ノ叡慮ニヨリテ逆人ト云フトモ死スル者ナシ況ンヤ忠愛ノ赤子ナレハ（中略）彼三名ノ者死一等ヲ減シテ永ク筑藩ニ幽蟄ヲ命セラルヘク餘二名ノ者既ニ死セハ已ムモシ倫生他日被捕ンカマタ何レノ藩ニカ永蟄ヲ命セラルヘシ彼徒ニアリテハ屠腹永蟄何ソ撰ハン但　朝廷ノ至仁至公ヲ天下ニ明示セラレンコト今日在省ノ諸君子豈ニ之ヲ勗メサルヘケンヤ某等不勝懇願切望之至恐々謹白

巣内式部　吉見禎介　和田　肇
三輪田綱一郎　伊藤良馬　丸山作楽
中川潜叟　疋田源二郎　等

其後の消息

過日建言伺出之所歎願の情委細ニ廟堂ニ上達貫徹致候由待詔院照幡氏より被申聞候事

尚又十九日照幡氏より横井斬姦之三名
朝廷思召被為在候ニ付死罪之儀御廷引被仰出候旨御達有之候事

(8) 当時の官制では、神祇官は太政官と共に他より一段高い官庁ということになっていた。

(9) 大阪の古書屋河内屋和助が五冊の本を出したのは、明治二年現在から七年前とするしているので、それは文久二年に当たる。その年の秋、小楠は福井藩を挙げて大挙上洛の計画を立てていた。そのような時、しかも尊攘の志士たちが小楠憎しの感情に燃えている時、小楠がこの本を書く余裕もなく、また油に火をつけるような本をわざわざ出す必要もないであろう。

(10) 小楠の「天壌非説」「天照大神私言」的な発想の思想は、彼が読んだ魏源の『海国図志』の「アメリカ篇」に見られる次のような箇所に触発されることによって形成された。「墨米堅に於ては華盛頓以来三大規模を立て、一は天地間の惨毒殺戮に超たるはなき故天意に則て宇内の戦争を息るを以て務とし、一は智識を世界に取て治教を裨益するを以て務とし、一は全国の大統領の権柄賢に譲て子に伝えず。君臣の義を廃して一向公共和平を以て務とし……」（傍点源）の傍点の部分である。（あるいはそれにつづく「政治経済治術其他百般の技芸器機等に至るまで凡地球上善美と称する者は悉く取て吾有となし大に好生の仁風を掲げ」も加えてよいかもしれない。とくに「天道覚明論」の場合はそうである。）小楠の言おうとしていることの三分の二は棄て、批判するに都合のいい部分だけを拡大し強調したものが恐らく「天壌非説」「天照大神私言」なのであろう。

(11) 私が大宮司の小楠に対するアンビヴァレントな感情に気づいたのは、この裁判における大宮司の言説を繰り返し熟読することを通じてであるが、そのことを裏付ける資料が遺稿編八七四頁に載っている。それは「答阿蘇大宮司」と題する小楠の次の詩である。
「欲レ折仙桃花一朶。探来奇僻苦相尋。陽明洞裡窮陰合。春在二武夷九曲一探。」

残念なことに、これは大宮司と小楠との詩の応酬の「答」の部分であって、今のところ大宮司の問いかけの部分の詩が見当たらない。したがって小楠の詩を正確に理解することは難しい。ただ言えることは、安政二、三年頃、『海国図志』「アメリカ」篇を読むことによって米国の大統領制を知り、それこそ尭舜の禅譲を現代に生かしたものと感動して、日本の朝廷もかくありたきものと思い、その結果小楠が「本朝百王一系統と申候者元来天照太神之御私に被レ為レ出候」と言ったことをめぐって大宮司から絶交を申し出す以前、恐らく嘉永六、安政元年頃、小楠が実学党に属しながら、尊攘の士として林櫻園門下の人々とも行動を共にしていた時代の作と思われる。この詩では、小楠と大宮司との間には先輩・後輩との敬意に満ちた親交関係が存在していたことが看取される。

(12)（2）に述べたように、櫻園は、ペリーが浦賀に来て海国を迫った時こそ、わが国の抗戦のために立ち上がるべき時と考えていた。林大学頭が談笑しながら開国の条約の調印を済ませたことを聞いて、既に我が事終われりとし、明治になるまで世間から遠ざかりひたすら神まつりに沈潜したという。

その後小楠は『海国図志』を読み、国を開いて平和を実現しつつ富強をはかり、そのことを通じて、独立の道を歩こうとした。大宮司は社会への態度においてむしろ小楠の歩こうとしている道に共感を覚えたのであろう。

(13) 実際明律では、廃帝を企てる者の罪責は「謀反《むほん》」罪に該当し、本人はもとより死刑であるが、共同謀議者の場合も主従を別たず斬、その妻・妾・女は功臣の家に給付され、その財産は官に入るとされる。本人については、祖父・父・子・孫・兄弟及び同居人は異姓の人も同じく、伯叔・その兄弟子供のうちの男子で十六歳を超えたものは、篤疾・廃疾を問わず、皆斬刑となる。十五歳以下の男子及び母・妻・妾もしくは子の妻妾は功臣の家財として授けられる。財産はすべて官のものとなる。（他の細かい規定は省く。）

これに対して「廃帝」の言説をなす者、または自分は言い出さなくてもこれを言いふらした者は斬殺される。（家族には及ばない。）そして廃帝の言がしるされた本をもっている人は杖で百回叩かれ、徒《ず》刑三年（三年間の奴僕）と規定されている。なるほど両者の罪責の規定には大きな差があるが、しかし刑部省の上申書を見ると、これよりはるかに軽く考えられている。（以上、内田智雄・日原利国校訂の荻生徂徠『明律国字解』創文社による。）

(14) 小楠の「海軍」を主体とする日本の国防体制は、万延元年（一八六〇）の『国是三論』から見え始め（安政二年の「陸兵問答書」にはその構想はまだまったく見られない。多分『海国図志』をまだ読まない安政二年（一八五五）の前期に書かれたものであろう）、元治元年（一八六四）年の「海軍問答書」において最もまとまった形をとる。恐らく議論としては安政三年から始まっていたものであろう。（大宮司はその当時の小楠との討論の中の「海軍論」にヒントを得たものであろう。）ところで大宮司の「心組」では、親王や天皇を直接支える宮家の方が軍の長となる（もちろん象徴的な意味の長であってそれを支える実務者の存在が想定されている）のに対し、小楠の「海軍問答書」にはそのような軍政的発想はまったくない。神戸に開かれる予定の海軍伝習所のころを念頭に置いたものであるから観点が異なる。そこでは「伝習既に熟するに随ひ別に将校を用ることを禁じ、総て此の諸生をして軍艦の職役を命じ、其才能長技に随て匹夫たり其一藩の長一軍の将にも挙げ用ひ、貴族たりとも所レ長なければ用ひず。一切太平因循の習弊を去り」と実力主義の人材登庸が考えられ、貴族（この場合は藩主、とくにその子弟が念頭に置かれている）であっても、この能力主義の枠の中に組みこまれている（山崎正董編『横井小楠　遺稿篇』二二頁）。そして更に「軍艦十艘にも及びなば代る代る海外に乗出し外国を巡観するときは聡明を開き膽気に壮にし、彼が長を取りて我短を補ひ我長を以て彼が短を制し、十年を待たずして全国の人心奮励発動し、外夷の恐るるに足らざるのみならず却て万国を呑むの正気を発生するに至り、恐怖の人情に比するに真に昼夜明時の変ずるが如くなる可し」（同上）と、海軍による国民性の改造ということさえ構想されている。

(15)　小楠が、米国から帰った早々の森有礼や鮫島尚信らと京都で会い、米国の議会制や大統領制とともにトマス・レイク・ハリスの話を聞いて非常な感銘を受けたことについては、拙稿「横井小楠における「天」の観念とキリスト教」、『アジア文化研究』別冊11（二〇〇二年、国際基督教大学アジア文化研究所）を参照されたい。

(16)　この原稿を書いた後、政府は林櫻園だけでなく、各藩の代表的神道家を呼んでその考えを聞いたということを聞いた。それが正しいかどうかは分からない。もし本当なら私の見解は否定されねばならない。それと同時に岩倉がいろいろの神道家からどのような考えを聞き、それに対してどのような反応を示したかということを知りたい。

(17)　ここで、G・B・サンソムの小楠論にふれておきたい。サンソムが小楠について書いていることは、途中までは抵抗なく読めるが、小楠の晩年の思想について要約的に書き始めると途端に分りにくくなる。彼は小楠を「世界の合一原理の提議者」とみなす。そして小楠の思想は林則徐がヴィクトリア女王に宛てた手紙の中にある「シナが世界の中心」であり、そこから「四囲に対して、恵み深き仁慈を注ぐ」という考えと同じ性格のものと考えている。何を根拠にそんなことを言っているのかよく判らない。なぜなら小楠には日本を世界の中心とする「日本的中華主義」はないからである。次に「小楠の理念は、後年ドイツが、自己の文化《クルトゥーア》を世界におし弘めようとする提案をしたことと類似しているのは不快である。」という彼の文章を読むと、恐らく一八六六年（慶応二）に二人の甥が米国に留学に発つ時に贐のことばとした「明二堯舜孔子之道一。尽二西洋器械之術一。何止二富国一。何止二強兵一。布二大義於四海一而已」の句からそのような結論を出したものらしい。この「大義ヲ四海ニ布カンノミ」という句がサンソム卿の癇に障わったのだ。しかもその句がヒットラーの「純粋ゲルマン民族の使命」の思想を連想させるという考えは、あまりの奇想天外さに、最初読んだ時私も絶句するような思いにうたれた。そしてG・B・サンソムはどうしてこのような発想をしたのかということを明らかにしたいと思ったのである。

①まずサンソム卿の主張に立ってみる。彼は「大義ヲ四海ニ布ク」という言葉から、世俗化された宗教的教理の宣布ということを連想してそれに感覚的に不快な感情をもったに相違ない。なぜなら彼は百年戦争の後、宗教的相対主義の立場に立って〈tolerance〉を唱えたロック以来の思想的立場に立つ人であり、「大義ヲ四海ニ布ク」という言葉に仁慈という仮面をかぶった押しつけがましさを感じたに違いない。

②次に「大義ヲ四海ニ布ク」という言葉を二人の甥の米国留学の餞として与えた小楠を、彼らの状況からサンソムが考えた過程を想像してみると、彼は「大義ヲ四海ニ布ク」という言葉の前に「何ゾ富国ニ止マラン、何ゾ強兵ニ止マラン」という句をしるしているから、富国・強兵という世界制覇をめざした、その隠された意図があって「大義ヲ四海ニ布ク」ということを言っているのではないか、その証拠に二人の甥は海軍将校になることをめざしている。そしてこの海軍は世界征服の手段だと考えたのだろう。

③サンソムは小楠理解のために徳富蘇峰の『大正の青年と帝国の前途』を読む。そこには小楠は林子平・本多利明・佐藤信淵と共に「帝国主義者」の範疇に入れてある。（尤も蘇峰は小楠のことを「精神主義的帝国主義者」として他者とは違う面を認めている。）サンソムはそれ以前に小楠の作品を読んでいるから、そこから得た小楠のイメージから「帝国主義者」という蘇峰の範疇化に疑いをもつ。そこで現実の小楠は帝国主義者ではない、しかし将来の日本人は小楠を「帝国主義者」として受けとる可能性をかなり強くもつという判断を下す。

④一九一六年（大正五）に書かれた『大正の青年と帝国の前途』における蘇峰は、若き日、マンチェスター学派（Cobden, Bright）に心酔して『将来の日本』を書いた当時（一八八六年）とは違って、二十世紀の世界は、自由主義・民主主義が支配しているように見えるけれども、実はそうではなく、実質的には民族主義・国家主義の支配の時代であり、カイザルの支配するドイツの民族礼讃の教説こそ日本が学ぶべきものという考えをもっている。そして小楠は将来その文脈で理解されるに違いないという蘇峰の考えを、サンソムは嫌いながらも、その考えの影響を受ける。そこでは「大義ヲ四海ニ布カンノミ」という小楠の言説はサンソムの小楠理解を屈折させる大きなはたらきの力をもっている。

⑤G・B・サンソムは当時ナチズムの純粋ゲルマン民族礼讃の教説に対して嫌悪感をもっている。

④と⑤とが結合すると、小楠の将来の日本におけるはたらきは、精神主義的世界主義と膨張主義とを結合したもの、す

なわち「小楠の理念」はナチスドイツが自己の文化《クルトゥーア》を世界に押し弘めようとする提案に似たものになって甚だ不快である、という結論が出てきたのである。

このようなサンソムの小楠理解の屈折を可能ならしめたものとして、史家G・B・サンソムのちょっと考えにくい思い違いがある。彼は言う。「一八五三年（嘉永六）以来における反幕・西欧化運動の指導者の大半が、日本を究極的にアジアにおいて膨張させる目的で、国内政治を改革・統合し、外国貿易に従事し、武力を充実しなければならぬという方式をとったことはほとんど疑いないところである。秀でた行政官で、たんなる夢想家ではなかったところの佐藤信淵も、小楠と接触があったが、一八二三年（文政六）の『混同秘策』を著わし、その中で、国内改革を提案し、その改革こそ、日本がシナおよび極東の世界征服を行なうまえに必須の事業であると論じた」（G・B・サンソム『西洋世界と日本』邦訳上巻三二九頁）と断定している。

こうなるとG・B・サンソムの頭脳の中では平和主義者小楠の思想も、将来の日本の世界制覇事業の加担者の役割を演じ得ることになる。しかし小楠がそれ以前に信淵に会ったとされる一八二三年（文政六）の『混同秘策』の成立の年は、小楠は数え年十五歳の少年で、故郷熊本の藩校時習館で学んでいた時期であり、小楠側には信淵に会ったという記録はない。他方信淵はその頃上総国山辺郡大豆谷村（今日の千葉県東金市）にいて、著作活動に専念していた時期である。二人が当時会ったというのは何かの思い違いとしか言いようがない。そのことが明らかとなれば、小楠の思想の将来の役割がナチズム翼賛思想と似たものとなったというサンソムの判断の一劃は崩れる。

そのほかに、G・B・サンソムの判断のひとつの根拠となった海軍重視即膨張主義の一般論が小楠の場合に該当しない論拠をいくつか示すと、小楠が海軍主力の国防政策を提唱した理由は、それまで他の知識人や政治家と同様、彼も支持していた陸軍主体の鎖国主義的国防政策は（ケンペルの鎖国論もこの政策を支持、鎖国主義時代の小楠はこれを採用）、蒸気船が発明されてその判断の基本的条件が変わって、海軍重視こそ最適の国防政策であるという認識からである。また日本は海外諸国との貿易は奨励したが、その相互共生の貿易を平和実現の経済的条件と小楠は考えており、日本は大国にならないことを国是とすべきだというものであり（福井藩士村田氏寿（巳三郎）『関西巡回記』における小楠と氏寿との対話）、小楠は海外膨張主義とは相反する平和思想のもち主である。

また本文中で述べたように（「天道覚明論」の章）、慶応元年の小楠は、米国がワシントンの創業時代とはまったく変わって national interests の追究を国是とする国家に変わったという認識をもっており、そういう状況の下でキリスト教の宣教師のように大義を宣布するということでは、相手が議論を吹きかけた場合は論議をいとわないが、相手が耳を傾ける時は諄々と自分の考えを説き、また自分の誠心の在りようを以て自己の考えの義しさを説得させるような在り方を択び、宗教戦争の戦士というより文明の国の哲人のような相貌を示し始めていた時であるから、「大義ヲ四海ニ布カンノミ」ということばからG・B・サンソムが連想していたものとはかなり違ったものであったように思われる。国の独立を護るという点では小楠の考えは一貫しているが、海外膨張主義者とはまったく異なった存在であった。そして大東亜戦争中、小楠を利用して戦争を煽る者はいなかった。尤も佐藤信淵の思想は形を変えて石原莞爾の満州経営に利用された。

これで「大義ヲ四海ニ布カンノミ」という小楠の言葉についてのG・B・サンソムの誤解を解く作業は終わる。ところで小楠の思想に基づいて、日本がある地域の所有者となった時、一方的に搾取するのではなく、その土地の生活者の立場に立って植民政策をおこなったケースはなかったであろうか――それはあったのであり、それが小楠→安場保和→後藤新平の系譜である。後藤新平が今日でも台湾で讃えられているのは、帝国主義的利益のために、その土地に住んでいる人々の生活を無視して一方的に利益を収奪するというのではなく、土地の人民の利益と福祉のために、彼らの生活の慣行を尊重し、それに副った仕方で――それを新平は科学者らしく「生物学の原則に従って」と言っている――当時の総督児玉源太郎と呼吸の合った仕方で政策を実行して見事に成功した。ところで新平の「生物学の原則」に従った政策の根底には「人民のための政治」「天下の民と共にする政治」という小楠の政治理念があった。それは新平の岳父であり、小楠の愛弟子であった安場保和を通して新平が身につけたものであった。もちろん小楠の名がそこで称呼され、宣伝されることはなかった。

維新直後、敗戦の混乱のさなかで沈滞の状態にあった水沢藩（胆沢県）の大参事となった安場保和は、見込みのある三少年（後藤新平、斎藤實、山崎為徳）を給仕として採用し、彼らの能力の助成をはかった。この安場保和（後藤新平は安場の娘和子と結婚）ならびにその退任後、その地位を受け継いで彼らの助成に協力した嘉悦氏房、野田豁通らも小楠の弟子たちであることを忘れてはならない。

（18）ペーテル・ツュンベリィ（一七四三―一八二八）。われわれは普通トゥンベルクというドイツ語風に読んでいるが、彼はスウェーデン人であるからツュンベリィと読むべきであろう。彼はスウェーデンのウプサラ大学でリンネから植物学、生物学を学び、その後パリで医学を学び、オランダで植物学の研究をした後、一七七〇―八年の間、東方の諸国へ研究旅行に行き、一七七五年八月十三日に来日、一七七六年の十一月二十三日に出島を去っている。その間一七七六年館長フエイトルに附いて江戸参府、長崎屋に泊まる。その間将軍の侍医桂川甫周と本草学に詳しい中川淳庵の二人は毎日のようにツュンベリィを訪ね、ツュンベリィがスウェーデンに帰った後も二人はツュンベリィと文通を交わしている。

彼は短時間のうちに日本の植物を蒐集するだけでなく、日本の植物に「二命名法」による学名を与え、さらには日本の植物の「属」「種」の確立をした。その分類原理は師のリンネの創意によるものである。そしてその成果は一七八四年に『日本植物誌』として刊行された。その時その図鑑に標記されたものは種子植物三七五属七三五種、隠花植物二七属七七種という。この分類原理は日本でも早速学ばれたが、それを大成したのは伊藤圭介の『泰西本草名疏』である。こうして貝原益軒に始まる日本の本草学は、始めて現在の植物学へと進化した。その「属」の分類原理がどのように植物学や生物学を超えて一般の学術世界の言葉として通用するようになったかの研究はこれからというところであろう。

(19)「天道覚明論」が横井小楠の真作か否かという問題については、戦前から甲論乙駁の状態がつづいている。私はそのことをまだ自分で調べていないので、ここでは堤克彦「「天道覚明論」の成立背景に関する歴史的考察(一)」に載ったいくつかの議論の紹介をさらに短くし紹介しておく。

小楠の作とするもの

・坂田大『小楠と天道覚明論』坂田情報社、昭和三十五年。小楠の作とする論拠不明。但河上彦斎説(『海国始末』)を誤なりとするメリットがある。

・佐々木憲徳『横井小楠評伝』文化新報社、昭和四十一年。これは、当時のものとして郡を抜いてすぐれた内容のものらしい。堤論文に拠ると①小楠の堯舜三代説は人物抜擢のための理論的基礎であったこと、②堯舜三代の治績と米国の共和制を等同に考えること、③血統論も堯舜三代説に由来し、はじめは対人君、のちには対皇室として主張されている、④米田(長岡)監物との絶交理由は小楠の血統論排撃がはじめられた為とすること、⑤「天道覚明論」は偽作にあらざること、⑥小楠は儒教基督教の習合論をなせること、⑦神道蔑視を公表した小楠は郷国の敬神党の人々から敵視されていたこと。

これを見ると、当時の小楠理解として非常にすぐれていることに間違いない。但し私も松浦氏と同じく⑤の問題についいては賛成できない。

小楠の作品ではないとするもの

（イ）偽作としてその内容を低く評価するもの

・熊本県上益城郡支会沼山津分会編『横井小楠先生』大正十年

・圭室諦成『横井小楠』（人物叢書）吉川弘文館、昭和四十二年、「天道覚明論」の内容を非常に低く評価。

（ロ）偽作とし、その点は佐々木憲徳論に反対であるが、しかも佐々木の説の内容を高く評価するもの。

・松浦玲『横井小楠』（朝日評伝選八）朝日新聞社、昭和五十一年

松浦氏が佐々木論を高く評価する面：小楠の学問・思想に照してみて、こういうことを書いてもおかしくないとする点

佐々木氏論への反対の面：「当時の肥後藩において小楠を除いてかかる文章を草し得る者はない」と佐々木氏がする点、松浦氏はそれに反対して、すぐれた模倣の文章を書いて読者をまぎらわすことは可能であるとする。

その他の新説

・堤克彦『横井小楠』西日本新聞社、平成十一年

「「天道覚明論」の成立に関する歴史的考察」（一）（二）『熊本史学』、第六六、六七合併号

「「天道覚明論」の周辺事情」（論文）熊本県高等学校地歴・公民科研究会『研究紀要』第三三号、二〇〇三年三月

「天道覚明論」の作者は小楠であるという点では、従来にも同様の説があるが、「東皐野人」なるものを問題とするという点では最初の研究者であり、「東皐野人」は「元田永孚」であるというこれまで誰も考えつかなかった説を発表した。堤氏が、小楠説を主張する理由の第一は、以下のような小楠をとりまく状況の変化である。「士道忘却事件」で帰熊した小楠をとりまく状況は、士籍を奪われ定収入零という経済状況、されには彼をとりまく学校派の冷たい態度、林櫻園門下の尊攘論者・敬神主義者のイデオロギー面の非難、かつての実学党の仲間たちも長岡監物との間の絶交以来、交誼も薄くなり、文化三年の帰郷以来慶応元年になるまで元田との交渉がなく、彼の門下生、たまに訪れる坂本龍馬、福井藩士、門下生の経済援助、窮状を見兼ねての福井藩士を通じての松平春嶽の経済援助、龍馬を通じての勝海舟の経済援助等でやっと身や家族を支えていたが、慶応三年頃には開国反対を主張する林櫻園ならびにその門下生に対して、あくまで積極的開国を主張しつづけていること、士道忘却事件後、士籍を奪われ経済的苦境のさ中にあったが、その中でも元治年間になると熊本で長岡監物の次子米田（左馬助）、そして慶応元年からは元田を介して

長岡護美（良之介）、さらに護美を通じて世子（澄之介）、即ちのちの最後の藩主細川護久、へと連絡がつくようになり、実学党を中心とする藩政改革への見通しがついたこと、等があって小楠は自己の考えを主張し、林櫻園及び肥後勤王党、その流れをくむ敬神党に対して、一種の勝利宣言をしたかった。そしてそれが「天道覚明論」である、というのが氏の小楠説である。氏の説を補強するものとして堤氏が考えているものには、桃節山『西遊日記』（現在『日本庶民生活史料集成』三一書房、第二〇巻に収録）、楠本碩水『過庭餘聞』（『楠本端山・碩水全集』葦書房に収録）がある。

なお堤氏は何人もこれまで言及しなかった新説、すなわち「東皐野人」なるものが「元田永孚」であるという説を発表している（同氏著『横井小楠』、ならびにその基礎になるものとしての「「天道覚明論」の周辺事情」参照）。

その後更に藤間生大氏の「小楠思想第二の転機　再考」、『近代熊本』第二七号がある。これは堤説を批判して、「天道覚明論」の筆者は大宮司阿蘇惟治とするものである。これは私としてもわが意を得たりという説で、『西遊日記』の説に対する堤氏の見解に反対、これを以て小楠を「天道覚明論」の作者であるとする見解を否定している。

なお藤間氏は「天道覚明論」のタイトルは儒教の理念によってではなく、祖法に従って「天台の宗法」の観点からつけられたとする注目すべき新説を提唱している。

(20) 堤克彦著『横井小楠』西日本新聞社。ならびにより詳しくは堤氏「横井小楠の「天道覚明論」の周辺事情」、同上。

(21) 楠本碩水は、兄の端山とともに九州最後の程朱学者と呼ばれ、兄が程明道に、碩水は程伊川に擬せられている。針生島に塾を開いて教育に当りながら多くの著書を残した。岡田武彦・荒木見悟・町田三郎・福田殖編『楠本端山・碩水全集』（葦書房、昭和五十五年）に碩水のほとんど全部の作品が収録されている。若い時公用で肥後に勉強に来て、藩としては木下韡村を指導教官にしたが、学風が合わず、儒学の経学の面では月田蒙斎に私淑するとともに、小楠の人物や思想に非常に魅力を感じ、三回も訪問している。『過庭餘聞』に小楠についての貴重な記録を残している。

なお『楠本端山・碩水全集』の巻末に岡田氏の「楠本端山と碩水」と題する論考があり、荒木見悟・町田三郎・福田殖三氏による碩水の作品についての解題が附せられ、大変有益である。なお碩水については福田殖氏の「楠本碩水——九州における最後の崎門学者」（一九八八年、『九州大学中国哲学論集』第一四巻所収）があり、碩水のみを対象にした唯一の論文である。

(22) 木下韡村（犀譚とも号す）は幕末から明治初頭における熊本を代表する儒者。精密な学風で識られる。井上毅、古荘嘉門、竹添進一郎ら明治の舞台で活躍した旧学校派の秀才はその弟子。小楠より二、三歳年上の時習館の居寮生。共に江戸に留学中、小楠と合わず、小楠より絶交を申出される。

(23) 月田蒙斎（文政四・一八〇七―慶応二・一八六六）は熊本北部の荒尾の神官の家に生まれて儒教を志し、田舎の子供に教えながら「為己之学」としての朱子学を窮め、経学の深さでは抜群で崎門学派三宅尚斉の学統を継ぎ、楠本端山・碩水兄弟に少なからぬ影響を与えた。

彼の経学思想については、難波征男氏の「月田蒙斎」（『楠本端山』、「日本の思想家」四二、明徳出版社、昭和五十三年）がほとんど唯一の論攷であろう。なお蒙斎については上村希美雄氏が『宮崎兄弟伝』（葦書房）において宮崎八郎との関係で論じている。

(24) 幕末日本における『聖武記』ならびに『海国図志』の受容については、拙稿「幕末日本における中国を通しての「西洋学習」」（源了圓・厳紹璗編『日中文化交流史叢書（3）』大修館書店、一九九五年十月刊）を参照されたい。

(25) 徳富熊太郎（一義）の『東遊日記』によると、小楠は京都滞在中、四月二十五日および二十八、三十日と五月八日と四回も春日潜庵を訪れているが、一回の訪問時間が長いことがその特徴である。小楠は嘉永四年二月二十八日から同年八月二十一日までの関西方面への旅行中会った多くの人物中、これはと思った人として、柳川の池辺藤左衛門、徳山の井上弥太郎、芸州の吉村重助、京都の春日潜庵、大阪の大久保要の五人をあげているが、潜庵については「春日潜庵は余程才力明敏なる人物にて深く相交り咄合仕候」と語っている。（山崎正董『横井小楠　伝記篇』一八四―五頁、ならびに一九〇頁）

本論で使用した基本文献

『肥後藩国事史料』巻一〇
『肥後国誌』下
『肥後先哲遺蹟』後編
山崎正董著『横井小楠　伝記篇』
山崎正董編『横井小楠　遺稿篇』
史籍協会史籍叢書『保古飛呂比　佐々木高行日記　四』明治二年

同　『大久保利通日記』
同　「岩倉具視関係文書」
菊山正明『明治国家の形成と司法制度』
我妻栄・林茂・辻清明・団藤重光編『日本政治裁判史録　明治前』
『櫻園先生遺稿　全』
岡田武彦・荒木見悟・町田三郎・福田殖編『楠本端山・碩水全集』葦書房、昭和五十五年
荻生徂徠『明律国字解』内田・日原校訂、創文社、明治十年

徳富蘇峰——小楠研究におけるその功罪

小楠理解における蘇峰

敗戦までの小楠を論ずる人々の横井小楠についての知識の大方は、徳富蘇峰（一八六三―一九五七）によるものであった。もちろん昭和十七年五月に山崎正董著の『横井小楠　遺稿篇・伝記篇』の二冊が出て、小楠についての研究者たちの理解は飛躍的に深まったが、当時の金で十五円だったので、個人でこれを買うのは決して楽ではなかった。一般の日本人の小楠理解は、やはり蘇峰の単行本によることが多かった。そのことは日本人の大部分は、蘇峰というきわめて個性的なジャーナリスト・歴史家の眼を通して小楠を理解したことを意味する。蘇峰は、小楠の最初の弟子で水俣の豪農であった徳富一敬の長男であり、また彼の母は小楠の妻つせの姉でもある。また小楠関係の資料をたくさんもっていたし、近世日本の歴史研究家で、戦前恩賜賞を貰うだけの仕事をしている人であるし、また小楠関係の資料をたくさん蒐集していたので、人を説得する力を多分にもっていた。しかしまた彼は独自の思想のもち主であり、彼の著作を読む人はよほど注意しないと蘇峰の眼を通した小楠の思想を、真の小楠の思想と誤解することもある。私が「横井小楠研究における徳富蘇峰の功罪」と題する所以である。

量的にいうと、「功」の方が圧倒的に多い。しかし質的には間違った小楠像を伝えることがあって、その意味においては読者を誤らせる面がある。

小楠研究に与えたプラス面

以上のことを前置きにして本論に取りかかる。蘇峰は小楠の最初の弟子、熊本県水俣出身の豪農徳富一敬の長子であり、しかも小楠が最初の妻小川ひさを喪った後に再婚した矢島つせは、徳富一敬の妻の久子の妹であるという深い縁によって結ばれていた。もちろん彼は文久三年の生まれであるから小楠が暗殺された時は満五歳ほどであって、直接小楠を知らない。とは言え彼は、幼少の頃から父を通して小楠の話を折に触れて聞いて、小楠への讃仰の気持を深めて、小楠という人物を世の中に知らせたいという気持を深めていった。

その気持を実現した最初の出来事は、明治二十二年に自分が経営している民友社からの『小楠遺稿』刊行であった。事に慣れない小楠の嗣子横井時雄に代って編集作業をやり、本の冒頭は因縁浅からざる松平春嶽の書を以て飾っているが、そこで春嶽は「小楠先生の門人」と自から書いている。次に、旧熊本藩主の弟で中央政府では暫らく小楠と席を同じうしたこともある長岡護美からは「友人」という資格で題字を書いて貰っている。題字の文章こそ書いていないが、勝海舟は出版費用として多くを寄贈した。この三人には特に世話になったようである。そして福井での弟子の由利公正、ならびに藩校時習館の居寮生の時から小楠の弟子であり、友人でもあった元田永孚の文で巻末を飾っている。このような心のこもった配慮は蘇峰によってなされたものであろう。この本の編者は横井時雄となっているが、事実上の編者は蘇峰である。

二つ目の出来事は、蘇峰は上京後、勝海舟の邸の中の別棟の邸宅に住み、その関係で海舟と親しくなった。そうしたことで、父一敬を始め、小楠の弟子たちの知らない小楠を知ることが出来た。たとえば海舟は時々二人の共通の関心事の中で自分がどうしても判断がつきかね、すぐ決断が出来ない時に小楠の意見を問うた。小楠はその時、すぐ適切な意見を出してくれた。ただその際、「勝さん、私のこの時の意見なのだから、その状況が変われば、私の見解は当然変わってくる。そのことを心得ておいて下さい」と小楠は言った。海舟はその時、なんと聡明な人だろうと思った、ということを蘇峰は書きとめている。小楠も海舟も共に普通の学者ではなく、実践知に生きる実行の人である。小楠の知のそのような性格を、この逸話によって筆者は初めて知ることが出来た。多分多くの人がそうであろう。海舟は自分の師でもあり、姉婿でもあった佐久間象山から小楠のような反応を得ることは一度も出来なかった。象山と小楠とは、その知の性格が異なる学者であったようだ。

海舟はまた次のようなことも言っている。小楠は西洋のことはあまり知らなかった。俺の方が教えてやる位だった。しかしその時、小楠は事柄の本質を理解する能力を発揮して自分の及びもつかない答を出す。まことに驚くべき聡明な人だと。この海舟の言で、われわれは小楠の弟子たちの知らない能力を知ることが出来る。こうしてわれわれは、徳富蘇峰を介して弟子たちの知らない小楠の美質を知ることが出来た。

次に小楠には慶応元年につくったとみなすことのできる「帝生万物靈。使之亮天功。所以志趣大。神飛六合中。（帝万物の霊を生じ、之をして天功を亮《たす》けしむ。志趣大なる所以にして、神にして六合の中《うち》に飛ぶ。）」という詩と「道既無形躰。心何有拘泥。達人能明了。渾順天地勢。（道既に形躰無し。心は何ぞ拘泥するところ有らんや。達人能《よ》く明了。渾《す》べて天地の勢に順《したが》う。）」（偶作二首）という二首の五言絶句がある。勝海舟はこの二首の詩が好きで、前者を小楠に書いてもらって自分部屋に扁額として掛けていたようである。以下述べることは私個人だけの問題かもしれないが、私はそれまで、彼の哲学的詩を自分の論文に引くことがあったが、詩という形をとった小楠の人間性には関心がなかった。しかしそれ以来、小楠の人間性を初めて理解でき、そしてそこにも魅かれるようになった。

以上は、蘇峰の小楠についての知識が小楠研究の上でプラスの役割を果した側面である。以下述べるマイナス面は、当面次の二つにすぎないが、私としては、それぞれ非常に重要な側面である。

蘇峰の小楠理解の誤り

その第一は、蘇峰が節度を超えた仕方で小楠を礼讃していることである。蘇峰の言うように、小楠は確かに愛国者である。しかし国家至上主義者ではない。小楠は日本の国を愛し、日本の国の独立を大事にする。しかし小楠は、蘇峰の考えるような意味での国家主義者ではない。彼の「普遍主義者」という性格は終始変わることはない。このことは思想家としての小楠を理解する上において非常に重要な問題だと私は考える。

よく知られているように、蘇峰は日清戦争中に『大日本膨脹論』を書いた。その中で彼は自分と同じタイプの膨脹主義者として、佐藤信淵、佐久間象山、吉田松陰などの名前を掲げているが、横井小楠の名前を掲げていない。それは大変公正な態度である。

その後二十二年たって蘇峰は『大正の青年と帝国の前途』（大正五年）という著作を書く。ここで彼は自分の立場を従来の「膨脹主義」から「帝国主義」という立場に改める。それは「強国主義」という言葉とも共存する。

蘇峰によれば、日本における帝国主義の第一歩は林子平の『三国通覧図説』に始まり、本多利明の『西域物語』に受け継がれ、佐藤信淵によって更に深められる。信淵は実務家として能力に富むが、五十一歳の時に著した『混同秘策』は「実務家の頭脳」に描き出された「一大ユートピア」だとして蘇峰にこれを高く評価する（本多利明については省略）。

そしてこれらの人々に対して、横井小楠の抱負は非常に高大であるが、あまりにも高遠に過ぎて、実現困難であり、「精神的帝国主義」と規定すべきものとする。彼はこうして横井小楠と訣別し、自分の道を歩いて行くのである。

蘇峰の小楠理解については間違ったところがたくさんあるし、またその結果、G・B・サンソムの小楠理解を誤まらせたところがたくさんある（G. B. Sansom, "The Western World and Japan" (1950), 邦訳『西欧世界と日本』上・下、筑摩書房、昭和四十一年）。その一々に対応することは今回は避ける。ただ一つどうしても言っておかねばならないことだけは釈明しておきたい。

それは「送左、大二姪洋行」の次の言葉である。それは「堯舜孔子の道を明らかにし、西洋器械の術を尽くす。何ぞ富国に止まらん、何ぞ強兵に止まらん」につづく「大義を四海に布かんのみ」という句である。この句についてG・B・サンソムは「一種の世界原理を提起した」（前掲の『西欧世界と日本』上巻、三二八頁、下段）と言い、「小楠の理念が、後年ドイツが、自分の文化《クルトウール》を世界におし弘めようとしたことと類似しているのは不快である」（上巻三二九頁、上段）としていることとである。

ところでこの箇所を導かせたのが、次に引用する米国にいる二人の甥への手紙の一節である。

我輩此迄と信じ候は日本、唐土之儒者之学とは雲泥の相違なれば今日日本にて我丈を尽し事業の行われざるは天命也、唯此道を明にするは我が大任なれば終生之力を此に尽すの外念願無之候。（慶応三年六月二十六日）

これを見ても、小楠が自分の胸中に構想している学問についての自信と共に、彼の謙虚さが窺われて、G・B・サンソムの思い込みとは異なることが判る。小楠が慶応二年の十二月七日に在米中の二人の甥に出した次の手紙の一節を見ると、そのわだかまりは氷解するであろう。

万里の山海隔り候へば山川草木何もかも異類のみ多かるべし。乍レ去人は同氣之性情を備へぬれば必ず兄弟之志を感じ知己相共にする人出来《しゅったい》するは自然之道理にて、却て日本人よりも外国人親切なる事に被レ存候。申迄も無レ之候へ共、木石をも動かし候は誠心のみなれば、窮する時も誠心を養ひうれしき時も誠心を養ひ何もかも誠心の一途に自省被レ致度候。是唯今日遊学中之心得と申すにて無レ之、如レ此修励被レ致候へば終身之学中今日に有レ之。航海之芸業世界第一の名人と成り候よりも芽出度かるべし。

この文章を読むならば、G・B・サンソムは、小楠を以てナチのゲルマン文化礼讃と同一視することの誤りを認め、蘇峰に由るかと思われる自己の小楠認識を修正するであろう。

安場保和と後藤新平——小楠思想の実践者

「智」の人・安場保和

小楠の経世家としての抱負は、その孫弟子ともいうべき後藤新平によって明治・大正・昭和初期の三代にまたがって開花した。その後藤が尊重した書は熊沢蕃山の『集義和書』であったが、それはまた、小楠が最も愛読し、かつ裨益された本であった。そして後藤新平を小楠から蕃山へと結びつけたのは、ほかならぬ安場保和（一八三五―一八九九）である。

安場は維新後、胆沢県（水沢市）の大参事となった。この県は、官軍に刃向ったというので新政府の統治の下で武士も民も苦しんでいた。安場は、後藤新平、斎藤實《まこと》（朝鮮総督、総理大臣、二・二六事件の折暗殺される）、山崎為徳（熊本洋学校の第一期のトップ。卒業後、東京帝国大学に入るが、自分の学ぶべき大学ではないと自覚して同志社にはいり、哲学を学ぶ。大西祝に影響を与えたが、不幸にして夭折）の三人を見出し、これらの三人にそれぞれの道を歩かせることになる。

とくに後藤新平には、将来「参議」ともなるべき器として眼をかけ、熊本県の後輩である阿川光裕に個人的指導を依頼する。後藤とは不思議な縁があり、自分の次女和子と結婚させることになる。そしてその縁を通じて後藤は横井小楠という人を知ることになる。

安場保和は、小楠の武士の門弟の四天王の一人と呼ばれ、「智」の人と言われていた。では彼は小楠から何をどのように学んだのか。安場は九歳から藩校時習館に学んだが、一時父の勤務の都合で県北の玉名郡に移り、十五歳で復学、十九歳で居寮生となった。父は自分の周囲を見ると、小楠の門に学んだ若者にすぐれた人物がいることを知り、小楠の許で学ばせることにした。ところが彼の友人は、それは考え直した方がいい、小楠は藩の中枢部にいる人々に警戒されているから止めた方がいいと強く言うので、父も心を動かされた。しかし母の久子は、保和から小楠の講義の内容を聞くと、そこには非常に説得性があり、息子の長い将来のためにはむしろ小楠先生の許に通わすべきだと思って、夫が明日の早い勤務のために休んだ後に小楠の塾に通わせ、自らも息子から講義の内容を聞くのを楽しんだという。

小楠の「為己の学」

山崎正董の書いた小楠の伝記によれば、小楠は常に歴史的な話をすれば現実の問題に引戻して話し、弟子たちにみずから考える機会を与えたというが、彼の学問を一般化すれば「為己の学」、これをパラフレイズすれば「修己治人の学」であったから、右のような形をとるのはきわめて自然のことであろう。保和は常に、どういう状況であったら自分はどうするかということを反趨したに違いない。そしてそのような自己訓練の結果として、いかなる状況の下でもそれに適合した判断をし、その判断の下にそれにふさわしい行動がすぐにできるようになったのであろう。そのことが、安場保和を小楠の弟子の中でも特に「智」の人と称させるようになった理由であろう。

ところで私見によれば、安場の受けた教育で足りないものがある。それは、一つの古典を徹底的に反趨しながら読み、できるならば友人と討論して理解を深めるということである。もしそのような訓練を受けていたのであれば、いかなる異文明の思想に出会っても、それにふさわしい判断と行動が出来たに違いない。それが古典というもののよさだと私は思う。残念ながら安場には、元田永孚の場合と違ってこういう教育が足りなかった。安場は非常にすぐれた資質をもちながら、その面の教育が足りなかったために、横井小楠や熊沢蕃山のような第一級の経世家となり得なかったのであろう。

とは言え、安場家には他にないすぐれた精神的伝統があった。それは赤穂浪士が細川藩に預けられた時、安場の先祖は大石内蔵助の切腹の介錯をすることになり、大石の遺品が安場家に伝えられた。それはその後の安場家の人々の誇りであり、保和もその誇りをもって自己を持したのであろう。彼が「高潔の士」と言われたのはそのためではあるまいか。

台湾での後藤新平の功績

日清戦争の三年後、四代目の台湾総督として児玉源太郎(一八五二―一九〇六)が就任し、それを補佐する民政局長として後藤新平が選ばれた。それまでの総督は初代樺山資紀、二代目桂太郎、三代目乃木希典であり、彼らを補佐する民政局長は水野遵、曽根静夫であったが、二人とも失敗している。それは、台湾総督ならびに民政局長の仕事がいかに難しい仕事であったことを物語る。

児玉が総督として選ばれたことについては、皆最高の人事としてよろこんだ。後藤新平については、日清戦争中、宇品の陸軍検疫所の所長として大変適切な処置をして当時の上司児玉源太郎がこれを高く評価し、自分が総督に任ぜられると、後藤に民政局長として自分を補佐して欲しいと頼んだ。後藤は自分を推薦してくれた児玉に感謝したが、自分としてはこのポストに就くことは全く考えたこともないし、自分は医学を修めただけで行政的な仕事をしたことがなく、果して立派にやりとげる自信もない、暫らく考えさせて欲しいと言って、軍医出身の軍政家で新平に眼をかけてくれていた石黒忠篤に相談したところ石黒は大賛成、親友の大蔵省の阪谷芳郎、旧知の医者として異色の北里柴三郎も賛成してくれた。阪谷からは金ばかりでなく、必要なら人も貸す、という力強い声援があった。こういういきさつがあって、後藤新平は民政局長として児玉源太郎を助ける決断をした。

ところで「児玉・後藤」の人事を中央政府で推薦したのは誰か——山県や伊藤だという説もあるが、桂太郎の推薦が大きな支えであったことは否めない。桂は台湾総督の重要性をよく知り、在任期間が短かった為に自分が果せなかった仕事を児玉にやって貰うことを期待し、後藤がその補佐役として適任であると思っていた。さて当時は台湾統治の受難期であった。その統治の困難さに失望して台湾放棄論も出るし、一億円でフランスに売却すべしということを口に出す者さえあったという。この台湾統治には清朝の李鴻章も「土匪問題」と阿片問題に手を焼いて、日清戦争に敗北後、よろこんで日本に割譲したとも言われている。

後藤は台湾に赴任すると、免職になった場合のために帰国費として三百円を机の抽出に入れて置いたという。さて台湾に着いて程なく、児玉は後藤に施政方針の草稿の起草を求めた。しかし後藤は「それは止めた方がいい。いい施政演説をしたからと言って実際の仕事は樺山も桂も乃木も皆失敗している」と言った。児玉は、「君は民政局長としてどんな抱負をもっているか」と聞かれ、後藤は「私は医者出身なので、民政には生物学の原則に従ってやるつもりです」と答えたという。「それはどういうことか」と児玉に聞かれ、後藤は「台湾の人々の慣習を重んじて統治することです」と答える。

児玉は後藤の言おうとしていることを理解し、施政方針演説を止め、一方では「旧慣調査会」をつくって、科学的研究をやっている人々をスカウトし、他方、前任者たちが採用した法律家一〇八〇人を罷免した。これらの人々は日本とは全く異なる社会的情況を無視し、法律論議を押しつけて、台湾の民政を妨害すると後藤が判断したからである。これが実行されたのは、児玉総督が後藤の判断や考え方をよく理解し、それを徹底的に支持したからこそ実施可能となったのである。そしてこれが実現した後、後藤は、民政局長官となり、次のような分野の研究を専門とする人々が採用された。

（イ）土匪問題を解決するための慣行調査

（ロ）鉄道敷設を専門とする人々の採用（当時期待される最高の技術者長谷川謹介の採用）

（ハ）港湾問題

（ニ）土地調査事業……全島の土地測量　地積の測量の結果　約二倍

価格　約三倍半

その精密さ……参謀本部の地図　二〇万分の一

ここでの地図　六〇〇万分の一（その精密さは驚くべきもの）

台湾政府の収入は恒常的に豊かになる（中村是公）

（ホ）阿片問題……この問題の解決に必要な医学的素養をもつ人によるが、これは余人ではなく後藤が自ら漸進的解決の方法を発案し、そしてそれに成功した。児玉総督は後藤の阿片問題解決の方途を考案した功績を大なるものとして申請し、後藤は勲二等の功績に該当するものとしてそれが認められた。

（ヘ）樟脳栽培……化学的素養必要

（ト）砂糖栽培……新渡戸稲造が之に当る

（チ）　洪水対策

右のようなことに長じた人々が必要に応じてスカウトされた。「土匪問題」解決のために歴代の総督は苦しみ、そして失敗した。この問題解決のために慣行調査をする専門家が多く集められた。また軍隊とは異なる民政長官の直属の警察も強化された。そしてこれに成功した時、「児玉・後藤体制」は歴代の総督ならびにその部下が解決できなかった問題を解決し、その統治の第一期を終える。鉄道・港湾・道路問題の解決に当る人々は技術者たちであり、これらの問題は次の産業発展の基礎作業である。この問題を解決するために児玉・後藤は国債を発行をして、そのために日本の中央政府と交渉しなければならなかった。

「土匪」にはいろいろのタイプがあり、それらを識別するには、冷静で体系的な調査が必要であり、その基礎作業がほぼ済んだ段階で、最後のとどめとして、情の人としての後藤新平の人間性、任侠性が必要であり、後藤新平という人間の存在なくしてはこの問題の解決は困難であったろう。更にこの問題の解決にとって幸運なことは、後藤の少年の頃、岳父の安場保和がその教育を託したかつての後藤の恩師阿川光裕が総督府の縣治課に勤めていて、彼は阿片漸進制度に通暁していただけでなく、「土匪問題」の解決にも秘策をもっていたことである。彼は少年後藤と別れた後、熊本県阿蘇郡の郡長などやっていたが、桂が台湾総督だった折に台湾総督府に勤めるために公募に応じて渡台していたのであった。後藤は、はからずも岳父安場保和の恩恵に浴したのである。

台湾統治の最も困難な問題を解決するには、さきに上げた諸綱目を解決する人材を公募すればよかったし、そのために内地の政府の大臣以下の人々と交渉せねばならなかったが、それは岳父の保和が地方の知事として、中央政府の大臣たちと交渉することに類比される仕事であった。後藤は人知れずこの事を思って苦笑していたかも知れない。

後藤新平は総督児玉源太郎と絶妙の関係をつくり、相互に補い合って台湾統治に成功し、「土匪問題」・鉄道問題・港湾問題・道路問題・衛生問題等等の解決に成功した。残る問題は台湾を豊かにする政策で、彼は児玉と共に日本に帰って、国債発行の交渉をすることに全力を傾け、それに成功した。

この間の活躍で、後藤は単に民政局長官として傑出しているだけでなく一角の政治家として中央政府の人々にも深い感銘を与えるに至った。この間、伊藤博文と児玉総督との確執などもあったが、その危険性を予感した後藤の努力によって問題の解決が出来、基隆港の工事も続けることが出来ると共に、日露戦争の勃発によって基隆―高雄間の鉄道の敷設も予定以上に早く出来上り、それが台湾の産業の発展に予想以上に寄与するということがあった。その上、日本の鉄道で定年退職になった最高の技術者の技術も生かされるという幸運もあったらしい。

また台湾銀行も設置され、明治三十七、八年以降はこれまでの後藤の苦労が稔りの秋を迎えたと言ってよいと思う。

台湾全土の土地から恒常的に得られる膨大な税収入、アヘン栽培とアヘン中毒治療のための薬の製造とそれから得られる収入、樟脳栽培から得られる収入、砂糖栽培から得られる収入の増大、これらの収入によって台湾銀行で発行される社債は内地でも恒常的な収入となり、洪水などが不定期的に起っても困ることはなく、児玉・後藤の体制は大成功の中に終わった。

児玉、後藤の働く場所は満州に移ることになるが、これは本稿の課題を超えている。

後藤新平夫人和子の内助の功

後藤新平の妻和子は政治家後藤の仕事の意味を充分に理解し、献身的に夫を扶けた最高の妻であった。伝記『後藤新平』の著者である鶴見祐輔は、後藤の天才性を強調するために「小心であった夫人」と書いているが、「小心」は「細心」と書くべきだった。また「律義な平凡人」とも書いているが、祐輔が自己の価値判断をまじえず、客観的に書いている和子像を見ると「聰明」で、教養あり、人情味が溢れている。夫の「烈しい怒号」や「癇癪」の破裂で傷つき怨み、場合によっては怒りをもって以て彼の許を去ろうとしている人々を、玄関で詫びて一生懸命にとりなした彼女の誠意のおかげで、後藤の良さを理解し、やがて良き協力者となった部下が多かったこと、夫に向って、あなたは秀吉型でなく、信長型ですよと遠慮無く直言し忠告する妻であり、とかく派手好みの交際をする夫のやり方を抑えつけないようにして、家庭生活をつつましくして生活が破綻しないように努め、夫が眠りについてから自分の睡眠時間を削って読書に励み、早起きの夫が起きたらすぐ活動できるようにそれより早く起きる、など。

また部下の新婚の妻に、よきアドバイスをしている彼女を見ると、「小心」で「律義な平凡人」という鶴見祐輔の判断もしくは巷説は、間違っていると言わざるを得ない。この夫人の協力によって、後藤は自分の能力を充分に発揮し、その台湾における使命を十二分に果すことが出来たと私は判断する。後藤もそれを充分に知ってい て、満鉄総裁時代に、米国人の妻と共に帰米する新渡戸稲造に頼んで、米国に伴って貰ったが、和子の人柄と深く洗練された教養と気品は新渡戸夫人だけでなく、彼女を知った米国の人々を感銘させたということである。そして彼女の聡明さは保和の母久子譲りのものであり、そのもつ気品・床しさは古武士の風格をもつ安場保和の築いた家風の中で培われたものではないだろうか。なお後日の余話であるが、後藤和子の孫に当たる鶴見和子さんは自分を祖母の生まれ変わりと信じておられた。

補論

私の小楠研究の歩みを振りかえって

右に掲げたようなテーマで一文を書くことを会長の山崎さんに求められた。小楠研究の渦中にある今、正直言って今こんなテーマで書くのは自分の意に反する。しかしこの研究年報が出ることは、小楠研究会がこの後も続くための大切な条件となると考えているので、眼をつぶって書くことにする。

私が小楠のことを初めて知ったのは、小学校の四年のときだった。住職をやっていた兄が何かの都合でしばらく寺務ができないので、沼山津村のお寺の院代をやっていたWさんが一ヶ月ほど手伝いに来られた。部屋の都合で私はWさんと同じ部屋に休むことになった。ある日彼は、了圓さん、ああた（あなた）は横井小楠という人を知っているか、と聞く。知らない、と答えると、東洋で一番偉い人たい、と言う。お釈迦さんが一番偉い人と思っていた私は腑に落ちなかったが、彼は私を納得させるような説明はしてくれなかった。だがそのことばは、私の心の中で或る場所をずっと占めつづけた。

次は五高時代お世話になっていたSさんのお宅のお嬢さんと、山崎正董先生のお嬢さんが親しい友人関係にあって、時々遊びに来ておられたようである。もうすでに上・下の小楠についての本が出た後のことである。一度偶然お目にかかれたが、あの本を出すとき、父の手伝いで大変だったと苦心談をうかがった。よほど一度伺ってお父様の話を聞きたいのですがと頼みたかったが、当時私はあの二冊の大きな本は読んでいなかったし、また当時ニーチェに関心をもって彼の著作を夢中になって読んでいて、すぐに小楠を読む気もなかったので、こんな状況で訪問するのは失礼になると思って思い止まった。

その頃同級生の佐藤文治君が、大川周明が五高時代に三年間を過していたところに下宿していたが、或る日、彼がその家のおばあさんから聞いたという周明の小楠崇拝の話を聞かされた。それによると周明は小楠に心酔して、東北の地から小楠の故郷の熊本にある五高に入り、たびたび夜を徹して沼山津村の小楠の故地を尋ねたが、或るとき帰りの途中で眠くなって電柱に自分のからだを縛り夜が明けるまで眠った、というようなことだった。非常に面白かったが、そのときも小楠のことをすぐに勉強しようという気持にはなれなかった。

話は戦争中の日本に跳ぶ。昭和十八年、程なく入隊する前に、巻藁にルーズヴェルトやチャーチルの顔を描いた紙を貼って一般市民に竹槍の稽古をさせている在郷軍人の姿を見て、やりきれない気持がした。明治の日本であればたとえ必死の戦であっても、こういうことは絶対させないだろうと、乃木希典とステッセルの会見のことを思い出し暗澹たる気持がした。

私にとって戦争中、自分の祖国を愛しつつ、しかも国家至上主義を超える原理の、歴史における形とはどういうものだろうかということが、気になっていたことのひとつだった。当時の私の知識では、それに該当するものは、聖徳太子くらいでその他の人のことは浮かんでこなかった。

卒業後、私は考えるところがあって大学に勤めなかった。何度もおすすめいただいた旧制高校の時の先生や、その他いろいろ心配して下さった方々に申し訳なく思う。そして大学院に在籍したまま、戦後パージになられた先生方を中心につくられる哲学辞典の編集をするため弘文堂に入った。先生方の「近代の超克」や『中央公論』に載った先生方の座談会などは、戦前には一度も読んだことはなかった。ところで大学ではこれらの先生方はきわめてよく準備されたオーソドックスな講義をしておられて、時局に関することを話されたことを一度も聞いたことがない。私は、先生方の学問や公私のケジメをきっちりつける人柄を尊敬していた。この方々からもっと学ぼうという気持でこの仕事に就いたのである。

仕事は順調にいっていた。項目、枚数、執筆者等の案はすべて出来上がり、三宅剛一先生や高山岩男先生などの原稿はすべて出来上がっていたが、会社の内紛が起こっていくつかに分裂してしまい、その仕事は自然消滅してしまった。

その間の事情のことはまったく知らなかったが、今考えると高坂正顕先生はそれを察知しておられたのか、「今度、開国百年を記念して『明治文化史』というシリーズが出ることになり、その「思想・言論篇」を担当することになったので、君、手伝って欲しい」と言われたときはびっくりした。日本のことには関心があったが、まだ何も勉強したことはない。「それでよろしかったら、勉強させて下さい」とお願いした。

先生のお宅での研究会は月二回、日曜の午後に開かれた。京都や近郊在住の日本研究者、中国研究者、オブザーヴァーとしてのオーティス・ケーリさんが主な参加者で、ケーリさんは別として素人は高坂先生と私だけであった。この研究会で幕末から明治の終りまで、月一回、冷汗をかきながら一通りの報告をしたが、活字にしたのは、「横井小楠の実学」と「自然主義と漱石・鷗外」（のちに『明治思想史』の初版の一部となる）だけである。そしてこの小楠を書いたのが、私の日本思想史研究の出発点となった。

私のここでの発表は幕末・維新から始まったが、その際その時期の思想家の著作はあらかた読んだが、さっぱり面白くない。戦時下の、誰や彼やの言説を聞くような気がするのである。

そうした中で、私が思わずハッとしたのが横井小楠の次のことばであった。「無識無策世の所謂和魂なるもの却て彼を無道禽獣なりとし、尤甚だしきは之を仇讎とし、之を拒む。天地の量、日月の明を以て之を観ば何とか言はん。ア丶隘陋国家蒼生を語る痛歎の至ならずや」。私はこの数行の言葉に釘づけになった。出会うべき言葉にやっと出会った、という感じがした。

昂《たか》まる気持ちを抑えて他の部分を読むと「凡我国の外夷に処するの国是たるや、有道の国は通信を許し、無道の国は拒絶するの二つ也。有道無道を分たず一切拒絶するは、天地公共の実理に暗《くらく》して、遂に信義を万国に失ふに至るも必然の理也」（「夷虜応接大意」嘉永六年〔一八五三〕）という箇所が出てきた。「和魂」批判の普遍的原理を「天地公共の実理」と言っていること、そしてそれが「天地の量日月の明」という働きをもっていることはすぐに判った。

このようなことを可能にしている彼の思惟の構造はどうなっているのか、そういうところに関心が拡がって、大学院の年度毎の報告に「横井小楠の実学」という論文を提出した。その前に私の研究テーマを、「ニヒリズムの問題」から「日本思想史研究」に変えていた。提出した論文はかなり長く、明治維新の政治過程の中で彼の思想がどのように展開しているかということも書いていたのだが、三宅（剛一）先生が前半の思想史関係の分だけに限定して制限枚数の中に収めよということで、思いもかけずこの小論が活字になった。

それが活字になったとき、私の勤務は創文社に変わっていたように思う。吉川幸次郎先生にお目にかけたときすぐ読んで下さって、大変面白いが、儒学の二つの分派を孟子系と管子系としているのは「孟子系と荀子系」に直すべきだ、と教えて下さって、さらにこのような実学的考えは儒教の実証主義的な研究が盛んなところで、その批判としてよく出てくる、と大変貴重なコメントをして下さったことを覚えている。恐らく先生は、熊本出身の恩師狩野直喜先生を生んだ秋山玉山以来の肥後学統のことを念頭に置いてこの言をなされたのであろう。

その後暫くたって思いもかけず小島祐馬先生が高知から葉書を下さって、私の間違いを指摘して下さるとともに、大変面白いアプローチだからしっかりやるようにと励まして下さった。小島先生には、私がその頃大変お世話になっていた深瀬基寛先生のお宅で一度お目にかかったことがあったのだ。その後、丸山真男さんに仕事の関係でお目にかかったときに抜刷を差し上げたら、後でお目にかかったとき、君の小楠の捉え方はモダンすぎるという批判があった。恐らく「知る」と「合点する」の説明のところで、その頃読んでいたホワイトヘッドの用語

inert ideas などを使っていたところなどを指されたらしい。

儒教は当時の私には、仏教や老荘よりもはるかに縁遠い教説だった。朱子学ときたらなおさらのことだった。何にも知らないので、秋月胤継の『朱子研究』を古本屋で探してそれを参照しながら小楠の思想を理解しようと努めた。しかし当時の私は、中国の儒学の歴史についてはほとんど知らず、まったく初歩の基本的なことの勉強ができていなかった。西洋哲学を少し齧った人間の眼で小楠を必死になって理解しようと試みたのであるが、自分の至らないことを自覚して、「実学」という判ったようで判らない言葉の指す意味を手探りで勉強し始めた。

この論文を書いた関係で、『朝日ジャーナル』の「近代日本思想史」のシリーズに小楠を書いたり、『文学』に「維新前後の実学思想と近代文学の成立」という論文、『思想の科学』に「実学史観の提唱」などを書いて、日本思想史研究の世界に入りこんでいった。

戦後、私の母校であった宇土高校に遊びに行ったときに識り合った花立三郎さん（当時宇土高校の先生）が大学では哲学を勉強されたことを知った私は、一緒にカントの『純粋理性批判』の原典での勉強を始め、それ以来友人となった。花立さんも大江義塾のことから出発して手堅く近代熊本の思想史や教育史の研究を始められたので、将来、私は横井小楠について一冊書くから、あなたは小楠の熊本の弟子たちことを一冊書いて、二冊を一組にして『横井小楠と熊本実学派の人々』という本にしたらと提案し、花立さんもすぐにそれを受け入れて約束したのは、昭和三十年代のことだったのではないかと思う。

その後花立さんは、大江義塾や若き日の蘇峰についての著作をまとめ、熊本市の歴史についての仕事をしながら小楠の弟子たちについて実証研究を重ね、一つ一つすぐれた論文を積み重ねて行かれた。私はというと、その約束を忘れたことはまったくないが、実学思想研究は近世初期まで遡り、他方『義理と人情』から始まり、「型」

研究に至った日本文化研究の側面では、『文化と人間形成』という新しいタイプの教育思想史を書いたり、公務で『神観念の比較文化論的研究』の編集・執筆をしたりして、小楠研究はさっぱり進まなかった。

これはいけないと思って、国際基督教大学に勤めていたとき、大学院に小楠研究を志す石津達也君が入ってきた機会に中嶋嶺雄さんの「東アジア儒教文化圏」と題する「重点研究」の一部門として、二年目から「十九世紀における日本と中国の変法運動の比較研究――横井小楠と康有為を中心として」と題する共同研究を申請した。メンバーは私が研究代表、それに花立さん、同僚のM・W・スティールさん、清代の科学思想史研究家であり、康有為の研究者でもある関西大学の坂出祥伸さんが参加された。私のつもりではその研究会に石津君も出席させ、そこで発表して、修士論文の準備をさせるということであったが、彼の志は海外に雄飛することにあって、ケンブリッヂ大学に留学したいということだったので無理に止めるわけにもいかず、その機会を逸した。彼の研究の基礎は、私が定年になり、彼が修士課程を終えてからの二年ばかりの個人指導による。

それはそれとして、昭和六十三年度の研究実績報告書に書いた「横井小楠と三代の学」という小論に島田虔次さんが大変興味をもたれて、ぜひ中国語に翻訳して中国で活字にしたらいいと勧められ、仙台にいたとき東北大学に研究に来られた南開大学の王家驊さんに頼んで「横井小楠和三代之学」という題で翻訳していただき、中国社会科学院哲学研究所で刊行されている『哲学研究』の一九九〇年の「中国哲学史研究専輯号」に掲載された。それが出たとき、島田さんは自分のことのように喜んで下さって、大変いい訳だと言って王さんの翻訳を賞められ、それを聞いた王さんも喜ばれた。その島田さんも王さんも共に故人となられた。お二人とも私にとっては非常に大切な方で寂しい。お二人ともご存命であればと、折りに触れて在りし日のことを想い起こすのである。

この前後に、「横井小楠の「三代の学」における基本的概念の検討」、「横井小楠における学問・教育・政治――

「講学」と公議・公論思想の形成の問題をめぐって」という論文を書き、一九九三年にオックスフォード大学の講演を基にして“Confucian Thinkers on the Eve of the Meiji Restoration——Sakuma Shozan and Yokoi Shonan”という論文を書いた。

「横井小楠の「三代の学」における基本的概念の検討」（一九九〇）は三十五年ぶりに書いた小楠に関する哲学的色彩の強い思想史論文である。その間、政治思想史の平石直昭さん、政治史の松浦玲さんのお二人を中心に本格的研究がなされている。論文の数は多いとは言えないが、宮城公子さんや八木清治君の労作も忘れがたい。戦後寥々たる小楠研究も、その間に非常に進み水準の高い労作が生まれている。私の右のタイトルの論文は、新しく小楠を研究し直すというより、自分の三十五年の実学思想史の研究成果を基礎として「横井小楠の実学」を書き直そうという意図の下に、国際基督教大学で大変お世話になった武田清子教授の退職を記念する号に、私の感謝の気持をこめて書いた論文である。小楠の思想と朱子学との関係、それとの異同が自分の頭の中ではかなり整理できたように思う。

次の「横井小楠における学問・教育・政治——「講学」と公議・公論思想の形成の問題をめぐって」（一九九一）は、小楠の「公」をめぐる思想史研究の出発点になる論文である。それまでの私の研究の中に充分とりこめられていなかった「学校問答書」を丁寧に読むことによって、小楠の「公議・公論」の思想が「教育」さらに「共同研究」という場で小楠が経験し体験したことを基礎にして形成されたことが初めてよく判った。それとともに、小楠の思想には黄宗羲からの影響関係がまったくないにもかかわらず、両者の思想の間に同質のものがあることが初めて判って自分でも嬉しかったし、この論文も島田さんが大変喜んで、関西の中国学会でされた講演の中でわざわざ言及され、小野和子さんの『明季党社考——東林党と復社』のために書かれた序文の中でもそれについて触れておられる。

この数年間は、長い間休火山であった私の小楠研究という火山が、久しぶりに爆発した時期である。これを機会に爆発を続けるべきであったろうが、『型』や『型と日本文化』の研究をまとめると共に、私が東北大学に勤務中から約束していた『蓮如』をいよいよ出さねばならなくなり、それに五ヶ年の歳月をついやし、その後、西田幾多郎や京都学派について三つの論文を書くという思いもかけないことがあって、小楠研究はまた休火山の状態にはいった。その間、『横井小楠のすべて』が出ることになったので、義務として「王道論的社会観の大成」というエッセイを一つ書いただけである。これで今までの自分の研究の中から抜けていた、彼の若いときの「時務策」と彼の思想的成熟の産物である経済に関する思想の連続・非連続の関係を大づかみながら捉えられたと思っている。

『蓮如』や西田幾多郎についての仕事が一段落した――実は「妙好人」についての研究がかなり出来上ったが、中断された状態にある――ので、私は少しでも早く、小楠についての研究をまとめねばならないと思った。気がついてみると、花立さんも私も老齢である。何時何が起こってもおかしくはない。それに花立さんはもう九分通り原稿を完成している。これは申し訳ないことになった。そう思った私の小楠研究はまた爆発し始めた。それ以降の小楠をめぐる論文を列挙する。

一、「横井小楠における攘夷論から開国論への転回」、二〇〇〇年
一、「近世日本における「実学」の諸形態と「誠心的経世済民の実学」」（未完）、二〇〇〇年
一、「横井小楠の「公」をめぐる思想とその「開国」観」、二〇〇一年
一、「横井小楠における「公共」の思想とその公共哲学への寄与」、二〇〇二年

一、「東アジア三国における『海国図志』と横井小楠」、二〇〇二年
一、「横井小楠における「天」の観念とキリスト教」、二〇〇二年
一、「横井小楠における「開国」と「公共」思想の形成」、二〇〇三年（印刷中）
一、「熊本実学派と大久保利通——明治維新における中央と地方」、同上（印刷中）
一、「横井小楠の天皇観と「天道覚明論」」（執筆中）

これらの諸論文の中心をなす主題は「公共」の問題である。ところでこの主題からのアプローチを本格的に始めたのは、当時大学院の学生だった苅部直氏である（一九九一年二月）。私の「公共」へのアプローチはずっと遅く、二〇〇一年から集中的に始められ、「開国」の問題との関連で捉えていることを特色とする。このうち、「攘夷論から開国論への転回」と「「公」をめぐる思想とその「開国」観」とは一組の研究であって、小楠の公共思想が「開国」ということと深いつながりをもって形成されたことを論じた論文である。目下印刷中の「「開国」と「公共」思想の形成」は、これらの議論の不明瞭な部分を全面的に書き直し、彼の「公共」思想の形成の過程を、歴史的アプローチの手つづきで明らかにした論文である。更に彼の「公」をめぐる思想においては、日本の一般的傾向に反して「公共」思想が主であり、「公私」の思想が従であること、そして彼の「公私」の思想は、「公共」思想を実践する過程において形成され、明治以降の日本の「公私」思想が一般国民の「滅私奉公」を要求しているのに、小楠の場合は、公的立場にある人の公的責任を果たすことが、彼の「己我」を否定することによって達成されていること、すなわちイギリス人の言う noblesse oblige と同質のものであることを明らかにしている。

「討論」が「公論」形成の基本条件であることを小楠が知ったのは、文献によってではなく、友人たちとの実学

研究の研究会におけるみずからの「経験」によってである。さらにその経験を思想的に言語化することを小楠に教えたのは、『海国図志』「アメリカ篇」である。その際小楠は、当時の日本の多くの知識人たちとは違って、ヨーロッパの社会科学の理論書を通じてではなく、『海国図志』に載った米国社会についての記述を通じて西洋の「公共」思想を知った。そして米国社会が「公共性」を原理とする社会であることを洞察した小楠は、その眼を翻して徳川社会を見直してみることを通じて、それが徳川家の存続を目的としてつくられた非公共的社会であることを自覚した、というのが私の仮説である。このように小楠の公共思想形成における『海国図志』の役割の大きさを確認することができたのも、この論文の果たした一つの役割であろう。

　小楠の公共思想は、国際関係においてまず成立し（「夷虜応接大意」嘉永六年〔一八五三〕）、次に経済思想の領域において成立した（『国是三論』万延元年〔一八六〇〕）。政治のレヴェルではどうだろうか。すでに彼がまだ攘夷論者であった時期に「講学・講習・討論」の思想として学問研究、教育の世界において公共思想が成立し（「学校問答書」嘉永五年〔一八五二〕）、その後、小楠が福井藩の賓師として登庸されている間に橋本左内の刑死があり、文久二年〔一八六二〕の藩主松平春嶽の「政事総裁職」への就任と共に春嶽のブレーンとなって幕政の中枢に参与することになると、幕府の政治家や役人、場合によって藩を代表して幕政の改革を求める志士的政治家たち、ないし、藩を離れて国政の変更を計る志士たちを、教育・共同研究の過程を抜きにして「討論」だけによって説得せねばならなくなるとともに、「公議・公論」の思想が政治の世界に確固として登場するようになる。小楠はこれらの他者説得の過程を通じての「公論」に充分妥当性を認めるようになり、文久二年の「国是七条」の一節に「大開二言路一、与二天下一為二公共之政一」（「天下為公」という言葉は『礼記』に出るが、孫文も自分の政治理想のモットーとしていた）という文言で、「公論、公論」に基づく「公共之政」の可能性を認めるようになる。この思想的基盤に立って、まず冒頭に「広ク会議ヲ開キ万幾公論ニ決スヘシ」と宣言する五箇条の御誓文も成立し、近代日本の基本的国是が成立した。

小楠の公共思想はこれまで見てきたように、教育・経済・国際関係・政治の多領域にまたがる包括的なものであるが、このような性格の公共思想は、これまで鎖国状態であった日本が西洋列強の開国への衝迫を受けることによって成立した。これに対して科学技術を盛んにして強国となるということも一つの対応の仕方であるが、小楠の択んだ道は、国を開き、諸外国と貿易関係を結び、共生・共栄の道を択び、そのことを基礎として世界の平和を実現するということを基本とするものであった。しかし他方、国の安全を保ち国民の生命・財産を守るためには、ある程度の国防の備えをして国家としての独立を保つこともまた当時の基本的国是であった。海外への侵略・膨張をとらず、しかも国家の安全、国民の生命・財産を保つためには、従来の陸軍主体ではなく海軍主体の国防政策をとり、しかもその中で身分制を破って実力本位の制度を採用し、さらに多くの有志に世界を自分の眼で見る機会を与えて国民の意識を改革するというのが小楠の国防政策の究極の狙いであって、それは第一の基本政策に連動するものであった。

右に示された公共思想、国家思想は、近代日本の中で部分的には生かされたが、基本的には避けられた考え方である。彼の政策は、明治二年の由利公正の失脚、明治六年の熊本における実学党政権の一掃、日清戦争後の三国干渉の際の徳富蘇峰の帝国主義への転向による小楠の平和思想の自己放棄、等々によって明治社会への実効力を失ったものとみなされてきた。

果してそうであろうか。近代日本の通った道には不適合であったかもしれないが、この後の日本の取るべき道としては検討してみる価値が充分あると私は思う。小楠の可能性を探るために私が取りたいと思っているのは、

（1）小楠の思想の綜合的研究、これにはし残しているいくつかの問題を検討する実証研究、ならびに彼の公共思想を可能ならしめている哲学原理の再構成、（2）それと共に彼の思想の公共哲学への寄与の可能性の検討、という事柄である。それらの半ばは思想史的アプローチであり、他の半ばは社会思想的、そして究極的には哲学的アプローチになるであろう。

（二〇〇三年五月八日）

横井小楠の実学——幕末思想史の一断面

心官只是思　思則真理生　或在一身上　又入天下平
古今天地事　莫不関吾情　寂然一室中　意象極分明

幕末思想史の一般的性格

この論文は私の企画している、西洋の近代文明に直接して以後の日本の思想史の一齣にすぎない。幕末という日本近代思想史上にも特異な位置を占める時代を、一人の思想家を通して描いてみたかったのである。なぜ私はそのために横井小楠という人物を選んだのか。それは、彼の思考様式が最も歴史主義に徹底するものであったが故に、彼の思想の中に時代の課題が最も深く豊かに盛られているからにほかならない。彼の共和制の礼讃、キリスト教にたいする異常な関心という点だけを取りあげると、随分ラディカルな思想家であったと考える人もあるかもしれないが、彼の思想は当時の漸進的進歩主義と共通の地盤に立ちつつ、しかも儒教的制約の許すかぎり、これを深め、あるいは突破していったものと私は解したい。でなければ、彼の具体的政策が福井藩、あるいは後に更に幕府当局に採用され、現実に実現される筈はないのである。現実化され得る思想のうちではラディカルであったかもしれないが、（彼はその所属する保守的な熊本藩では容れられず一生不遇であった）当時現実化され得たという点に於ては穏健なものであった、と私は思うのである。このような彼の思想の性格から、私が横井小楠を通して幕末という時代の相を描くことが必ずしも不当ではないことが理解していただけることと思う。もちろん、私は一個の人間を通して時代の全精神が描けるというのではない。一つの時代はいくつかの精神的中心をもつ。これらの精神的中心となる人間像はそれぞれに異りつつ、しかも相補って時代の生きた姿を示してくれる。その時代にその思想が実現され得なかったということは、決してそれがその時代の精神的一中心でなかったということにはならない。しかしその多元的中心の中にも、時代意識の表現の度合におのづから差のあることは否定できないであろう。私は小楠を、幕末の時代意識を最も鮮やかに具現している人と解する。

幕末は普通、思想史的には不毛の時代と考えられている。例えば徳川時代中期に於ける儒学の伊藤仁斎、荻生徂徠、或は国学の本居宣長に比肩すべき偉大な学者はこの時代には生れなかった。そのことは率直に承認さるべきである。しかし我々がいったん視点を変えれば、この時代ほど思想的に豊かなものを与えてくれる時代はまたとないであろう。結実としてではなくともその萌芽に於て、結果としてではなくてもその可能性に於て――。

ではこの幕末の思想史に新たな可能性を与えてくれるものとはいったい何であろうか。それは政治思想である。幕末の思想史を貧困化したのも政治であり、そしてまた、それに他の時代と異る特色を与えたのも政治なのである。政治思想の観点に立つとき、この時代は自己の存在の謎をとく秘鑰を我々に与えてくれる。あらためて言うまでもなく、幕末は日本の国家的存在にとって重大な危機であった。その理由の最大のものは、諸外国による開国の強要である。開国か攘夷か、これは日本の去就を決すべき重要な問題であった。次に国内政治体制の問題である。封建的支配体制と国内に於ける経済発展の不均衡は、幕府の支配力を徐々に揺がし始めるが、天保の改革(天保十二―十四年・一八四一―四三)の失敗以後幕府の威信は地におちる。そして幕府がその当初自己の支配体制を擁護するために採用した朱子学の名分論の中から、自己の存在自体を覆えすべき尊王論が生れてくる。かくて尊王論はやがて攘夷論に、佐幕論は開国論に結びつき、国内政治の紛糾が始まるのである。こうした時代の中に、時代の課題を解決するために幕末の思想は生まれたのであった。幕末の思想には穏やかな時代の思想と違って、綿密な、或は精緻な学的体系、思索はないが、何よりも差迫った課題を解決しようとする真剣さと力とがある。

そして幕末の思想の担い手が武士であったことがまたその一つの特色を成すものである。それまでの思想家は儒学者、医師、僧侶等のいわゆる文化人であった。この時代には文化が生育するような精神的余裕はなく、武士が国防・政治・社会のあらゆる部門に渉って一々の実際の問題を解決するために、自己の生命を賭して、思想を煉らねばならなかった。彼らが専門の儒学者でもなく、明治以後の如き職業的知識人でもなかったことは見落されてはならない。今かりに、佐久間象山、横井小楠、吉田松陰、橋本左内等の名前をあげた時、私の指摘した点は容易に承認されるであろう。

このような状況下に於て当然考えられるように、この時代の思想の特徴としてその実際的性格、当時の用語を借りれば実学的傾向を指摘することができる。そして更にこの実学というのは、明治になって、福沢諭吉、津田真道によって主張された功利主義的観点に立つ実学と違って、政治と道徳とを根本に於て一致すると考える儒教的意識の上に成立したものである。このことに付加して、幕末の代表的開明思想家はいずれも洋学を直接に学ぶか、或は洋学に異常な関心を示す人々であったが、儒教に対して批判的態度を持した明治の啓蒙思想家たちと違って、彼等は自覚的に、儒教意識の上に洋学を接合しようとした、ということが指摘されねばならない。「東洋道徳、西洋芸術」という佐久間象山の言葉に、彼等の意識は端的に象徴されている。彼等の思想を検討するとき、儒教文明が西洋文明を如何に理解し、如何に受容したかの顕著な一例もそこに認めることができる。

幕末の思想家は、尊王・左幕、開国・攘夷といろいろの陣営に分けて考えることができるが、彼等のすべてに時代の動き、思想の動きを認めることができる。解決の方法に漸進・急進の差はあろう。また朝廷を主として考えるもの、幕府を現実の大きな政治勢力と考えるものもあろう。また兵学的見地よりするもの、政治・経済的側面からするものもあろう。或は精神的原理を神国日本に求めるものもあり、世界史的見地よりするものもあろう。

随分社会的緊張の強い時代であるが、どの思想を取りあげても現状維持を図ろうとするものはない。攘夷の点で保守的な尊王側には国内政治体制を改革しようと積極的意図があり、現在の政治体制を維持しようという点に於て守旧派の幕府方に於ても、近代化への努力は尊王側と比較にならないほど実質的になされている。すべては「鎖国にして封建」なる日本を、世界史の舞台の中に新生せんがための苦悩であった。そしてその中に於て彼等に共通な、そして最も切実な要求は、日本の国家的独立の保全ということである。従って、こういう中から生れ出て来た明治維新は、何よりも政治革命的色彩をもつ。社会的変革は明治になって、上から開明的に、半ば強制的に行われたのであった。

このような幕末の思想の一般的性格を念頭におきつつ、次に横井小楠の思想がどのようなものであったかを見てゆきたい。そのためには、小楠の思想を、その歴史主義的思考が鮮やかに展開されている時務論と、その時務論の思想的基盤をなすかれの実学とに分けて説明しつつ、両者の内的関聯を明らかにしなければならないのであるが、本稿に於ては実学の問題を中心として彼の思想を解明することにする。

幕末の思想は武士たちによって形成された。そして彼等の時代にたいする最大の責務は国防にあり、従って幕末の思想は開国、攘夷の問題をめぐって展開されたのである。幕末に於て攘夷論に対し積極的に開国論を主張した人々のうち、欧米諸国の軍事的諸力の優越性を認め、またその基礎になっている科学文明・技術文明を一日も早く日本に移植しようという立場の人と、儒教意識による歪みを受けた不徹底な形に於てではあるが、このような科学文明がその上に成り立っている政治組織・社会組織、なかんづく欧米の経済の進展度に注目して、富国を興国の源とし、世界貿易の立場から開国を主張しようという人が分れた。

もちろん後者にあっても、国防の問題も看却していたわけではない。国防の問題、更に欧米諸国に比肩する国家の建設こそは、その時代にとっても共通の根本問題だったのである。政治・社会・経済への問題の拡がりは、彼等の世界に対する視圏の拡がり、彼等の国内政治に於ける立場、更にまた彼等の学問思想の立場に由来するものであった。二者ともに同じ前・近代的地平に立つとはいえ、軍事的見地から経済的見地への移行は、彼等の態度に質的な転換をもたらす契機を、その中に包蔵している。もちろん封建体制下であるから、このことが直ちに資本主義国家への移行をもたらすというわけにはいかないけれども、軍事的見地のみに立つ場合、如何に後年の象山のように、夷狄という名前を避けて西蕃という名前を以て呼ぼうとも、畢竟するに華夷意識はとうてい免れることができなかったのである。しかし交易ということに注目し、またその交易の実際を見れば、交易が信義に基くものであることも、また西洋の商人が我が国の封建制下の町人とは全く質を異にしたものであることも分るであろうし、橋本左内のように「知識の交易をもしたし」というような態度にまで変ってくる。華夷意識からの離脱はかくして始まるのである。

しかし開国論はこのような軍事的・経済的見地からのみ主張されたのではない。それに関連しつつ、更にまた思想的根拠からなされたのである。私が今問題にしている横井小楠（一八〇九―一八六九・文化六年―明治二年）の開国論は、この立場からするものであった。次の世代を担う福沢等の新知識人と違って、儒教的教養に育った彼は、儒教的立場から開国論を主張したのである。小楠は、普通誤解されているように洋学者なのではない。彼の西洋に対する知識は、漢籍を通じてか、又は耳学問にすぎない。その点に於て他の儒学者と全く同じ条件下にある彼が、儒学者もしくは儒教的思考をする人が頑迷固陋の代名詞の如く考えられている中にあって、儒教みずからの中から開国論を称え得た理由はいったい何処にあるのか。私はこの問題を、単に開国論の問題としてのみでなく、儒教文明が西洋文明を受容して行く場合の一つの可能性として、当時の日本の政治的・社会的・経済的状況と関聯せしめつつ、この論文に於て考察して行きたい。我々は小楠の中に、政治倫理としての儒教的地盤の上に西洋を理解し、東西両文明の間に立って日本の運命を切り拓いて行こうとした人々の極限状況を見ることができる。

このことの意味を明らかにするために、今「器械芸術は彼に取り、仁義忠孝は我に存す」と云った佐久間象山のことを思出してみよう。象山の儒教の素養は相当に深く、佐藤一斎をも敢て自己の経学の師と云わず、詩文の先生としてしか認めないぐらいであったが、彼の志向するところは西洋の科学文明の受容にあり、科学自身のもつ無記性・没価値性は容易に他の価値と結合するので、彼に於ては儒教と西洋の近代思想との本質的異質性はいまだ十分に露呈されていない。即ち彼は朱子学の理と近代科学に云う合理性をアナロジカルに考え、朱子学の理の地盤で近代科学を受容できるとして、儒教についてはそれ以上の反省を加えることをしなかった。小楠のように、政治倫理としての儒教がその極限に至るときはじめて、それが西洋の近代思想と如何に異るかを逆に暴露するのである。最も近きものが最も遠きものであるということを露わにするのである。

私はさきに軍事的見地からの開国論から、経済的見地からの開国論への飛躍の意味を指摘したが、それは封建制という大きな枠の中での飛躍にすぎない。儒教意識からの離脱は、封建意識からの離脱を意味する。ここに思想史は漸く近代に入る。封建意識から近代意識へのギリギリの線を知るためには、そしてまた、それに照応する幕末における近代的諸政策と明治政府による開明政策との本質的差を知るためには、政治倫理としての儒教意識に立ちつつ、西洋文明を受容しようとした人々の思想を検討せねばならない。その一人としてまず橋本左内を挙げ得るが、彼はその政治・経済・教育に関する周密な考えを思想的に深化せしめるには余りにも早く夭折した。

私は、左内と同型の思想類型に属しつつ、更により深い立場から発想されている小楠の思想を検討することが、我々の目的を遂げるのには最も適切であると考える。

しかし小楠の思想を検討するに当って一つの大きな困難に直面せざるを得ない。彼の思想構造はすぐれて体系的であるが、彼が我々に遺してくれたものは若干の短い論策、建白、書簡等にすぎない。その再構成は全く我々の手に残されている。そしてまた、幕末から明治へかけての政治的社会的断絶は思想の上に於ても大きな断層を生じ、かつ彼はすぐれた門弟に恵まれなかったために、彼における課題が、流動的な形で、その学統の上に次の時代に展開されることもなかった。半ば忘れ去られ、埋れかかろうとしているこのすぐれた思想家を人々の記憶に呼びおこし、彼によって象徴される時代の相が明らかになれば、私の目的は達せられたと言わねばならぬ。

小楠の実学

幕末の激動する時代によく即応し、時代の要求を自己の中に主体的に先取し得た者は、兵学の素養の深い人々であった。象山・松陰・海舟、皆そうである。戦争こそ自己の生命、否、一国の浮沈に関するものである。従って兵学者こそ最も現実的であり、最もよく時代の変化に応じ得るものであった。或はもっと極端に言えば、日本の武士は儒教を正学としつつも、しかも武士なるが故に、採長補短・東西兼備の如き思考法を以て、容易に儒教のもつ固定性を脱し得たのであろう。サンソム氏は日本の近代化の迅速さを解く一つの鍵として、仮説的に、日本に於ける世界主義の欠如、ということを挙げている。けだし至言であると思う。私はこの時代の中にあって、儒教的世界主義を身を以て生きつつ、しかも前述の人々に勝るとも劣らぬ経綸を有した思想家として横井小楠の名を挙ることを躊躇しない。儒教の中に時代を採り入れ、儒教によって時代の課題を解決しようとした彼には、ほかの人々の場合と違って、儒教自身の変革発展がなされなければならなかった。かくして彼の実学がそこに形成されるのである。実学という言葉は幕末によく使われた言葉である。それは儒教自身の脱皮の苦悶を物語るものであるが、その中に於て小楠の実学ほど深い思想的反省と鍛錬をへて来たものを私は外に知らない。儒教に就て殆んど知るところのない私には、彼の実学は政治倫理としての儒教の極限にまで行っているのではないかとさえ思われる。彼の著述としては何一つないが、それは彼がすぐれて体系的思想家であったことを否定するものではない。私は彼の論策・詩文・書簡・対話・講義録を通して、彼の実学なるものを把握してみたい。

思と学

中国に於ける精神構造の特色として、超越性の欠如ということを指摘することができよう。そしてかかる精神構造の根拠として、「太極図説」にあげられている如き自然と人間との、更に究極には天と人間との、連続関係（天人相関）が考えられるであろう。最も完全にして最も究極的なる天は、超越的なる神、歴史の終末に再臨する神としてではなく、われわれ人間との連続関係にあるものとして捉えられ、われわれはこの天の具体的表現としての聖人の道にしたがえばよい。かくして未来に向って新たなる理想を求めて思索するよりも過去の理想を学ぶことに重点がおかれるのは、当然の帰結とされねばならない。そしてまた、聖人の言行、或は過去の理想社会の姿を映す「五経」が学習の対象とされるのもまた必然とされねばならない。『論語』に言うところの「思而不レ学則殆、学而不レ思則罔」という言葉は、思と学とが均しく重要であることを示しているが、しかも「吾嘗終日不レ食、終夜不レ寝、以思、無レ益、不レ如レ学也」という句は、明らかに学の思よりも優位にあることを示してゐる。

そしてまた、事実、中国の社会は読書人によって支配されて来たのである。

この点、小楠に於ける思と学との関聯はどうなっていたのであろうか。今、「沼山対話」によって、このことを明らかにしてみたい。即ちそこに於て「古の学は皆思の一字に在としられ候」とされ、思は心の知覚とされる。更に、人心の知覚は無限であり、この知覚を推しひろめることによって、天下の事物は何一つ遺すところなく、自分の心に包摂される。従って思の一字で学問の大端を包むことが出来る。『中庸』に言うところの博学明弁も要するに思の字の小割れにすぎない。思は従って、学に優先する。『論語』の開巻劈頭の「学而時習ㇾ之」も「己に思ひ思ふてえざる時に是を古人に照し其理を求むる」ものであって、思は何処までも学に先行するものである。「思」を伴わない読書は帳面調べにすぎない。けっきょく、小楠に於ては、書籍は字引に過ぎない、とされる。

我々が不注意に読みすごした場合、そういうことが載っていたことにも恐らく気がつかない。全集の片隅に残っているこれらの談話のうちに、私は一つの大きな意味を認めざるを得ない。中国に於て絶対的な生活の規範とされる五経、ならびにそれに伴う価値を有するその他の書籍は畢竟、辞書に過ぎないものとされる。生活の法則は思索によって得られるよりもむしろ先例を知悉することによって得られるとする儒教伝来の考え方は、ここに於て先例よりも思索を尊重する考え方によって顚倒せしめられた。この点、後述するように陸象山などの影響が認められるであろう。私はここに儒教がすでに潑剌たる生命を失っている中にあって、小楠がよく新しい事態に即応し得た根本的理由を見るのである。

彼は学問をなすに際して、知ると合点することを区別している。一見ヘーゲルの bekannt と erkannt とを想起せしめるこの区別は、決して知的態度に於ける区別でないことは、次の言葉から明らかであろう。「学問を致すに知ると合点との異なる処ござ候。天下の理万事万変なるものに候に徒に知るものは如何に多く知たりとも皆形に滞りて却て応用の活用をなすことあたはざるものに候。合点と申すは此の書を読て此の理を心に合点いたし候えば理は我物になりて其書は直ちに糟粕となり候。其我物になりたる以上は別事別物に応ずるにも此の理よく彼に通じて活用致すものに候。」(八九九頁) つまり知るとは、我々の歴史的時・空の或る一点に限定せられた認識の仕方、活用の利かない、ホワイトヘッドの用語を借りれば inert ideas を指すものであろう。これに反して合点するとは、或る歴史的時・空に於ける対象を、その歴史的時・空に於て考察することによって、却て歴史的時・空に於ける個別性を超えて普遍へ連なり、如何なる歴史的時・空の点に於ても応用し活用することの出来る主体的了解の仕方である。即ちここに於て、我々は歴史主義に徹することによって却って歴史的限定を超えてゆく思考法を鮮やかに読みとることが出来るのである。例えば次の箇所を読むがいい。「今朱子を学ばんと思ひなば朱子の学ぶ処如何んと思ふべし、左はなくして朱子の書に就ときは全く朱子の奴隷なり。譬へば詩を作るもの杜甫を学ばんと思ひなば、杜甫の学ぶ処如何と考へ漢・魏・六朝まで泝って可なり。」(九三二頁。『論語』学而篇講義の一節)――私の主張は承認されるであろう。

では小楠の歴史主義を成立せしめた根拠は何か。それは道が「一本より万殊にわたり、万殊より一本に帰」(四頁)するものであるからである。小楠の「書は字引と知るべく候」という箇所を読むとき、我々は陸象山の「六経は我々の注脚」という言葉を直に想起するであろう。そして小楠の中に陽明学的傾向を読みとることも可能であろう。(井上哲次郎は小楠を陽明学派の中に入れている。「日本陽明学派之哲学」) たとえば「囲碁何其変、顔面一不レ同、人事率如レ此、変態誠無レ窮、何以応二無窮一、霊活方寸中」とする時、あたかも良知を磨く陽明学徒の如き印象を与える。しかし「吾慕二紫陽学一、学脈淵源深、洞通万殊理、一本会二此仁一、進退任二天命一、従容養二道心一、嘆息千秋久、伝習有二幾人一」と咏ずる時、彼の本領、思想の骨骼は朱子学にあったということが出来よう。けれども、彼の思想は朱子学そのままというのではない。彼は朱子学に於ける「致知格物」を拡張的に解釈している。そこに小楠の新機軸を認めることができる。

致知格物の拡張的解釈

小楠に於ては、格物は「思の用」である。学の根源であった思の具体的なはたらきが格物なのである。そして格物とは、彼に於ては「天下の理を究ること」（八九八頁）であった。我々はここに、小楠の学風が朱子学の形而上学的性格を離れて、プラクティッシュなものに変化していることを認めざるを得ない。このことは更に、元田永孚が小楠との対話を記した「沼山閑話」に於て、より明瞭に示されている。彼は云う、「宋の大儒天人一体の理を発明し其説論を持す。然ども専ら性命道理の上を説て天人現在の形体上に就て思惟を欠に似たり。其天と云ふも多く理を云、天を敬すると云も此心を持するを云ふ。格物は物に在るの理を知るを云て総て理の上心の上のみ専らにして堯舜三代の工夫とは意味自然に別なるに似たり」（九二二頁）。「三代治道の格物と宋儒の格物とは意味合の至らざる処有る可し。一木一草皆有レ理須レ格レ之とは聞えたれども是れも草木生殖を遂げて民生の用を達する様の格物とは思はれず、何にも理をつめて見ての格物と聞えたり」（九二三頁）。これに反して小楠のいう格物とは「現在天工を亮くるの格物」（九二三頁）であり、「物に及ぶも現在天帝の命を受て天工を広むるの心得にて山川・草木・鳥獣・貨物に至るまで格物の用を尽して、地を開き野を経し厚生利用至らざる事なし。水・火・木・金・土・穀各其功用を尽して天地の土漏るゝことなし」（九二二頁）というのが、堯舜三代の心を用いてなされた格物の相であった。宋儒は「性命道理（徳）」を説くのに対し、三代に於ては「畏天経国」であり、宋儒に於て欠くるところの「天人現在の形体」上に就て十分に思惟するのである。

三代の学

中国精神史に於て一貫するところの「天人相関」の原理が、宋学の理気説に於てその哲学的表現を見たことは、学問の歴史の上に於て大きな進歩と言わなければならない。しかし彼はなぜ宋学を否定し、唐虞三代に帰ろうとするのか。中国に於ける理想が、一般的に言って堯舜禹の三代にあったことは言うまでもない。しかし、彼の実学なるものが、宋学を否定し三代の学の正しさを主張するのにはどういう意味があるのか。これまで述べ来ったところから既に明らかなように、彼が宋儒の「格物」を否定し、三代の「格物」をとなえたのは、宋儒の格物が余りにも「理につめて見ての格物」であり、歴史の現実の課する課題に応ずることが出来なかったからである。彼は云う、「宋儒治道を論ずるに三代の経綸の如きを聞ず、其証には近世西洋航路海道開け四海百貨交道の日に当りて経綸の道是を宋儒の説に徹するに符合する所有る可きに、一として是れ無きは何なる故に乎」（九二二頁）として宋学の経綸を非難し、「三代の如く現在天工を亮くるの格物あらば、封建井田を興さずとも別に利用厚生の道は水・火・木・金・土・穀の六府に就て西洋に開けたる如き百貨の道疾く宋の世に開く可き道あるべきなり」（九二二頁）と断ずる。小楠にあっては、儒教はたんに哲学的学説ではなく、幕末の歴史的状況に於ても十分なる指導力をもつ、生命ある学問でなければならなかったのである。実学という名前から直ちに予想されるように、彼の学問に於ける実際性・功用性・実践的性格がまず指摘されなければならない。彼は云う、「堯舜をして当世に生ぜしめば西洋の砲艦器械百工の精技術の功疾く其の功用を尽して当世を経綸し天工を広め玉ふこと西洋の及ぶ可に非ず」（九二三頁）。堯舜三代の治こそ、儒教の伝統の中に生きた彼にあっては、最も溌剌とした現実であり、真実であった。最もすぐれた理想類型であり、規範であった。最も歴史的制約を受くることの少かった三代の治は最も新らしい事態に適応する指導原理であった。理におちないその素朴な事実性こそ、徳川封建末期、資本主義社会を地盤とする近代国家群が、自然科学的思考と技術に基く近代西洋文明が、この蕞爾たる眠れる島を襲った時、儒教の枠内における、最もすぐれた指導原理であった。

私が今言った素朴な事実性、彼はそれをどのように考えていたのであろうか。

全体聖人の作用利世安民の事業二典三謨にて粗見得可レ致候。皐陶謨に六府三事允乂と有レ之、六府は水・火・木・金・土・穀の六物を指候て民生日用の財用不レ可レ欠者なり。聖人上に在て民生日用の世話をいたされ右の六府を乂《オサ》めて其用を尽し、物産を仕立て器用を造作し許大の生道を建立せられたり。是実に聖人代天の大作用なるに、朱子之を知らずして五行の気と穀とを合せて六府とすと説けるは大なる誤にて候。

（九〇三頁、「沼山閑話」）

すなわち朱子に於て、五行の気として存在論的に思考せられた木・火・土・金・水は、ここに於てはもはや気ではなく、現実の木・火・土・金・水として、穀と共に、欠くべからざる民生日用の財として解される。現実の木・火・土・金・水なるが故に、それは「山・川・海に地力・人力を加へ民生を利し人生を厚ふする自然の条理」とされる（三八頁、「富国論」）。こうした解釈による意味の転用によって、宋学の格物は三代に於ける経綸の格物となり、更にこの三代の利用厚生の道は、現代に於ける富国強兵の策として現実化されるのである。彼のすぐれた時務論は、かかる致知格物の拡張的解釈によってはじめて可能になったのである。そしてそれは若き日、長岡監物と『大学』中の「明徳新民」の句に就て、明徳を先とするか新民を先にするかに就て論争をし、「新民」を先とする彼は、遂に畏友と袂を分つに至るのであるが、民を新にすることによってはじめて徳を明らかにし得ると考えた彼の、当然たどるべき思考の道すじであった。

彼の実学の実際性・功用性・実践的性格とならんで、その倫理性を看却することが出来ない。「其格物の業皆己が誠の思より出候」（八九八頁）。「教は富を待て施すべきも聖人の遺意なれば、澆季の今日に当っては猶更富すを以て先務とすべし」（三六頁）。すなわち天下の経綸を計る格物は誠に基くものであり、富もまた聖人の教を実現する手段である。このことは更に次の言葉によってより明らかになるであろう。すなわち「道は天地自然の道にて乃我胸臆中に見え候処の仁の一字にて候。人々此の一字に気を付け候へば乃自然の道にて候」と彼の立場を明らかにしつつ、「大凡仁の用は利を以て人に及ぼすにあることに候」と云う。利は仁の用である。仁は利によって自己を顕現する。しかし私利と公利とは明らかに区別される。「利の字己に私するときは不義の名たり、是を以て人を利するときは仁の用たり。仁の体は固より己に在て、仁の用は利レ物にあることに候」（九〇六頁）。ここに一言すべきは、小楠が管仲に対して批判的で、自己の立場がそれと違うことをはっきり述べていることである。

畢竟各国に於て各の割拠見の気習を抱き、自利するの心体にて自誠惻怛の根元無レ之候故何分天を以て心として至公至平の天理に法り候こと不レ能ものに候。……管子が仁と申すも畢竟は此根元なき故覇術と相成申候。

孔子以後、儒教は二つの線に分れたと言われている。一は孟子による内面化の方向であり、他は荀子による外面的処理の道である。そして日本で普通に言われる実学なるものは、管子の系譜を引くものとされている。利害の計算、作為を排した横井の実学は決して荀子系のものではない。利用厚生を説く点に於て彼は管子に似て、あくまで誠を説き、仁を言い、作為を排して自然に付する彼の実学は、管子のそれと区別さるべきものである。否、小楠の真意は、内面・外面と分れた儒学の根源に帰り、その両面を併せもつ儒学の真の姿を求めることにあったと言わねばならぬ。効用性と心術の工夫を併せもつ、政治と倫理の分化する以前の根源的道徳が彼の実学であり、彼のいう三代の学であった。さればこそ彼は、朱子学、陽明学は言わずもがな、孟子、荀子を超えて孔子に至り、更に孔子を超えて遠く三代の学に帰ったのである。慶応三年、在米中の甥左平太、太平宛の手紙に於て彼は言う。「我輩此道を信じ候は日本・唐土の儒者之学とは雲泥之相違なれば今日日本にても我丈を尽し事業の行れざるは是天命也。唯此道を明にするは我が大任なれば終生之力を此に尽すの外念願無レ之候」――この自信とこの孤独と諦念。時代は彼の思想の達した高さと深さとを検討する遑もなく王政復古から更に一転して文明開化と徹底的な西洋化を辿る前夜であった。

小楠の人生観・世界観

彼はこの根源的道徳の根柢に心術の工夫をおき、それの顕現として経綸の策を考えたのである。「乍レ然是等政事も末之事にて其根本は初にも申通り此学の一字三代以上之心取第一之事にて是又申に不レ及候」（三四九頁・文久元年・荻角兵衛、元田永孚宛）という手紙が何よりも明らかにこれを物語っている。「我れ誠意を尽して道理を明かにして言はんのみ。聞くと聞かざるとは人に在り、亦安ぞ其人の聞ざることを知らん。預め計て言ざれば其人を失ふ。言ふて聞ざるを強く是を誣ふるは我言を失ふなり」（九二八頁）というのが、彼の精神の最後の到達点であった。何たる澄明さであろう。私は彼の大見識がかかる心境によって裏づけられていることに驚歎を禁じ得ない。過去・現在・未来を貫いて変ることのない天――人間とはこの「天中の一小天」として「天に事ふる」より外の何ものでもなかった。

人は三段階有ると知る可し。総て天は往古来今不易の一天なり。人は天中の一小天にて、我より以上の前人、我以後の後人と此三段の人を合せて初て一天の全体を成すなり。故に我より前人は我前世の天工を亮けて我に譲れり。我之を継で我後人に譲る。後人是を継で其又後人に譲れり。前生・今生・後生の三段あれども皆我一天中の子にして此三人有りて天帝の命を任課するなり。仲尼祖二述堯舜一継二前聖一開二来学一、是孔子のみに限らず。人と生れては人々天に事ふるの職分なり。身形は我一生の仮託、身形は変々生々して此道は往古来今一致なり。故に天に事ふるよりの外何ぞ利害禍福栄辱死生の欲に迷ふことあらん乎。（九二四頁）

かかる天、かかる道の本然の真実源頭から湧出したものが誠であり、「天中の一小天」としての人間は、誠に於て相通ずることが出来る、否、木石とすら相通ずることができるというのが彼の信念であった。慶応三年十二月渡米中の甥左平太・太平への手紙に云う。

万里之山海隔り候へば山川草木何もかも異類のみ多かるべし、乍レ去人は同気之性情を備へぬれば、必ず兄弟之志を感じ、知己相共にする人出来するは自然之道理にて、却て日本人よりも外国人親切なる事に被レ存候。申迄も無レ之候へ共木石をも動かし候は誠心のみなれば、窮する時も誠心を養ひうれしき時も誠心を養ひ何もかも誠心の一途に自省被レ致度候

今なお惻々とわれわれの胸をうつこの手紙、論策と違い不用意の中に書かれたこの手紙の中に湧出るものを把握しなければ、彼の一切の行動は理解することが出来ない。

このような世界観の上に立ち、このような心術の工夫をなす彼が、実際政治に於て彼の豊富な経綸を行うに際して、心を砕いたのは「朋党の禍」、「割拠見」を如何にして破摧するかということであった。今の言葉で云えば、社会的緊張と精神的対立感をほぐすことに彼の努力が払われた。

朋党の禍こそ、小楠の最も心をいためたことであった。小にしては、各藩内部に於ける、大にしては勤王、左幕の対立。それらは「割拠見」「気習の見」に基くものであり、畢竟「人君の不明」より起る、と彼はするので

ある。幕末当時、各藩内部の対立抗争は激烈であり、特に水戸藩、長州藩のことはよく知られている。就中水戸藩内部の抗争は数千人の犠牲者を出し、そのために水戸藩は維新の魁をしながら、肝腎の時には無力であった。これに対して、要するにそれは「天狗党」「小人党」のうち、天狗党の者のみを国主が信用し、みずから分党の一人となったからだと彼は言う。福井藩に登庸された時、彼が最も苦心したのは、この「朋党の禍」であった。彼が「朋党の禍」と名づけた対立は、実は危機意識が内部的矛盾を露呈したものに外ならなかった。社会の安定した時には、鞏固な身分制のもつ矛盾は露呈せしめられなかったが、内外の危機は、それを克服するために、種々の対策を講ぜしめ、改革を行はしめるに至ったが、その際現実に対する態度に於て「保守派」「進歩派」の差が出来た。身分的には、前者はおおむね上士階級が多く、後者は大体に於て下士階級から構成されていた。前者は普通「俗論党」「小人党」と呼ばれ、改革派はみずからを「正義党」「君子党」と呼んだ。明らかにそれは一つの新しい価値意識によって名づけられた名前であった。新しく勃興し来るものが、古きものに対して自己の正しさを主張するところから、かかる名前は由来した。そしてそれは歴史的にかなりの必然性と正しさをもつ。時代の課題を真剣に考えたものは、社会的に特権をもたない人々に多かった。彼等には恋々とする社会的地位も名誉も財産もなかった。そして彼等の庶民と密着する生活は、社会的困難さを自己の内部に、自己の問題として感ずることも出来た。彼等の要求、彼等の主張の中に、歴史の真実がより多く含まれていた。しかし現実に於ては、改革に急であった諸藩に於て却って多くの混乱を生じた。藩主がかなりの名君とされ、歴史の方向を察知して、改革派を重用した藩に於て却って意図と反した結果を生むに至るのである。善き意志が却って悪しき結果を生むという歴史の皮肉——これは歴史の転換期に於て常に見られる悲劇である。これに対し、正か悪か、Entweder-Oder の二者択一的立場に立ち、あくまで正を貫き、革命を断行するか、或はまたいずれにも真理性のあることを認め、人間の善意を信じてSowohl-als auchといずれの立場の善さを認めつつ漸進的改革をなすかという、二つの解決策が出て来る。

革命か、改革か——それは歴史のどの局面に於ても非常に困難な、しかも重大な問題である。この二つのいずれかを選択決定する際に、歴史的社会経済的な理由と共に、精神的要素の働らくことも看過することは出来ない。たとえばベルヂァエフがロシア革命を心理的側面から、即ちロシア人の宗教心理的構造から説明している如き、私は一つの卓見だと思う。幕末の局面に於て、革命的手段を強行した志士たちの心術の工夫は、多く陽明学によってなされたと言われている。自己の良知を磨くのみで充分であるとし、致知格物の合理性・客観性への志向を捨てた陽明学に於て、革命的実践への道は容易であったであろう。しかし小楠の実学の立場からは、革命という手段は許すことはできなかった。たとえば朝廷に出したと言われる「中興の立志七条」と称される建白書に於て「戦争の惨怛万民の疲弊、之を思ひ又思ひ、更に見聞に求れば自然に良心を発すべし」と述べる時、彼の革命に対する否定的態度は明瞭である。小楠にあっては「道は天地自然の道にて乃我胸臆中に見え候処の仁の一字にて候。人々の仁の一字に気を付け候へば乃自然の道にて候」であって、内部的対立は要するに朋党の禍であった。儒教倫理に生きた小楠は、その禍を免れる道はただ上たる者の明の一字あるのみと考えた。上に立つ者が党派の別に目をつけず、只その人材を見立ててこれを抜擢するならば、党派はおのずから解消すると彼は考えた。彼に於ては君子小人の類を以て分れるのも、ひっきょう酒飲の酒仲間、茶仲間にすぎない。従って上に立つ者さえ明を失わないならば、朋党の禍は存しないのである。従って我々の対人的態度に於ては、君子同志の間に於ては、公平の心で処するの外なく、小人姦人に対する態度としては「凡小人姦人と申すは百に一人も僅に有ㇾ之ものに候、其余は皆不ㇾ及輩にて候。然るに直ちに小人の名目を与へ長を捨て短を責るは己れ即ち小人にて候。是以ニ小人一実二小人一にて候、小人と申す様なる人には吾等は交りたきことなり。是第一己れが修行にて候」と言っている。これは彼の「人常に云長所に短所ありと、然らず。長所は其人の道心の全き所、短所は其人の雑なる所なり、故に剛なる底の人は到底剛の善、柔なる底の人は到底柔の善。短所は剛も柔も均しく是人欲の雑なり」（九二八頁）というが如き理一分殊に基く人間観、或はまた「北越土産」に於ける「天地間之理惣て無用の中に寓し申候と覚へ申候由。有用と存候より早や功名之一念胸中に生じ候て、人情を尽し不レ申理の自然を得不レ申候。左候へば町人には町之事を問、在中之者には在之事を問など、惣て有用と思ふ心より其心内に有レ之候へば所レ向之人其情を尽し得不レ申物に御座候。唯我に一念なく、人々之所レ欲レ言を尽さしめて其内に開発之儀有レ之候処より話合候へば開き申ものに有レ之候」という豊かな人生智から出るものであった。彼にあっては、対立の原因は窮極するところ君主の不明にあり、君主の不明は、彼が依拠するところの学にあった。繰りかえし述べるように、彼は封建的人間関係を認めると共に為政者に窮極の責任を要求した。たとえば国内政治にあっては公武合体論の立場をとった彼は、幕府を政治力として認めつつ、しかも政治の責任を諸藩に転嫁することなく、幕府自身の改革に於て平和裡に事態を解決しようとした。文久二年の「国是七条」、或はまた『国是三論』中の「富国論」における痛烈な幕府批判は、要するに為政者の立場に立つ徳川幕府が、徳川家の私見を越え得ないことに、国内問題のすべての原因があるとし、これを改革しようとしたものであった。

このように、君主に明徳を要求する彼の政治観から当然出てくるのは、共和制の礼讃である。

人君何天職　　代レ天治二百姓一
自レ非二天徳人一　　何以愜二天命一
所二以堯巽レ舜　　是真為二大聖一

迂儒暗二此理一　以レ之聖人病
嗟乎血統論　是豈天理順

儒学者がその思想的立場を徹底した時、易姓革命を主張するのは当然であるが、日本に於ける特殊事情はこのような考えの出現を許さなかった。彼は、アメリカの共和制の中に、特にワシントンの中に、堯舜の精神が生きていると考えたのである。「真実公平の心にて天理を法り此割拠見を抜け候は近世にてはアメリカワシントン一人なるべし。ワシントンのことは諸書に見え候通国を賢に譲り宇内の戦争を息るなどの三個条の国是を立て言行相違なく是を事実に践行ひ、一つも指摘すべきことは無レ之候」（九〇八頁）。

右の詩にもられた思想は、当時政治権力の外にあった天皇に対する批判とは思われず、むしろ幕府にたいする批判であったろうが、これは後に彼の暗殺の一つの原因となった。

これを要するに、彼の政治的理想の達成された状態は「君よりは臣を戒め、臣よりは君を儆め、君臣互に其非心を正し、夫より万事の政に推し及、朝廷の間欽哉戒哉念哉懋哉都兪吁咨の声」のみある如きものであり、その分に於ては君臣父子夫婦であっても、道の行わるるところ「朋友講学の情誼」であり、これが「学政一致二本なき」状態であった。彼はこの状態を次のように咏じている。

君臣尊卑殊　情則如二友朋一
相信不二相疑一　未然互勧懲
盛哉唐虞際　君臣道義親
満廷吁咈声　治化如二日昇一

このように君臣和楽した道義国家の建設、これが彼の政治理想の実現された姿であった。その事実性によって、よく西洋文明を容れ得た彼の実学は、究竟に於ては「心徳の学」であったのである。

小楠に於ける西洋の理解

ではこのような実学の立場に於て彼はどのように西洋を理解し、またキリスト教を理解していただろうか。彼の外国知識はさきに述べたようにみな漢籍から得たものか、或は人から聞いたものであって、それ自体としては大した意味はない。ここで問題とするところは、小楠の西洋に対する関心が那辺にあったかということであり、それはまた逆に彼の実学がどのようなものであったかを明らかにするのである。

小楠の西洋に対する関心の中心となるものは、西洋諸国に於ける政治と倫理の問題である。政治がキリスト教的理想に支えられこの政教の一致に基いて、生民の幸福がはかられた西洋諸国の有様を彼は「ほとんど三代の治教に符合するに足る」と激賞している。彼が西洋諸国の中でもとりわけ感心しているのはアメリカである。

（1）天地間の惨毒殺戮に超たるはなき故天意に則て宇内の戦争を息るを以て務としてゐること

（2）知識を世界万国に取て治教を裨益するを以て務としてゐること

（3）全国の大統領の権柄賢に譲て子に伝へず、君臣の義を発して一向公共和平を以て務とし政法治述其他百般の技芸器械等に至るまで凡地球上善美と称する者は悉く取りて吾有となし大に好生の仁風を掲げてゐること

この三点が小楠のアメリカを賛美している点である。彼がワシントンを崇拝していたことはさきに述べた。これを佐久間象山がナポレオン、ペョトールを崇拝し、ナポレオンに対しては欽慕の詩まで作っていることと比較すれば、同じ開国論者とはいえ、両者の本質的差が明らかであろう。象山が「方今の世は和漢の学識のみにては何

分不行届、是非共五大洲を総括致し候大経済に無之候ては難叶候。全世界の形勢コロンビュスが究理の力を持て新世界を見出し、コペルニキュスが地動説を発明し、ネウトンが重力引力の実理を究知し、三大発明以来万般の学術皆其根柢を得、聊かも虚誕の筋なく悉皆着実に相成、欧羅巴弥利賢諸州次第に面目を改め、蒸気船、マグネチセ、テレグラフ等創製し候に至候て、実に造化の工を奪ひ候儀にて、可愕模様に相成申候」と梁川星巌に書き送り、みずからそのすぐれた稟質のすべてをあげて究めんとした西洋の近代科学文明は、小楠に於ては「今洋夷の所為をみるに火輪船・蒸汽車・伝信器・水車・木綿等を始として民生日用に便利のこと皆講究造作して其至極を究め、近来又紅海の海峡を堀りぬき海路とする等のこと誠に莫大の利なり。其上に万国に交通して交易の利を広くする故に渠等国富兵強民用の利厚くして租税等も至て寛なることを得たり。之其経綸の功業聖人の作用を得たるものと可レ申候也」(「沼山対話」)とされるのである。一つの事実に接して、その志向するところが如何に対象の把握を異らしめるかの適例であろう。

　これまで度々説くように、佐久間象山に於ても勿論その精神的基盤は儒教にあった。彼の小林虎三郎へ宛てた手紙の「宇宙の実理は二つなし。斯の理の在る所は天理も此に異ること能はず。近年西洋発明する所許多の学術は要するに皆実理にしてただ以て吾が聖学を資くるに足る」という箇所は、東西兼備の彼の態度をよく物語っている。ただ象山に於ては東洋道徳、西洋芸術と言いつつも、道徳そのものについては精しい言葉は聞かれない。天保八年の大塩の乱後、本多伯林に宛てて、この乱の原因を、平八郎が陽明学を学んだ為だとし、儒学の本質は義理にあるのに、陽明学は心を専にするものであって、畢竟秩序を乱すものであるということを書き送っている程度で、儒教の道徳性そのものについては精しく触れていない。社会秩序の維持としてたかだか述べられているにすぎない。また彼が国力不充分の原因としてあげた四つの理由、

（1）遊民多くして徒に其財用を耗靡すること
（2）貿易理財の道外蕃の如く開けないこと
（3）物産の学未だ精しからず山沢に遺利あること
（4）百工之職未だ力学器官を知らず人力に限りあること

は一応尤もなことであるが、国力の消耗の原因を徳川幕府治下の鎖国にありとして、政治即倫理の立場から、開国論―国内政治への態度―富国―強兵―学問に一貫した態度をとりどの一つも他のそれぞれを映し、他との関連に於て成立する如き思索の一貫性と体系性とを保ち得た小楠に較べると、彼の儒教はより根の浅いものであったと云うことが出来よう。彼の儒教への志向は朱子学の窮理の面にあった。たとえば、師佐藤一斎の遺墨に題して「先生主張王学、不好窮理、余則専承当程朱之規、以窮万物之理」という時、そのことは最も明瞭である。彼は朱子学に言う窮理は、西洋近代科学的精神に通ずるものとして、実学の上に近代科学を受け入れたのである。こうした考え方の上にも一つの飛躍があるのであるが、そのことは今は問わない。しかしかかる考え方の上に立つ象山は、小楠よりより少い精神的抵抗を以て、西洋の近代科学文明を受容することが出来たであろう。右に引用した二人の文を比較すれば、西洋の科学文明の理解としては象山の方がはるかにすぐれているものと言わねばならぬ。儒教的歪曲が少い。自己の道徳の点に就ては即自的に肯定し、西洋の科学を自由に受容し己が武器とする態度、――象山はトインビーのいうヘロデ主義者の代表的性格とも云えよう。

これに反して血肉まで儒教的であり、より内省的であり、より思想家であった小楠にはこのような割りきった解決はできなかった。西洋文明の衝迫は軍事面のみならず、政治の面、更には精神の面であると小楠は考えたのである。幕末に於て、彼ほどキリスト教の問題に対して深い関心をもち、同情をもちつつしかも憂慮を以てこの問題を考えた人はおそらくないであろう。彼にあっては、西洋の衝迫は、国防の危機であると共に、儒教を中核とする東洋文明の危機であったのである。

於レ是深可レ憂之第一は西洋通史次第に盛に相成、諸夷陸続入り来り候へば彼等教法政事自然に明に相知れ候に付ては、我邦人之中聡明奇傑之人物是迄聖人之大道を知り不レ申者彼我政道之得失盛衰之現実を見候ては不レ知不レ識邪教に落入候は十年廿年之間には鏡に懸て見るが如し、佐久間修理抔は既に邪教に落入たるにて相分り申候（修理は邪教を唱ふるには無レ之候へ共政事戦法一切西洋之道理なりと唱、聖人之道は独り易の一部のみ道理あると云と承る。是彼邪教に落ちたるの実境なり）総て事之善悪共に世に行候は必ず人傑之唱へ立る故にて候へば三代之道に明ならず三代治道に熟せざる人は必ず西洋に流溺するは必然之勢にて候へば、今日之大に憂所は何扨置此道之外は無二御座一事に奉レ存候。（安政三年十二月二十一日村田巳三郎宛）

儒教が近代世界に於て果して生き得る倫理であるかどうかは問題として、儒教に於て生きた彼の憂慮は肯綮に当っていた。事実、軍事的近代化を遂げ、政治的（社会的経済的）近代化をへた日本の最後に直面すべき課題は精神に於ける近代化の問題であった。明治二十年代の日本はようやくその時期にはいったということが出来よう。このことは余りにも尨大な問題である。今ここでは、この問題は福沢等の功利主義倫理観によって一応解消されたかの如くに見えながら、実は大きな底流をなし、鹿鳴館時代を最後の火花とする文明開化期の終末をめぐって、新たな装いで登場して来ることだけを述べることに止めたい。

クリストファ・ドーソンは社会の変化に次の五種をあげている。

（1）一定の人々が最初に置かれた環境に定位して、自らの生き方を継続し、外部から人間的因子の侵入しない場合

（2）一定の人々が新らしい地理的環境に入って、自らの文化をその環境に順応する場合

（3）二種の異なる社会が、既に各自の生き方と社会組織をもちながら、通常征服という形に於て混淆する場合

（4）一定の人々が他の場処で他人によって発展された物質文化の一部の要素を採用する場合

（5）一定の人々が新らしい知識又は信仰を採用し、或はその人生観、実在にたいする観念に変化を生じて、そのためにその生き方を修正する場合

幕末の日本の場合、先人の努力によって幸いにも征服という現象は免れ得たので、結局（4）と（5）との段階が現実的には問題になった。異なれる文明の遭遇は（5）に至ってはじめて完成する。（5）の段階に入ることは、真の意味の西洋化にはいることであるが、それは東洋の側から言えば西洋的世界の中に吸収されゆくことに外ならない。しかもキリスト教を中核とする西洋文明を迎えようとする日本の精神界はどうであったか。

皇国是迄大道之教払レ地無レ之、一国三教之形御座候へ共聖人之道は例の学者の弄びものと相成、神道は全く荒唐無経《ママ》些之条理無レ之、仏は愚夫愚婦を欺のみにして、其実は貴賤上下に通じ信心之大道聊以無レ之、一国を挙全無宗旨之国体にて候へば何を以て人心を一致せしめ治教を施し可レ申哉、方今第一義之可レ憂所は、万弊万害何も扨置此所にて可レ有レ之候。（二四二頁）

かかる精神的アナーキーの状態が彼の最も怖れるところであった。こうした観点に立つ小楠にとって、キリスト教は如何に映じたか。キリスト教自身は「人に善を勧め」ることを主にしたものであり、倫理を廃した仏教よりも倫理を立てる点に於てはるかに勝るものとされ、その点に於て仏教に於て最も倫理性を強調する一向宗以上に深いものとされる。しかしそのキリスト教といえども、要するに「下位に在て私に愚夫愚婦を強化するの心」より起ったものであるから、「位に居て天下を治められし故其道正大いに天に継ぎ教を後世に伝へ」られた孟子の

教に比べると下位に立つものとされる。

西洋有二正教一。洋人自称正教其教本二上帝一。戒律以導レ人。勧レ善懲二悪戻一。上下信二奉之一。因レ教立二法制一。治教不二相離一。是以人奮励。雖三我有二三教一。人心無レ所レ繋。神仏良荒唐。儒亦落二文芸一。政道与二教法一。聵聵見二其弊一。洋夷交進レ港。必以二貨利一曳。人心溺二異教一。難レ禁是其勢。嗟乎唐虞道。明白如二朝霽一。拾レ之不レ知レ用。甘為二西洋隷一。世豈無二魯連一。去踏二東海一斃。

慶応年間に入ると、小楠は当初のように、必ずしも西洋諸国を政教一致の国とみなさず、西洋の優越性はキリスト教よりもそれに附加せられる経綸窮理の学にある、とするようになって来る。

昔の耶蘇教は只だ愚民を教解する迄にて至て浅近なるものに候。然るに近来に至て西洋に致し候ても其士大夫なるものは強ちに耶蘇を信仰するにては無レ之、別に一種経綸窮理の額を発明致候て是を耶蘇の教に附益致し候。其経綸窮理の学民生日用を利用すること甚だ広大にて、先は聖人の作用を得候。（九〇三頁）

これはキリスト教の世俗化した近代に於て、現象の認識としては或る正しさをもつ。そしてまたこの時代のヨーロッパは、一方に於て国際性を説きつつ、一方に於て力を行使して勝手に国際法を破りつつある状態であった。それは畢竟するに「各国に於て各の割拠見の気習を抱き、自利するの心躰」であって、「至誠惻怛の根元」なく、「天を以て心として至公至平の天理に法る」ことの出来ないものである、とされる。しかし西洋諸国は最近また様子が少し変って来ている、と彼は云う。

乍レ去渠等追々の世変を経て利害の終始を瞭視する処有て不仁不義の終に患を招くに至ることを知て甚しき暴虐はなさざるのみならず、近来は又人の国を奪取など申すことは勢不レ行ことと存決して不仕候。渠等申唱へ候議論皆枝葉末流に付て精微に研究する迄にて、至誠惻怛より発出致候者とは相違いたし候。

渠等申立候議論は甚だ精密なる物にて丁度易を見たる様の物に候。易は吉凶悔吝を以て教を示し候。渠等が見る処も本利害より出候へ共、向ふ捌は甚だ強きものに候。

これは小楠に直観的に映じたヨーロッパの近代国際政治原理――経験に基き、危険を回避しようとする心理的根拠の上に成立するバランス・オブ・パワーの原理の批判なのである。畢竟するに「西洋列国利の一途に馳せ一切義理無レ之」と、慶応三年の小楠はこう断定する。「富国強兵器械之事に至りては誠に驚入たる事等にて今日程盛大成るは前古より無レ之至れり尽せり可レ申、唯此一途のみ取り用べき事にて道に於ては堯舜孔子之道之外世界に無レ之弥以分明に候。一言にて是をいへば西洋学校は稽業の一途にて徳性をみがき知識を明にする学道は絶て無レ之、本来の良知を一稽業に局し候へば其芸業之外はさぞかし暗き事と被レ察候」（五〇八頁）と云う。これが、儒教への信頼をあくまで捨てず、しかも西洋に対する知識が次第に正確になって来た晩年の彼に映じた西洋の姿であり、また彼の西洋観であった。西洋の近代は宗教との分離の歴史である。宗教改革を起点とする宗教戦争をへて、啓蒙時代をへるや、信仰の自由は確立され、その後近代文明は世俗化の一路を辿った。そのこと自体に対する批判は余りにも重大であって、今ここで触れることは出来ないが、小楠の批判はそのことが西洋近代文明の根本に関わることを突いた点に於て、一つの見識と云うべきである。

小楠のキリスト教観は右に述べた如くであったが、ともかく幕末の状況に於てこれほどキリスト教に関心をもった人は、すでに渡米中の新島襄、滞英中の中村敬宇の二人を除いてはほかになかったのではあるまいか。この二人とも年齢に於て小楠とかなりの隔りをもつ。少くとも小楠の年齢層で小楠の如き教養を受けた人に於て、このようなキリスト教に対する関心を持った人はないであろう。矢嶋楫子は後年こう言っている。

横井さんが耶蘇教について話された事を今日にして思へば、よほど如何いふものか識りたいと思ふて居られた事が記憶にあります。御維新前に今に外国の船が来るとか何とかいふて人々がせはしく騒いで居つた時に、「耶蘇といふのは、神でも人でもなく、一つのものであつて、死んで磔刑《はりつけ》にあがつて初めて此ヤソの事業があがつた、ハリツケが其人の成功であつた」などと話しを聞かせてもらつた事がありました。また西洋は此ヤソが紀元になつて凡その年号が定まつて居るといふ事などをきゝ、ました。其様子其言葉に、学びたいけれど知るすべもなく遥に望んで居るといふ風でした。然し其当時何等知る事は出来なかつたのでした。

（徳富蘆花『竹崎順子』）

この小楠に、キリスト教観に一つの変化を与える機会が訪れた。明治に入り、参与として京都に在った小楠は、新帰朝者鮫島誠蔵（尚信）、森金之丞（有礼）、と会うことを得た。この両人と会うこと二度。小楠は当時四位の参与であったので両人は同席を憚り、次の間に控えて敷居越に話をしていたが、談話が次第に佳境に入るに随ひ、聞くものも語るものも知らず識らず座をすすめて、遂には膝と膝とが触れ合うばかり。夜の白むまで語り明かしたと言われている。この話の内容についてはよく分らない。種々の資料から察するに、恐らくアメリカの政治のことなどが主であったろうと想像される。しかし今日、小楠自身が我々に遺してくれているものは、両人とのキリスト教に就ての談話を報じた在米中の甥宛の明治元年九月十五日附の手紙なのである。長くなるが、この部分について全文を引用する。

薩州生鮫島誠蔵、森金之丞外国にては野田仲平・深井鉄太と改名、四年前イギリスに参り居候間同国人ヲリハントと云者に出会、ヲリハントより咄聞候には世界人情唯々利害之欲心に落入り一切天然の良心を消亡いたし有名の国程此大弊甚しく有」之候。必竟は耶蘇の教其道を失ひ利害上にて喩し候故に人道滅却嘆げかわしき事なり。我等も全く耶蘇に落入居候処アメリカ国エルハリスと云人より初て人道を承り悔悟いたし候。

此のエルハリスも、元は耶蘇教之教師にて有レ之、二十四五歳にて天然之良心を合点いたし人倫の根本此に有レ之事を真知し是より自家修養良心培養に必然にさしまはり誠に非常之人物当時世界に比類無レ之大賢人なり。此人世界人道の滅却を嘆き専ら当時の耶蘇の邪教を開き候志なり。ヲリハント再び云我は役事相断下院の長勤たりし由エルハリスに随従し修行せんと欲すとの咄し有レ之、薩の両人も甚驚き遂にヲリハントと共にアメリカに渡りエルハリスに従学せり。エルハリスは退隠村居門人三十人余有レ之相共に耕して講学せり。其教たるや書を読むを主とせず講論を貴ばず専ら良心を磨き私心を去る実行を主とし日夜修行間断無レ之譬ば靄然たる春風の室に入りたるの心地せり。然しながら私心を挟む人は一日も堪えがたく偶慕ひ来りし人も日あらず帰り去る者のみにて遂に其堂を窺ふこと不レ能、薩の両人も中々堪がたかりしが僅に接続の力を得て本来心術の学問に入りたり。此人云世界総て邪教に落入り利害の私心に渾化せん実に人道の滅却なり。未だ邪教の入らざる処は日本とアフリカ内何とか云国のみなり。日本は頼み有る国なれば此の尽力は十分に致したきことと薩人近頃帰り両三度参り、此道の咄し合面白く大に根本上に心懸け非常の力驚き入たり。此のエルハリスの見識耶蘇の本意は良心を磨き人倫を明にするに在り、然るに後世此教を誤まり如レ此の利害教と成り行き耶蘇の本意とは雲泥天地の相違と云ふ事なり。

此段大略申遣候。援々感心之人物不レ及ながら拙者存念と符節を合せたり。然し道の入処等は大に相違すれども良心を磨き人倫を明にする本意に至りて何の異論か有らん。実に此の利欲世界に頼む可きは此人物一人と存ずるなり。都合に因りては必ず尋ね訪ひ可レ被レ申、重々存候事。（五六〇―五六一頁）

かくして、キリストの真意と彼の実学とは、良心を磨き人倫を明らかにする点に於て符節を合するのである。彼のキリスト教に対するこの理解が果してどれほどの客観性を持つものであるか、それはここでは問題ではない。

かつて新井白石が『西洋紀聞』に於て「其教法を説くに至ては、一言の道にちかき所もあらず、智愚たちまちに地を易へて、二人の言を聞くに似たり。こゝに知りぬ、彼方の学のごときは、たゞ其形と器とに精しき事を、所謂形而下なるものゝみを知りて、形而上なるものは、いまだあづかり聞かず」として以来支配的であったキリスト教観は漸く崩れ去り、キリスト教は儒教文化圏に於て受容されんとする道を開いたのである。それは、日本にはいって来たキリスト教自身がその間に実質的に変って来ていることにもよるが、何よりもまして彼の実学にその内的原因をもつのである。（沼山津閑居中、小楠は妻に向い、しばしば「神は在るぞ」と言ったという。彼の詩や文章の中に散見する天、天帝、上帝と云う言葉はキリスト教に云う造物主の如きニュアンスを有つ。）明治八年、他に魁けて多くの洗礼者を出したいわゆる花岡山バンドは、横井実学派の学校たる熊本洋学校に学ぶものたちであったが、その思想的種子はすでに小楠によって蒔かれていたのであった。この点に於てもまさに、彼は徳川三百年を集約して、明治時代にバトンを渡すべき思想家であったということが出来よう。

本文中に引用せる横井小楠の言葉は山崎正董編『横井小楠　遺稿篇』による。

二十一世紀に生きる思想家、横井小楠
――あとがきに代えて――

私の横井小楠研究を締めくくるにあたり、本来であれば小楠との出会いや研究の歩みを簡略に振り返るべきところだが、それについては、本書の補論として収めた「私の小楠研究の歩みを振りかえって」でかなり詳細に述べているので、ここでは繰り返さず、本書の構成・内容について簡単に記すに留めたい。

本書の第一部「「公共」の思想と「開国」論」には、小楠の「公共」の思想に着目した論文を集めた。

二〇〇一年の「京都フォーラム」のカンファレンスにおいて、「公」と「私」が問題とされた際に、小楠の普遍的精神の核心は「公共」だと考えていた私は、小楠を通じて「公共」について論じた（「横井小楠における「公共」の思想とその公共哲学への寄与」佐々木毅・金泰昌編『公共哲学3　日本における公と私』東京大学出版会、二〇〇二年）。小楠が注目したのは、儒教の中でも孔子以前の「三代の学」の思想であり、またジョージ・ワシントンを始めとする西洋の思想であったが、それらの重なる部分、その両者をつなぐものが「公共」であると私は論じたのである。そのときに、山脇直司氏（東京大学大学院教授）がそれを理解し共鳴し、小楠の「普遍的精神」について的確なコメントをくれた。

そうした小楠の「公共」の思想と、開国論との関連を扱っているのがこの第一部である。

第二部「「三代の学」と「天」の観念」では、儒学のなかでも、古代の尭・舜・禹という三代（夏・殷・周）の時代の支配者の、人間の社会生活に必要な、実用的なものを踏まえた、ある一つの普遍的な儒教思想について論じた。

尭・舜の場合は、思想の普遍的な面を強調しており、禹はそれに加えて、土地を開墾するなどの労働を通じて人間の世界が拡がっていくなかでの思想を論じている。小楠は、この二つの要素をもった三代の学を、自分の生きた時代の思想へと展開していく。

また小楠における「天」の観念も、月や太陽といった天文学の「天」ではなく、そこに、ある普遍的な精神の表現を見てとったものと言えるだろう。

第三部「明治の横井小楠」には、明治政府に仕えた最晩年の小楠に関わる論文を収めた。明治政府に請われて参与になる以前の小楠の思想の展開はたいへん重要である。この時期の井上毅との対話は「沼山対話」に記されているが、この思想をもったまま政府に仕えていたら、非常に役に立ったことであろう。また元田永孚との対話（「沼山閑話」）においては、生産関係を儒教によって位置づけるなど、さらに思想的に熟してきており、「天言」と呼ばれるものも書き始めていた。それを書き進めていれば、それなりの思想家として名を残すことになったであろう。残念ながら西南戦争で西郷隆盛がやってきたときに遺族が井戸に捨ててしまったとされ、その内容は明らかになっていない。

小楠は、体調のすぐれない中、明治政府に招かれて、参与という役職に身を投じた。小楠が明治政府に仕えることになったのは、岩倉具視が高く評価したためであったが、岩倉も小楠の思想を本当に充分に理解できてはいなかった。また小楠の暗殺事件ののち、その解決のために力を尽くした大久保利通は、明治政府が新しい近代的な政治を行う際に、小楠が活躍することを期待していたので、それが充分できなかったことに不満をもっていた。こうした状況であったとはいえ、「武家の政治」から「公共の政治」へつなぐ要にあった思想を、この時期の小楠の動向から掬い上げたいと考えたのが、ここに収めた論考である。

補論には、二〇〇三年の全国横井小楠研究会での報告の記録「私の小楠研究の歩みを振りかえって」と、私が小楠について書いた初めての論文「横井小楠の実学——幕末思想史の一断面」(一九五五年)を収めた。前者は一〇年前のものであり、この報告以後に発表した小楠についての論文への言及がないため、本人としてはいささか中途半端な嫌いはあるが、横井小楠との出会い、研究歴、そして残された課題について簡潔にまとめたものとして読者の参考になるかと思い、収録することとした。

後者の「横井小楠の実学」は、小楠について初めて論じただけに、現在から見ると遺漏も多く、もはや学術的な価値のある論考とは言いがたいものであるが、本書と対にして刊行される花立三郎氏の『横井小楠の弟子たち』が生まれるきっかけとなったものでもあり、また以後の私の研究の方向性の萌芽を示すものとして、これからの学徒の参考になるかもしれぬという考えから敢えて収録することとした。

＊　＊　＊

私は西本願寺派の末寺に生まれ、母から「国を光らすような人になりなさい」という教えを受け(私の生まれた寺の山号を永照山光国寺という)、仏教の唯識派の学問を志した父からは、男性にとって「名誉心」は大きな誘惑になるから、その誘惑に負けるなという教えを受けた。小学校二年の時に村田という先生から、徹底的に自分の力で考えなさいと教えられ、四年には東洋一の偉人として横井小楠という人がいることを教えられた。これらのことが、私が横井小楠に関心を抱く基層となったに違いない。

京都大学を終えた後、高坂正顕先生の研究会での報告論文として小楠について書き、それを、当時、京都大学の教授をしておられた三宅剛一先生が『哲学研究』に掲載して下さった。またそれをご覧になった小島祐馬先生は、私の論文のミスとともに、優れた面を指摘し励まして下さった。こうした自分の経歴を顧みると、小楠と私が浅からぬ縁によって結ばれているという思いが切である。

小楠は『海国図志』を通してジョージ・ワシントンの存在を知り、「国を愛するとともに普遍的な公共的精神を持つ」ことに深く思い至り、それに私も共感した。国を愛する気持ちと、偏狭に陥らない広い心とを、いかに結びつけていくかは非常に重要な課題である。そのために、今日まで五十年にわたる長い時間を、小楠と格闘してきたことは幸いであった。そして、この課題は決して小楠の時代にとどまるものではないと思うに至った。政治について、そして政治と密接に繋がる経済について、普遍的な精神を現実化するためには、やはり公共的な政治思想の形成が大事であり、その点で小楠から学ぶべきことは、今もなお多い。小楠研究者として、人類的な立場で考える小楠の視野の大きさに、これからも学んでいきたいと念じている。

最後になったが、相当な量に及ぶ私の小楠研究の論考に丁寧に目を通し、校正や重複部分の整理に多大な協力をいただいた田尻祐一郎氏（東海大学教授）に心からの謝意をお伝えしたい。

二〇一三年四月

源　了圓

初出一覧、および横井小楠関連論文一覧

本書の収録論考の初出は左記の通りである。

序

「日本の伝統のもう一つの可能性――横井小楠の思想」（最終講義）『国際基督教大学学報III‐A　アジア文化研究』別冊3（近代化と価値観――源了圓教授古希記念論文集）、国際基督教大学アジア文化研究所、一九九二年二月

第一部

「横井小楠における学問・教育・政治――「講学」と公議・公論思想の形成の問題をめぐって」『季刊日本思想史』第37号、ぺりかん社、一九九一年五月

「横井小楠における攘夷論から開国論への転回」『国際基督教大学学報III‐A　アジア文化研究』26、国際基督教大学アジア文化研究所、二〇〇〇年三月

「横井小楠の「公」をめぐる思想とその「開国」観」『国際基督教大学学報III‐A　アジア文化研究』27、国際基督教大学アジア文化研究所、二〇〇一年三月

第二部

「横井小楠の「三代の学」における基本的概念の検討」『国際基督教大学学報III‐A　アジア文化研究』別冊2、国際基督教大学アジア文化研究所、一九九〇年十一月

「横井小楠における「天」の観念とキリスト教」（初出「横井小楠における天の観念とキリスト教」）『国際基督教大学学報Ⅲ‐A　アジア文化研究』別冊11、国際基督教大学アジア文化研究所、二〇〇二年九月
「近世日本における「為己の学」の系譜」（初出「近世日本における「実心実学」の系譜」）『「実心実学思想と国民文化の形成」論文集』二〇〇六年十月　二松学舎大学東アジア学術総合研究所

第三部

「「参与」としての横井小楠の九カ月――「政体書」と天皇観をめぐって」『環』vol.44、藤原書店、二〇一一年一月
「横井小楠の暗殺事件と「天道覚明論」をめぐる問題」（初出「横井小楠の暗殺をめぐる事件と「天道覚明論」をめぐる問題」）『国際基督教大学学報Ⅲ‐A　アジア文化研究』別冊14、国際基督教大学アジア文化研究所、二〇〇五年三月
「徳富蘇峰――小楠研究におけるその功罪」別冊『環』⑰『横井小楠 1809‐1869「公共」の先駆者』藤原書店、二〇〇九年十一月
「安場保和と後藤新平――小楠思想の実践者」同前

補論

「私の小楠研究の歩みを振りかえって」『横井小楠研究会年報』1、全国横井小楠研究会、二〇〇三年七月
「横井小楠の実学――幕末思想史の一断面」『哲学研究』第433号、京都哲学会編・創文社発売、一九五五年七月

他に、著者による横井小楠関連の論文には以下のものがある。

「横井小楠」　朝日ジャーナル編集部編『日本の思想家1』朝日新聞社、一九六二年

「横井小楠と三代の学」　『文部省科学研究費・重点領域研究「東アジア比較研究」昭和六十三年度科学研究実績報告書（十九世紀における日本と中国の変法運動の比較研究——横井小楠と康有為を中心として）』一九八九年

「十九世紀における西欧の衝迫と日中両国のそれへの対応——洋務論と変法論の問題をめぐって」　『文部省科学研究費・重点領域研究「東アジア比較研究」平成元年度科学研究実績報告書（十九世紀における日本と中国の変法運動の比較研究——横井小楠と康有為を中心として）』一九九〇年

"Confucian Thinkers on the Eve of the Meiji Restoration—Sakuma Shōzan and Yokoi Shōnan"　『国際基督教大学学報Ⅲ－A　アジア文化研究』19、国際基督教大学アジア文化研究所、一九九三年三月

「王道論的社会観の大成」　源了圓ほか編『横井小楠のすべて』新人物往来社、一九九八年

「近世日本における「実学」の諸形態と「誠心的経世済民の実学」——横井小楠を中心として」　『第六回東アジア実学国際シンポジウム論文集』二〇〇〇年十一月、日本東アジア実学研究会

「横井小楠の国家観」　『環』vol.5、藤原書店、二〇〇一年四月

「東アジア三国における『海国図志』と横井小楠」　『季刊日本思想史』第60号、ぺりかん社、二〇〇二年一月

「横井小楠における「公共」の思想とその公共哲学への寄与」　佐々木毅・金泰昌編『公共哲学3　日本における公と私』東京大学出版会、二〇〇二年

「横井小楠における「開国」と「公共」思想の形成」　『日本学士院紀要』第57巻第3号、二〇〇三年三月

「熊本実学派と大久保利通——明治維新に於ける中央と地方」　『環』vol.13、藤原書店、二〇〇三年五月

「横井小楠における「公共」の思想とその平和と和解観」　日本学士院第一〇〇四回総会提出論文、二〇〇六年

十二月

「〈講演〉実学の系譜——中江藤樹・熊沢蕃山・横井小楠」『環』vol.37、藤原書店、二〇〇九年五月

別冊『環』⑰『横井小楠 1809-1869——「公共」の先駆者』藤原書店、二〇〇九年十一月（編著）

平石直昭＋松浦玲＋源了圓＋（司会）田尻祐一郎「〈鼎談〉いま、なぜ小楠か」

源了圓「小楠の思想的特色——講学・講習・討論による公論形成」

源了圓「実学の系譜——藤樹・蕃山・小楠」

源了圓「「開国」と「公共」との思想的関連——『海国図志』を中心に」

源了圓「佐久間象山と小楠——幕政改革をめぐる理論知と実践知」

「幕末小楠の世界認識と課題認識」平石直昭・金泰昌編『公共する人間3　横井小楠——公共の政を首唱した開国の志士』東京大学出版会、二〇一〇年

や　行

ら・わ行

ま　行

な 行

は 行

た　行

さ　行

か行

人名索引

注を除く本文から人名を採り姓・名の五十音順で配列した。

あ 行

著者紹介

源了圓（みなもと・りょうえん）

1920年熊本県生。東北大学名誉教授。日本学士院会員。専門は日本思想史。日本女子大学教授、東北大学教授、国際基督教大学教授を歴任。

著書に『義理と人情』『徳川合理思想の系譜』『徳川思想小史』（中央公論社）『近世初期実学思想の研究』『型』（創文社）『文化と人間形成』（第一法規出版）『実学思想の系譜』（講談社学術文庫）『蓮如』（講談社）など多数。

横井小楠研究《よこいしょうなんけんきゅう》

2013年6月30日　初版第1刷発行©

著　者　源　了圓
発行者　藤原良雄
発行所　株式会社　藤原書店
〒162-0041　東京都新宿区早稲田鶴巻町523
電話　03（5272）0301
FAX　03（5272）0450
振替　00160-4-17013

印刷・中央精版印刷　製本・誠製本

落丁本・乱丁本はお取替えいたします　Printed in Japan
定価はカバーに表示してあります　ISBN978-4-89434-920-9

「近代日本」をつくった思想家

別冊『環』⑰

横井小楠 1809-1869

〔「公共」の先駆者〕

源了圓編

I 小楠の魅力と現代性
〈鼎談〉いま、なぜ小楠か
平石直昭＋松浦玲＋源了圓　司会＝田尻祐一郎
II 小楠思想の形成——肥後時代
源了圓／平石直昭／北野雄士／吉田公平／鎌田浩／堤克彦／田尻祐一郎／野口宗親／八木清治
III 小楠思想の実践——越前時代
沖田行司／本川幹男／山崎益吉／北野雄士
IV 小楠の世界観——「開国」をめぐって
源了圓／森藤一史／桐原健真／石津達也
V 小楠の晩年——幕政改革と明治維新
松浦玲／小美濃清明／源了圓／河村哲夫／徳永洋
VI 小楠をめぐる人々　松浦玲／源了圓
〈附〉系図・年譜（水野公寿）関連人物一覧（堤克彦）

菊大並製　二四八頁　二八〇〇円
（二〇〇九年一一月刊）
◇978-4-89434-713-7

大義を四海に布かんのみ

小説 横井小楠

小島英記

来るべき世界の指針を明示し、近代日本の礎となる「公共」思想を提言。幕末の志士の勝海舟、吉田松陰、坂本龍馬らに影響を与え、龍馬の「船中八策」や、「五箇条の御誓文」に範を示した徹底的な理想主義者ながら、大酒を呑み、時には失敗。揺るぎない信念と情熱と不思議な魅力をもった人間・横井小楠を大胆に描く歴史小説。

［附］略年譜／参考文献／系図／事項・人名索引

四六上製　六一六頁　三六〇〇円
（二〇一一年三月刊）
◇978-4-89434-907-0

今、なぜ後藤新平か？

時代の先覚者・後藤新平

〔1857-1929〕

御厨貴編

その業績と人脈の全体像を、四十人の気鋭の執筆者が解き明かす。

鶴見俊輔＋青山佾＋粕谷一希＋御厨貴／鶴見和子／苅部直／中見立夫／原田勝正／新村拓／笠原英彦／小林道彦／角本良平／佐藤卓己／鎌田慧／佐野眞一／川田稔／五百旗頭薫／中島純　他

A5並製　三〇四頁　三二〇〇円
（二〇〇四年一〇月刊）
◇978-4-89434-407-5

総理にも動じなかった日本一の豪傑知事

安場保和伝 1835-99

〔豪傑・無私の政治家〕

安場保吉編

「横井小楠の唯一の弟子」（勝海舟）として、鉄道・治水・産業育成など、近代国家としての国内基盤の整備に尽力、後藤新平の才能を見出した安場保和。気鋭の近代史研究者たちが各地の資料から、明治国家を足元から支えた知られざる傑物の全体像に初めて迫る画期作！

四六上製　四六四頁　五六〇〇円
（二〇〇六年四月刊）
◇978-4-89434-510-2